CYKLOS

Frank Pathe

Norwegen per Rad

Ein CYKLOS-Fahrrad-Reiseführer

Verlag Wolfgang Kettler

Frank Pathe

Norwegen per Rad

Ein CYKLOS-Fahrrad-Reiseführer

Verlag Wolfgang Kettler

Herausgeber: Wolfgang Kettler

CIP-Titelaufnahme der Deutschen Bibliothek

Pathe, Frank:
Norwegen per Rad / Frank Pathe. - 1. Aufl. - Berlin : Kettler,
1991
(Ein Cyklos-Fahrrad-Reiseführer)
ISBN 3-921939-32-1

Umschlaggrafik: Jutta Herold

1. Auflage April 1991

ISBN 3-921939-32-1

Druck: Kube + Partner GmbH, W-1000 Berlin 61

Inhalt

Eine Etappen-Übersichtskarte (ausklappbar) befindet sich am Ende des Buches.

Abbildungsnachweis:
Fotos auf S. 11, 51, 173, 201, 250, 287: NORDIS picture pool. Alle übrigen Fotos, Karten und Zeichnungen stammen vom Verfasser.

Mit dem Fahrrad auf Reisen: Norwegen

Wohl in keinem anderen europäischen Land findet man eine so vielfältige und kontrastreiche Landschaft vor wie in dem vom Skaggerak bis zum Nordkap reichenden Land der Mitternachtssonne. Tiefe Fjorde, blauschimmernde Seen, endlose Nadelwälder und wie mit Puderzucker bestreute Berge unter dramatischen Wolkenformationen - diese Bilder erscheinen vor unserem geistigen Auge in Verbindung mit Norwegen. Und das Wunderbarste ist - alle diese Träume sind wahr. Auf Schritt und Tritt fährt der Radreisende an Wasserfällen, Seen, Bergen und tiefblauen Fjorden mit vorgelagerten Inseln vorbei.

Norwegen ist ein Land der Superlative. Würde man es an seiner Südspitze um 180° drehen, dann läge das Nordkap im Mittelmeeer. Norwegen ist ein "Meeresland", überall prägt die nahe See das Wetter, die Landschaft und die Menschen. Norwegen lebt vom Meer. Nichtsdestoweniger besteht es zu mehr als zwei Dritteln aus Bergen und Hügeln. Norwegen ist neben Island das am dünnsten besiedelte Land Europas. Wer Einsamkeit und Natur pur erleben will, ist hier mit Sicherheit richtig. Als Fahrradreisender stellt man auch bald fest, daß es sich auf Norwegens Straßen sehr angenehm fahren läßt. Auf den Reichsstraßen gibt es nur wenig Verkehr, und die Straßenbeläge haben sich seit dem Ölboom von dem Ruf der Schotterpisten befreit.

Fahrradreisen ist die beste Form des Erlebens der faszinierenden Eindrücke, die das Land bereithält. Das liegt nicht nur an der optimalen Erlebnisgeschwindigkeit, nicht nur am Genuß physischer Betätigung in klarer Luft, sondern auch an den visuellen Reizen, die den Radfahrer ständig aufs Neue herausfordern.

Aber gibt es bei all diesen Verlockungen nicht auch einen Haken? In der Tat, Norwegen ist vom Relief her kein ideales Fahrradland, wie man es sich landläufig vorstellt. Radtouristen sollten sich bewußt sein, daß die Höhenunterschiede teilweise sehr groß sind und gewisse Anforderungen an den physischen Leistungswillen des Radlers stellen. Besonders im Westen (Vestlandet) wird die Ausdauer auf eine harte Probe gestellt. Auch ein angemessen ausgestattetes Rad ist nicht der Weisheit letzter Schluß, entscheidend ist vielmehr die innere Einstellung, die Berge nicht nur als unbezwingbare Wand, sondern als Ort höchster Genüsse auf dem Sattel zu sehen. Wer sich von dem "inneren Schweinehund" emanzipiert, der wird im Bergfahren keinen ständigen Kampf sehen, sondern in seinem ureigensten Rhythmus die Straße emporkurbeln. Der Lohn wird um so größer sein, eine grandiose Schnee-Berglandschaft umhüllt den Emporkömmling, und stundenlange Abfahrten warten am anderen Ende der Tour.

Auf der R 55 über das Sognefjell

Im norwegischen Alltag spielt das Fahrrad nur eine untergeordnete Rolle. Aus diesem und anderen Gründen ist für eine Radreise durch Norwegen einige logistische Vorbereitung von Nöten. Dieser Fahrradreiseführer gibt Hinweise hierzu und stellt Norwegens fünf Hauptregionen Østlandet, Vestlandet, Sørlandet, Trøndelag und Nord Norge vor. Der Schwerpunkt dieses Buches liegt aus mehreren Gründen in dem Bereich südlich von Trondheim, obwohl auch der Norden seine Reize hat. Für die ausführlichere Darstellung der südlichen Hälfte Norwegens sprachen folgende Punkte: im Norden ist die Witterung fahrradunfreundlicher (kühl und häufige Niederschläge), die Entfernungen sind gewaltig, die gesamte Infrastruktur ist wesentlich dünner, und die Straßen sind schlechter. Nicht zuletzt ist der Süden mit seinen großen Gebirgen und Talungen, mit seinen Bewohnern und deren kulturellen Leistungen insgesamt interessanter - zugegebenermaßen eine subjektive Bewertung.
Aber auch die Nordnorwegenfreunde finden in diesem Buch einige Hinweise und Etappenvorschläge. Norwegen ist kein einfaches Fahrradland, aber wer es wagt, der wird immer wieder kommen.

Anleitung zur Benutzung

Informationen über Benzinpreise fehlen in diesem Reiseführer: er ist voll und ganz auf Fahrradreisen ausgerichtet und verzichtet daher auf alle Details, die für Radler unwichtig sind. Stattdessen legt dieses Buch Wert auf Fahrrad-Werkstätten und Fähren, preisgünstige Unterkünfte, gute Landkarten und ruhige Nebenstraßen.

Das sechstgrößte (und in der Nord-Süd-Erstreckung längste) Land Europas ist geographisch ein Teil Skandinaviens, aber aufgrund der Geschichte und der kurzen räumlichen Distanz des Südens zum restlichen Europa immer schon eng mit diesem verknüpft. Die stärkste Beziehung hat das Land jedoch zu seinem östlichen Nachbarn Schweden, schließlich bildeten beide in früheren Zeiten mehrmals - mehr oder weniger freiwillig - ein gemeinsames Reich.

Norwegen weist eine Fülle von nationalen Eigenheiten auf, deren Kenntnis für den Touristen durchaus nützlich ist, will er nicht stetig mit staunend geöffnetem Mund als lebender Fliegenfänger durch die Gegend radeln. Etwas Hintergrundwissen über Norwegen und die dort lebenden Menschen steht deshalb am Anfang des Buches.

Im Anschluß an die Hintergrundinformationen sind jene kleinen Dinge zusammengestellt, die der Besucher Norwegens wissen sollte und möchte, wie z.B. Anreisemöglichkeiten, Einreisebedingungen, geeignete Landkarten, innernorwegische Verkehrsverbindungen, Unterkünfte, Kulinarisches oder Details zu geeigneten Fahrrädern.

Der eigentliche Fahrrad-Reiseführer beginnt erst danach. Nach einer Vorstellung der Regionen des Landes wird Norwegen "etappenweise" behandelt. Dazu ist das Land in 112 (auf der am Ende des Buch befindlichen Übersichtskarte ersichtliche) Teilstrecken aufgeteilt, so daß ein weitgehend individueller Reiseverlauf ermöglicht wird. Die durchnumerierten Teilstrecken sind mit Kartenskizzen und Streckenverlauf ausführlich beschrieben, Städte und Sehenswürdigkeiten, teilweise in hervorgehobenen Kästen, behandelt. Detailinformationen zu einem Ort stehen im allgemeinen nur in jeweils einer Etappenbeschreibung; sie sind über das Register am Ende des Buches schnell zu finden.

Die Streckenführung der Etappen ist speziell auf die Belange des Fahrrad-Touristen abgestimmt: weitestgehend werden Nebenstraßen benutzt, landschaftlich und touristisch interessante Stätten ausgesucht.
Die Routenempfehlung beinhaltet keine Vorschriften über die zu vollbringende "Tagesleistung" - die Länge der Tagesstrecken bestimmen Sie ausschließlich selbst.

Namen von Ortschaften und Regionen Norwegens werden durchweg in norwegischer Schreibweise aufgeführt, also in der Form, in der sie Ihnen bei Ihrer Reise auch auf Schildern und Landkarten begegnen. Zu beachten ist jedoch, daß in den empfohlenen Cappelen-Karten der Umlaut ø als ö dargestellt ist, um die internationale Lesbarkeit zu erhöhen. Konsequenterweise werden Ortsnamen im Reiseführer genauso geschrieben, obwohl das richtige Norwegisch das ø benutzt. Betrachten Sie das ø und ö als synonym und beliebig konvertibel.
Die in den Beschreibungen enthaltenen Details über Ortschaften sollen sowohl der Vorauswahl der jeweils zu Aufenthalt und/oder Übernachtung angepeilten Dörfer und Städte dienen als auch touristische Tips "vor Ort" geben. Sie nehmen Ihnen jedoch nicht das Selbstentdecken der Orte ab; Näheres dazu in den Kapiteln über Übernachtung und Kulinarisches.

Die Auswahl der Informationen ist darauf gerichtet, daß sie einen guten Mittelweg zwischen den strikten Vorschriften üblicher "Radwanderführer" und den für Radtouristen unbrauchbaren Angaben gewöhnlicher Reiseführer bieten. Anhand dieses Fahrrad-Reiseführers allein werden Sie aber keine eigenverantwortliche Norwegenreise unternehmen können: als Ergänzung sind gute Straßenkarten unbedingt erforderlich. Die nötige Präzision einer vielfarbigen Karte kann mit den in diesem Buch enthaltenen Skizzen nicht erreicht werden.

Damit Sie nicht mit dem aufgeschlagenen Buch in der Hand durch Norwegen fahren müssen und womöglich dabei die besten Eindrücke verpassen, ist es sinnvoll, die Streckenführung im voraus mit einem Stift oder Textmarker auf die von Ihnen benutzte Karte zu übertragen. Markieren Sie sich Punkte mit Besonderheiten, zu denen Sie Informationen dann an Ort und Stelle nachschlagen können. Auf diese Art und Weise ist auch die Umkehrung einer Etappenbeschreibung kein Problem.

Manchmal bestehen Möglichkeiten zu kurzen Querverbindungen zwischen einzelnen Etappen. Sofern diese über offensichtlich sich anbietende Hauptstraßen führen, wird nicht besonders darauf hingewiesen; Nebenstraßenverbindungen sind in den Etappenbeschreibungen genannt.

Land und Leute

Stabkirche von Urnes am Lustrafjord

Fläche und Topographie

Norwegen erstreckt sich über eine Länge von 1752 km in Nord-Süd-Richtung entlang der Westflanke des Baltischen oder Skandinavischen Schildes. Die maximale Ost-West-Ausdehnung beträgt 430 km, im Norden verjüngt sich das Land an einer Stelle bis auf 6,3 km. Mit einer Fläche von 387000 km² ist Norwegen nach dem europäischen Teil der Sowjetunion, Frankreich, Spanien, Schweden und Italien das sechstgrößte Land Europas. Diese Zahl enthält auch den norwegischen Anteil an der Nordmeerinsel Spitzbergen (63000 km²). Geprägt wird Norwegen durch die *Skanden* (Skandinavisches oder Kaledonische Gebirge), die das gesamte Land von Nordosten nach Südwesten durchziehen. Die Landmasse des Baltischen Schildes ist geologisch sehr alt.

In erdgeschichtlich jüngerer Zeit wurde die Landoberfläche mehrfach durch gewaltige Eismassen überflossen und abgehobelt. Seitdem das Eis abgeschmolzen ist, hebt sich das Skandinavische Schild um mehrere Zentimeter pro Jahrzehnt. Die Gebirgsketten und Höhenzüge erscheinen also dem Besucher relativ sanft gewellt und abgerundet; außerdem werden mit 2469 m (Galdhøpiggen, siehe auch Jontunheimen-Nationalpark) nur geringere absolute Höhen erreicht, da die Berge weitgehend abgetragen sind. Für den Fahrradfahrer hat dies den kleinen Vorteil, daß die Steigungen etwas leichter zu bewältigen sind und, wenn man einmal auf der Höhe ist, oft stunden- oder tagelang auf der relativ ebenen Hochfläche (norw. vidde) radeln kann.

Die Norweger bezeichnen die über der Waldgrenze liegenden Gebiete (oder allgemeiner - Berg oder Gebirge) als *Fjell*. Das Fjell ist Bestandteil der "Utmark", des Teils des Landes, der außerhalb der bewirtschafteten Gehöfte liegt.

Norwegen und das Meer sind zwei untrennbar miteinander verbundene Welten. Die Länge der Festlandsküste beträgt 2650 km; zählt man aber die 150000 Inseln und zahlreiche Fjorde mit, ergeben sich 57000 km. Vor der Küste schließt die Strandflate (norw.) an, bestehend aus vielen kleinen Flächen mehr oder weniger buckelig-felsigen Tieflandes. Diese stellen trotz der oft nur sehr geringen Ausdehnung die wichtigsten Siedlungsflächen dar.

Es versteht sich von selbst, daß ein Land, das sich über mehr als 13 geographische Breitenkreise erstreckt, keine einheitliche Physiognomie aufweist. Der südlichste Punkt (Insel Kråka vor Mandal) liegt etwa auf der Höhe des schwedischen Göteborg, wohingegen der nördlichste Abschluß (Knivskjelloden auf Magerøy, nicht das eigentliche Nordkap) weit jenseits des Polarkreises am Europäischen Eismeer liegt. Traditionell werden fünf große Landesteile unterschieden:

- Østlandet (Ostnorwegen) mit 7 Regierungsbezirken (Fylke)
- Sørlandet (Südnorwegen) mit 3 Bezirken
- Vestlandet (Westnorwegen) mit 4 Bezirken
- Trøndelag (Trondheimgebiet) mit 2 Bezirken
- Nord-Norge (Nordnorwegen) mit 3 Bezirken

Die ersten 16 Bezirke werden auch unter Sør-Norge (Südnorwegen) zusammengefaßt.

Die Regionen

Østlandet (Ostnorwegen)

Das Østlandet wird im Norden von der Gebirgsschranke des Dovrefjell, im Osten von der schwedischen Grenze und im Westen von der Hardangervidda und Jotunheimen begrenzt. Im Süden stößt es an den Oslofjord und den Skagerrak. Das gesamte Gebiet ist stark bewaldet und im zentralen Bereich des Oslofjordes und entlang der Küste auch dicht besiedelt. Eine Reihe größerer Städte (Hamar, Gjøvik, Lillehammer, Drammen, Oslo, Frederikstadt u.a.) liegen hier. Die beiden Haupttalzüge sind das Gudbrandsdalen und das Østerdalen, die von den großen Flüssen Lågen und Gløma durchflossen werden. Die anderen großen Täler sind das Numedal östlich der Hardanger, das Hallingsdal, durch das die Bergenbahn verläuft, und ganz im Osten noch das Engerdal. Alle Täler laufen annähernd nordsüdwärts, durch die Abschirmung der vorgelagerten Gebirge sind sie relativ trocken. In den Talregionen liegen ausgedehnte landwirtschaftliche Flächen (besonders Mjösa und Oslo), und viele kleine Dörfer zeugen von einer langen Siedlungsgeschichte. Touristisch ist das Land sehr gut erschlossen, was aber nicht heißt, daß es dort auch voll sei. Im Westen greifen die beiden großen Gebirgsmassive der Hardanger und Jotunheimen weit in das Østlandet hinein, so daß dort auch mehr im Sattel geklettert werden muß. Es gibt aber keine Etappen mit der Schwierigkeitsstufe > > >. Im mittleren Teil und im Süden ist es deutlich weniger anspruchsvoll als in den anderen Landesteilen.

Sørlandet (Südnorwegen)

Das Sørlandet ist eine Übergangsform zwischen dem kontrastreichen Fjordland und dem Østlandet. Es wird von gemäßigten Bergen bis etwa 900 m Höhe durchzogen und ist außerhalb der Küste - besonders im Übergang zur Telemark - bewaldet. Entlang der Küste reihen sich wie Perlen auf einer Schnur eine Reihe von größeren - historisch seit dem 16. Jh. gewachsenen - Hafenstädten (Arendal, Risør, Kristiansand, Mandal u.a.) auf. Diese Orte sind touristisch häufig wegen ihrer schönen Strände begehrt; die Wassertemperaturen liegen bei etwa 16-19 °C, und zusammen mit der recht warmen Luft kann man hier ohne großes Härtetraining ins Wasser steigen. Auch die Nächte sind wärmer als in anderen Gegenden Norwegens. Vor der Küste liegt eine Unzahl zerklüfteter Schären (in der exakten Übersetzung des norw. Begriffs *skårgård* eigentlich Schärenhof, oft wird er falsch mit Schärengarten übersetzt). Das sind kahlgehobelte Relikte der Eiszeit, nach dem Abschmelzen des Eises im Meer ertrunken; an ihnen gibt es eine Vielzahl einsamer Buchten. Die Küste wird von Fjorden durchzogen, die erheblich kleiner als in Westnorwegen sind. Die Sommer sind recht warm und sonnig, im Winter gibt es wegen des nahen Meeres viel Schnee. Landschaftlich sind einige Bereiche eher unspektakulär (eine gewisse Ähnlichkeit mit den Wäldern Østlandets). Die Fichte als dominierende Baumart läuft nach Westen hin aus. Andererseits verlaufen im Sørland so grandiose Talzüge wie das Setesdal und das Sirdal vom Meer ins Landesinnere.

Vestlandet (Westnorwegen/Fjordland)

Das Vestlandet ist mit Sicherheit der interessanteste, spannendste, aber auch anstrengendste Landesteil. Die drei Bezirke Rogaland, Hordaland und Møre og Romsdal bilden das eigentliche Fjordland. Sie werden von den gewaltigen Fjordsystemen Bokna-, Hardanger-, Sogne- und Nordfjord durchzogen. Große Teile der alten Gletschertröge liegen heute unter Wasser, da der Meeresspiegel nach dem Ende der Kaltzeit um mehrere hundert Meter angestiegen ist. Der Sognefjord ist mit 184 km der längste und an der tiefsten Stelle 1300 m tief. Ein radtouristischer Nachteil, neben den teilweise beträchtlichen Höhenunterschieden, sind die häufigen Niederschläge, mit denen man hier konfrontiert wird. Besiedelt ist vorwiegend die Küste (Bergen, Stavanger, Ålesund u.a.), aber auch im Inneren der großen Fjorde liegt eine Vielzahl von kleineren Städten. Große Teile von Westnorwegen werden von den Hochgebirgen Jotunheimen und Hardangervidda eingenommen. Die vier westnorwegischen Gebirgszüge Hardangervidda, Jotunheimen, Trollheimen und Dovre werden manchmal unter dem Begriff Langfjell zusammengefaßt. Die großen Gletscher liegen im Jotunheimen-Massiv; die Gletscher Norwegens sind die größten Europas. Der Jostedalsbreen bedeckt als Plateaugletscher eine Fläche von 486 km^2 und weist eine Mächtigkeit von 400-500 m auf. Nur die isländischen Gletscher sind noch gewaltiger.

Einige Etappen dieses Buches führen Sie durch das Hochgebirge. Das bedeutet aber auch, daß gewaltige Höhenunterschiede (bis 1440 m) überwunden werden müssen (Tip: s. *Verkehrsverbindungen*). Wenn Sie hingegen am Fjord entlangreisen, stellen sich Ihnen keine nennenswerten Höhendifferenzen in den Weg. Die Etappen an der Küste springen vielfach von Insel zu Insel.

Trøndelag

Im Norden grenzt an das Fjordland der Trøndelag mit seinen beiden Bezirken Sør-Trøndlag und Nord-Trøndelag. In diesem Buch werden in Sør-Tröndelag mehrere Etappen beschrieben, wohingegen Nord-Tröndelag schon zu den knapper dargestellten Nordprovinzen gezählt wird. Sør-Trøndelag flacht vom bergigen Westen (Trollheimen) und Süden (Dovre) zum Trondheimfjorden stark ab. Dort finden Sie ausgedehnte Felder, die eines der fruchtbarsten und wichtigsten Anbaugebiete Norwegens darstellen. Im Trøndelag wird es im Herbst recht schnell kühl (um so stärker, je weiter Sie vom Meer weg sind). Hingegen haben Sie im Sommer extrem lange Tage und angenehme Temperaturen in dem dünn besiedelten Bezirk. Weiter nach Norden werden die Fjorde kleiner, und die Landschaft wird immer mehr durch arktische Züge geprägt. Aber auch die Wälder nehmen einen großen Teil der Lagen zwischen 300 und 600 m Seehöhe um den Trondheimfjord ein. Nach Osten hin steigt das Gebirge bis auf ca. 1000 m an, so daß dort auch der Wald ausdünnt und schließlich ganz aufhört.

Nord-Norge

Die Bezirke Nordland, Troms und Finnmark werden unter Nord-Norge (Nordnorwegen) zusammengefaßt.
Ihr Gebiet unterscheidet sich durch eine sehr geringe Bevölkerungsdichte (ca. 4 Einw./km^2), dünnes Straßennetz, weniger als ein Dutzend größere Orte und eine Landschaft mit stark arktischen Zügen wesentlich vom restlichen Norwegen. In diesem nördlichen Drittel (113000 km^2) des Landes wohnen nur 12 % der Bevölkerung, vorwiegend entlang der Küste.
Dichte Wälder gibt es nicht mehr, die lichte Birken-Fjell-Vegetation dominiert und geht nach Norden und in den Hochlagen in baumloses Fjell mit kriechenden Sträuchern und Flechten über.

Radtouristen müssen die geringe Dichte des Versorgungsnetzes und die manchmal kühlen Wetterbedingungen (auch im Sommer bis 0 °C) berücksichtigen. Das Relief bewegt es sich unter 800 m ü.NN. Straßen im Hinterland sind teilweise wegen des andauernden Auf und Ab sehr anstrengend zu befahren.
Die Straßendecken der Reichs- und Bezirksstraßen sind in den letzten Jahren kontinuierlich an das Niveau der anderen Landesteile angepaßt worden, unasphaltierte Stücke sind nur noch auf weniger als ca. 5 % der Landeshauptstraßen zu finden. Die Bezirks- oder Gemeindestraßen weisen hingegen noch oft Schotter-, Ölkies- oder Grusdecken auf.

Klima, Vegetation und Tierwelt

Das Wetter in Norwegen unterscheidet sich beträchtlich von den aus Mitteleuropa bekannten Normen und weicht auch grundlegend von dem des benachbarten Schweden ab; es ist in Norwegen extrem vom Meer beeinflußt. Lediglich die Leeseiten der großen Gebirge Hardangervidda, Jotunheimen, Trollheimen und Dovre weisen ein Klima mit großen Temperaturamplituden und wenig Niederschlag auf.
Motor des norwegischen Wetters ist die Verlängerung des warmen, aus der Karibik kommenden Golfstroms: der Nordatlantikstrom. Bei genauer Betrachtung sind es aber die globalen Windzirkulationen, die vom Südwesten nach Skandinavien wehen, dabei das Meereswasser vor sich herschieben und später feuchtigkeitsgeschwängert auf die Bergwelt Norwegens treffen.
Das extrem bergige Relief des Landes beeinflußt das Klima überall entscheidend. Hauptmerkmal sind die hohen Niederschläge, die zwischen 240 mm (Hjerkinn) und über 3000 mm (Jotunheimen) auseinanderklaffen. Die feuchten Winde vom Atlantik werden von den Bergen entlang der Küste zum Aufstieg gezwungen, so daß sie dort einen großen Teil ihres Wassers abregnen.
So ist es für Norwegen typisch, daß Sie unter einer geschlossenen Wolkendekke radeln und es unter den dunkelsten auch mal feuchter wird. Schlechtwetterperioden, an denen es drei Tage durchgehend kräftig regnet, sind ebenfalls nicht so selten. Die häufigste Witterung ist jedoch im Sommer ein aufgelockerter Himmel mit einigen Schauerwolken, am ehesten noch mit unserem Aprilwetter zu vergleichen, aber in den unteren Lagen deutlich wärmer. Aber auch Hitzeperioden mit Temperaturen bis zu 25 °C kommen in Ostnorwegen häufig vor. Unglücklicherweise sind die Sommermonate August und September im Binnenland die niederschlagsreichsten (Konvektionsniederschläge). Die trockenste Jahreszeit ist überall der Frühling, jedoch macht dann die oft noch geschlossene Schneedecke das Radfahren unmöglich. Wer realistisch ist und nicht nur auf Meereshöhe radeln will, sollte nicht vor Mai aufbrechen.

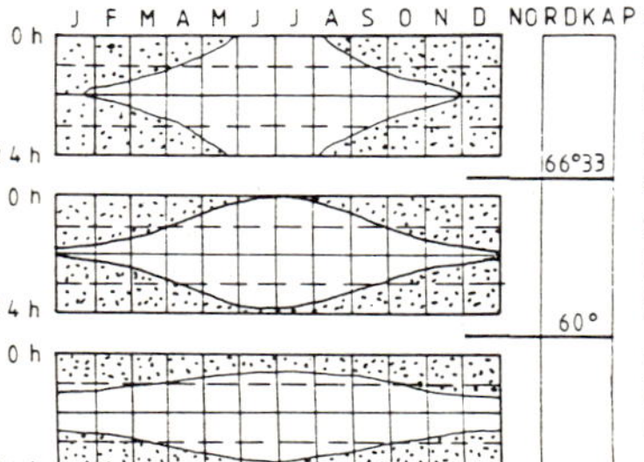

Tageslänge

Je weiter Sie nach Norden fahren, desto länger werden die Tage. Schon in Südnorwegen ist der Tag deutlich länger als in Mitteleuropa, oft erschöpft sich die Nacht in einer langen Dämmerung. Doch die Mitternachtssonne in Echtform können Sie frühestens am Polarkreis (66° Nord) erleben, am 21. Juni.
Die Winde wehen tagsüber fast immer vom Meer aufs Land - im Binnenland aus allen Richtungen (vorw. West und Süd).

Windrichtungen im Juli — *Temperaturen im Juli* — *Niederschlag*

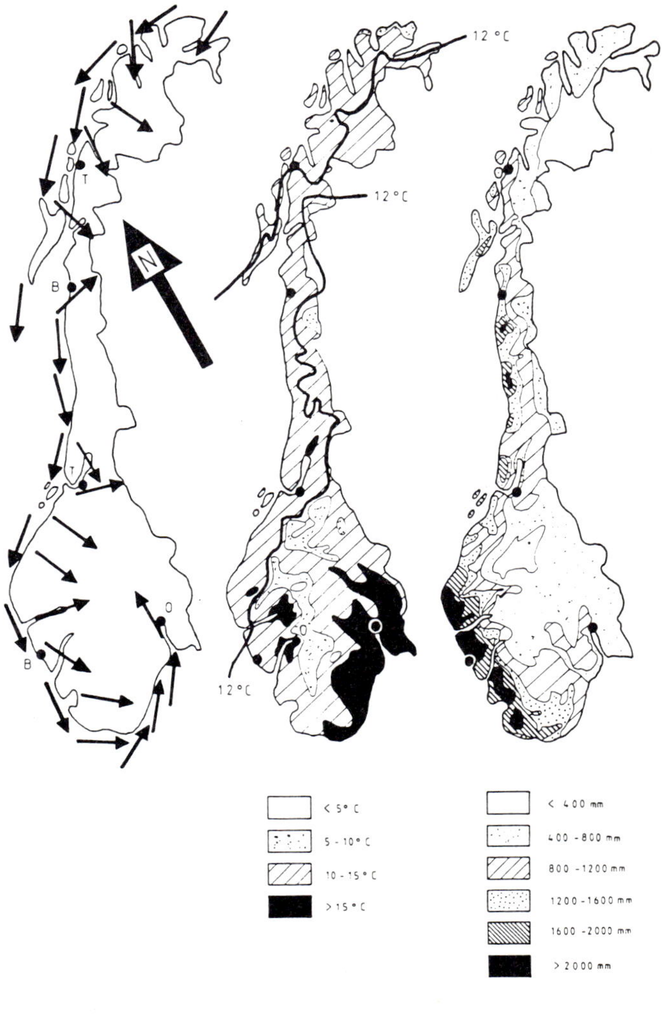

Die Karten und Tabellen geben Ihnen genauere Aufschlüsse. Wer auf trockeneres Wetter Wert legt, sollte möglichst in den Süden und Osten fahren. Wer extremere Landschaft erleben will, muß im Westen halt auch Regen in Kauf nehmen.

Wichtig ist noch festzuhalten, daß Sie in einem Hochgebirgsland reisen. Sie sollten also je 100 m Höhendifferenz mit ca. 1 °C (trockenes Wetter) bzw. 0,5 °C (bei feuchtem Wetter) Temperaturrückgang rechnen. Das bedeutet, daß Sie im Fjell auch im Sommer mal durch Schneeschauer fahren können. Nachts kann es in den Hochlagen bei Ostwind bis 0 °C kalt werden.

Das Pflanzenkleid des nordischen Landes unterscheidet sich stark vom gewohnten Bild. Laubwälder mit Rotbuchen, Eschen, Haseln, Linden und Stechpalmen gibt es eigentlich nur an der Südküste, sehr vereinzelt auch weiter im Norden. Große Waldflächen werden von Nadelbäumen bedeckt. An die Nadelwaldstufe schließt sich mit zunehmender Höhen- oder Breitenlage die subalpine Stufe der Zwergbirken (Fjellbirke), Erlen und Weiden an. Alle etwas größeren Pflanzen wachsen hier bis zu einer gemeinsamen Höhe (ca. 1 m). Auf diesem Niveau schließt im Winter die Schneedecke ab, so daß darüber hinausragende Triebe unweigerlich erfrieren oder von den umherfegenden scharfen Schneekristallen zerschmirgelt werden. Die Waldgrenze steigt von 500 m in Westnorwegen bis auf 1200 m im östlichen Jotunheimen, nach Norden hin sinkt sie kontinuierlich bis auf Meeresniveau. Sehr verbreitet sind an feuchteren Stellen Binsen und das im Hochsommer wunderschön mit kleinen flauschigen Wattebällchen blühende Wollgras. Die Moore - besonders in Westnorwegen - spielten bis zum Zweiten Weltkrieg zur Torfgewinnung zwecks Hausbrand und Stalleinstreu eine bedeutende Rolle.

Jeder, der nach Norwegen reist, wird von dem Wunsch beseelt, nicht nur die Blech-Elche auf den Verkehrsschildern zu sehen, sondern auch mal einen echten zu Gesicht zu bekommen. Die Aussichten sind aber nur in den Waldgebieten (besonders Ostnorwegen) gut, und dort am besten in der Dämmerung oder nachts. Häufiger werden Sie in den Hochlagen Schafe oder Ziegen treffen. Das Ren lebt nur in der Hardangervidda als echtes Wildtier, die anderen im Norden sind domestiziert. Die Vogelwelt ist im Binnenland nicht so artenreich wie die Mitteleuropas, hingegen gibt es sehr viele verschiedene Seevögel. Das letzte Wolfsrudel in Nordnorwegen steht auf der Abschußliste, trotz des Protestes der skandinavischen Umweltverbände, da jeder Wolf, der Haustiere anfällt, erschossen werden darf; die Bauern erhalten dennoch eine Entschädigung vom Staat. Ganz vereinzelt gibt es noch Braunbären. Das Tier mit der größten Verbreitung ist sicherlich die Mücke.

Mücken

Viel wurde schon über diese kleinen Plagegeister aus Skandinavien berichtet. Sie sollen teilweise den Himmel verdunkeln oder so dicht fliegen, daß man seinen Hut in der Luft ablegen kann, ohne daß er zu Boden fällt. Eine wirklich mit durchgreifendem Erfolg verbundene Methode, sich vor Mücken zu schützen, gibt es nicht.

Mücken und Fliegen wird man in Norwegen überall außerhalb der größeren Städte antreffen. Die größte Dichte ist in Mooren, feuchten Fjellflächen und an Seen zu finden. Hier setzt der erste Schritt der Schadensvermeidung an: man sucht dort, wo es möglich ist, andere Zeltplätze. Insbesondere windige Stellen bieten guten Schutz. Daher wird man an der Küste nicht so stark belästigt.
Der zweite Schritt ist die passive Sicherung durch Mückennetze und dichte feste Kleidung. Die Kleidung muß wirklich dicht sein (feste Baumwolle, Nylon von Regenzeug) und sollte nicht direkt auf der Haut aufliegen. Durch mitteldikke Lagen aus Pullovern oder Hemden stechen die Mücken hindurch, ohne mit der Wimper zu zucken. Die Farbe scheint nicht von Bedeutung zu sein, jeder kann hier kreativ eigene verhaltensphysiologische Experimente durchführen. Ein Hut mit Netz und ein Halstuch bringen große Erleichterung und schützen besonders die exponierten Kopfpartien. Mücken setzten gezielt auf dünnhäutige Stellen (Kopf, Hals und Fußoberseiten und Knöchel) an, wo der durchschlagendste Erfolg zu erwarten ist. Zuletzt kann man dann noch zur aktiven chemischen Selbstverteidigung mit den einschlägigen Mitteln greifen. Das bekannte Mittel Autan (von Bayer, ein Kontaktgift) ist so gut wie wirkungslos, wohingegen das etwas aggressivere Dschungelöl aus Schweden relativ gute Wirkung verspricht. Eigene Versuche mit Nelkenöl waren mittelmäßig erfolgreich.

Hingegen meiden Mücken Rauch in jeder Form. Sei es ein Feuer, Räucherstäbchen aus dem Asienladen bzw. der Tabakrauch (endlich ein Argument für das Rauchen!). Schwierig ist die Beantwortung der Frage, ob Mücken von ihren Opfern ablassen, wenn jene einen intensiven Geruch (Knoblauch, Schweiß) absondern. Einleuchtend wäre dies, da dadurch das chemische Ortungssystem der Mücken für die Warmblüter gestört werden könnte - andererseits gibt es auch genau anderslautende Berichte.

Das oftmals angepriesene Einehmen von Vitamin-B-Präparaten ist nur eine unnütze Belastung für den Körper, da es keine Wirkung auf die Tiere zeigt. Außerdem ist es ein Gerücht, daß die Stechlust der Mücke nachts zum Erliegen kommt.

Bevölkerung

Die 4,16 Millionen Norweger verteilen sich auf eine Fläche von 324000 km². Die daraus resultierende Bevölkerungsdichte von 12,8 Einwohnern/km² (Deutschland 217 Einw./km²) ist nach Island die geringste in Europa. In der Finnmark kommen auf einen Quadratkilometer nur noch 1,7 Einwohner.
Annähernd 50 % der Menschen wohnen in Städten über 2000 Einwohner. Die Bevölkerung konzentriert sich hauptsächlich in der Region des Oslofjordes und zieht sich dann in einem breiten Band, das nach Norden hin immer schmaler wird, die Süd- und Westküste hoch. 80 % der Norweger wohnen weniger als 15 km von der Küste entfernt. Unterbrochen wird dieses Siedlungsmuster nur von den Tälern und Fjorden sowie von der Region um Trondheim, die auch etwas dichter bewohnt ist. Wegen der geringen Bevölkerungsdichte kommt kleinen Orten wie etwa Dombås im oberen Gudbrandsdalen mit seinen 1800 Einwohnern schon die Funktion eines Mittelzentrums zu. Außer in Städten und Dörfern lebt ein recht hoher Anteil der Norweger im Landesinneren in Streusiedlungen, die das Ergebnis einer jahrhundertelangen agraren Siedlungsform sind. Sehr oft findet man die zu einer solchen Siedlung gehörenden Kirchen einige Kilometer außerhalb unter der Ortsbezeichnung mit dem Zusatz "Kirke". Dies ist gerade insofern merkwürdig, da auf diese Weise einer der wenigen gesellschaftlichen Treffpunkte wieder bewußt ins Abseits gesetzt wird. Aber es entspricht durchaus der Mentalität des Norwegers, die klischeehaft mit den Eigenschaften naturverbunden, einzelgängerisch, stolz und patriotisch charakterisiert werden kann. Zu einem der markantesten Züge norwegischen Lebensstils gehört die Wochenendtour in die einsame Hütte an der See oder in den Bergen zum Angeln, Jagen und Wandern. Fast jede Familie nennt ein solches Kleinod ihr eigen.

Die allgemeine Zurückhaltung der Norweger gegenüber mitmenschlichen Kontakten löst sich an einem der Festtage, die sie durchaus zu feiern wissen. Besonders markant ist ein Aufleben am Mittsommertag zu beobachten, das traditionell am Tag der Sommersonnenwende, heute immer am nächstgelegenen Freitag gefeiert wird. Auf den Skagerrak-Fähren fällt der zum Feiern zur Hilfe genommene Alkohol unangenehm auf, der im Land nur sehr rigide ausgeben wird. Kurioserweise hatten die Väter der Verfassung 1814 einen Passus vorgesehen, der jeder Familie das Brennen von Alkohol zum eigenen Gebrauch gestatten sollte. Der unbeschwerte, fröhliche Umgang mit den Mitmenschen ist in zahlreichen Formen ritualisiert, z.B. in dem jährlichen Neujahrs-Skispringen auf der berühmten Holmenkollenschanze in Oslo, wo sich garantiert auch der König sehen läßt, und in zahlreichen Skirennen und Volksläufen.

Im Gegensatz zu anderen Ländern Mitteleuropas ist die Bevölkerung relativ homogen, d.h. es gibt kaum ethnische Minderheiten. Die beiden einzigen echten

Minoritäten sind die Samen (von Unkundigen als Lappen bezeichnet), von denen in Nordnorwegen etwa die Hälfte des 50000 umfassenden Volkes leben, und die 7000 Kvener, eine finnische Gruppe baltischen Ursprungs. In Südnorwegen leben etwa 10 % der Samen im Trøndelag und im Bezirk Hedmark. Doch nur etwa 2000 betreiben die Rentierhaltung noch als Haupterwerb. Die Samen, die zwar in ihren angestammten Siedlungsgebieten im Norden über besondere Rechte verfügen, haben ansonsten wegen ihrer geringen Zahl keine Möglichkeiten zur kulturellen Selbstdarstellung. Die Samen "sind als Volk ohne Staat" über Norwegen, Schweden, Finnland und die Sowjetunion verteilt; das Herkunftsland ist bis heute nicht geklärt.

Die von der Anzahl wesentliche größere Minderheiten-Gruppe sind die Ausländer und Gastarbeiter, von denen etwa 100000 (entspricht 2,4 % der Bevölkerung) in Norwegen leben. Als in den 60er Jahren große Ströme Arbeitswilliger aus dem Süden in die Länder West- und Mitteleuropas gingen, partizipierte Norwegen kaum an diesen Wanderungen, da zum einen die norwegischen Arbeitgeber kein Interesse hatten und zum zweiten der Arbeitskräftebedarf der Industrie gering war. Nach den heute gültigen Einwanderungsgesetzen von 1975 kamen hauptsächlich Flüchtlinge aus verschiedenen Ländern nach Norden. Große Gruppen der Gastarbeiter werden von den Engländern und Amerikanern der Ölindustrie (zus. 21 %) und den anderen Skandinaviern gebildet. Die letztgenannte Gruppe geht auf den schon 1955 durch die fünf skandinavischen Länder geschaffenen gemeinsamen Arbeitsmarkt zurück.

Die Norweger gehören anthropologisch zur nordischen Volksgruppe, die in der Tat zu einem hohen Prozentsatz groß, blond und blauäugig ist. Die statistische norwegische Frau wird 80 Jahre alt, wohingegen der Mann schon nach 73 Jahren das Zeitliche segnet. 87,6 % der Bevölkerung gehören der evangelisch-lutherischen Kirche an, die durch die Verfassung den Rang einer Staatskirche erhält. Die 10 Bistümer erhalten wie die anderen Religionsgemeinschaften Zuweisungen vom Staat. Bemerkenswert ist, daß bereits 1938 Frauen das Recht erhielten, ein Priesteramt zu bekleiden. Die anderen Religionsgemeinschaften machen zusammen 3,8 % aus.

Die meisten Norweger arbeiten in der Industrie, aber auch der Dienstleistungsbereich beschäftigt einen großen Anteil der Erwerbsttätigen, der zudem stetig zunimmt. Der Anteil des primären Sektors (Urerzeugung), geht weiter zurück, und damit entspricht die Erwerbsstruktur der einer hochindustrialisierten Nation. Angesicht der sehr hohen Lebenshaltungskosten für Touristen erwartet man, daß die Löhne entsprechend hoch sind. Tatsächlich liegen die Löhne unterer Einkommensgruppen umgerechnet erheblich über dem deutschen Durchschnitt, so daß das Verhältnis zur Lebenshaltung wieder in das rechte Licht rückt.

Zeugen der Geschichte

Die pleistozänen Eiszeiten, die Nordeuropa bis 11000 v.u.Z. mit gigantischen Gletschermassen bedeckt hielten, sorgten dafür, daß die Geschichte der Menschheit in Norwegen später begann als in anderen Teilen der Erde. Aus der vor- und frühgeschichtlichen Zeit belegen Ausgrabungen, vor allem von Grabstätten, und zahlreiche Felszeichnungen die Existenz von menschlichen Ansiedlungen. Jäger und Fischer lebten hier, hinterließen aber nur wenig Spuren, meist ebenfalls in Form von Grabhügeln und Steinsetzungen wie Dolmen, Runensteinen und Schiffssteinsetzungen, d.h. Steinkreise in Schiffsform. Wegen des vergleichsweise späten Einzuges des Christentums und der damit verbundenen lateinischen Schriftkultur gibt es aus der Frühzeit norwegischer Geschichte nur Aufzeichnungen in der wenig leistungsfähigen Runenschrift.

Der Name Norwegen, als "Weg nach dem Norden", der wohl ursprünglich den Seeweg entlang der Küste bezeichnete, sagt viel über den Werdegang der Völker dort aus. Sie waren schon in prähistorischer wie auch in mittelalterlicher Zeit stärker nach Süden und Westen orientiert, da sie diese Ziele gut auf dem Seeweg erreichen konnten, wohingegen die durch Gebirge abgetrennten östlichen Gebieten auf dem Landweg nur schwer zugänglich waren. Auch die ausgedehnten Wälder nach Schweden schotteten den norwegischen Kulturkreis lange vor östlichen Einflüßen ab. Die stärksten Einflüsse übten der dänische, deutsche und angelsächsische Kulturkreis aus. Auch die Eiskammer des Nordens wirkte als Barriere, der einzige Austausch fand in der frühen Neuzeit durch die Wanderung der Samen statt.
Die ältesten menschlichen Spuren (erste Funde 1925) stammen tatsächlich aus der Zeit, als das Eis gerade erst Skandinavien verlassen hatte, und sind ca. 12000-14000 Jahre alt. Es sind die Funde der Komsakultur (Alta/Finnmark) und der Fosnakultur (Møre og Romsdal) sowie der Nødtvestkultur an der West- und Südküste; allesamt waren Fischer und Jäger. Die jüngere Steinzeit brachte den Übergang von der Jagd zum Landbau mit Viehhaltung. Ab etwa 1500 v.u.Z. ist die Bronzezeit anzusetzen - mit zahlreichen Weiterentwicklungen und vielen gefundenen symbolhaften Felszeichnungen -, die ab 500 v.u.Z. durch die Beherrschung der Eisenherstellung abgelöst wurde. Die einfache Runenschrift, die mit Sicherheit 200 u.Z. anzusetzen ist, hinterließ nur ungenaue Aufzeichnungen aus den vorhergehenden Epochen, erst die Einführung des lateinischen Alphabetes durch die Christianisierung erlaubte eine genauere Rekonstruktion der Ereignisse.
Die Völkerwanderungen übten auch auf Norwegen starken Druck aus und lieferten in der Abwehr der Eindringlinge erste Anstöße zu einem geordneten Gesellschaftssystem. Sie führten im 7. Jh. zu ersten Kontakten zu den germanischen Stämmen südlich und westlich der Nordsee. Am Ende dieser Periode, die ganz Europa - ausgelöst durch Klimaverschlechterung - durchrüttelte, trat

Norwegen in das hellere Licht der Geschichte; die Ära der Wikinger begann im 8. Jh. und dauerte bis zum 11. Jh. Sie war eine Zeit der Expansion des Machtbereiches aller skandinavischen Wikingerstämme (Eroberungsfahrten nach Europa - insbesondere England - und Rußland, Island, Grönland und Labrador bis in den Orient).
Die Beherrschung der Eisenherstellung in großen Mengen erlaubt es den Wikingern, mit Hilfe der Eisennägel seetüchtige Schiffe zu bauen, die den Atlantik überquerten (z.B. Osebergschiff, Gokstadschiff). Als eine der Hauptursachen der großen Fahrten nimmt man heute die Überbevölkerung der doch wenig einträglichen Ackerbaugebiete, besonders in Westnorwegen, an. Aber auch die Stammesrivalitäten der einzelnen Gruppen spielten eine Rolle.
Die Wikinger fielen nicht nur als plündernde Horden über Europa her, sondern führten organisierte und planvolle Expeditionen zur Besiedlung fremder Länder durch. Die schnellen und wendigen Schiffe der Wikinger waren zu dieser Zeit der gesamten Konkurenz haushoch überlegen. Auch der Handel mit anderen europäischen Völkern erlebte seine erste Blütezeit. Das wichtigste Ereigniss, die Einigung der verschiedenen Wikingerstämme zu einem Reich unter König Harald Schönhaar (872 in der Schlacht von Hafrsfjord), liegt in dieser Zeit. Nach seinem Tod (931) zerfiel es jedoch wieder.
Nach 930 besiedelten die Wikinger Island und gründeten dort das Allting, eine gesetzgebende und richterliche Gewalt. 985 entdeckte Erich der Rote Grönland. Sein Sohn Leif Erikson wurde 1002 durch einen Sturm nach Neufundland verschlagen, dem er den Namen "Vienland" (Wiese- und Weideland) gab.

Der Zeitabschnitt von der Reichsgründung 872 bis 1319, dem Beginn der Union mit Schweden, wird als Zeitalter des Sagas bezeichnet. Erste Einflüße des Christentums machen sich ab 1000 u.Z. bemerkbar. Aus den Kämpfen um das Erbe von Harald Schönhaar ging Olav der Erste als Sieger hervor. Er trieb mit Hilfe englischer Mönche das Christentum mit brutaler Gewalt in die Köpfe der Wikinger.
Olav II. (auch "der Heilige" genannt, vielleicht die bedeutendste Persönlichkeit der norwegischen Geschichte) stellte die Einigung des Reiches wieder her und vollendete die Christianisierung. Er liegt im von ihm begründeten Nidarosdom in Trondheim begraben.
Zu dieser Zeit begann eine von feudalen und klerikalen Strukturen geprägte Gesellschaft, in der die Bauern Abgaben an die Kirche zu leisten hatten. Eine erste Rechtsordnung wurde entwickelt. Die Oberaufsicht über die Kirchen von Dänemark, Schweden und Norwegen hatte das Erzbistum Bremen.
Kurz nach seinem Tod begann die Verehrung Olav II. als Märtyrer und Vorkämpfer der nationalen Freiheit gegen den ständig wachsenden dänischen Einfluß. Der Schrein im Dom von Trondheim war bis zur Reformation das Ziel unzähliger Pilger, die den mühe- und gefahrvollen Weg über das Dovrefjell auf sich nahmen. Olav II. ist bis heute ein nationale Figur geblieben.
Das 12. und 13. Jh. ist durch eine Festigung des Königreiches und viele Stadt- und Bistumsgründungen geprägt. Die heute noch dominierenden Stadt- und

Handelszentren Oslo, Stavanger, Trondheim und insbesondere Bergen entstanden. Der Bau der Stabkirchen fällt ebenfalls in diese Zeit; von den ursprünglich mehreren hundert Kirchen sind nur 30 erhalten. Die Mönche führten den Obstanbau in den Fjorden ein und gründeten zahlreiche Klöster (Lyse, Utstein). Das folgende 14. Jh. war mit einer Krise des Reiches verbunden, ausländische Kräfte wie die Hanse begannen, die Hauptrollen zu übernehmen.

Der Niedergang begann 1319 mit der Union mit Schweden und setzte sich 1380 in der mit Dänemark fort. Mitte des 13. Jh erstarkte der Handel. Die Kaufmannsschichten erhielten verschiedene Privilegien, und 1347 gründete die Deutsche Hanse in Bergen ihr erstes Kontor, die "Tyskebrygge" (Deutsche Brücke) oder auch nur "Brygge". Bergen wuchs zur größten Stadt in Skandinavien. Die Hanse beherrschte fast 200 Jahre den Handel auf der Nordsee. Später wurden weitere Filialen in Oslo und Tönsberg gegründet, so daß auch der Ostseehandel unter ihre Kontrolle kam. Die Norweger verloren jeglichen Einfluß, und Mitte des 1. Jh. raffte die Pest fast die Hälfte der 350000 Norweger hin, viele Regionen wurden für lange Zeit entvölkert.
Nach dem Ende der Union mit Schweden (1523) und dem Niedergang der Hanse ab 1550 war Norwegen bis 1814, dem Jahr des Verfassungsausrufes, nur ein Anhängsel des dänischen Königreiches. Die Dänen verjagten den Erzbischof von Trondheim und brachten die Reformation in das Land. Das Dänische wurde zur Umgangs- und Schriftsprache. Die wirtschaftliche Entwicklung erhielt deutliche Impulse, als Anfang des 17. Jh. mit dem Bergbau in den Kupferminen von Røros und in den Silberminen in Kongsberg begonnen wurde und die Nutzung der Wasserkraft (Sägemühlen, Schöpfwerke und Aufzüge in den Bergwerken) in die Gänge kam. Bereits im 16. Jh. konnte sich der Schiffsbau in Südnorwegen etablieren, der einen regen Fisch- und Holzhandel nach England und Holland initiierte. Zu dieser Zeit verlagerten nämlich die großen Heringsschwärme ihre Laichzüge vor die Südwestküste, was im Norden Hungersnöte auslöste. Die Küstenstädte bauten ihre Handelmonopole aus und brachten es zu großem Wohlstand. Der wirtschaftliche Aufschwung und der große Nordische Krieg (1700-1721) stärkten das Nationalbewußtsein.
Die Napoleonischen Kriege (1807-1814) zwischen den Staatenbündnissen Norwegen und Dänemark als Teile des Napoleonischen Reiches und auf der anderen Seite Schweden, England und Preußen zwangen Dänemark 1814, Norwegen an Schweden abzutreten. Die Norweger hatten unter der Kontinentalblockade (Unterbrechung der lebenswichtigen Getreidelieferungen) durch England und der Behandlung durch die Dänen als willfähige Kolonie sehr gelitten und nutzten die Verwirrung der Stunde, um am 17. Mai 1814 eine eigene Verfassung auszurufen. Schweden setzte dem freiheitlichen Treiben aber noch im gleichen Jahr mit massivem Druck ein Ende und band Norwegen bis 1905 (Union) an sich.
Das 19. Jh. brachte zahlreiche Veränderungen. Die Kontakte zu den anderen Ländern Europas brachten die Industrielle Revolution auch nach Norwegen. Die Veränderungen in der Land- und Waldwirtschaft und dem Bergbau zogen

große Umstrukturierungen im gesellschaftlichen Gesamtgefüge nach sich. Die ersten Eisenbahnen wurden gebaut, es entstand ein Telegraphennetz, küstennahe Industriezweige (Textil, Zellulose) entstanden, und aus dem Küstenfischfang entwickelte sich die Hochseefischerei. Auch der Walfang und die Robbenjagd erfuhren ihren ersten Höhepunkt; die norwegische Flotte wuchs gewaltig. Henrik Ibsen und Edward Grieg schrieben zu dieser Zeit ihre Weltwerke. Trotz der wirtschaftlichen Expansion und der relativen Eigenständigkeit unter der schwedischen Krone lebten viele Menschen wegen des drastischen Bevölkerungswachstums in Armut. Diese führte zu den großen Auswanderungswellen zwischen 1860 und 1910, als insgesamt 850000 Menschen nach Amerika gingen. 1905 trennte sich Norwegen nach einer Volksabstimmung von Schweden. Im Ersten Weltkrieg blieb das Land zusammen mit Schweden und Dänemark neutral, verlor aber einen großen Teil seiner Handelsflotte. Nach dem Krieg erhielt Norwegen Spitzbergen und nach der Gründung des Völkerbundes 1920 einen Sektor des von dem Norweger Roald Amundsen zuerst erreichten Südpols.

Die strategische wichtige Lage Norwegens als Erzlieferant der deutschen Kriegsindustrie über den Hafen Narvik beim Ausbruch des Zweiten Weltkrieges wurde Norwegen zum Verhängnis. Hitler beschloß, Norwegen zu besetzen. In der Aktion "Weserübung" wurde das Land bei Nacht und Nebel eingenommen. Nachdem Hitlers Armeen in der Nacht zuvor Dänemark überrannt hatten, fuhren sie in den frühen Morgenstunden des 9. April 1940 in den Oslofjord ein. Die Nazis fürchteten, daß die Engländer in Norwegen landen und dadurch den Erznachschub unterbrechen würden. Im Norden griffen die Engländer jedoch sofort nach der Besetzung von Narvik die deutschen Schiffe im Vestfjord an und versenkten in einer der schwersten Seeschlachten des Zweiten Weltkrieges 10 deutsche Zerstörer in den Fjorden um Narvik. Nach diesem Sieg der Engländer gab es einen wochenlangen Stellungskrieg in den Bergen um Narvik, wo die britischen Truppen die Wehrmacht bis an die schwedische Grenze zurückdrängen konnten.
Die Deutschen hatten jedoch nicht mit dem Widerstand der Norweger gerechnet; aus der für zwei Tage angesetzten "Weserübung" wurden vier Monate erbitterten Widerstandes.
Nach der Einnahme des Landes waren die Nazis jedoch sehr verdutzt, als sie am Abend die Rede von Vidkun Quisling im Radio hörten, in der er in einer Regierungserklärung seine Machtübernahme bekanntgab. Der ehemalige Offizier hatte 1933 eine nationalfaschistische Partei, die "Nasjonal Samling", gegründet und war 1930-32 sogar Verteidigungsminister.
Nachdem im September 1940 Verhandlungen zwischen dem Storting und den Nazis gescheitert waren, wurde der Druck auf die Bevölkerung stärker, die nach der Rassentheorie der Nazis auch zu den auserwählten Ariern gehörte. Die Partei Quislings wurde zur Staatspartei erhoben, und die Gestapo begann, den Widerstand zu durchleuchten. Den norwegischen Widerstandskämpfern der SOE (Special Operation Executive unter britischer Leitung) gelang 1943 in

Rjukan/Telemark ihr größter Erfolg, als sie eine Eisenbahnfähre auf dem Tinnsjö versenkten. Die Nazis wollten das in einem dortigen Chemiewerk hergestellte "Schwere Wasser" aus der berechtigten Furcht vor Luftangriffen und Sabotageakten nach Deutschland bringen, um es dort in der Erforschung der Kernenergie zu verwenden.

Im Herbst 1944 mußte die Wehrmacht in der Finnmark und Troms vor dem Vorstoß der Roten Armee flüchten. Auf ihrem Rückzug hinterließ sie nur verbrannte Erde, aber erst am 8. Mai 1945 nach der Kapitulation kam Norwegen wieder frei. Quisling und andere Kollaborateure wurden hingerichtet, und in vielen tausend Fällen wurden Norweger hinsichtlich ihres Verhaltens in den Jahren der Besatzung in jahrelangen Untersuchungen überprüft. Die Emotionen waren besonders wegen der Unterstützung der Gestapo und ihrer Folterknechte durch so manchen Norweger hoch geschürt. Die Wunden der Kriegsjahre sitzen heute noch tief bei den Menschen; der Name Quisling wurde zum Synonym des Landesverräters schlechthin.

Am 7. Juni 1945 kehrte König Haakon nach Oslo zurück; das Land wurde ab 1948 mit Hilfe der Gelder aus dem amerikanischen Marshallplan wieder aufgebaut. 1949 schloß sich Norwegen wegen der Drohgebärden Stalins und trotz seines Protestes der NATO an. 1957 starb König Haakon VII., und sein Sohn Olav V. übernahm den Thron, den er bis zu seinem Tod im Januar 1991 innehatte.

Fannaråken und Simlenose von Turtagrö aus

Märchen

"Troll, sei dir selbst genug" heißt es in Henrik Ibsens *Peer Gynt*. In den nordischen Überlieferungen stößt man immer wieder auf Trolle, meist als übernatürliche Wesen, groß wie Riesen und mit mehreren Köpfen. Sie stellen im alten Volksglauben das Böse dar - später wurden ihnen aber auch Gutmütigkeit, Einfältigkeit und Sturheit zugeschrieben.

"Bald darauf kamen die Trolle; einige waren groß, andere klein; einige langgeschwänzt, andere ohne; und einige hatten ungeheuer lange Nasen, und alle aßen und tranken und waren guter Dinge." (Zitat aus einem norwegischen Märchen)

Der Troll lebte in der unwirtlichen "Utmark", dem Land (Berge) außerhalb des menschlichen Einflußes, unter Felsen, Moos an Flüßen und in dichten Wäldern. Auf dem Dovrefjell wurde Peer Gynt fast mit der Tochter eines Trollkönigs verheiratet.

Ärgster Gegner der Trolle war Norwegens Held Askeladd, ein männliches Aschenputtel. Askeladd ist so etwas wie ein typischer Norweger. Aus ärmlichen Verhältnissen stammend, aber nicht auf den Kopf gefallen, befreit er Prinzessinnen aus den Klauen der Trolle und ergattert darüber hinaus deren angehäufte Schätze. "Er ist leichtsinnig und nicht ganz zuverlässig. Er ist impulsiv und nicht ohne Hang zur Faulheit. Er ist unsentimental, respektlos, oppositionell und undiszipliniert." Mit diesen schablonenhaften Schlagwörtern läßt sich annähernd der typische Norweger der Gegenwart charakterisieren - ein Individualist in allen Lebenslagen.

Die Mitternachtssonne, durch deren Strahlen die Trolle zerbersten oder zu Steinen erstarren, war die andere große Gefahr. So sollen einst einige Trolle auf einer Hochzeitsnacht im Romsdalen zuviel gezecht haben, daß sie nicht bemerkten, wie sich die Sonne langsam hinter dem Horizont hervorschob. Sie wurden alle zu Stein - dem Trolltindane südlich von Åndalsnes, auf die auch der Trollstigen hinaufführt.
Die Trolle finden sich in ganz Norwegen in vielen Ortsnamen wieder.

Die norwegischen Gebrüder Grimm sind die Freunde Asbjörnsen und Moe, die fast alle Kinder in Norwegen kennen. Sie veröffentlichten 1842 und 1847 die "Volksmärchen", die 1881 ins Deutsche übersetzt wurden. Die Motive der Märchen sind aus den unsrigen vertraut. Der König und sein Schloß finden im norwegischen Märchen ihre Analogie im Großbauern und seinem Hof. Ein Meister der Trolldarstellung war der Maler Theodor Kittelsen (1857-1914).

Vorbilder der beiden Freunde waren die Gebrüder Grimm, die 30 Jahre zuvor die deutschen Märchen veröffentlicht hatten. Hauptziel der beiden Norweger war es, sich so nahe wie möglich an die Sprache und Ausdrucksformen des Volkes zu halten. In Norwegen eine schwierige Aufgabe, da nahezu in jedem Tal ein anderer Dialekt gesprochen wird.
Asbjörnsens und Moes literarische Leistung besteht im wesentlichen in der Verknüpfung der lokalen Sprachformen mit der allgemeinen Schriftsprache, die sich an das Dänische anlehnt.
Sie wählten für die wörtliche Rede der Märchen die Ausdrucksform der Bauern mit deren Derbheit, Natürlichkeit und Wortschatz. Der erzählende Teil folgte der Schriftsprache.
Einige Literaturwissenschaftler sind der Meinung, die Volksmärchen hätten die neue norwegische Schriftsprache, das "Riksmål" geschaffen, ähnlich wie die lutherische Bibelübersetzung vor 500 Jahren im deutschen Sprachraum.

Nationalparks

In Norwegen gibt es zur Zeit 16 Nationalparks und 761 kleinere Schutzgebiete, die 3,5 % der Landesfläche (andere europ. Länder: 1-3 %) ausmachen.
Diese Gebiete sind aber nicht mit den mitteleuropäischen Naturschutzgebieten vergleichbar. Sie haben gewaltige Ausdehnungen (bis 343 km² ≈ 1½ mal die Fläche des Saarlands), und es leben noch Tierarten dort, die bei uns seit Jahrhunderten ausgerottet sind: Braunbären, Wölfe, Luchse, Schlangen, Adler, Kraniche u.a.

Der jüngste Nationalpark (Reisa) wurde 1988 ausgewiesen.
Auch in Norwegen sind diejenigen von der Einrichtung eines Nationalparkes nicht zu begeistern, die um ihre Interessen fürchten müssen. So dauerte die Geburt des Jontunheimen- und des Hardanger-Parkes wegen des Protestes der Forstwirtschaft, der Energiewirtschaft und anderer Gruppen viele Jahre. In allen Parks gilt das Verbot der land- und forstwirtschaftlichen Nutzung; die Errichtung von Straßen, Eisenbahnen, Leitungen und Gebäuden ist nicht gestattet. So werden Areale geschaffen, in denen die Natur wirklich annähernd sich selbst überlassen ist, wenn man von den Störungen durch den Tourismus absieht.

(Leider verursacht auch der saure Regen Strukturveränderungen in den Ökosystemen, die heute noch nicht annähernd übersehen werden können.)

Viele Nationalparks weisen ein gutes Wege- und Hüttennetz auf, so daß man das Fahrrad durchaus einige Tage an einer Hütte abstellen kann. Mit dem Fahrrad kommt man im allgemeinen nicht oder nur sehr schlecht in die Nationalparks (außer z.B. Rondane, wo ein Weg bis zur Juvashytta führt).

Nationalparks in Norwegen:

In Klammern hinter dem Namen steht das Jahr der Gründung und die Fläche. Die Parks sind von Süden nach Norden aufgeführt (Karte auf S. 34).

1. Rondane (1970 - 572 km²)

Ältester Nationalpark mit zehn über 2000 m hohen Gipfeln. Mit zahlreichen glazialen Spuren früherer Kälteperioden ist die Region von großer geologischer Vielfalt. 20 % Birkenwald/Weide, ansonsten herrscht (sub-)alpine Vegetation vor. Wildren, Vielfraß, Fischotter leben hier - allerdings bekommt man sie selten zu Gesicht. Archäologische Funde deuten darauf hin, daß hier schon 300 v.u.Z.

Rene gejagt wurden.

Zugänge: von Dombas oder Otta und Etappe 23.

2. Hardangervidda (1981 - 3430 km²)

Die zwischen 1200 und 1700 m gelegene und gänzlich waldfreie Hardangervidda ist mit 10000 km² das größte Hochplateau Europas. Ein Drittel der Fäche ist das eigentliche Schutzgebiet. Hier lebt die größte Wildrenpopulation Europas (die Rentiere der Samen, so bezeichnen sich die Lappen selbst, sind alle domestiziert). Neuerdings regt sich Widerstand (Greenpeace) gegen die saisonale Jagd auf die Wildrene. Unklar ist aber, ob diese hier aus ökologischen Gründen nicht notwendig ist, da die Renpopulation für die Tragfähigkeit des kargen Plateaus zu groß ist und der Wolf als natürlicher Feind fehlt.

Sehr häufig findet man als Wanderer durch die Vidda auffliegende Schneehühner - Eisfuchs, Lemminge und der Vielfraß sind sehr scheu.

Der Nationalpark wurde erst 1981, nach jahrelanger Diskussion, in der wirtschaftliche Argumente (Wasserkraft) ein Rolle spielten, eingerichtet. In der aus Granit und Schiefer bestehenden Hardangervidda leben viele typische arktische Arten, quasi in einem südlichen Vorposten der Arktis.

Zugänge: von Süden/Osten über die R 37 von Rjukan oder per Boot über den langen Møsvatn; von Geilo. Als beste Lösung bietet sich die Bergenbahn an, die einen mit dem Rad direkt in der Wildnis (Haugastøl, Finse, Hallingskeid, Myrdal) absetzt.

3. Jontunheimen (1980 - 1140 km²)

In dem Reich der Riesen, Übrigbleibsel alter kaledonischer Gebirge, erheben sich die höchsten Berge Norwegens. Galdhøpiggen (2469 m) und Glittertinden (2465 m) streiten sich um den Spitzenplatz, und je nachdem wie mächtig die Schneedecken auf den Gipfeln sind, liegt mal der eine, mal der andere vorn. Jontunheimen ist nach meinem Dafürhalten der schönste aller Parks, da er mit seinen gewaltigen Bergmassiven, scharfen Spitzen, Gletschern und Eisseen - aber auch lieblichen bewaldeten Flußtälern und Beerensträuchern - die abwechslungsreichsten Landschaftsformationern aufweist. Die Gletscher werden besonders im Westteil ständig von den reichlichen Niederschlägen, die die Atlantikwinde beim Auftreffen auf das Gebirge abladen, genährt. Nichtsdestoweniger weicht das Eis auch hier, wie in vielen Teilen der Welt, aufgrund des wärmer werdenden Klimas zurück. 1920 drang der Nigaardsbreen, ein Seitenast des Jostedalsbreen, noch soweit vor, daß er die ersten Häuser der Bauernsiedlung Nigaard zermalmte. Erste Jagdkulturen stellten schon 3000 v.u.Z. den Rentieren mittels Fallgruben nach. Spätere Menschenalter sahen in den finsteren Bergen die Heimat der bösen Trolle. Fauna und Flora ist ähnlich wie in den anderen Parks, das Wanderwege- und Hüttennetz ist besonders dicht.

Zugänge: von Westen über die R 55 (Sognefjell) oder über die R 51 (Valdresflya).

4. Dovrefjell (1974 - 265 km²)

Das Gebiet beiderseits des Drivaflußes wurde wegen seiner für Skandinavien allgemein besonders reichen Pflanzenwelt unter Schutz gestellt. Ein Unikum stellt die einzige Herde wilder Moschusochsen in Europa dar. 40 Tiere wurden vor dem Zweiten Weltkrieg aus Grönland wieder angesiedelt. Die ursprüngliche Population wurde schon von den Wikingern ausgerottet.
Einst bildete das Dovrefjell die größte Schranke zwischen dem Süden und Norden des Landes. In vielen Berichten wird die beschwerliche Überquerung beschrieben. Der höchste Gipfel ist der vergletscherte, 2226 m hohe Snøhetta im westlichen Teil des durch die E 6 in zwei Hälften geteilten Parkes.

Zugänge: von Süden/Norden über die E 6; von Osten R 29 von Folldal und Dovrebahn (Hjerkinn, Kongsvoll, Drivstua).

5. Ormtjernkampen (9 km²)

Typisch sind für den kleinsten Nationalpark westlich von Lillehammer die ausgedehnten Sumpflandschaften und Relikte sich annähernd ungestört entwikkelter Waldgesellschaften.

6. Gutulia (19 km²)

Der Getulia Nationalpark ist durch sein schon kontinentales Klima mit großen Temperaturschwankungen geprägt. Die Landschaft aus langgezogenen Moränenzügen auf Sandstein wird im Osten flacher und ist von Kiefernwäldern, Sümpfen und kleinen Seen bedeckt. Neben dem Ren, dessen hiesige Herden zu den südlichsten der Samen gehören, leben hier Dachs und Biber.

Zugänge: von der R 26 von Süden und der R 221 von Norden.

7. Femundsmarka (1971 - 385 km²)

Der Nationalpark besteht zum großen Teil aus einem ebenen, 800-900 m hochgelegenen, durch Gletscher plangeschliffenen und überwiegend vegetationsfreien Bergplateau. Neben 15 % Gewässern existieren einige Waldbereiche, die im 19. Jh. stark gelichtet wurden, als man mit dem Abbau in den Kupferminen von Røros begann.

Zugänge: insgesamt sehr schwierig; am ehesten von Süden über die R 221 oder von Røros, R 31 und dann über die Mautstraße zur Ljøsnåvoll-Hütte.

8. Fokstumyra (1923)

Südlich des Dovrefjell Nationalparks liegt im Tal des Foskå-Flusses eine ausgedehnte Sumpflandschaft: das kleine, aber feine Vogelschutzgebiet Fokstumyra. Der westlich des alten Gehöftes Fokstua, in dem heute der Naturschutzwart wohnt, gelegene See ist wegen seiner alljährlichen Kranichbalzen sehr bekannt. Direkt westlich des Gebietes passiert die Dovrebahn. Einige der Züge halten auch an der alten, wildwestähnlichen Station dort. Wenn man von dort mitgenommen werden will, so muß man das Haltesignal mit der Hand umstellen.

Zugänge: siehe Dovrefell Nationalpark, außerdem Haltestation Fokstua der Dovrebahn.

9. Gressåmoen (1970 - 180 km²)

Dieses ausgedehnte Wald-Seen-Gebiet beherbergt Norwegens größtes Vorkommen von Elchen, die ihr Hauptverbreitungsareal in Schweden haben. Die ausgedehnten Moore fußen auf präkambrischen, von Eisspuren gezeichneten Granit. Der Steinadler und der Luchs kommen vor, letzterer scheint besonders in den Urwaldbereichen bei Gamstuhaugane im Süden des Parkes zu leben.

10. Børgefjell (1963 - 1087 km²)

Das recht bergige (Kvigtind 1703 m) und fast durchweg über der Baumgrenze (hier bei 650 m) gelegene Gebiet ist überwiegend von Heide mit Seggen, Gräsern und versch. Heidesträuchern sowie von alpiner Hochfjellformation überzogen. Das Gebiet stellt den Sommerlebensraum vieler arktischer Vögel (Limikolen, Enten, Gänse) dar, die im Winter zu uns kommen.

11. Rago (170 km²)

Der Rago Park ist der unzugänglichste und grenzt auf der schwedischen Seite an die bekannten Nationalparks Sarek, Padjelanta und Stora Sjöfallet. Diese bilden mit dem Sjaunja Vogelschutzgebiet die größte Wildnis Europas und sind landschaftlich untereinander sehr ähnlich.
1961 wurden Biber wieder erfolgreich angesiedelt.

12. Ånderdalen (1970 - 68 km²)

Unter maritimen Klimabedingungen gedeiht auf der Insel Senja ein großer Birken-Kiefer-Wald, der ein Drittel der Parkfläche ausmacht. Einige Teile, besonders die Schluchtwälder im Süden und Osten, sind echte Urwälder.

13. Øvre Dividalen (741 km²)

Weite Hochflächen und breite Täler wechseln in dem überwiegend von arktischen Lebensgemeinschaften geprägten Park südwestlich von Tromsø einander ab.
Zugänge: Bezirksstraße von Övergård nach Kvilebu.

Die 4 in der Finnmark gelegenen Parks sind:
- Øvre Anarjokka (1970 - 1290 km²)
- Øvre Pasvik (1970 - 63 km²)
- Reisa (1987 - 803 km²)
- Stabbursdalen (1970 - 96 km²)

Sie weisen allesamt eine extrem kurze Vegetationsperiode im Sommer und arktische Temperaturschwankungen zwischen -50 °C und +30 °C auf.

Übersichtskarte:
Nationalparks / Verwaltungsbezirke

Staat, Verwaltung, Wirtschaft

Die Geschichte des modernen Staates Norwegen begann schon am 17. Mai 1814 in Eidsvoll am Südende des Mjøsa, nachdem Dänemark im Frieden von Kiel einige Wochen vorher Norwegen nach dem verlorenen Krieg an Schweden abtreten mußte. Dort verabschiedete eine konstituierende Versammlung eine Verfassung, die damals vom Geist der Aufklärung geprägt und eine der freiheitlichsten und frühesten Verfassungen der Welt war. Doch fast 100 Jahre mußten ins Land ziehen, bis nach dem Bruch mit Schweden 1905 die neue Verfasssung in Kraft trat.
Nach diese Verfasssung ist Norwegen ein freies Königreich mit einer eingeschränkten, erblichen Monarchie, in der das Volk der oberste Souverän ist. Obwohl der König das eigentliche Staatsoberhaupt ist, mischt er sich nicht in die Regierungsgeschäfte des Parlamentes ein; die Staatsform entspricht somit einer konstitutionellen Monarchie, in der dem König nur repräsentative Aufgaben zukommen.

An der Spitze der Regierung steht der Ministerpräsident (= norw. statsminister), der mit dem Staatsrat die Exekutive bildet. Diese arbeitet unter dem Vorsitz des Königs wie ein Kabinett (statsrådet).
Der sehr populäre Volkskönig Olav V. (* 1903) starb im Januar 1991, sein Nachfolger wurde Harald V. (* 1937). Der König kann nicht durch ein Gericht angeklagt werden, er hat aufschiebendes Einspruchsrecht gegen Gesetzesvorlagen und ist Oberbefehlshaber der Streitkräfte. Das norwegische Parlament, der Storting, wird alle vier Jahre gewählt und von 155 Abgeordneten gebildet. Eine vorzeitige Auflösung kennt die Verfassung nicht, so daß es oft zur Bildung von Minderheitenkabinetten kommen muß. Die Parteienlandschaft besteht aus 8 Parteien, von denen die sozialdemokratische, die konservative und die christliche die stärksten sind.

Das Parlament besteht nur aus einer Kammer, wird aber im Fall von Verfassungs- und Gesetzesentscheidungen in den Odelsting und den Lagting geteilt. Zuerst müssen die Vorlagen dann im Odelsting (116 Abgeordnete) behandelt werden und bedürfen anschließend der Zustimmung der 39 Stortingabgeordneten, die den Legting bilden.
Verwaltungsmäßig ist das Land in 19 Bezirke (= Fylk, Plural Fylker) gegliedert. Den Bezirken, die ihrerseits ein Parlament aus Abgeordneten der Gemeinden und als Vorsitzenden den Fylkesmann (einen Beamten!) haben, fallen verschiedene Verwaltungsaufgaben im sozialen, kulturellen und wirtschaftlichen Bereichen zu.

Norwegen gehörte 1945 zu den Gründungsmitgliedern der UNO. Die bitteren Erfahrungen des Krieges veranlaßten Norwegen 1949, der NATO beizutreten, da sich ein nordisches Sicherheitsbündnis nicht verwirklichen ließ. Der Streit um eine EG-Mitgliedschaft währt nun schon fast 20 Jahre. Seit 1960 ist das Land Mitglied der EFTA, der europäischen Freihandelszone - der überwiegende Teil des Außenhandels wird aber mit der EG abgewickelt, wobei die BRD einen besonders großen Teil ausmacht. Den Rest nehmen traditionell die anderen skandinavischen Länder ein. 1972 sprach sich eine Mehrheit von 53,5 % in einer Volksabstimmung gegen den EG-Beitritt aus, hauptsächlich aus der Angst vor der schwachen Position der Landwirtschaft im EG-Markt und wegen der Fischerei, die ihre Gebiete den Raubzügen der anderen EG-Länder ausgeliefert sah. Mit dieser Befürchtung haben die norwegischen Fischer nicht ganz unrecht, denn es vergeht kaum ein Tag, an dem die Marine vor der norwegischen Küste nicht ein ausländisches Fischerboot erwischt, das sich an den auch für norwegische Boote kontigentierten Fischvorkommen bedient. Besonders in jüngster Zeit - auch nach der Öffnung Osteuropas - sprechen sich viele Stimmen deutlich für eine Mitgliedschaft aus, so daß ein neues Referendum in naher Zukunft wahrscheinlich wird.

Das flüssige Gold

Bis in die sechziger Jahre hinein war Norwegen ein Agrarland. Dies änderte sich schlagartig, als 1968 die erste Erdölbohrung in der Nordsee fündig wurde. Es folgten fast ein Dutzend weiterer Felder, die das Land zum größten Öl- und Gasexporteur Europas machten. Den Norwegern war jedoch von Anfang an klar, daß sie behutsam an die Erschließung gehen müssen, wollten sie nicht riskieren, gewaltige gesellschaftliche und wirtschaftliche Veränderungen auszulösen, deren Konsequenzen niemand absehen konnte.
Die Vorgeschichte des norwegischen Erdölzeitalters begann 1957 in einem ganz anderen Land: in den Niederlanden wurden bei Groningen riesige Erdgasfunde gemacht. Die Geologen waren sich schnell darüber einig, daß es dort auch Öl geben muß. Die zweite und wichtigere Erkenntnis war aber die, daß im Nordseebecken auf Grund ähnlicher geologischer Begebenheiten auch Gas und Öl in den Sedimenten lagern müssen. Den internationalen Konzernen wurde nur unter scharfen Auflagen gestattet, in den norwegischen Hoheitsgewässern Öl zu fördern. Sie mußten einen bestimmten Anteil norwegischer Arbeitnehmer beschäftigen, ihre Materiallieferungen aus Norwegen beziehen und relativ hohe Steuen und Konzessionen bezahlen. Die heimische Industrie und mittelständischen Betriebe nutzten diesen Schutzraum, um sich mit den neuen Technologien vertraut zu machen und die Betriebe entsprechend umzustrukturieren. Dieses Experiment kann man heute als durchweg gelungen bezeichnen. Die norwegische Industrie hat den Weltstandard eingeholt und ist in den Bereichen des Plattformbaus und der Fördertechnik führend. Mit der Ölkrise 1973 wurden die Bohrinseln in der rauhen Nordsee zu wahren Goldeseln und brachten dem kleinen Land 1975 zum ersten Mal einen Außenhandelsüberschuß. Die

goldenen Jahre gingen jedoch Mitte der 80er zu Ende, als der Rohölpreis auf dem Weltmarkt stark fiel.
Die Exploration wandert zur Zeit langsam nach Norden, da dort weitere Vorkommen vermutet werden. Das Unglück auf der Bohrinsel "Bravo" im April 1977, wo sich bei einem Blow-Out mehrere tausend Tonnen Öl über Wochen ins Meer ergossen, der Tod von 123 Menschen nach dem Kentern der Plattform "Alexander Kielland" 1980 sowie ein Zwischenfall im August 1990 vor Dänemark haben jedoch die Diskussion um die Art und Weise der weiteren Erschließung der Felder nördlich des 62. Breitengrades lange hinausgeschoben und auch weiter verschärft. Besonders die Fischer fürchteten im Falle eines erneuten Unglücks um ihre Fischbestände. Außerdem waren viele Sicherheitsfragen in dem viel tieferen Wasser (bis 500 m, vorher 100 m), unter den wesentlich rauheren Bedingungen des Nordpolarmeeres und der langen Dunkelheit im Winter ungeklärt. Das Gold aus dem Meer war zu verlockend, es sollte den hinter der allgemeinen Entwicklung zurückgebliebenen Nordprovinzen Nordland, Troms und Finnmark neue Impulse geben und die Entsiedlung stoppen. Die Regierung vergab 1980 und 82 die ersten Felder in dem Seegebiet, doch ist die Förderung mit zwei schweren Problemen belastet. Zum einen gestattet die große Entfernung zu den Verbraucherzentren in Mitteleuropa erst dann Rentabilität, wenn der Ölpreis auf ein hohes Niveau steigt. Das andere Problem ist die Infrastruktur und die Anzahl der Arbeitskräfte im dünnbesiedelten Nordnorwegen, das nur schwer in der Lage sein wird, sich dieser gewaltigen Herausforderung zu stellen. Die Auswirkungen des Ölbooms in Stavanger (Bodenpreise, Inflation, Zersiedelung, Entsiedlung der Peripherie, Aufgabe vieler kl. Höfe) lassen vorsichtige Schritte ratsam erscheinen. Für die Zukunft ist auch die Exploration und Erschließung des Seegebietes zwischen dem Nordkap und Spitzbergen (Svalbard) vorgesehen. Die genauen seerechtlichen Grenzen zur Sowjetunion sind aber immer noch nicht geklärt. Technisch wird diese Ölförderung nicht mehr über Plattformen vonstatten gehen, sondern Unterwasserfahrzeuge auf dem Meeresgrund werden das Öl direkt in Tanker pumpen.

Umwelt

Ein anderer wichtiger Wirtschaftszweig sind in den letzten Jahren die Aqua-Kulturen geworden. Da die Nachfrage nach dem edelsten Speisefisch, dem Lachs, schon immer größer als das Angebot war, entwickelten die Norweger einen Weg, den Fisch in großen, durch Netze abgesperrten Bassins in den Fjorden zu züchten. Viel kleine Familienbetriebe der Fischerei sind in diesen Erwerbszweig umgestiegen. Die ersten Wolken am Horizont dieses boomenden Gewerbes zeigten sich 1988, als es in der Nordsee zu einem großen Robbensterben kam, dessen Ursache in den katastrophalen Umweltbelastungen zu suchen war. Die Nährstoffbelastung führte zu einem unglaublichen Massenvermehrung bestimmter Algenarten (Dinoflagellaten), die in ihrem Stoffwechsel eines der

stärksten Gifte produzieren, die man heute kennt. Sie hinterließen bei ihrer Drift durch durch den Skagerrak völlig verödete Wasserzonen, und die Lachsfarmer im Fjordland hatten schon damit begonnen, ihre Lachskulturen in die hintersten Fjordwinkel zu schleppen, als günstige Winde die Algenteppiche auflösten.
Die Lachsfarmen steuern landesweit auf eine schwere Krise zu. In den letzten Jahren sind viele Millionen Kronen in den Aufbau neuer Anlagen investiert worden, und viele Fischer haben wegen der Konzentration in ihrem Bereich das Handtuch geworfen und sind ebenfalls in die neue Technik eingestiegen. Dies hat dazu geführt, daß es in naher Zukunft ein Überangebot an Lachs geben wird und die Preise drastisch in den Keller fallen werden. Außerdem fördern die zunehmenden Angebote aus Kanada, Alaska und Schottland die Sättigung des Weltmarktes. Erste Anzeichen eines Preisverfalles sind schon sichtbar. Außerdem werden die ökologischen Folgen der Lachsfarmen immer stärker diskutiert. Zur Bekämpfung der vielen Parasiten, denen Lachse besonders unter den Streßbedingungen der Gefangenschaft ausgesetzt sind, werden große Mengen verschiedener Chemikalien in das Wasser geschüttet. Weiterhin tragen die großen Nährstoffausstöße solcher Anlagen stark zur Verschmutzung der Fjorde bei. Untersuchungen haben gezeigt, daß diese organische Stoffe nur unvollständig abgebaut werden, teilweise auf den Grund der tiefen Fjorde sinken und dort zu Faulschlammbildung führen. Erschwerend kommt hinzu, daß es zwischen dem Fjord und der Nordsee so gut wie keinen Wasseraustausch gibt.

Am 26. April 1986 geriet ein Reaktorblock des Kernkraftwerkes Tschernobyl in der Ukraine in Brand, und große Mengen an radioaktivem Caesium 137 und Jod 131 wurden durch die herrschenden Ostwinde nach Skandinavien und über den gesamten osteuropäischen Raum getrieben. Nordnorwegen und Nordschweden waren mit am schwersten von den Folgen betroffen. In diesem Raum lebt seit Jahrhunderten das Volk der Samen (Lappen) von der Rentierwirtschaft. Die Hauptfutterpflanze der Tiere, die Rentierflechte, war stark verseucht, so daß trotz der Fütterung der Tiere mit unverseuchtem Heu und Getreide das Fleisch wegen der Strahlung ungenießbar war. Neben der Lebensgrundlage der Rentiere belastet die Strahlung die wichtigen Nebenerwerbsquellen der Samen. Die Fische, Beeren und Pilze waren stark kontaminiert. Für die Samen waren die Folgen des GAU mit einem regelrechten Kulturschock verbunden, da sie schlagartig ihre Lebensgrundlage und Identifikationsbezüge verloren; die norwegischen Samen kamen glimpflicher davon. Auch wegen anderer Faktoren sieht die Zukunft der einzigen Nomadenkultur in Europa schlecht aus. Die intensive Forstwirtschaft in Schweden und Finnland dringt immer weiter in die Futtergebiete des Rens ein und schlägt die nördlich des Polarkreises extrem langsam wachsenden Kiefern, ohne das forstliche Grundprinzip der Nachhaltigkeit zu berücksichtigen. Die Zivilisation und der aufkommende Tourismus erschweren es den Samen immer mehr, ihre alte Kulturform in das Jahr 2000 hinüberzuretten.

Fischerei

Die Wirtschaftsbranche mit der ältesten Tradition liegt im Land der Fjorde klar auf der Hand - es ist die Fischerei, die seit vielen tausend Jahren in verschiedenen Formen betrieben wird. Bis in das letzte Jahrhundert waren die norwegischen Fischer zugleich auch Bauern. Im Januar/Februar, zu den Wanderzeiten des Herings und Dorsches, waren sie auf See, und in der warmen Jahreszeit wurde das Land bestellt. Auch heute spielt dieser Wirtschaftszweig noch eine wichtige Rolle; die Fischerei beschäftigt 4 % der Erwerbstätigen. Im Laufe der Geschichte sind jedoch weitere Wirtschaftszweige, die von der Nähe des Meeres profitieren, hinzugekommen.

Hauptertragsfische der norwegischen Flotte, die zu den größten Fangflotten der Welt gehört, sind der Dorsch und der Hering. Die Schwankungen, denen der Fang des Herings wegen dessen großer Wanderungen unterlag, war in der Vergangenheit oftmals Auslöser von Hungerzeiten (Schwarzjahren) und goldenen Perioden, in denen so manche Stadt an der West- und Südküste zu Wohlstand und Ansehen kam. Heute sind die ökologischen Ursachen der Wanderungen bekannt, und moderne Technik gestattet es, den Schwärmen folgen. 90 % des Fischfanges gehen in den Export. Nachdem nach dem Zweiten Weltkrieg mit Hilfe des Echolotes zuerst der Winterhering in seinem Bestand fast weggefischt war (1961), teilten der Nordseehering (Minimum 1975), Makrele, Lodde und schließlich in jüngerer Zeit der Seelachs und Schellfisch dieses Schicksal, bis es erst Ende der 70er Jahre zur Konstitution eines Kontrollgremiums kam und Regelungen eingeführt wurden. Auch nach der Absprache von Quoten haben sich die Bestände noch lange nicht erholt. Der Streit um viele Hoheitsgewässer hat hier seine Ursachen. Der Walfang spielt heute in der einstmals weltgrößten Walfangnation fast keine Rolle mehr, es werden aber leider immmer noch Kleinwale in Nordnorwegen und Island gejagt. Diese Jagd ist, obwohl sie nur der Selbstversorgung der dortigen Bevölkerung dient, eine schwere Belastung für die kurz vor dem Aussterben stehenden Wale.

Die Fischerei steht heute insgesamt recht schlecht da. Die Überfischung der nordatlantischen Fischreviere, die zunehmende Anzahl der kranken Fische wegen der sich verschlechternden Wasserqualität der Nordsee, lukrative Gehälter und geordnete Arbeitszeiten in den Jobs der Ölindustrie, Industrialisierung der Fangmethoden und unsichere Zukunft haben dazu geführt, daß viele Familien ihre Betriebe aufgegeben haben und kaum noch junge Menschen diesen harten Beruf lernen wollen.

Holmevatn bei Bruvoll

Landwirtschaft

Ein weiterer klassischer Wirtschaftszweig ist die Landwirtschaft. Von seinen naturräumlichen Voraussetzungen her ist das Land stark benachteiligt: kurze Vegetationsperioden, schlechte Böden, sehr bergiges Relief und sehr viele kleine Betriebe erschweren die Landbewirtschaftung in fast allen Landesteilen. Aber im Vergleich mit anderen Ländern, die auf der gleichen nördlichen Breite liegen (Grönland, Island), ist es in Norwegen deutlich wärmer. Dies wird im wesentlichen von dem 12 °C warmen Wasser des an Norwegen vorbeistreichenden Nordatlantikstroms verursacht. Die ausgiebigen Niederschläge, die vom Atlantik durch die beständige Westdrift auf das skandinavische Gebirge geblasen werden, tragen durch ihre Kondensationswärme wesentlich zum relativ milden Klima (bes. im Winter) bei. Die Bedingungen für die Landwirtschaft verschlechtern sich viel mehr in der West-Ost-Erstreckung (Berge) als in der Nord-Süd-Ausdehnung. Die kargen Böden, die das Ergebnis der Abtragungsprozesse während der Eiszeit und der auslaugenden Niederschläge sind, lassen häufig nur anspruchslose Pflanzen wie Roggen, Gerste und Kartoffeln gedeihen. Die Kerngebiete des Anbaus sind die Region um den Mjøsa-See, der Raum Oslo, Jæren und der Trondheimfjord. Daneben gibt es ausgedehnte Obstanbaugebiete in den Fjorden, bedingt durch deren Klimagunst.

Betrieben werden vorrangig Vieh-Weidewirtschaft, Obst- und Gemüseanbau. Das Getreide wird überwiegend importiert. In den bergigeren Gegenden herscht eine der Almwirtschaft in den Alpen sehr ähnliche Wirtschaftsform vor: die Seterwirtschaft (seter = Alm). Sie ist eine Nutzung der sommerlichen Hochweide durch Schafe und Ziegen, manchmal auch Kühe. Die häufig in den Straßen liegenden Viehgitter sind gewissermaßen die Abgrenzungen der Hochweidegebiete. Wenn Sie durch das Land radeln, werden Sie feststellen, daß die Bauernhöfe alle auf halber Hanghöhe liegen. Die Höfe meiden die Talsohlen, da sich hier im Frühling und Frühsommer oft gefährliche Kaltluftseen bilden, die die Saat erfrieren lassen. Andere Gründe für dieses Verteilungsmuster sind die Überschwemmungsgefährdung und die betriebswirtschaftlich sinnvolle Nähe zu den Betriebsparzellen. Die norwegische Landwirtschaft steht auf einem hohen Intensivierungsniveau; überall dort, wo es die Begebenheiten zulassen, werden Maschinen und Kunstdünger eingesetzt. Die erschwerten Wirtschaftsbedingungen haben dazu geführt, daß viele Familien ihre Höfe aufgegeben haben. Auch hier hat sich die Politik des Staates bewährt und durch kräftige Subventionen einen Stillstand der Hofaufgaben und ein hohes Niveau der Eigenversorgung erreichen können.

Der Anteil der landwirtschaftlichen Fläche beträgt nur 3 % (BRD 50 %), auf denen 4 % des Bruttosozialproduktes mit 9 % (BRD 2,5 %) der Erwerbstätigen erwirtschaftet werden. In den Gebieten auf der Leeseite der großen Gebirge Hardangervidda, Jotunheimen, Trollheimen, Dovre gibt es nur in jedem 10. Jahr ausreichenden Niederschlag, so daß hier intensiv bewässert werden muß. Die norwegische Landwirtschaft ist nie in der Lage gewesen, die Bevölkerung vollständig zu versorgen. Lediglich bei Kartoffeln, Fleisch und Milchprodukten ist das Land Selbstversorger. Ziel der staatlichen Subventionen für die Betriebe war es, wenigstens diesen Versorgungsgrad aufrecht zu erhalten und weitere Abhängigkeit von Getreide-, Obst- und Gemüselieferungen aus dem Ausland zu vermeiden

Die Forstwirtschaft könnte 78 % der 83000 km² der gesamten Waldfläche potentiell nutzen, der Rest ist unproduktiver Bergwald oder Bannwald, der die Siedlungen schützt. Der Wald bedeckt 29 % der Landesfläche, und auf dieser Grundlage liefert die Holzindustrie einen erklecklichen Beitrag zur Volkswirtschaft. Die produktivsten Waldbaugebiete liegen im Østland und im Trøndelag. Die durch den Sauren Regen verursachten Schäden halten sich in Grenzen, wesentlich stärker sind die Seen betroffen. Westnorwegen ist relativ waldarm, da nach dem Mittelalter die Wälder durch Raubwirtschaft und Viehverbiß weitgehend vernichtet wurden. Die Aufforstungsprogramme haben an der Situation nur wenig geändert.

Industrie

Im Gegensatz zum weitverbreiteten Bild Norwegens als Naturidyll stellt die hochentwickelte Industrie den größten Anteil der Wirtschaft. Sie beschäftigt rund 50 % der Erwerbstätigen, erwirtschaftet rund 40 % des Bruttosozialprodukts und trägt mit 80 % zum Export bei. Im Schiffsbau, in der Fischereitechnologie und allem, was mit dem Nordseeöl zusammenhängt, gehört das Land zu den führenden Nationen. Die chemische Industrie spielt ebenfalls eine große Rolle (Aluminium und Dünger von Norsk Hydro). Konsumgüterartikel sowie Fahrzeuge werden überwiegend eingeführt. Die allgemeine Aufgeschlossenheit gegenüber High-Tech-Produkten ist groß.

Norwegen ist ein energiereiches Land, d.h. es verfügt über große Reserven nutzbarer Primärenergieträger. Um 1700 wurden die umfangreichen Wasserkräfte schon durch 30000 Wassermühlen und Wassersägen genutzt. In den Bergwerken von Kongsberg, Röros und Folldal nutzte man die Wasserkraft, nach dem Import des notwendigen Know-hows durch deutsche Bergleute aus dem Harz, zur Entwässerung der Schächte und als Antrieb für die Aufzüge. Nach der Erfindung des Generators wurden zum Ende des 19. Jahrhunderts überall im Land Wasserkraftwerke gebaut. Nach dem Krieg konzentrierte man sich auf den Bau weniger Großkraftwerke mit Speichern (u.a. Simakraftwerk), da es der Spitzenverbrauch im Winter, der wasserarmen Jahreszeit, erforderlich macht, große Reserven bereitzuhalten. Seit vielen Jahren wird über die ökologischen Auswirkungen der sauberen Energie diskutiert, da ja große Wassereinzugsgebiete reguliert und gestaut werden müssen. So belasten z.B. die in den Fjorden angesiedelten Hauptverbraucher des elektrischen Stromes, die Aluminiumwerke, die Umwelt mit großen Mengen giftiger Abgase. Sehr häufig kommt es dort zu Inversionswetterlagen, so daß der Fotosmog schwere Vegetationsschäden verursacht hat.

Der Überfluß an elektrischem Strom und die verbrauchsintensive Aluminium-Produktion führen dazu, daß Norwegen den bei weitem höchsten Kilowattverbrauch pro Kopf der Bevölkerung der Welt (20555 kWh, BRD 5990 kWh) hat. Gigantische Mengen Strom (20 kWh für 1 kg) werden zur Produktion des begehrten Leichtmetalls benötigt und machen Norwegen nach den USA und Kanada zum drittgrößten Produzenten der Welt. Die Verschwendungsmentalität der Norweger verbraucht den Rest, selbst im Sommer sind überall die elektrischen Öfen in Betrieb.

Geld

Die nationale Währung Norwegens ist die norwegische Krone, abgekürzt NOK, NKR oder kr, unterteilt in 100 Øre. Im Umlauf sind Münzen zu 1, 5 und 10 Kronen sowie Scheine zu 50, 500 und 1000 Kronen. Kaum noch eine Rolle spielen die 10- und 50-Øre-Münzen. Die norwegische Krone zählt zu den stabilsten Währungen der Welt, so entsprechen 100 NOK schon seit vielen Jahren etwa 26 DM, oder andersherum: für 100 DM erhalten Sie ca. 385 NOK. Die Einfuhr von norwegischem Geld und anderer Devisen ist in unbegrenzter Menge erlaubt. Einschränkungen bestehen nur für Ausfuhr von Zahlungsmitteln über 5000 NOK und sind somit für Touristen unerheblich.

Der Umtausch von Bargeld, Reise- und Euroschecks kann bei fast jeder Bank und bei vielen Postämtern erfolgen; es ist generell etwas günstiger, in Norwegen statt im Heimatland zu tauschen. Probleme können daher nur in dünn besiedelten Gegenden oder am Wochenende auftreten. Bei der Einlösung von Schecks wird ein günstigerer Kurs als beim Bargeldumtausch zugrunde gelegt, allerdings fallen bei Reiseschecks bei der Ausstellung 1 % Gebühren (zusätzlich manchmal auch noch vor Ort) an. Eurocheques werden in Landeswährung ausgestellt (maximal 1300 NOK); Gebühren werden erst bei der Abbuchung erhoben (in Deutschland 1,75 %, mindestens 2,50 DM je Scheck).

Der gleiche günstige Scheckkurs wird berechnet, wenn man von einem deutschen Postsparbuch in Norwegen Geld abhebt. Gegen Vorlage des Personalausweises und der blauen Karte erhält der Kontoinhaber (und nur er!) den Gegenwert von pro Tag höchstens 1000 DM, innerhalb von 30 Tagen maximal 2000 DM in Kronen ausbezahlt. Das Abheben ist bei mehr als 1200 Postämtern möglich; auch in vielen sehr kleinen Ortschaften wird die Krone Touristen an den Postschaltern zum jeweiligen Tageskurs ausgezahlt. Nähere Angaben finden Sie in den Etappenbeschreibungen. Insgesamt ist das Netz an Abhebungsstellen dicht genug, um bei geringfügiger Vorausplanung keine Probleme aufkommen zu lassen.

Außer bei Banken kann man (nach Geschäftsschluß) auch in Wechselstuben und bei manchen Turistkontors (selten), allerdings zu meist schlechterem Kurs, Geld wechseln.
Eurocheques von Ausländern werden in der Regel angenommen, man kann sich jedoch nicht darauf verlassen. Kreditkarten sind sehr weit verbreitet (besonders Diners, VISA und American Express) und werden weitgehend akzeptiert. Bei Postämtern mit internationalem Gelddienst (gekennzeichnet) können VISA-Karteninhaber auch Bargeld erhalten.

Briefpost

Die norwegische Post (posthus) arbeitet so schnell und zuverlässig, wie man es von allen mitteleuropäischen Ländern gewohnt ist.
Die Portokosten betragen für Standardbriefe (bis 20 g) und Postkarten:
- *innerhalb Skandinaviens* 3 NOK
- *innerhalb des übrigen Europas* 4 NOK

In Norwegen existiert ein Postleitzahlensystem, daß ebenso wie in Deutschland, der Schweiz und Österreich vierstellig numerisch ist. Die Ziffern nehmen nach Norden hin immer größere Werte an.

Zur Vermeidung von Verwechslungen und Fehlleitungen ist es erforderlich, im Auslandsbriefverkehr das Nationalitäts-Kennzeichen des Bestimmungslandes der Postleitzahl mit einem Bindestrich voranzustellen, also

- nach Norwegen	"N-"
- aus Norwegen	nach Deutschland "D-" (zusätzlich "W-" bzw. "O-" für die Landesteile) nach Österreich "A-" in die Schweiz "CH-"

Postlagernd nach Norwegen geschickte Nachrichten gehen automatisch an die jeweilige Hauptpost, wenn keine anderen Vermerke auf dem Umschlag stehen, und es funktioniert gut. Auf Antrag wird sogar die verpaßte Post noch zum nächsten Ort nachgeschickt - normalerweise wird sie einen Monat aufbewahrt.

Telefon

Das Telefonsystem Norwegens ist wie in Mitteleuropa auf Selbstwählverkehr ausgerichtet und entspricht größtenteils europäischem Standard. Das Netz wird von einer eigenen - teils privaten, teils staatlichen - Gesellschaft betrieben. Die roten, etwas rustikal aussehenden Telefonhäuschen ähneln denen in Großbritanien. Teilweise werden aber auch schlichte chromglänzende Häuschen verwendet. Die Zellen sind durchweg mit Tastentelefonen ausgestattet, und die meisten sind auch von außerhalb anwählbar.
Weiterhin kann man von den "Tele"-Büros aus telefonieren. Dort läuft ein Zähler, und man bezahlt nach dem Gespräch. Außerdem kann man dort Telegramme aufgeben.

Die Direktwahl ins Ausland ist problemlos, die Qualität entspricht dem gewohnten Standard. In entlegenen Gebieten werden Richtfunkstrecken benutzt, die wegen atmosphärischer oder elektrischer Störungen eine etwas schlechtere Verbindung erzeugen.
Auf dem Land ist das Netz sehr lückenhaft, meistens können Sie aber im Kolonialhandel oder an den Tankstellen telefonieren. Außerdem gibt es einige speziell gekennzeichnete Privathäuser, von denen aus telefoniert werden kann. Die Poststellen verfügen nicht immer über öffentliche Telefone, da es sich, wie oben erwähnt, um zwei verschiedene Gesellschaften handelt.

Die Mindestgebühr für ein Ortsgespräch beträgt zwei Kronen (zwischen 8 und 17 h drei Minuten, sonst 9 Minuten); das Wort "Ortsgespräch" ist dabei weit auszulegen, da darunter stets der gesamte Kennziffernbereich mit teilweise beträchtlicher Ausdehnung fällt. Die Vorwahlbereiche sind nicht immer mit den Verwaltungsbezirken oder Gemeinden identisch. Ermäßigte Gebühren gelten in die jeweilige Nachbargemeinde (3 NOK pro Minute bzw. nachts dreimal solange). Die Gebühren für Ferngespräche sind nach der Entfernung gestaffelt, der von Deutschland bekannte Mondscheintarif gilt nur innerhalb Norwegens zwischen 17 und 8 h.

Die Telefonapparate schlucken 1- und 5- und tw. auch 10-Kronenstücke und geben keine Münzen zurück, die sie einmal vereinnahmt haben; bei Nichtzustandekommen der Verbindung (z.B. Besetztzeichen) wird aber nicht kassiert. Der schrille Pfeifton signalisiert Ihnen, daß Geld nachgeworfen werden muß. Einige ältere Apparate nehmen nur 1-Kronen-Stücke; sie sind aber ohnehin für Auslandsgespräche unbrauchbar, da sie die Münzen erst nach einem Piepton akzeptieren, der das Gespräch immer wieder unangenehm unterbricht.

Im Telefonbuch (und in Wörterbüchern) sind die Buchstaben Æ, Ø und Å am Ende des Alphabets zu finden. Die Inlandsauskunft (auch and. skand. Länder) erreichen Sie über die Nr. *0180*, die Auslandsauskunft über *0181*.
Bei der Direktwahl ins Ausland gelten folgende Vorwahlnummern:

aus Norwegen	nach Deutschland **09549**
	(in die neuen Bundesländer bis auf weiteres **09537**)
	nach Österreich **09543**
	in die Schweiz **09541**

Die Ortskennzahl des Zielortes ist - wie üblich bei Auslandsgesprächen ohne die Anfangs-Null.
Je Minute sind bei Gesprächen in die deutschsprachigen Länder ca. 6 NOK (Stand 1990) fällig.

Bei Gesprächen aus allen mitteleuropäischen Ländern nach Norwegen gilt die Vorwahl *0047*; auch in diesem Fall ist die Anfangsnull der norwegischen Bereichskennzahl wegzulassen.

Die Zeit

Uhrzeit

Wer nach Norwegen reist, kann die Bedienungsanleitung für seinen Chronometer zu Hause lassen: es gilt sommers wie winters die gleiche Zeit wie in Mitteleuropa, d.h. die Sommerzeit wird übernommen. Eine Umstellung der Uhr entfällt also.

Öffnungszeiten

Touristeninformationsbüros

Die vier Bezeichnungen Turistkontor, Turistinformasjonen, Reiselivsråd oder Reiselivslag meinen alle mehr oder weniger dasselbe, nämlich ein Touristenteninformationsbüro. Am häufigsten wird die Bezeichnung Reiselivslag benutzt. Die Büros gibt es erstaunlich engmaschig über das ganze Land verteilt; sogar sehr kleine Orte haben oft ein zumindest im Sommer geöffnetes Minibüro. Sie sind im allgemeinen zu den ortsüblichen Kernzeiten mo-sa 9-16-Uhr geöffnet. Die Büros in größeren Orten haben ganzjährig geöffnet. Näheres steht im Etappenbeschreibungsteil dieses Buches bei den jeweiligen Ortsbeschreibungen. In Gebieten mit sehr starkem touristischen Andrang wird man auch sonntags (manchmal allerdings nur wenige Stunden am Spätnachmittag) ein offenes Reiselivslag finden, in manchen Orten desweiteren abends länger.

Postämter

Standardöffnungszeit der Postämter ist mo-fr 8.00/8.30 h bis 16/17 h, samstags bis 13 h. In der Mittagszeit wird zumeist eine Stunde Pause gemacht. Hauptpostämter in größeren Städten und Ämter in touristisch frequentierten Gegenden unterhalten einen Geldwechseldienst; in der Regel sind diese Stellen identisch mit den Möglichkeiten zum Postsparbuch-Geldwechsel (s. Ortsbeschreibungen) und zum Bargeldbezug auf VISA-Kreditkarte.

Banken

Die Banken sind im allgemeinen geöffnet mo-fr 8.15-15.30 h (15.5.-1.9. nur bis 15 h), in größeren Städten auch schon mal bis 16 h. Man findet sie in allen Städ-

ten, Dörfern und erstaunlich oft auch auf dem Lande, hier allerdings mit verkürzten Öffnungszeiten (meist morgens). Am Donnerstag gibt es einen Dienstleistungsabend mit bis um 17 h geöffneten Schaltern. Nicht bei allen Banken ist Geldwechsel möglich, in diesen Orten können Sie es aber dann meistens erfolgreich bei der Post versuchen.
Weiterhin gibt es an den vielen norwegischen Flughäfen, an großen Bahnhöfen und in großen Touristenbüros Wechselstuben, die auch abends und am Wochenende geöffnet haben, allerdings oft mit einem schlechteren Kurs.

Geschäfte

Die Ladenöffnungszeiten sind in Norwegen recht unterschiedlich, da es kein einheitliches Ladenschlußgesetz gibt und somit die Inhaber selbst entscheiden. Die meisten Geschäfte haben mo-fr 9-16/17 h geöffnet, in der Regel ohne Mittagspause, samstags wird zwischen 13 und 15 h geschlossen. Am Donnerstag und Freitag ist die Öffnungszeit oft bis 19 oder 20 h verlängert. Man muß aber damit rechnen, daß auf dem Land der einzige Lebensmittelladen schon mal um 14 h die Türen schließt.
Die meisten Supermärkte sowie die anderen Geschäfte in den größten Städten haben oft die ganze Woche bis 19 oder 20 h auf, teilweise auch samstags. Die *Narvesen*-Kioske sind oft auch sonntags und durch die Woche bis 22/23 h geöffnet.

In kleinen Ortschaften und auf dem Land trifft man - meistens an der Hauptstraße und oft mit einer Tankstelle gekoppelt - auf Läden (Kolonialhandel, Daglivarer oder Landhandleri). Hier bekommt man fast alle Dinge des täglichen Bedarfs sowie Werkzeuge und andere Güter für die Landwirtschaft. Supermärkte gibt es nur in den Städten, sie setzen sich aber zusehends auch in kleineren Orten durch.
Bäckereien sind als solche recht selten, und man bekommt auch hier nur das Einheitsgebäck der anderen Läden.
Insgesamt ist die Versorgungslage unproblematisch, man sollte aber vor längeren Gebirgspassagen und im Norden etwas mehr Verpflegung einpacken.

Feiertage

Außer den üblichen Feiertagen wie Weihnachten, Ostern, Pfingsten, Himmelfahrt und Neujahr sind in Norwegen auch der Gründonnerstag, der 1. Mai, der Nationalfeiertag (17.5. - Unabhängigkeitserklärung von Dänemark; erinnert ein bißchen an Karneval), der Mittsommertag (23.6. - heißt auch St. Hans Abendfeier bzw. Sommersonnwende) Feiertage. Am Gründonnerstag haben die Geschäfte den ganzen Tag zu, wohingegen am Mittsommertag wie gewohnt gearbeitet wird.

Die Ferien in den Betrieben beginnen Anfang Juli für ca. einen Monat, die Schulen schließen schon um den 20. Juni bis etwa zum 23. August. In dieser Zeit muß man in allen touristischen Bereichen mit hoher Auslastungsquote rechnen, so daß Vorbuchung bei Quartieren etc. dringend zu empfehlen ist. 40 % der Norweger verbringen ihren Sommerurlaub im eigenen Land.
Wegen der geringen Bevölkerungszahl ist der etwas größere Andrang im Sommer gut zu ertragen. Etwas eng wird es dagegen auf den wichtigsten Hauptstraßen des Landes, denen man aber gut ausweichen kann.

Normen

In Norwegen gilt in allen Bereichen das metrische System, so daß eine Umorientierung nicht erforderlich ist.
Manche Waren werden aber in abweichenden Mengen verkauft, so z.B. Brot häufig in Packungen zu 400 oder 800 g, der Kilopreis als Vergleichswert ist aber immer genannt.
Auf jeder Art von Alkohol und auf Tabakwaren liegen sehr hohe Verbrauchssteuern; Bevorratung im Rahmen der Zulässigkeit und der Transportmöglichkeiten ist somit sinnvoll.

Auf allen Waren liegt eine Mehrwertsteuer, deren Regelsatz in Norwegen 16,67 % beträgt. Für Reisende aus nicht-skandinavischen Ländern gibt es ein *Tax-free*-System, bei dem je nach Höhe der Gesamtsumme 10-14 % des Warenpreises bei der Ausreise in bar wieder ausbezahlt wird. Allerdings ist eine Mindesthöhe von 300 NOK des Einkaufsbetrags ebenso erforderlich wie die Nichtnutzung der Ware in Norwegen. Auch muß die Ware spätestens vier Wochen nach dem Kauf das Land verlassen. Da die dem System angeschlossenen Geschäfte die Ware unter Vollabzug der Steuer auch ins Ausland versenden, ist es für Fahrradreisende nur selten sinnvoll, die Gepäcktaschen mit Einkäufen unnötig zu belasten. Außerdem gleicht die Rückerstattung meist nicht den ohnehin höheren Preis aus.
Das Stromnetz wird mit 220 V Wechselstrom gespeist, und deutsche Schuko-Stecker passen in norwegische Steckdosen.

Preisniveau

Die skandinavischen Länder haben im allgemeinen den Ruf recht teurer Reiseländer. In den Broschüren der Tourismuswerbung findet man selten Hinweise zu diesem Thema, man versucht, es eher unter den Tisch zu kehren, um keine Beklemmungsgefühle bei den potentiellen Besuchern zu verursachen. Oft findet man in derartigen Broschüren dann denn Hinweis, man könne in Norwegen hochwertige Konsumartikel wie Porzellan, Schmuck oder Pelze günstig erstehen kann. Wenn man aber genauer hinsieht, durchschaut man die Argumentation, die ein sowieso auf einem hohen Preisniveau liegendes Produkt anpreist, da es hier keine Rolle mehr spielt, ob man 100 NOK mehr oder weniger über den Ladentisch schiebt.
Nach kritischer Prüfung kommt man zu dem Ergebnis, daß das Preisniveau deutlich über dem in Deutschland liegt. Über den Daumen kann man mit dem Faktor 1,5 - 2,5 rechnen (Lebensmittel), aber auch dreifache Preise kommen vor.

Dieser Preisrahmen gilt auch annähernd für andere Artikel und Dienstleistungen. Auch Campingplätze strotzen mit Preisen von bis zu 16,- DM für eine Person, Minizelt und Nacht. Man muß also für einen Norwegenurlaub mit deutlich höheren Kosten für die Lebenshaltung rechnen. Zusätzlich müssen Sie gegebenenfalls die Hochsaisonzuschläge berücksichtigen.

Einige Preisbeispiele (Stand 1990, soweit keine Mengeneinheit genannt ist, gilt der Preis je Kilo).

Artikel	*NOK*	*umgerechnet in DM*
Brot (Einheitsbrot)	12-17	ab 3,20
Eier (6 Stück)	11,60	3,10
Zucker	10,40	2,60
Kaffee 250g	14,20	3,80
Marmelade	25	6,60
Reis 500 g	16,00	4,20
Nudeln 500 g	8	2,10
Dorschfilet 500 g	35	9,20
Wiener Würstchen	98	26
frischer Lachs	120	32
geräucherter Lachs	290	77
Hackfleisch	102	27
Salami 100 g	18,30	4,80
Schokolade 100 g	10-17	ab 2,50

Kartoffeln	4,20	1,10
Zwiebeln	16,70	4,50
Möhren	10	2,65
Bananen	8,90	2,40
Äpfel	18	4,80
Apfelsinen	12,80	3,40
Vollmilch 1 l	6,80	1,80
Kefir 1 l	6,90	1,80
Joghurt 500 g	9,25	2,45
Fruchtjoghurt 500 g	10,20	2,70
Sahne 1/3 l	12,50	3,30
Hüttenkäse/Quark 300 g	10,80	2,90
Magarine 500 g	6,90	1,80
Butter 500 g	15,70	4,20
Ziegenkäse (Prüm) 500 g	24	6,40
Schnittkäse 500 g	28	7,40
Bier (Pils) 0,7 l	16,40	4,30
Orangensaft 1 l	13,20	3,50
Teebeutel 20 Stk.	14,70	3,90

Eine Besonderheit in Norwegen sind die staatlich festgesetzten Preise für Molkereiprodukte. Sie sind im ganzen Land annähernd gleich. Ziel dieser Maßnahme ist es, die peripheren Gebiete (besonders der Norden) nicht zu benachteiligen.

Kurioserweise kommt das gehaltvollere Brot (Vollkornbrot) direkt aus Deutschland, muß im Land aber wegen der hohen Steuern und Zölle teuer bezahlt werden.

Die Preise der Verkehrsträger Bus, Schiff und Flugzeug sind unabhängig von der Saison. Rabatte werden bei der Bahn zu verkehrsschwachen Zeiten und in der Nebensaison eingeräumt.

Das Reisen

Bei Hellesylt

Informationsmaterial

Folgende Stellen der norwegischen Fremdenverkehrswerbung informieren allgemein über Norwegen und halten eine Menge touristischen Werbematerials bereit. Unterlagen können dort angefordert werden (zumeist kostenlos). Insgesamt kann man sagen, daß das Material durchaus einen guten Gebrauchswert hat.

Für die Bundesrepublik Deutschland:
- Norwegisches Fremdenverkehrsamt, Abt. Touristik-Information
  Postfach 76 08 20, Mundsburger Damm 27, W-2000 Hamburg 76
  Tel. (040) 22710810

Für Österreich:
- Königlich Norwegische Botschaft (auch Fremdenverkehrsamt)
  Bayerngasse 3, 1037 Wien, Tel. (0222) 756692

Für die Schweiz:
- Königlich Norwegische Botschaft (auch Fremdenverkehrsamt)
  c/o Ambassade Royale de Norvège, Duforstr. 29, 3005 Bern
  Tel. (031) 441649

Bei diesen Stellen bekommt man unter anderem folgende Informationen:
- Das *Offizielle Reisehandbuch* wird jedes Jahr neu überarbeitet und erscheint etwa im März. Das ca. 250 Seiten starke Heft im DIN A4 ist aber auch in gut sortierten Buchhandlungen für 12 DM zu bekommen bzw. zu bestellen. Es enthält eine große Menge an verwertbaren Informationen und ist reich mit guten Farbfotos bebildert. Neben allgemeinen Teilen informiert es über die einzelnen Bezirke und so manche Stadt und gibt darüber hinaus viele Tips, was man in Norwegen so alles unternehmen kann. Die Investition lohnt auf jeden Fall.
- Das *Rutehefter for Turister* (jährlich neu) ist eine Zusammenstellung der wichtigsten Verkehrsverbindungen und Zeiten im ganzen Land und auch in das Ausland. Weiterhin sind die meisten Fährverbindungen enthalten. Das 40seitige Heft sollte man unbedingt mit auf die Reise nehmen.
- *Campingplätze Norwegen* ist eine Liste aller offiziell registrierten und in einem der Verbände organisierten Campingplätze. Umfaßt im Prinzip die meisten norwegischen Plätze, es gibt aber auch eine größere Zahl nicht registrierter Plätze (häufig an Hotels/Pensionen angeschlossen). Es gibt zwei inhaltsgleiche Versionen des Heftes, nur der einen ist auch eine Karte mit der Lage der Plätze beigefügt.
- *Unterkünfte Norwegen* beinhaltet die meisten Hotels, Gasthöfe, Pensionen und Apartements/Hütten. Letztere Gruppe ist meist für Selbstversorger ausgestattet. Privatzimmer sind nur selten aufgeführt, Jugendherbergen aber doch. Alle drei Broschüren haben einen deutschsprachigen Einführungstext und Legende.

Es wird von keiner norwegischen Stelle ein gesondertes Jugendherbergsverzeichnis herausgegeben (nur Lagepläne), so daß man sich an die oben genannte Broschüre oder das Internationale Jugendherbergsverzeichnis Bd. I (Europa) halten muß.
Der norwegische Radfahrerverband *Syklistenes Landsforening*, Maridalsveien 60, 0458 Oslo 4, Tel. (02) 719293 gibt ein Faltblatt mit allgemeinen Informationen über das Radfahren im Land und einige Blätter mit Tourenvorschlägen heraus. Weiterhin ist er Herausgeber einer Karte mit Etappenbeschreibungen, in der zudem alle für Fahrradfahrer gesperrten Tunnel und Straßen verzeichnet sind. Die Karte kann beim Norwegischen Fremdenverkehrsamt bestellt werden. Soweit diese Tunnelstrecken sinnvoll als eigene Etappenläufe eingebaut werden können, ist in diesem Buch auf gesperrte Tunnel hingewiesen. In den Etappen tauchen solche Tunnel und Straßenabschnitte natürlich nicht auf.
Die vorgenannten Publikationen sind für jeden daran Interessierten sinnvoll und hilfreich; außerdem gibt es zu jeder Region Spezialprospekte, die aber sehr unterschiedlichen Informationsgehalt haben. Fordern Sie deshalb Material gezielt an, z.B. ggf. Prospekte über organisierten Fahrradurlaub, Ferienhäuser oder spezielle Sportarten.
Soweit Sie Informationen zu einzelnen Bezirken und Städten benötigen, können Sie diese ebenfalls bei den oben aufgeführten Büros anfordern. Wenn Sie die in diesem Buch genannten Fremdenverkehrsbüros im Land selbst anschreiben, erhalten Sie meistens die gleichen Materialien wie von den Auslandsvertretungen. Abweichungen sind evtl. hinsichtlich der Aktualität, der Details und des Umfanges zu verzeichnen. Anfragen an die norwegischen Büros sind besser in Englisch zu stellen, Deutsch wird allerdings ebenfalls fast immer verstanden. Viele Broschüren werden auch in Deutsch gedruckt. Die Büros antworten übrigens alle zuverlässig und schnell.
Eine zentrale Anlaufstelle ist in Oslo das Fremdenverkehrsbüro im Rathaus; Sie kommen quasi vor der Tür vorbei, wenn Sie vom Hauptbahnhof zur Fähre nach Nesodden fahren. Die genaue Adresse ist: Oslo Promotions, Radhusgata 23, 0158 Oslo, Tel. (02) 334386. Dort erhalten Sie auch Informationen zu speziellen Fragen und über die einzelnen Bezirke.
Während der Reise in Norwegen erhält man Informationen zur jeweiligen Region zuverlässig im örtlichen *Reiselivslag*, das in der Regel mit dem international üblichen Schild "Tourist Information" gekennzeichnet ist. Bei den meisten Büros können auch Ferienhäuser oder Ausflüge gebucht werden. Das Netz der Informationsbüros ist recht dicht, vor allem in der Hauptsaison werden zusätzliche Anlaufstellenstellen eingerichtet. Die Adressen stehen zum einen im "Offiziellen Reisehandbuch" des norwegischen Fremdenverkehrsamtes in Hamburg und finden sich zum anderen in den Etappenbeschreibungen.
Die Büros verfügen in der Regel auch über Material anderer Regionen, allerdings je nach räumlicher Ausstattung sehr unterschiedlich. Insgesamt ist das verfügbare Informationsmaterial durchweg recht brauchbar.

Eine skandinavische Besonderheit bei der Kennzeichnung von kulturellen Sehenswürdigkeiten ist ein Zeichen in Form eines verschlungenen Ornaments, das in Prospekten, auf Landkarten und Hinweisschildern häufig verwendet wird. Es stellt das "St. Hans-Wappen" oder den "Ewigkeitsknoten" dar.

⌘

In der Cappelen-Karte sind solche Örtlichkeiten mit einem violetten Kreis, der geschichtliche Fundstätten noch mit drei im Kreis gelegenen Punkten von den sonstigen Sehenswürdigkeiten differenziert, markiert.

Öffnungszeiten

Die Touristenbüros Norwegens sind im allgemeinen zu den üblichen Ladenzeiten geöffnet, in vielen kleinen Orten allerdings nur im Sommer (Ende Mai-Anfang September). Denken Sie daran, daß die üblichen Ladenzeiten in Norwegen nur von 9 h bis ca. 16 h (und Samstagvormittag bis 12 h) reichen. Vielfach schließen die Büros schon um 15 h. Teilweise sind im Etappenteil die Saisonbüros näher bezeichnet. In Gebieten mit sehr starkem touristischen Andrang wird man auch sonntags (teils nur wenige Stunden am Spätnachmittag) ein offenes Reiselivslag finden, in manchen Orten desweiteren abends länger.

Nigardsbreen-Gletscher

Anreise

Obwohl Norwegen von Mitteleuropa durch den Skagerrak getrennt ist, gibt es eine Vielzahl von unkomplizierten Möglichkeiten zur Anreise. Eine wichtige Frage ist u.a., ob Sie mit dem eigenen Rad anreisen und in welchem Landesteil Sie beginnen wollen. Da Norwegen auf dem Landweg nur durch den mehrwöchigen Reise-Umweg via UdSSR und Schweden/Finnland zu erreichen ist, bleibt Ihnen die Benutzung von Flugzeug oder Fähre nicht erspart. Wer Unbehagen vor einer Fährfahrt verspürt, sei durch den Hinweis beruhigt, daß die meisten Schiffe von skandinavischen Reedereien mit geschulten Mannschaften aus den drei Ostsee-Anliegerstaaten gefahren werden.

Zu den allgemeinen Problemen des Fahrradtransports empfiehlt sich das Kapitel *Anreise* in *Der Wind kommt immer von vorn* von Jürgen Rieck (s. Literatur).

Mit dem Flugzeug

Durch die Lüfte geht's natürlich am schnellsten und je nach Start- und Zielort nicht einmal deutlich teurer. Norwegens internationaler Haupt-Flughafen ist Oslo-Fornebu (bzw. auch Oslo-Gardermoen), der wegen der günstigen geographischen Lage und der guten Anschlußverbindungen (Bahn, Bus und Flugzeug) in das Landesinnere durchaus ein gutes Sprungbrett für die Weiterreise darstellt. Aus dem Ausland werden auch die Flughäfen Bergen, Trondheim, Sandefjord, Stavanger und Tromsö angeflogen. Ein neuer größerer Flughafen wurde 1990 in Fagernes fertiggestellt.
Direktflüge von Deutschland aus werden nur als Linienflüge (zumeist täglich außer samstags) von Berlin, Hamburg, Düsseldorf, München und Frankfurt geflogen. Charterflüge gibt es nicht. Die Anbindungen von anderen deutschen Flughäfen verlaufen zumeist über Hamburg und Frankfurt. Bergen wird nur über Hamburg direkt erreicht. Von der Schweiz aus gelangt man ab Zürich und Genf nach Oslo, von Österreich ab Wien.

Preisbeispiele:
Flieg & Spar: Hamburg-Oslo ca. 700 DM; München-Oslo ca. 1000 DM
Super Flieg & Spar: Hamburg-Oslo ca. 450 DM; München-Oslo ca. 700 DM; Düsseldorf-Oslo ca. 570 DM

Da es sich bei den genannten Flügen ausnahmslos um Linienflüge handelt, können Fahrräder normalerweise problemlos mitgenommen werden. Vorbedingung ist in jedem Fall die Anmeldung dieses "Sondergepäcks", da die Transportkapazität in der Regel beschränkt ist. Theoretisch wird das normalerweise anfallende Übergepäck mit 1 % des Erste-Klasse-Flugpreises berechnet; in der

Praxis entfällt das jedoch meist aus Bequemlichkeit, "Kulanz" genannt.
Sinnvoll ist aber in jedem Fall die Beschränkung auf nicht zu viele Gepäckstükke. Wer mit 4 Packtaschen, Zelt, Isomatte und Schlafsack fliegt, darf sich nicht wundern, wenn das Abfertigungspersonal die Übergepäcktoleranz als etwas zu weit ausgereizt ansieht. Vorsichtshalber sollte man kleine, aber schwere Dinge (z.B. Werkzeug, Fotoapparat etc.) ins Handgepäck nehmen, das meist nicht gewogen wird, obwohl es eigentlich zur Freigepäckmenge zählt. Die Freigepäckmenge beträgt in der Regel 20 kg. Wichtig für Camper: mit Gaskartuschen und Benzinbehältern kann man bei den Gepäckkontrollen Schwierigkeiten bekommen.
Die meisten Fluggesellschaften verlangen gewisse Veränderungen am Fahrrad für den Transport: meist Lenker in Längsrichtung verdrehen, Pedale ab- oder nach innen schrauben, Luft aus den Reifen lassen. Es empfiehlt sich somit, frühzeitig am Flughafen zu sein - was auch schon deshalb sinnvoll ist, um das Rad sicher mitzubekommen - und das ggf. notwendige Werkzeug bereitzuhalten. Lassen Sie die Luft nicht vollständig ab, damit der Reifen sich ggf. beim Schieben zum Flugzeug nicht von der Felge lösen kann; theoretisch ist das Luftablassen bei den heute mit Druckausgleich versehenen Gepäckräumen der Flugzeuge ohnehin überflüssig, das Flughafenpersonal kann es sich aber oft nicht verkneifen, selbst Hand ans Ventil zu legen.

Die Liniengesellschaften haben alle diverse Spartarife eingeführt, die an die unterschiedlichsten Bedingungen geknüpft sind: manchmal nur feste Vorausbuchung (14 Tage vor Abflug) der Flugtermine mit Vorschriften über die Mindestaufenthaltsdauer (in der Regel mindestens über ein Wochenende, also kein Problem), in anderen Fällen nur für bestimmte Alters- oder Personengruppen, manchmal nur für kurzfristige Buchungen in letzter Minute. In jedem Fall lohnt es sich, die Tarife zu vergleichen und mehr als nur ein Reisebüro aufzusuchen - der Tarifdschungel ist so undurchschaubar, daß kaum ein Reisebüro wirklich den völligen Durchblick hat.
In vielen Fällen sind Flüge mit Fahrradtransport konkurrenzfähig im Vergleich mit Eisenbahn-/Fährtarifen, teils sogar billiger (besonders bei weiter im Landesinneren liegenden Zielorten).

Mit der Fähre

Unabhängig von der Benutzung der Eisenbahn gibt es von Deutschland, Dänemark und Schweden gut ein Dutzend direkter Fährverbindungen nach Norwegen, von denen die meisten auf beliebige Art (per Bahn, Auto bzw. mit Muskelkraft, sprich von Anfang an per Fahrrad) zu erreichen sind. Für den Sommer 91 ist die Aufnahme einer neuen Verbindung von Rügen nach Kristiansand bzw. Oslo (Fred Olsen Lines) geplant. Mit weiteren Linien ist in Zukunft zu rechnen. Die Fährpreise liegen je nach Streckenlänge, Saison und Gesellschaft zwischen ca. 40 und über 200 DM.

Die Strecken werden von 5 Reedereien fast alle ganzjährig bedient, bis auf einige wenige Verbindungen. Außerdem gibt es ganzjährig eine Verbindung von Strömstad (Schweden) nach Sandefjord (Anfang Oslofjord). Sie fährt in 2½ Stunden über den Skagerrak.
Die kürzeste Verbindung ist die vom dänischen Hirtshals nach Kristiansand (S) (4 h), die ganzjährig von den Fred Olsen Lines bedient wird (1-4 x täglich).

Rund 200 km weiter im Norden landen Sie, wenn Sie mit der gleichen Gesellschaft statt nach Kristiansand nach Oslo fahren (ganzjährig, 8½ h). Dies Schiffsroute ist nach meinem Dafürhalten die anschlußmäßig beste, preiswerteste (tagsüber) und mit der langen Fahrt durch den wunderschönen Oslofjord sicherlich auch die reizvollste.
Weitere Infos gibt es von der Reedereivertretung:

- NSA-Reisebüro, Kleine Johannisstr. 10, W-2000 Hamburg 11
  Tel. (040) 376930

Die Larvik Line verkehrt das ganze Jahr über zwischen Frederikshavn (Dänemark) und Larvik an der Sørlandküste und überquert den Skagerrak in 6 Stunden. Von Frederikshavn verkehren auch mehrere Schiffe in den Oslofjord. Die Stena Line fährt vom 19.3.-15.12. fast täglich nach Oslo, genauso wie die vom 1.3.-31.12. fahrende "Holger Danske" der dänischen Da-No Line. Von Frederikshavn gibt es auch eine Strecke nach Moss (ca. 60 km südl. von Oslo, ganzj., Stena Line).
Die gleiche Gesellschaft fährt ebenfalls ganzjährig nachts von Kiel nach Göteborg. Eine andere Verbindung von der Bundesrepublik geht von Kiel direkt nach Oslo (Color Line, ganzj., in der Saison tägl.). Die Fahrt dauert fast 20 Stunden, so daß eine Kabinenbuchung obligatorisch ist. Die Kosten liegen damit etwas höher, aber man erspart sich die bis zu 700 km lange und anstrengende Fahrt durch Dänemark und Schweden.

Reservierungen sind für Radler auf keinem der Schiffe notwendig, sie empfehlen sich jedoch dringend, wenn man mit dem Auto und/oder unter Kabinenbenutzung in der Hochsaison anreist. Einige Reedereien erkennen den Internationalen Studentenausweis an, so daß Rabatte bis zu 50 % möglich sind.

Wer die kürzesten Fährverbindungen von Dänemarks Nordspitze bevorzugt, kann dies evtl. mit einer kleinen Aufwärmphase in dem doch erheblich flacheren Land verbinden. Doch sollte man mit kontinuierlichen westlichen Winden und einer Unzahl glazial entstandener Hügel rechnen. Näheres können Sie dem CYKLOS-Fahrrad-Reiseführer *Dänemark per Rad* entnehmen.

Mit dem Auto

Angesichts der beträchtlichen räumlichen Ausdehnung Norwegens und der zahlreichen Sondertarife für Autofahrer auf den Skagerrakfähren gibt es durch-

aus Fälle, in denen die Anreise zum Fahrradurlaub sinnvoll mit dem Auto durchgeführt werden kann, da kleine und mittlere Gruppen je nach Saison und Reisetag teils schon ab 2 Personen billiger transportiert werden, als wenn sie einzeln ohne Auto buchen würden; zudem können Aufpreise für die Fahrräder gespart werden. Außerdem bietet sich so eine relativ unkomplizierte Möglichkeit, Entfernungen innerhalb Norwegens zu einem günstigen Ausgangspunkt der Fahrradreise zurückzulegen. Berücksichtigen Sie aber, daß bei einer Anreise durch Jütland etwa die Hälfte der Strecke auf Landstraßen mit zahlreichen Ortsdurchfahrten zurückgelegt werden muß, da es keine durchgehende Autobahn zu den Fährhäfen im Norden gibt. Finanziell unsinnig ist es in der Regel, zu zweit die motorisierte Blechbüchse lediglich bis in den norwegischen Fährhafen mitzunehmen. Wer seine Fahrräder stehend auf dem Dachträger mitführt, muß evtl. wegen Überhöhe mit einem deutlichen Aufschlag rechnen.
Weiterhin ist es eine Überlegung wert, ob Sie auf dem Landweg große Strecken fahren und die kurzen Fährpassagen über Dänemark nutzen oder ob nicht die längeren Direktfähren günstiger sind. Neben der erholsameren Anfahrt und dem Umweltvorteil bei der zweiten Option ist die benötigte Zeit in beiden Fällen ungefähr gleich.
Vielleicht finden Sie ja auch über eine Mitfahrzentrale, die es mittlerweile in fast allen großen deutschen Städten gibt, eine Transportmöglichkeit für sich und Ihr Rad nach Norwegen.

Mit der Eisenbahn

Diese Anreiseform ist vor allem dann anzuraten, wenn Sie nicht an einem Fährhafen starten möchten. Falls Sie vorhaben, im Land größere Teilstücke mit der Bahn zurückzulegen, lohnt sich der Kauf der unten genannten Ermäßigungsberechtigungen besonders. Wichtigste Einschränkung: die Mitnahme eines Fahrrades auf Fahrradkarte als begleitendes Reisegepäck ist (wie bei allen grenzüberschreitenden Zügen) grundsätzlich nicht möglich; wer sein eigenes Rad benutzen will, muß es als Reisegepäck vorschicken - eine etwas unsichere Angelegenheit, da sowohl die Transportzeiten (mindestens vier Tage, in manchen Fällen auch schon einmal mehr als eine Woche) als auch die Häufigkeit von Transportschäden stark variieren. Deshalb sollte man sein Rad für etwa 17 DM gegen Transportschäden versichern, besonders wenn man einen Edelrenner sein eigen nennt. Auf jeden Fall sollte man darauf gefaßt sein, daß kleinere Schäden vor Ort behoben werden müssen.
Die Durchquerung des Transitlandes Dänemark weist noch eine zweite Tücke auf, sofern Sie nach Grenzüberschreitung in Dänemark das Rad in die Bahn verladen möchten. Die Selbstverladung des eigenen Rades im Land selbst ist nur auf ganz wenigen Zügen möglich: mit Euro-/Intercitys, wenn man spätestens drei Stunden vorher eine Reservierung, ggf. telefonisch unter (01) 148800 vorgenommen hat - Kosten für das Rad ca. 30 Dänische Kronen; ansonsten nur auf einigen wenigen Regionalzügen - und dann auch nur sonntags

(20 Kr). Nur in Glücksfällen kann ein Transport durch das Bahnpersonal innerhalb von 24 Stunden abgewickelt werden. Das von der DSB vorgesehene Verfahren, das Rad als Gepäckstück aufzugeben, ist also wegen des unkalkulierbaren Zeitfaktors ziemlich uninteressant.
Den Anschluß an das innernorwegische Netz erhalten Sie ausschließlich über die Strecke Hamburg-Kopenhagen-Oslo, die täglich mehrmals mit Eurocitys bedient wird. Eine gewisse Alternative gibt es für diejenigen, die nicht auf eine richtige Seereise verzichten möchten. Sie fahren mit der Bahn (ECs) bis Frederikshavn oder Hirtshals und steigen dort auf die Fähren um.
Für alle Bahnreisenden gibt es etliche Rabatte. Hingewiesen sei an dieser Stelle auf das Interrail Ticket (430 DM) für Jugendliche unter 26 Jahren, das für 4 Wochen unbegrenzte freie Fahrt in ganz Europa gestattet und innerhalb des Heimatlandes immerhin eine 50 %ige Ermäßigung einräumt. Etwa 435 DM (Jugendliche unter 26 Jahren zahlen nur ca. 325 DM) kostet das Nordturist Ticket für unbegrenzte Fahrt innerhalb Dänemark, Schweden, Norwegen und Finnland für drei Wochen. Erwerben können diese Karte alle Nichtskandinavier.
Die norwegischen und dänischen Preise liegen in etwa auf dem Niveau der Deutschen Bundesbahn, in Schweden fahren Sie etwas günstiger.

Mit dem Bus

Immerhin 33 Orte in Deutschland sind durch das Liniennetz der GDG Continent-Busse (in Kombination mit Touring-Europabus) mit Skandinavien relativ direkt verbunden; die Anschlüsse in Norwegen sind in der Regel optimal koordiniert. Der Haken an der Sache ist aber, daß kein Fahrradtransport möglich ist. Von Reisenden aus Österreich und der Schweiz kann der Linienbus nur in Kombination mit einer Anreise nach München bzw. Frankfurt/M. eingesetzt werden. Die Preise liegen unter denen der Bahn.
Auskunft über alle Strecken von:

- GDB Continent-Bus, ZOB, Brockesstr. 1, W-2000 Hamburg 1
  Tel. (040) 2801151

Die Gesellschaft unterhält eine Filiale in Köln; Auskunft außerdem bei DER-Reisebüros.
Desweiteren bietet die Tochterfirma *Velomobil* des Allgemeinen Deutschen Fahrradclubs (ADFC) einen interessanten Service an. Zu bestimmten Terminen fahren Reisebusse von einzelnen Orten (zumeist Bremen) mit speziell für den Fahrradtransport ausgerüsteten Anhängern nach Skandinavien. Diese Idee stammt aus Holland und gibt es dort schon lange. Die Angebote schwanken von Jahr zu Jahr, erkundigen Sie sich deshalb bei:

- Velomobil GmbH, Am Dobben 91, W-2800 Bremen, Tel. (0421) 703410

Einreise

Personen

Personalausweis oder Reisepaß genügen für Bürger der EG, Schweizer und Österreicher. Wer länger als drei Monate bleiben oder im Land arbeiten will, muß eine Aufenthaltsgenehmigung bei einer Diplomatischen Vertretung im Heimatlandes beantragen.

Tiere

Da alle Haustiere eine viermonatige Quarantäne vor der Einreise nach Norwegen absolvieren müssen, wird der vierbeinige oder gefiederte Freund notgedrungen zu Hause bleiben müssen.
Die Norweger achten sehr penibel auf die Einhaltung dieser Bestimmungen, da es weder der Tollwut noch etlichen anderen Schädlingen aus dem restlichen Europa bisher gelungen ist, nach Norwegen vorzudringen. Zudem ist eine Genehmigung des Landwirtschaftsministeriums notwendig. Wer ohne den Segen der Behörde Hund oder eine Katze mitnimmt, den kostet dies mehrere tausend harte Deutsche Mark Strafe zuzüglich des Heimtransports des Tieres.

Zoll und Devisen

Die Einfuhr von ausländischen und norwegischen Zahlungsmitteln ist in unbegrenzter Höhe erlaubt. Bei der Ausreise dürfen nicht mehr als 5000 NOK in den Taschen sein, auf keinen Fall dürfen 1000 NOK-Scheine dabei sein.

Für die Ein- und Ausfuhr von Waren gelten folgende Beschränkungen:
- 200 Zigaretten oder 100 Zigarillos oder 50 Zigarren oder 250 g Tabak mit Zigarettenpapier dürfen ab 16 Jahren mitgenommen werden;
- 1 Liter Spirituosen plus 1 Liter Wein plus 2 Liter Bier, oder nur Wein statt Spirituosen; zusätzlich können gegen extrem hohe Verzollung bis zu 4 Litern Wein/ Spirituosen und bis zu 10 Liter Bier eingeführt werden (ab 20 Jahren). Letzteres lohnt sich aber nicht, da man dann wiederum in den staatlichen Vinmonopolet-Läden seine Getränke preiswerter erhält.
- Schokoladen und Süßwaren dürfen bis zu 1 kg, Zucker bis zu 5 kg eingeführt werden.

Für folgende Waren ist die Einfuhr verboten: Frischfleisch, Pflanzen, Käse, Eier, Kartoffeln, Rauschgifte, Medikamente (ausgenommen Eigenbedarf), Giftstoffe, Netze zum Angeln und Köder, Waffen und Munition.
Derartige Produkte aus den anderen skandinavischen Ländern dürfen jedoch

eingeführt werden. Gegenstände des eigenen Bedarfs wie optische Geräte, Campingausrüstung, Schmuck usw. (sprich Reisegepäck) sind immer zollfrei, müssen das Land aber auch wieder verlassen. Die Ausfuhr von Antiquitäten jeglicher Art ist verboten. Anmeldepflichtig sind Jagdwaffen und Funkgeräte. Sie werden als Radler aber wohl kaum mit diesen Bestimmungen in Konflikt kommen, da die Mitnahmemöglichkeiten naturgemäß sehr beschränkt sind.
Da Sie bei der Reise ggf. auch Dänemark oder Schweden passieren müssen, sollten Sie auch deren Zollbestimmungen berücksichtigen (Schweden ähnlich wie Norwegen, Dänemark für Deutsche etwas großzügiger, da EG-Land).

Hauptreisezeit

Die Norweger haben ihre Schulferienzeit Ende Juni-Mitte August, wobei ab Anfang Juli-Anfang August der stärkste touristische Andrang zu verzeichnen ist. Die meisten Einrichtungen haben bereits ab Ostern bzw. Mai geöffnet. Die Ferien in den Betrieben liegen zum großen Teil im Juli. Da 40 % der Norweger ihren Sommerurlaub im eigenen Land verbringen, werden Sie zu dieser Zeit auf den Straßen hauptsächlich jene und weniger andere Europäer treffen. Wer kann, sollte deshalb eventuell den Juli meiden, da es in diesem Monat doch etwas unruhiger auf den Straßen und Campingplätzen zugeht. Der Andrang ist aber fast immer tolerierbar. Ab Mitte August wird es schlagartig sehr ruhig, die meisten Campingplätze und andere touristisch interessante Einrichtungen haben zumeist noch bis Anfang September geöffnet. Das Netz touristischer Versorgung dünnt ab September rapide aus.
Wer im Mai oder Juni aufbricht, muß damit rechnen, daß viele Gebirgsstrecken noch im Schnee liegen. Dies gilt insbesondere für Jotunheimen, die Hardangervidda sowie Nordnorwegen. Einige Paßstraßen werden erst ab Mai/Juni geöffnet. Der Termin schwankt jedes Jahr, je nach Schneelage. Informationen über die Öffnungstermine können Sie in Oslo bei der Alarmsentralen (Verkehrsbericht), Tel. (02) 429400 oder dem Vegdirektorat (Verkehrsministerium) in Oslo oder der einzelnen Bezirken erhalten. Im Frühsommer muß man auch mit empfindlich kalten Nächten (je nach Höhenlage bis unter 0 °C) rechnen, da zum einen polare Kaltluftvorstöße und zum anderen die noch geringe Temperatur des Bodens für niedrige Nachttemperaturen sorgen. Grundsätzlich zu allen Jahreszeiten sollten Sie bei Gebirgspassagen mit niedrigen Temperaturen (+10 °-0 °C), Schnee und starkem Wind in Schlechtwetterperioden rechnen und entsprechende Ausrüstung (bes. Mütze und Handschuhe) mitnehmen. Im September kann es in höheren Lagen in wolkenlosen Nächten schon Bodenfrost geben, obwohl das Wetter in diesem Monat insgesamt recht stabil ist. Wer sich nicht vor den etwas kühleren Temperaturen fürchtet, dem sei die Zeit von Ende August bis weit in den September hinein wärmstens ans Herz gelegt. Das Fjell und die Birkenwälder tauchen dann in ein Farbenmeer ein, das Sie sich in Ihren kühnsten Träumen nicht vorstellen können.

Verkehrsverbindungen in Norwegen

Fast jeder Fahrradreisende wird in die Lage kommen, während einer Norwegenreise ein Binnenverkehrsmittel zu nutzen, sei es im Zuge der An- oder Rückreise, sei es zur Querverbindung zwischen den verschiedenen Landesteilen.
Das aktuellste (alle drei Monate korrigierte) Gesamtverzeichnis aller Verkehrsverbindungen erhält man mit dem ca. 18 DM teuren *Rutebok for Norge*, das an vielen Verkaufsstellen (z.B. Narvesen-Kiosk) zu bekommen ist. Als leichtgewichtigen Extrakt, der auch vollkommen ausreicht, bekommt man von den Touristeninformationen bzw. vom norwegischen Fremdenverkehrsamt in Hamburg das *Rutehefter for Turister*. In diesen 40 Seiten findet man die wichtigsten Bahn-, Bus-, Fähr- und Flugverbindungen im Land und aus dem Land heraus.

Studenten sollten sich auf jeden Fall den internationalen ISTC-Studentenausweis (s. *Service*), der von den ASTAs oder von Reisebüros (Transalpino) gegen ein Gebühr von 10 DM (Neuausgabe) oder 7 DM (jährl. Erneuerung) ausgegeben wird, besorgen. Dieser berechtigt bei vielen Gelegenheiten zu 50 %-Nachlässen, besonders bei Bussen und Bahnen lohnt sich dies sehr. Die Ermäßigung bei der NSB hat jedoch zwei Haken: einmal gilt sie erst ab 100 km, zum anderen scheint der Rabatt nur für norwegische Studenten zu gelten, obwohl der Ausweis manchmal auch akzeptiert wird. Nichtsdestoweniger sollte man sein Glück versuchen.

Eisenbahn

Das Netz der NSB (Norges Statsbaner) ist im Verhältnis zur Landesfläche mit 4240 km recht kurz. Man muß sich aber vor Augen halten, daß der Bau von Eisenbahnlinien in dem zu über 90 % aus bergigen Terrain bestehendem Land extrem teuer und sehr schwierig ist. Darüber hinaus hat ein 4-Millionen-Volk natürlich auch nicht den Bedarf an Strecken wie die Länder Mitteleuropas.
Die Bahnhöfe der Ortschaften sind zumeist mit dem Schild - Ortsnamen plus Anhängsel "st." für stasjon ausgeschildert.
Die meisten Strecken liegen südlich von Trondheim, nur die Nordlandsbanen überwindet die arktischen 750 km nach Bodø.

Die vier Hauptstrecken gehen sternförmig von Oslo aus: Sørland-Bahn, Bergenbahn, Dovre-Bahn und nach Süden und Westen der Anschluß an das europäische und schwedische Netz. Die Rauma-Bahn verbindet Dombås mit Åndalsnes, und ganz im Osten verläuft die Røros-Bahn parallel zum Gudbrandsdalen.

Übersichtskarte: Eisenbahnstrecken in Norwegen

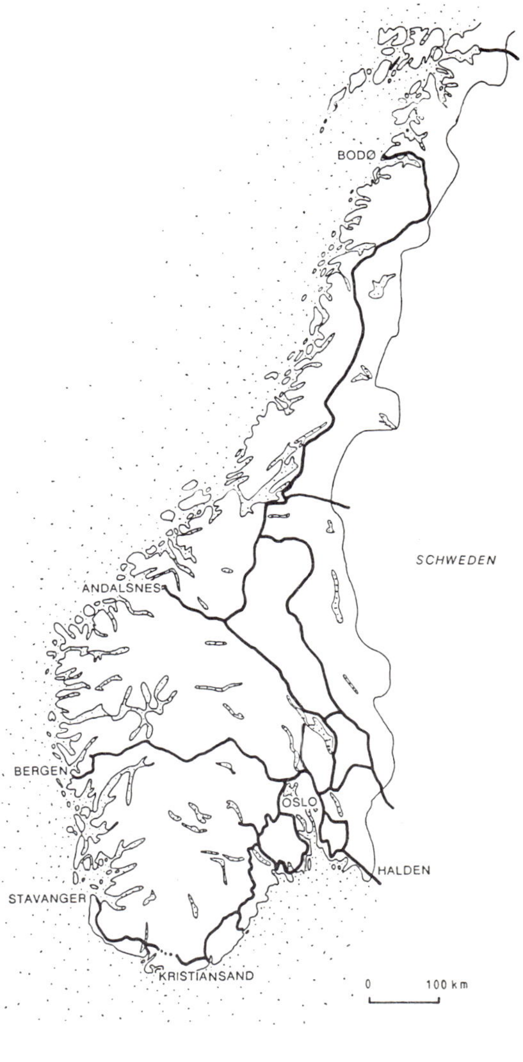

Die Hauptstrecken werden mehrmals täglich bedient. Wenn man allerdings zu sehr kleinen Bahnhöfen oder gar Haltepunkten gelangen will, ist man oft auf einen bestimmten Zug angewiesen. Aufgrund der zahlreichen Kurven (58 % des Gesamtnetzes) ist die Reisegeschwindigkeit gemächlicher, als man es von Mitteleuropa gewohnt ist. Dafür hat man genug Muße, faszinierende Landschaft aus den sehr komfortablen Waggons heraus zu genießen. Große Entfernungen überwindet man im Schlafwagen, der z.B. in neun Stunden die 540 km von Oslo nach Trondheim fährt.
Die schönste und interessanteste Bahnstrecke ist mit Sicherheit die Bergenbahn, doch andere stehen ihr nur wenig nach.

Es gibt zwei Zugkategorien: Expreß- und Schnellzüge (Ekspresstog und Hurtigtog). Allerdings ist zwischen diesen kein großer Unterschied zu entdecken, da auch Expreßzüge an so mancher kleiner Stadt halten. Expreßzüge nehmen aber keine Fahrräder mit.

Das Fahrrad kann im allgemeinen in den Schnellzügen mit einer entsprechenden Karte (Preis entfernungsunabhängig 25 NOK) selbst eingeladen werden, obwohl diese Karte eigentlich die Verladung durch Bahnpersonal vorsieht. In den Expreßzügen ist dies mit etwas Verhandlungsgeschick trotz des theoretischen Verbots gelegentlich möglich. Ich mußte übrigens auch nie das Gepäck vom Rad abmontieren.

Die Oslo-Bergen-Eisenbahn

Eine Meisterleistung des norwegischen Eisenbahnbaus und eine der schönsten Strecken Europas ist die *Bergensbanen*. Es war schon immer ein Wunsch gewesen, die beiden wichtigsten Städte Norwegens über einen wetterunabhängigen und schnellen Landweg zu verbinden, dauerte doch die kombinierte Schiffs-Landreise über den Telemark-Kanal immer noch vier Tage. Ungefähr 6½ Stunden braucht die Bahn für die 471 km lange Strecke quer durch Norwegen. 58 km verlaufen im Dunkeln durch 186 Tunnel, und auf weiteren 27 km sieht man nur hölzerne Schneezäune, die die Schienen vor Schneeverwehungen im Winter schützen. 1875 begann man mit dem Bau der längsten Hochgebirgsstrecke Europas (100 km verlaufen oberhalb der Baumgrenze). Die erste Trasse verlief durch das Valdrestal, man entschied sich aber 1894 für einen Verlauf durch das Hallingdal. 1909 fuhr der erste Zug durch die extreme Hardangervidda, der man mit 700000 kg Dynamit, 2½ Millionen Arbeitsstunden und einer Investition von 50 Millionen Kronen die Trasse abgetrotzt hatte. Man muß sich vor Augen halten, daß den Ingenieuren nur Hacken, Schaufeln, Dampfframme, Pferdekarren und Dynamit zu Verfügung stand.

Die Bergenbahn ist im Winter die einzige Landverbindung zwischen Oslo und Bergen. Die Straßenverbindungen, die nur 4 Monate im Jahr durchgehend be-

fahren werden können, werden z.Zt. durch Ausbau und neue Tunnel auf den Winterbetrieb umgestellt.
Die Bergenbahn kann von Radfahrern auch selbst pedalierend verfolgt werden, da der alte Versorgungs- und Materialweg aus der Bauzeit auf der gesamten Strecke entlang der Trasse mit dem Rad befahren werden kann. Die Überquerung der Hardangervidda beginnt in Haugastøl (988 m), wo sich auch von der R 7 trennt. Kurz hinter Finse (1222 m) wird am Taugevatn der höchste Punkt (1301 m) erreicht, was im Vergleich mit anderen Eisenbahnstrecken z.B. in den Alpen nicht sehr hoch erscheinen mag. Aber die klimatischen Bedingungen in der tundraähnlichen Hardangervidda sind so extrem, daß sogar Südpolexpeditionen hier trainierten. Südlich der Bahnstrecke liegt der 90 km^2 bedeckende Hardangerjøkulen-Gletscher (von Finse in 2-3 Stunden Fußmarsch zu erreichen), und es geht nun ab Taugevatn ständig bergab. In Myrdal (857 m) zweigt die Flåm-Bahn, eine der steilsten Bahnstrecken der Welt (55 m auf 1000 m), zum Aurelandsfjord ab. Sie wurde 1943 von der Deutschen Wehrmacht aus militärischen Gründen fertiggestellt, nachdem die Norweger schon fast 20 Jahre an ihr gebaut hatten. Sie ist nur 20 km lang, verläuft aber durch 20 Tunnel. Jeder Millimeter der Gleise hat eine Krone gekostet. Der Zug hat fünf voneinander unabhängige Bremssysteme, und er fährt langsamer hinunter als bergaufwärts. An der schönsten Aussichtsstelle (kurz vor dem Bakkli-Tunnel) hält der Zug bei der 53 Minuten dauernden Fahrt kurz an. Hangaufwärts kann man drei übereinanderliegende Schienenebenen sehen. Auch hier verläuft parallel die alte Materialstraße mit ihren 21 Haarnadelkurven aus dem Jahr 1896, die wagemutige Fahrer benutzen können. In Richtung Bergen verläßt man jetzt rasch die unwirtliche Hochebene, es wird deutlich wärmer, und üppige Obstgärten und enge, tiefe Fjorde ziehen vorbei.

Busverkehr

Der überwiegende Teil des Personenverkehrs wird mittels eines hervorragend ausgebauten Fernnetzes in modernen Reisebussen verschiedenster privater Gesellschaften abgewickelt. Die Busse verkehren mehrmals täglich auf den Fernstrecken und erreichen auch von der Bahn nicht bediente Orte. Besonders vorteilhaft kann man die Buslinien zur Überwindung großer Höhendifferenzen im Fjordland nutzen: man bezahlt geringe Wegstrecken, hat aber viele hundert Höhenmeter mühsame Kraxelei gespart.
Die Normaltarife liegen etwas unter denen der Bahn. Auch hier gilt, daß Studenten und Schüler 50 % Ermäßigung erhalten, diesmal auch die ausländischen.
Die Mitnahme des Fahrrades bedarf keines zusätzlichen Tickets, hängt aber von dem freien Platz im Gepäckraum ab. In der Regel wird man aber keine Schwierigkeiten haben, es sei denn, der Bus ist in der Hochsaison mal voll ausgelastet.

Zentrale Busbahnhöfe sind fast immer die Eisenbahnhöfe (wo vorhanden,

sonst aber auch meist zentral im Ort), so daß man sogar vor Ort noch zwischen Bahn und Bus wählen kann.
Die Verbindungen und Preise sind dem *Rutehefte for Turister* (s.o.) zu entnehmen.

Schiffe

Auch im 20. Jh. sind die Schiffe und Fähren das Haupttransportmittel im norwegischen Alltag, was bei einer Küstenlänge von 57000 km nicht verwundert. Die wichtigste Fährlinie ist die Hurtigruten, eine Schnelldampferverbindung entlang der norwegischen Westküste von Bergen bis nach Kirkenes an der sowjetischen Grenze. Sie verkehrt das ganze Jahr.
In den Jahren nach den Ölfunden in der Nordsee wurden jedoch viele Fährverbindungen durch große Brücken ersetzt. Für die Anwohner ist dies eine erhebliche Verbesserung der Lebensqualität, da vielfach die Fähren nur 1-2 mal in der Woche fuhren.
Die Verbindungen der Fähren kann man am übersichtlichsten aus den Cappelen-Karten entnehmen. Tariftabelle (Tarife sind für fast alle Fähren identisch, da staatlich reglementiert) und Abfahrtszeiten sind dem *Rutehefte for Turister* zu entnehmen. Für die Mitnahme des Fahrrads muß immer ein Kinderticket gelöst werden.
Auf den Hauptverbindungen verkehren die Schiffe mehrmals pro Stunde, mancherorts muß man jedoch auch einen halben Tag warten, so daß eine vorausschauende Planung sinnvoll ist.
Entlang der Westküste (Stavanger, Bergen, Sognefjord) verkehren Schnellboote, die ca. 60 km/h erreichen und durchaus Fahrräder transportieren. Auch hier gilt, daß Auszubildende 50 % Ermäßigung erhalten.

Viele Fähranlegestellen liegen außerhalb der Orte. Diese werden in den ansonsten sehr guten Cappelen-Karten nicht immer mit ausreichender Präzision der Lage wiedergegeben. Jedoch weisen fast immer Schilder den Weg. Wem dies nicht reicht, der kann zu der Cappelen-Karte *Norge, Bil- og turistkart/Nr. 13* greifen. Diese stellt exakt alle Fährrouten in Norwegen dar.

Besonderheiten im Straßenverkehr

Radfahrer können sich auf Norwegens Straßen sehr sicher fühlen. Die Einheimischen rasen nicht und fahren rücksichtsvoll, wenn man von einigen LKW-Fahrern absieht, die schon 20 Stunden unterwegs sind oder noch zur nächsten Fähre hetzen. Außerdem haben LKWs auf Gefällstrecken Schwierigkeiten mit dem Bremsen. Auf den Hauptrouten kommen im Sommer die Touristen hinzu, die ihre in Mitteleuropa erworbenen schlechten Sitten mitbringen.
Die Straßen sind im allgemeinen sehr eng und kurvenreich, es ist deshalb sinnvoll, an unübersichtlichen Stellen äußerst rechts zu fahren.

In Norwegen gelten die internationalen Verkehrsregeln und ebenfalls die Regelung "rechts vor links", wenn keine anderweitigen Schilder vorhanden sind. In den Orten handhaben die Fußgänger ihre Rechte an den Zebrastreifen rigoros, rechnen Sie also mit plötzlichem Querverkehr.

Viele Bauernhöfe besitzen große Hunde, die sich gelegentlich einen Spaß daraus machen, sorglos entlangradelnde Reisende zu verfolgen. Meistens hat der Spurt aber schon nach wenigen Metern ein Ende, nämlich am Schluß der über den Hof gespannten Laufkette. Dennoch sollte man auf Hunde achten, da diese zuweilen frei sind und Radfahrer aggressiv bis zur Grundstücksgrenze verfolgen.

Viehgitter (Ferist)

Wegen der sehr verbreiteten extensiven Viehhaltung in Norwegen außerhalb der Siedlungen sei an dieser Stelle auf die Viehgitter hingewiesen, die überall in den Straßen liegen können! Es handelt sich dabei um etwa 10 parallel in der Asphaltdecke liegende Rohre, die durch Streben miteinander verbunden sind. Der Abstand der einzelnen Rohre ist nicht dazu geeignet, diese Gitter mit höherer Geschwindigkeit zu passieren!

Also halten Sie die Augen nach dem internationalen Hinweisschild "Straßenunebenheiten" in Kombination mit dem Schriftzug Fe-rist oder Ferist auf! Vermindern Sie unbedingt Ihre Geschwindigkeit, da sonst ein böser Sturz die Folge sein kann!
Leider tauchen diese Gitter vereinzelt auch ohne Warnschild auf. Hier hilft nur vorausschauendes Fahren. Die Gitter liegen am häufigsten in der Übergangszone vom kultivierten Land (Felder, Wiesen) zum Wald bzw. dem Fjell.

Tunnel

Norwegens Straßen führen durch zahlreiche unbelüftete und sehr feuchte Tunnel. Fast alle sind unbeleuchtet und dank der stabilen geologischen Verhältnisse (Granit) meistens direkt in den Fels geschlagen, ohne aufwendige Auskleidungen. Für den Radreisenden sind diese Tunnel unangenehme und auch etwas gefährliche Hindernisse.
In den Etappenbeschreibungen wird weitgehend auf Tunnel und deren Länge hingewiesen. Oft führen alte Straßen oder Wege außen um den untertunnelten Bergabschnitt herum. Diese sind oft auch für Radfahrer und Fußgänger ausgeschildert. Manchmal muß man hinter den Büschen etwas nach der alten Straße suchen und ggf. das Rad auch mal über eine Leitplanke wuchten.

Falls Sie doch einen Tunnel benutzen müssen, so kann es sehr sinnvoll sein, einen Autofahrer zu bitten, hinter Ihnen herzufahren (Sicherung). Im Tunnel ist es rabenschwarz, auch mit der Radbeleuchtung werden Sie kaum etwas sehen. Oder Sie fragen einen LKW-Fahrer, ob er Sie gleich durch den Tunnel mitnimmt. Denken Sie auch daran, daß hineinfahrende Autofahrer wegen der Trägheit des Auges erst einmal nichts sehen und am Ende geblendet werde. Leider drosseln Norweger ihr Tempo im Tunnel kaum.

Im Berg ist es recht kühl (ca. 8 °C) und naß, da das Wasser von oben ungehindert hindurchtropft. Halten Sie genau die Spur, da man oft nicht bemerkt, daß man im Dunkeln auf die Gegenfahrbahn geraten ist, und außerdem laufen an den Seiten kleine Gräben einher. Besonders tückisch sind Schlaglöcher, die man im Dunkeln nicht sieht. Manche Tunnel sind für Radfahrer gesperrt - derartige Strecken tauchen in diesem Buch natürlich nicht auf (oder es wird auf Busbenutzung hingewiesen). Wenn Sie eigene Routen planen, sollten Sie sich die schon früher erwähnte Karte des norwegischen Radfahrverbandes *Syklistenes Landsforening* (s. *Information*) besorgen, da auf dieser die gesperrten Tunnel und Straßen eingezeichnet sind.

Karten

Gute Straßenkarten in einem für die Fahrradreise geeigneten Maßstab und mit hinreichender Präzision sind für Norwegen wesentlich dünner gesät als in den Ländern Mitteleuropas. In Norwegen gibt es neben den topographischen Kartenwerken, die vom Landesvermessungsamt herausgegeben werden, praktisch nur drei Kartenserien, die überhaupt in Frage kommen: Cappelens, Terrac (beides norwegische Verlage, die in Deutschland von den Verlagen Kümmerly + Frey bzw. RV-Verlag vertrieben werden) und Mairs Geographische Verlag.
Nach einer kritischen Überprüfung kristallisiert sich nur die Cappelen-Karte als für unsere Zwecke brauchbar heraus. Die anderen beiden Serien generalisieren die prinzipiell gute vorhandene Kartographie der topographischen Karten unnötig, mit dem Resultat, daß nur der Autofahrer mit den Karten etwas anfangen kann. Für eine Grobplanung Ihrer Reise bieten sich verschiedene einblättrige Karten in kleineren Maßstäben an. So sind unter anderem in den Verlagen Cappelen, Mairs, Kümmerly + Frey, RV, Michelin solche erschienen. Dem schon erwähnten "Offiziellen Reisehandbuch" des norwegischen Fremdenverkehrsamtes liegt eine durchaus brauchbare Karte im Maßstab 1 : 1,27 Mio bei. Für die eigentliche Fahrradreise ist hingegen die Nutzung einer großmaßstäbigeren Karte erforderlich. Die Karte der Wahl wird also die Serie von Cappelen sein.
Es erscheinen von dieser Karte gleichzeitig drei Versionen, die im Prinzip auf der gleichen Ausgangskarte basieren, aber verschiedenen Alters sind. Die aktuellste Version dieser 5-teiligen Serie im Maßstab 1:325000 (bzw. 1:400000 für die Blätter 4 + 5 - Nordland, Troms und Finnmark) ist die mit dem feuerroten Umschlag, die allerdings nur in Norwegen für ca. 59 NOK (16 DM) je Blatt zu erstehen ist. Man kann diese auch im Buchhandel bestellen, wenn man Wartezeiten von vier oder mehr Wochen in Kauf nimmt. In den deutschsprachigen Ländern vertreibt der Verlag Kümmerly + Frey diese Karte in einer Lizenzausgabe, die in der Bundesrepublik, der Schweiz und in Österreich im blauen Cover zu kaufen ist. Sie kostet hier 16,80 DM. Diese Serie kann aber wegen der Druckverzögerung gegebenenfalls eine Runde "hinterherhinken" (3-4 Jahre), ist aber ansonsten identisch mit dem Orginal.
Der Maßstab 1:325000 erscheint zunächst etwas zu klein für eine Radreise zu sein, doch wegen der geringen Anzahl der Straßen und der durchweg präzisen kartographischen Darstellung ist er für Norwegen vollkommen ausreichend. Vorteilhaft ist der große Blattschnitt (= geringe Blattzahl), so daß man mit einer Investition von fünfmal 16,80 DM das ganze Gebiet dieses Führers bereisen kann (was Sie aber wohl kaum in einer Reise schaffen werden). Für einzelne Ballungsräume wie das Gebiet des Oslofjordes (1:150000, Nr. CK 50), Sandefjord (1:20000, Nr. CK 62), Oslo-Großraum mit Stadtplan (1:30000/1:13000, Nr. CK 60) und eine zweite Oslo-Stadtkarte (1:20000/1:10000, Nr. CK 65), Skedsmo (1:20000, Nr. CK 67) und der Halbinsel Nessoden im Süden von Oslo (1:20000, Nr. CK 68) gibt es separate Blätter zu unterschiedlichen Preisen. In-

teressant sind gegebenenfalls noch die dünnen Kartenhefte über die Oslo/ Drammen-Region (1:20000/1:10000, Nr. CK 70) und Bergen und Umgebung (1:25000/1:12500, Nr. CK 71). Weiterhin gibt es die an anderer Stelle erwähnte Cappelen-Karte CK 13 (ganz Norwegen) und zwei eher zum Wandern geeignete Karten der Nationalparks Jotunheimen und Rondane (jeweils 1:100000, Nr. CK 45 bzw. 46).
Die Blätter 1-5 der Cappelen-Serie (CK 1-5) schließen kräftig überlappend aneinander an. In den Kopfangaben zu jeder Etappe ist das entsprechende Kartenblatt angegeben. Die Karte enthält eine große Menge von Informationen über Straßenkategorien, sonstige befahrbare Wege, Paßsteigungen und Höhen (die Angaben der Höhen vieler Seen über NN sind oft auch recht hilfreich), Mautstraßen (für Radfahrer uninteressant), Entfernungen in Kilometer und Gehzeiten in Stunden, Fähren und grobe Angaben über die Vegetation. Die Gehzeitenangaben bei den Wegen (hauptsächlich im Fjell) sollte man getrost mit dem Faktor 1,5 bis 2 multiplizieren, da diese eher für durchtrainierte Norweger gelten, die zudem unterwegs keine Pausen einlegen. Desweiteren sind in den Karten neben allen wichtigen topographischen Punkten (Kirchen, Gedenksteine, Gewässer usw.) auch viele touristisch interessante Details dargestellt. Campingplätze (differenziert nach Ausstattung), Jugendherbergen (wobei auch Häuser verzeichnet sind, die nicht Mitglied im norwegischen Herbergswerk sind), Hütten, Gasthäuser, Aussichtspunkte usw. sind eingezeichnet.

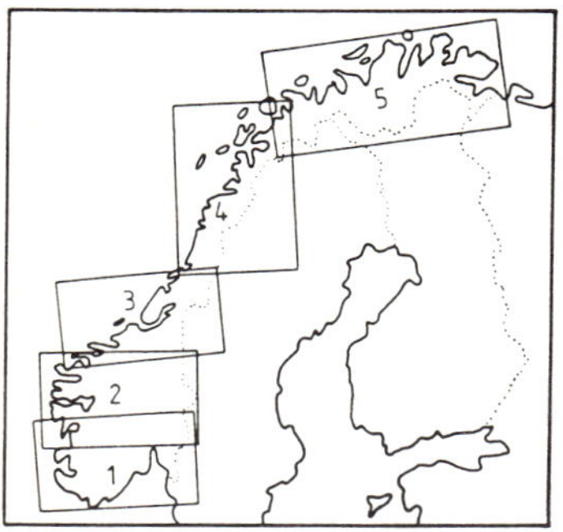

Blattschnitt der Cappelen-Karte

Eine kleine Schwäche des ansonsten guten Kartenwerkes ist die Tatsache, daß aus den Signaturen nicht unbedingt auf den Straßenbelag geschlossen werden kann. Nur die Straßenbeläge bei Fern- und Landeshauptstraßen (Riksvei) werden hinreichend differentiert. Deshalb ist in den Etappentexten oft ein Hinweis zum Belag enthalten. Im allgemeinen kann man aber davon ausgehen, daß die ersten beiden Kategorien auf jeden Fall asphaltiert sind, der größte Teil der Bezirksstraßen weist ebenfalls eine feste Decke auf. Für die Gemeindestraßen gilt, was in der Karte steht - sie haben einen stark wechselnden Belag.

Die Cappelen-Karte enthält alle effektiv nutzbaren Straßen, bis hin zu den kleinen, nicht befestigten Wegen. Die unterste Kategorie der rot gestrichelt dargestellten befahrbaren Wege/Fußwege kann im allgemeinen nicht mehr mit dem Rad befahren werden, es sei denn, Sie kämpfen sich mit dem Mountain-Bike über die Unebenheiten. Ein weiteres kleines Manko ist das Fehlen von Höhenlinien, es sind nur einzelne Punkte mit NN-Meterangaben angegeben. Eine Hilfe

bieten die Höhenangaben in den Kopfzeilen der einzelnen Etappenbeschreibungen, die durch den Text ergänzt werden. Darüber hinaus ist das Relief auf den Karten recht anschaulich dargestellt.
Die Cappelen-Karte weist einen kleinen Fehler in der Übersetzung der Legende auf: der norwegische Ausdruck "Bilkjøring ikke tillatt" ("gesperrt für Autos") wird fälschlicherweise mit "gesperrt für die Öffentlichkeit" übersetzt. Diese Straßen kann man also mit dem Rad ohne Probleme befahren.
Wer sich einen genauen Überblick über die verschiedenen Straßenbeläge und den Ausbauzustand des Straßennetzes verschaffen will, dem sei die vom Vegdirektorat (Verkehrsministerium), Boks 6390, Etterstad, 1000 Oslo 6, Tel. (02) 681010 herausgegebene Karte im Maßstab 1:1000000 empfohlen.
Dem Radtouristen bieten sich weiterhin grundsätzlich die oben schon erwähnten topographischen Serien des Landesvermessungsamtes in den Maßstäben 1:50000, 1:100000 und 1:250000 an. Die beiden zuletzt genannten Serien stellen keine eigenständigen Kartenwerke dar, sondern sind lediglich Verkleinerungen der Basiskarte 1:50000. Man benötigt aber wegen des kleinen Blattschnittes eine große Anzahl von Karten, was natürlich die Kosten und die Papiermasse während der Tour erhöht. So kostet ein Blatt ca. 12 DM. Es kann über den Buchhandel bestellt werden (vorrätig nur in guten Kartenhandlungen) oder direkt bei Nordis distributation GmbH, Postfach 343, 4019 Monheim, Tel. (02173) 50095, unter Angabe des genauen Blattquadranten und der römischen Nummer, um Fehler zu vermeiden, bezogen werden. Eine Übersicht der Kartennummern ist im "Offiziellen Reisehandbuch" enthalten. Die Darstellungen der Karte entsprechen etwa denen unserer topographischen Werke. Die Darstellung differentiert z.B. Wohnhäuser, Hütten, Schulen, Gasthäuser und die Straßen nach Kategorien und Asphalt-/Grusbelag. Die Höhenlinien verlaufen im 20 m-Abstufungen, so daß man den Etappenverlauf sehr gut bewerten kann.
Die Etappenbeschreibungen dieses Buches gehen von der Benutzung der Cappelen-Serie aus. Dieser Umstand ist besonders insofern wichtig, als in den Etappenbeschreibungen der norwegische Buchstabe ø in den Ortsnamen - analog zur Cappelen-Karte - als ö übernommen wurde. Die Autoren der Karte haben sich wegen der internationalen Lesbarkeit für diesen Weg entschieden, und bei diesem Führer war die Anlehnung an die Cappelen-Karte ausschlaggebend. Dies bedeutet, daß Sie auf den Hinweisschildern an den Straßen den Buchstaben ø anstatt des ö finden werden. Häufig sind auf diesen Schildern aber auch Namen oder Silben abweichend von denen der Karten. Diese Ungereimtheiten liegen in den vielen lokalen Mundarten begründet (und natürlich auch in Fehlern) und finden sich auch in anderen Kartenwerken. Ebenfalls häufiger sind Orte in der Cappelen-Karte in ihrer Lage gegenüber der Topographischen Karte etwas abweichend eingetragen.
In Norwegen erwirbt man Landkarten am besten in Buch- oder Büroartikelläden, wo die Cappelen-Karte überall (auch in Tankstellen), die Terrac-Karte und die topographischen Werke aber nur in besser sortierten Geschäften zu bekommen sind. Preislich ist es gleichgültig, ob Sie die Karten in Norwegen oder in der Bundesrepublik kaufen.

Reiseführer und -Literatur

Zum Thema Fahrradreise

Jürgen Rieck: *Der Wind kommt immer von vorn.* Mit dem Fahrrad auf Reisen. 5. bearb. und erw. Auflage, Verlag Wolfgang Kettler, Berlin 1989

Reiseführer (allgemein)

Reinhold Dey: Norwegen - *Richtig Reisen*, Du Mont, Köln 1983 (mit interessanten Ausschnitten aus dem Land und dem Leben dort, hervoragende Bebilderung, aber relativ wenige praktische Tips).
GEO-Spezial Norwegen, Hamburg 1990 (Wunderschöne Bilder illustrieren Facetten des Landes und der Menschen, knapper prakt. Teil)
Jutta May: Norwegen, *Walter* Reiseführer, Olten (CH) 1989 (Etwas langatmiger Reiseführer im Erzählstil)
U. Pagenstecher, D. Schröder: *Norwegen Süd/Mitte*, Bd. 19, Verlag Martin Velbinger, München 1989 (Sehr ausführlich, im flotten umgangssprachlichen Stil geschrieben, teilweise wenig systematisch, mit vielen Piktogrammen durchsetzt und daher etwas chaotisch wirkend.)
Anja Schroth-Jakobsen: Norwegen - *Preiswert Reisen*, Bd. 5, Hayit Verlag, Köln 1989 (Solider Führer, der das ganze Land entlang von Straßenstrecken beschreibt)

Spezielle Reiseführer

Ingvar Amjörnsen/Gabriele Haefs (Hrsg.): *Norwegen* - ein politisches Reisebuch, VSA-Verlag, Hamburg 1988 (Umfassende Einführung in Geschichte, Politik und Kultur, ergänzt durch regionale Darstellungen und Tips).
Heinz Barüske: Norwegen - *Kunst- und Reiseführer*, Verlag Kohlhammer, Stuttgart 1986 (Präziser kunsthistorischer Führer mit Landeskunde).
Rolf Lindemann: Norwegen - *Klett Länderprofile*, Stuttgart 1986 (Gute wissenschaftliche Darstellung, Gliederung an Hand der Komplexe Bevölkerung, Landwirtschaft, Fischerei, Erdöl, Industrie und Raumordnung).
Marianne Mehling (Hrsg.): *Knaurs Kulturführer* in Farbe - Norwegen, Droemer Knaur, München 1989 (Sehr gut bebildertes und recherchiertes Buch, das fast alle kulturellen Sehenswürdigkeiten lexikalisch aufführt. Keine Landeskunde.)
Anja Schroth-Jakobsen (Hrsg.): *Norwegen*. Ein Reisebuch, Ellert & Richter Verlag, Hamburg 1987 (Kompetent geschriebene Berichte aus Norwegen).

Ein Dach überm Kopf

Wenn Norweger unterwegs sind, so ist ihr Ziel fast immer irgendeine Hütte (hytta) im Gebirge oder am Meer. Fast jede Familie verfügt über ein solches Kleinod, das vom Komfort oft schon einem Ferienhaus entspricht. Diese Hütten sind über die lokalen Fremdenverkehrsämter (oder Adreßnachweis) wochenweise zu mieten. Es wird hier nicht weiter darauf eingegangen, da dies einer Rundreise mit dem Fahrrad nicht sehr entgegenkommt.

Da es in vielen Teilen Norwegens keinen ganzjährigen Tourismus gibt, sind preiswerte Übernachtungsstätten insgesamt sehr rar gesät.

Angefangen bei Campingplätze an beliebten Standorten (Sørlandküste) bis hin zum Luxushotel mit Sommerrabatt haben in der Sommersaison alle Schlafstätten gemeinsam, daß sie recht stark ausgelastet sind. Wer nicht generell vorbuchen möchte, sollte deshalb immer spätestens am Vorabend das Bett für die nächste Nacht reservieren. Vor allem die an den verschiedenen Pässen beteiligten Häuser sind - insbesondere durch Familien - wegen der relativ günstigen Preise in der Hauptreisezeit von Juni bis Mitte August oft über Monate im voraus ausgebucht. Bei einer längerfristigen Vorbuchung verliert man natürlich einen großen Teil seiner Flexibilität, so daß andere Unterkünfte sinnvoller gewählt werden können. Und wegen des deutlich dünneren Netzes an Übernachtungsmöglichkeiten sollte man diese Regel auch in der Nebensaison beherzigen.

Eine sehr interessante Alternative zu den festen Schlafstätten ist das Zelten in freier Natur. Auf den Campingplätzen werden Sie auch in der Hauptsaison nie wegen Platzmangels abgewiesen werden, wenn Sie mit dem Rad anreisen und Ihr Zelt für eine Nacht aufschlagen wollen. Im übrigen ist diese komfortärmere Art des Daches überm Kopf grundsätzlich unter Beachtung bestimmter Verhaltensregeln in der freien Landschaft erlaubt. Damit haben Sie in Norwegen ein Privileg, das in anderen Ländern wegen schlechter Erfahrungen schon seit langem abgeschafft ist (siehe Jedermannsrecht).

Hotels, Pensionen und Gasthöfe

Die höchsten Summen kann man naturgemäß in Hotels loswerden, angefangen bei 100 NOK je Person im Doppelzimmer für Übernachtung und Frühstück in sehr einfachen Hotels. Nach oben gibt es wie üblich keine Begrenzung, aber realistisch sollte man 150-200 NOK je Person einplanen. Die norwegischen Unterkünfte haben durchweg einen Standard, der erheblich über unserem liegt.

Die norwegischen Herbergsbetriebe verfügen über keine Klassifizierung, die etwa unserem Sterne-System entsprichen würde (wohl aber die Campingplätze). Man muß sich daher am Preis oder am Namen orientieren. Die Häuser, die die Bezeichnung "Turist- og Høyfjellshoteller/Fjellhotel (Touristen- und Berghotel)

führen, müssen dies auch durch entsprechend Lage rechtfertigen. Da diese Gruppe überwiegend vom Wintersport lebt, gibt es im Sommer zumeist ordentliche Nachlässe.
Pensjonaten, Gjestgiveri, Hospits, Turistheim oder Fjellstue sind kleinere, oft familiäre Gasthäuser. Wenn sie abseits der Straße liegen, findet sich immer ein Hinweisschild am Weg. Hier liegen die Preise zwischen 115-200 NOK pro Nacht und Person im Doppelzimmer. Die "Motells" sind eher auf Durchreisegäste eingestellt, oft sehr laut und im Komfort etwas einfacher als die anderen Häuser.
Viele Hotelketten oder Organisationen verfügen über Scheck- oder Rabattsysteme, die beträchtliche Preisermäßigungen mit sich bringen. Noch einige Worte zu den Hotelpässen: Interessant ist vor allem der "Fjordpaß", dem ca. 220 Hotels im ganzen Land angeschlossen sind. Der Rabatt beträgt mindestens 20 % und reicht bis 45 %. Der Paß amortisiert sich bei einem Preis von 18 DM schon in einer Nacht, er ist vom Juni bis August gültig. Der "Best Western Hotells Scheck" ist außer in den 42 norwegischen Häusern auch in den Hotels der Kette in Dänemark, Schweden und Finnland gültig. Die Ermäßigung beträgt etwa 35 % - die Hotels sind insgesamt etwas teurer. Der Scheck kostet für Doppelzimmer 200 NOK (Gültigkeit Mitte Mai-Mitte September). Daneben gibt es noch verschiedene andere Ketten mit Hotels der Topklasse, die Rabatte anbieten. In den großen Städten bieten viel "Business Hotells" mangels Kundschaft aus der Geschäftswelt im Sommer verbilligte Zimmer an.
Eine Zusammenstellung fast aller Hotels und anderer Unterkünfte mit Ausstattungsmerkmalen, auch mit Hinweisen auf die in den Sommermonaten gültigen Preise, erhalten Sie vom norwegischen Fremdenverkehrsamt in Hamburg bzw. in Norwegen.
In diesem Buch finden Sie zu Hotels und anderen Quartiere höherer Preisstufen jedoch keine Angaben, da es die sehr brauchbare Broschüre der norwegischen Fremdenverkehrwerbung gibt. Wer sich entschließt, auf seiner Norwegenreise hauptsächlich Hotels und Gasthöfe zur Übernachtung aufzusuchen, sollte die fünfzig Gramm Papiergewicht für dieses Verzeichnis nicht scheuen.

Privatzimmer

Wie überall sind die norwegischen Privatvermieter vor allem auf Langzeitgäste eingestellt, aber - soweit verfügbar - werden die Zimmer durchaus auch nur für eine Nacht vermietet. Es gibt keine Verzeichnisse solcher Anbieter, man muß einfach auf Schilder mit der Aufschrift "rom" (= Zimmer) oder hytta til leie (= Hütte zu vermieten) achten bzw. (sicherer) das örtliche Turistkontor bemühen. Aber denken Sie daran, daß diese vielfach schon um 15 h schließen. Privatzimmer in einigermaßen nennenswerter Anzahl gibt es nur in Regionen mit stärkerem Tourismus, vor allem an der Südküste sowie im Gudbrandsdalen. Die untere Preisgrenze für ein Privatzimmer liegt bei etwa 70-100 NOK. Details erfährt man von den örtlichen Touristenbüros.

Jugendherbergen

Die Jugendherbergen heißen in Norwegen *ungdomsherberge*, vielfach auch (wie in Dänemark und Schweden) *vandrerhjem* genannt, und sind zum überwiegendem Teil dem Internationalen Jugendherbergswerk angeschlossen. In Norwegen gibt es 80 Jugendherbergen bzw. Vandrerhjem (Plural = Singular), der größte Teil liegt in Südnorwegen. Die Entfernungen der Häuser untereinander betragen durchweg mehr als 60 km, so daß es nur schwer möglich sein wird, bei einer schon belegten Jugendherberge, ein Ausweichhaus anzufahren. Die Herbergen unterscheiden sich grundlegend von dem teils spartanischen Standard deutscher Häuser. Sie sind fast ausnahmslos mit hohem Komfort ausgestattet, und besonders die kleineren Häuser mit oft nur wenigen Betten haben eine einzigartige, urige Atmosphäre. Die Herbergen werden nach einem dreistufigen System klassifiziert: standard, verbessert und vorzüglich. Auch werden die Jugendherbergen nicht nur von Jugendlichen aus aller Welt benutzt, eine wesentliche Besuchergruppe stellen norwegische Familien mit Kindern dar, da alle Häuser mit Familienzimmern ausgestattet sind. Es gibt keine Altersbeschränkung. Auch die anderen Zimmer sind zumeist nur mit 2-4 Betten ausgestattet, so daß die gefürchtete Schlafsaal-Atmosphäre gar nicht erst aufkommt. Die Öffnungszeiten liegen zwischen 7-23 h, im Sommer sind die Häuser (außer in den Großstädten) mittags größtenteils geschlossen.

Die Mehrzahl bietet neben den Besucherküchen (meistens eigene Töpfe und Geschirr erforderlich) auch Mahlzeiten an. Das Frühstück kostet etwa 40 NOK, eine Hauptmahlzeit mit Vor- oder Nachspeise ca. 55 NOK. In allen Häusern kann man Kleidung waschen und Bettwäsche leihen (20 NOK), falls man nur einen Camper-Schlafsack im Gepäck hat, den man aus hygienischen Gründen nicht benutzen darf. Für das Gepäck sind meist ausreichend Schränke vorhanden; in den Herbergen mit kleineren Zimmern hat oft jeder Gast einen abschließbaren Schrank. In anderen Häusern lassen sich die Schränke mit Vorhängeschlössern sichern, wozu man ein Schloß mit kleinem Bügeldurchmesser (30-35 mm) dabeihaben sollte. Voranmeldungen sind für größere Gruppen unerläßlich, im Zeitraum Winterhalbjahr auch für Einzelwanderer erforderlich. Es müssen keine Vorauszahlungen geleistet werden. Reservierungen werden bis 18 h berücksichtigt, danach werden die Plätze anderweitig vergeben. Wer sichergehen will, daß daß er auch ohne Voranmeldung einen Platz erhält, sollte in der Saison bis spätestens zu dieser Uhrzeit im Haus sein. Da die Rezeptionen der Herbergen in der Regel nur wenige Stunden am Vormittag und am frühen Abend besetzt sind und außerhalb dieser Zeit nur bereits eingecheckte Gäste (mit eigenem Schlüssel) Zutritt haben, ist eine gewisse Zeitplanung für die rechtzeitige Ankunft ebenso unvermeidlich wie für die Vorbuchung.

Die Übernachtung in einer norwegischen Herberge setzt nicht zwingend einen gültigen Jugendherbergsausweis des Heimatlandes voraus, sondern dieser dient lediglich als "Rabattkarte": wer keinen JH-Ausweis hat, zahlt ca. 20 NOK mehr. Die Übernachtung kostet je nach Standard zwischen 60 und 85 NOK, in diesem Betrag sind keine Mahlzeiten enthalten. In einigen Häusern ist das Frühstück obligatorisch. Es wird teilweise in Form eines Büffets geboten und ist im Vergleich mit der aus Deutschland geläufigen Marmeladenversion mit geschmackslosen Brot ungewöhnlich nahrhaft und reichhaltig. Es gibt in der Regel mehrere Arten von Brot, auch herzhafte Beläge, manchmal Obst, Joghurt und Müsli, alles in auch für einen anstrengenden Radlertag ausreichenden Mengen.

Ein warmes Abendessen bieten nur wenige Herbergen (und in der Regel nur auf Vorbestellung) an. Wer vom Mahlzeitenangebot der Herbergen unabhängig sein möchte, kann in den meisten Häusern in der Gästeküche sein Süppchen selbst zubereiten. Nur wer von den berühmten Butterbroten leben kann, wird von Seiten der Herbergseltern immer zu seinem Essen kommen. Erfreulich ist hingegen, daß es nahezu überall Kühlschränke für die mitgebrachten Lebensmittel gibt, so daß die Milch fürs Frühstück nicht gleich sauer wird.
Die meisten Herbergen sind von Anfang Juni bis Ende August/Anfang September geöffnet. Viele Häuser sind außerhalb der Sommermonate als Konferenzzentrum oder Gruppenunterkunft im Einsatz. Falls bei einer solchen Gelegenheit das Haus nicht ausgebucht ist, nehmen die Leiter manchmal auch Einzelgäste an. Ein Anruf ist bei solchen Häusern ggf. stets angebracht; die Öffnungszeiten sind bei den Orts- und Etappenbeschreibungen vermerkt.
Außer den Häusern des Jugendherbergsverbandes existieren vereinzelt zusätzliche Vandrerhjem kirchlicher oder kommunaler Stellen, die nicht Mitglied des Verbandes sind, aber dennoch dem Radwanderer offenstehen.

Camping

Norwegen ist ein ausgesprochenes Campingland: ca. 1400 Plätze durchweg guter Qualität von Kristiansand bis zum Nordkap stehen zur Verfügung. Der zu Verfügung stehende Raum je Standplatz ist um ein Vielfaches größer als im restlichen Europa, so daß Sie im Zelt von den Schnarchsonaten des Nachbars verschont bleiben und auch nur unter großen Schwierigkeiten die Parfümmarke anderer Gäste erkennen werden. Die Plätze sind in drei verschiedene Kategorien eingeteilt und werden jährlich vom nationalen Campinghauptverband überprüft. Fast alle Plätze sind Mitglied in einem der fünf großen Verbände. Die Sterne-Einteilung gibt vor allem Auskunft über den Umfang an Sanitäreinrichtungen und anderen Infrastruktureinrichtungen (Fernseher, Trockenraum, Bademögl., Laden, Waschm., Kochgelegenh., Hütten usw.). So haben Drei-Sterne-Plätze z.B. eine 24-Stunden-Aufsicht und Einkaufsmöglichkeiten auf oder nahe bei dem Platz. Ein Verzeichnis der anerkannten Plätze gibt es gratis beim Fremdenverkehrsamt in Deutschland oder Norwegen. Darüber hinaus führen viele Hotels und Gasthäuser nebenbei einen kleinen Campingbetrieb, die nur zum Teil in dem Verzeichnis bzw. der Cappelen-Karte aufgeführt sind.

Die Preise für die Übernachtung sind unterschiedlich (je nach Lage und Standard des Platzes) und liegen zwischen 10 und 15 DM je Person und Nacht. Wer eine internationale Campingkarte oder die Nordcamp-Karte des norwegischen Verbandes besitzt, bekommt auf den Plätzen der NAF (der mehr als zwei Drittel angehören) ca. 10 % Ermäßigung.

Eine skandinavische Besonderheit sind die kleinen Holzhütten, die man auf fast allen Campingplätzen mieten kann. Diese kleinen Hütten, eine gute Alternative bei Regenwetter, enthalten bis zu 4 (6) Matratzen (eigener Schlafsack erforderlich) und je nach Sternzahl eine komplette Küchenausstattung, Strom, Wasser und ein WC. Da diese Hütten auch bei Norwegern sehr beliebt sind, ist eine Reservierung mittels Telefon zumindest in der Hauptreisezeit dringend erforderlich. Außerdem wollen bei schlechtem Wetter alle gleichzeitig in die trockene und warme Hütte. Bei Hütten der untersten Kategorie hat man in der Saison oft noch Glück, eine zu erhalten. Sie werden auch tageweise vermietet, kosten ca. 30 bis 50 DM und sind somit schon ab drei Personen eine preislich interessante Alternative zu Jugendherbergen. Soweit Campingplätze im Bereich der Streckenempfehlungen dieses Buches Hütten haben, ist das im Text genannt.

Tunnel am Lustrafjorden mit alter Straße

Jedermannsrecht

Zu den wohlbehüteten norwegischen Gewohnheitsrechten gehört das *Allemannsretten*, das Jedermannsrecht (auch treffender, aber umständlich "allgemeines Nutzungsrecht" genannt). Dieser aus historischer Zeit stammende Verhaltenskodex hat seine Wurzeln in den Zeiten, als man noch zu Fuß, mit Pferd oder Kutsche durch die gefährliche und unwirtliche Bergwelt Norwegens reisen mußte. Zur Erleichterung wurde den Reisenden zugestanden, überall und jederzeit ihr Nachtquartier aufzuschlagen und sich unterwegs von Wild und Früchten der Natur zu ernähren. Auch das Überqueren von Privatgemarkungen war den Reisenden gestattet.

Heute ist diese ungeschriebene Rechtsnorm in ähnlicher Form noch gültig. Danach darf sich jeder überall uneingeschränkt in der Natur und - eingeschränkt - auch auf Privatgrundstücken bewegen, die Schätze der Natur wie Beeren, Pilze etc. nutzen und unter Beachtung gewisser Regeln "wild" zelten.

Dabei sind folgende Dinge dringend zu beachten, die Norweger reagieren bei Verletzungen recht empfindlich:

a) Die Verletzung privater Rechte ist selbstverständlich unzulässig. So dürfen keine gepflanzten Blumen, Obstbäume etc. geplündert werden, das Zelten auf landwirtschaftlichen Flächen ist grundsätzlich verboten.

b) Wildes Zelten ist nur Einzelpersonen ohne Befragen des Grundstückseigentümers gestattet, allerdings nur für eine Nacht und nur außerhalb der Sichtweite von Wohnhäusern, mindestens jedoch 150 m entfernt. Durch die Erlaubnis der dortigen Bewohner wird letztere Einschränkung aufgehoben.

c) Wenn das Gelände eingezäunt ist oder durch andere Merkmale eindeutig als Privateigentum zu erkennen ist, müssen Sie auf jeden Fall die Erlaubnis des Eigentümers einholen.

c) Offene Feuer sind vom 15.4. bis 15.9. grundsätzlich streng verboten. Aber auch ansonsten ist beim Feuermachen äußerste Vorsicht - insbesondere in Hinblick auf unkontrolliertes Weiterbrennen der trockenen Streu- und Torfschichten - walten zu lassen; Lagerfeuer auf Felsgestein ist wegen der Erosionsgefahr (Abplatzen großer Felsen) grundsätzlich verboten. Es darf kein Holz abgeschlagen oder abgeschnitten werden, zum Feuern ist nur herumliegendes Material zu verwenden.

d) Absolut unfreundlich reagieren die Norweger, wenn Abfall (norw. søppel) in der Natur hinterlassen wird. Dazu gehört nach norwegischem Verständnis auch die Nichtbeseitigung (ggf. Vergraben) menschlicher Exkremente! Das oft empfohlene Vergraben von Dosen und anderem Müll ist hingegen keine Abfallbeseitigung; es sollte selbstverständlich sein, daß dererlei Sachen in Mülleimer gehören.

Die übrigen Ausnahmen vom Jedermannsrecht betreffen nur Motorfahrzeuge und werden deshalb hier nicht genannt.

Jeder Besucher eines fremden Landes sollte sich an dessen Regeln und Gesetze halten, besonders im Hinblick auf die noch relativ wenig vom Menschen beeinflußte Natur in Norwegen ist dies wünschenswert.

Kulinarisches

Feinschmecker werden in Norwegen nur schwer auf ihre Kosten kommen, es gibt keine landesspezifische Küchenkultur wie etwa in Frankreich, Italien und auch Deutschland. Die norwegische Küche ist einfach, zubereitet werden im wesentlichen die Grundnahrungsmittel Fisch, Kartoffel und Milchprodukte in verschiedenen Variationen. Einmalig ist aber sicherlich das reichhaltige Angebot an frischem Fisch. Wer dennoch heiß nach Gaumenfreuden verlangt, der sollte es durchaus in einem ordentlichen Restaurant versuchen - für gutes Geld gibt es auch etwas Gutes zu essen (und auch reichlich). Sehr verbreitet sind an den Landesstraßen die "Kafeterien", Einfachrestaurants mit Selbstbedienung, oft gemütlich im Komfort und mit akzeptablen Preisen.

Essen

Typisch sind für Norwegen die verschiedenen Formen des skandinavischen Buffets. Das reichhaltige Frühstücksbuffet wird den Gästen in Hotels und auch mancher Jugendherberge angeboten. Käse, Müsli, Corn Flakes, Knäckebrot, Marmelade, Milch, Eier, Schinken, Hering, Wurst, Tee und Kaffee und andere Leckerbissen bilden eine Grundlage für den ganzen Tag. Ähnlich funktionieren auch die Buffets am Mittag und am Abend, wo man sich für etwa 25-35 NOK an den etwas schwereren Speisen (Fisch und Fleisch) sättigen kann.

Eine Spezialität des Landes sind die zahlreichen Käsesorten aus Ziegenmilch (aber auch von Kuhmilch): Geitost, Brunost, und Gudbrandsdalost heißen die verschiedenen Alters- und Würzstufen. Diese werden als braune, schwere Klötze verkauft und werfen den vorsichtigen Tester bei der ersten Kostprobe sicherlich nicht vom Hocker. Aber die Geschmacksnerven entwickeln eine unerklärliche Eigendynamik und verlangen, erst schwach, dann immer lauter nach diesem karamelartigen, herben und süßlich schmeckenden Käse. Besonders der streichbare *Prim*-Käse ist sehr zu empfehlen. Die Auswahl an Milchprodukten in den Kühlregalen ist auch im kleinsten Tante-Emma-Laden in den Bergen vielfältig, die Preise werden staatlich festgelegt, so daß sie von Laden zu Laden konstant sind. Nur wenn Sie in das Gebiet einer anderen Molkerei fahren, schwankt der Preis um ein paar Øre.

Außer dem Käse lohnen sich verschiedene andere kulinarische Exkursionen: Rentier, Elchfleisch und natürlich die Fischspeisen (Forelle, Hering, Dorsch, Seelachs u.a.). Auch die Eier (Rogen) von Dorsch und Lodde schmecken gut. Der Lachs ist etwa so teuer wie bei uns, schmeckt aber frisch vom Fischstand deutlich besser.

Die Moltebeere (multer oder molter), eine erdbeergroße, orangefarbene und brombeerähnliche arktische Wildfrucht, gibt es oft mit Sahne, Eis oder Joghurt. Sie wächst ausschließlich im hohen Norden, im übrigen nördlichen Mitteleuro-

pa nur sehr vereinzelt. In Norwegen darf sie von Touristen nur zum direkten Verzehr gesammelt werden, da die Samen (Lappen) sie zum Nebenerwerb ernten.
An die über 200 Brotsorten, die es bei uns gibt, kommen die Norweger lange nicht heran. Die Vielfalt beschränkt sich im Grunde auf zwei Sorten, das helle Weißbrot (Helkornbrød) und das etwas dunklere Grovbrød. Wesentlich interessanter ist da doch das Knekkebrød (Knäckebrot) aus Roggen, das es in verschiedenen Sorten gibt. Echtes Vollkornbrot wird aus Deutschland importiert.

Zu den wichtigen Gerichten der norwegischen Küche gehören:
fiskeboller - gekochte oder gebratene Fischfrikadellen
flatbrød - knuspriges Fladenbrot
fårikål - Hammel
gravlax, gravmakrell - in Marinade eingelegter Lachs oder Makrele
hvalbiff - Walfleisch
kjøttkaker, -pudding, -boller - Hackfleisch
laks - Lachs
lefse - Reibekuchen, Kartoffelpfannekuchen
lutefisk - getrockneter und in Lauge und Salzwasser getauchter Dorsch (Vorsicht, nicht jedermanns Sache)
multer/molter - Moltebeere
pinnekjøtt - getrocknetes und geräuchertes Hammel
rakfisk - durch monatelanges Einlegen in Salzlauge bei 5 °C fermentierte Forelle (Vorsicht, ebenfalls mit sehr intensivem Geschmack)
rensdyr/reinsdyr - Rentier
rømmegrot - sahnehaltiger Grießpudding oder Haferbrei mit Butter und Zimt
sild - in Essig und Salz eingelegter Hering
smørbrød - kaltes Edelsandwich mit Schinken, Fleisch oder sogar Lachs
vaffler - Waffeln, serviert mit Sahne oder Ziegenkäse

Trinken

In Norwegen wird wie in den anderen skandinavischen Ländern der Konsum von Alkohol in jeglicher Form schwer gemacht. Zum einen sind es die abenteuerliche Preise, zum anderen kann man Wein und Spirituosen nur in den Läden des staatlichen "Vinmonopolet" kaufen (mo-do 10-17, fr 9-17 und sa 9-13 h). Das Bier (øl) liegt im Geschmack etwas hinter den uns bekannten Sorten und wird mit verschiedenen Alkoholgehalten (lettøl mit 1,8 %, brigg, pils, eksport und bokkøl/Dunkelbier) angeboten. Es wird wie das deutsche Bier nach dem Reinheitsgebot aus dem Jahr 1516 gebraut, wohingegen das schwedische und dänische Bier mit allerlei Zusatzstoffen "verfeinert" wird - Ascorbinsäure ist noch der harmloseste. Das mackøl stammt aus der nördlichsten Brauerei der Welt in Tromsö. Übrigens wird Bier wie alle Getränke fast ausschließlich in Do-

sen verkauft; mittlerweile versuchen die Norweger, ihr dadurch bedingtes schlechtes Umwelt-Gewissen mit einer Pfandregelung zu beruhigen. Seit einigen Jahren werden die Aluminiumdosen gegen die Rückerstattung von 50 Øre von den meisten Geschäften zurückgenommen, in größeren Supermärkten mit Automaten, sonst auch schon noch per Hand. Natürlich wurde dieser Betrag vorher auf die Preise geschlagen, und da die Recyclingwilligkeit der Bevölkerung spärlich ist, wird so mit vermeintlichem Umweltbewußtsein auch noch ein gutes Geschäft gemacht.
Die Limonaden sind knalliger und poppiger als bei uns, schmecken aber auch dementsprechend künstlich.

Wasser ist des Radlers liebstes Getränk - köstlich erfrischend und vielseitig verwendbar. Trotz aller Werbesprüche der Sportindustrie, die ihre Elektrolytgetränke anpreist, ist und bleibt pures Wasser das Mittel der Wahl gegen Durst, Mattheit und Hitze. Durstlöschend in allen Situationen, ob warm oder kalt (in Norwegen zumeist eiskalt).
Der Radfahrer, der anstrengende Bergpäße bezwingt, ist bedacht, daß ausgeschwitzte Wasser umgehend wieder zu ergänzen. Gerade die oft etwas kühlere Witterung täuscht den Radler, was die ausgeschwitzte Wassermenge angeht. Deshalb sollte man regelmäßig den ganzen Tag über etwas trinken. Neben Wasser bietet sich kalter Tee, der leichtgesalzen und evtl. etwas gesüßt wird, als Durstlöscher an.
Wasser ist in einem niederschlagsreichen Land wie Norwegen fast immer und überall verfügbar - und vor allem auch trinkbar.
Trotzdem sollte man bei der Auswahl der Quellen und Bäche einen kritischen Blick nicht unterlassen. Das Wasser ist kurz auf Geschmack, Geruch, Farbe und Trübung zu überprüfen. Zusätzlich sollte man einen Blick auf die Herkunft des strömenden Wassers richten. Ist laut Karte oberhalb der Zapfstelle eine menschliche Siedlung? Oder läßt ein Blick in die Richtung Viehbeweidung vermuten? Aus Wasserläufen, die aus Waldgebieten kommen, können Sie bedenkenlos trinken.
Wenn Zweifel in einem der Punkte entsteht, lieber die Finger davon lassen, die nächste Gelegenheit wird nicht weit sein.
Grundsätzlich kein Wasser sollte man aus stehenden Gewässern und aus Bächen trinken, die durch Siedlungen fließen.

Als Notlösungen bieten sich noch die verschiedenen Desinfektionsmittel, Natriumhypochlorit oder einfaches Kaliumpermanganat, das man in jeder Apotheke billig erhält, an. Kaliumpermanganat verfärbt zwar das Wasser violett und schmeckt etwas herb, ist gesundheitlich aber unbedenklich. Auch reichen einige wenige Kristalle (leichte violette Farbe) pro Liter aus. Diese Lösung ist unvergleichlich billiger als etwa Micropur, da dieses als wirksame Substanz Silber enthält.

Service

Krankenversicherung

Da es zwischen Norwegen und den deutschsprachigen Ländern keine Sozialversicherungsabkommen gibt, ist es sinnvoll, in der Reisekasse eine ausreichende Reserve einzuplanen. Dennoch muß man im Krankheitsfall nicht um seine Gesundheit fürchten. Das norwegische Gesundheitswesen und der medizinische Standard liegen auf den Spitzenplätzen der Welt.

Wenn man eine ärztliche Behandlung benötigt, kann man sich zuerst an den Hotelier, den Campingwart oder das Touristenbüro wenden. Diese werden Ihnen einen Arzt oder eine "helse-stasjon" (Krankenstation, die von einer Krankenschwester betreut wird) nennen. Im Telefonbuch stehen Ärzte unter "legevakten" (Arztwachen). In der Regel sprechen die Ärzte und das Personal Englisch, die Behandlung muß anschließend bar bezahlt werden. Lassen Sie sich eine detaillierte Rechnung und Diagnose mitgeben, damit Ihre Krankenversicherung die Behandlung nachvollziehen kann und Ihre Auslagen erstattet. In der Regel hält jede Krankenkasse ein Informationsblatt zur Abwicklung von Krankheitsfällen im Ausland bereit. Deutsche Krankenkassen (außer private Versicherungen) erstatten nur den ortsüblichen Tarif, so daß die Differenz wegen der höheren Behandlungskosten in Norwegen bei aufwendigeren Fällen erheblich sein kann. Aus diesem Grund - und da die Krankenkassen die Heimführung (Flug o.ä.) im Fall schwerster Erkrankung nicht ersetzten - ist evtl. eine Zusatzkrankenversicherung sinnvoll. Bei kleinen ambulanten Wehwechen wird eine Pauschale zwischen 70 und 170 NOK berechnet. Für zahnärztliche Behandlungen und Privatversicherte gelten separate Regelungen, die Sie ggf. vorher bei Ihrer Kasse erfragen. Wenn Sie Medikamente einnehmen müssen, sollten Sie ausreichende Mengen mitnehmen, da sie im Land wegen des strengen Arzneimittelgesetzes nur schwer zu erhalten sind.

Da man wegen der großen Entfernungen in Notfällen erst einmal auf sich selbst angewiesen sein kann, sollte man die elementaren Erste-Hilfe-Regeln beherrschen sowie eine kleine Apotheke mit den wichtigsten Medikamenten mitführen. Folgende Arzneien gehören dazu:

- Desinfektionsmittel (Kaliumpermanganat, bei Bedarf schnell in etwas höherer Konzentration in Trinkwasser aufzulösen)
- Salbe gegen Verstauchungen und Prellungen
- Kohletabletten und Tabletten gegen Krankheiten des Verdauungstraktes
- evtl. Reisetabletten (Seekrankheit auf Fähren)
- Verbandsmaterial, Dreieckstuch und Sicherheitsnadeln

Preisermäßigungen

Für Auszubildende, Schüler und Studenten gibt es in Norwegen häufiger bei den verschiedensten Institutionen (s. Eisenbahn) Preisnachlässe. Um in deren Genuß zu kommen, braucht man meist den standardisierten Ausweis der International Student Travel Conference (ISTC), Weinbergstr. 31, CH-8006 Zürich, den es in Jugendreisebüros und bei den Allgemeinen Studentenausschüssen der Universitäten (ASTA) gibt; nächstegelegene Ausweisausgabestelle ggf. bei der ISTC erfragen oder direkt dort bestellen (unter Vorlage einer Immatrikulationsbescheinigung). Außer diesem gibt die Federation of International Youth Travel Organisations (FIYTO) die sogenannte Youth International Educational Exchange Card (YIEE) heraus, deren Inhaber in Norwegen auch verschiedene Ermäßigungen erhalten. (FIYTO, Islands Brygge 81, DK-2300 Kopenhagen-S, dort erhält man auch eine Informationsbroschüre sowie eine Liste der Ausgabestellen; ggf. auch beim ASTA erkundigen). In Norwegen werden Sie oft erstaunte Gesichter erleben, die Ihren Ausweis nicht ohne weiteres anerkennen wollen, mit etwas Überredungskunst kommt man aber meistens doch zu seinem Ziel.
Mit dem Internationalen Jugendherbergsausweis erhält man auch bei verschiedenen Institutionen und Transportgesellschaften Ermäßigungen. Die wichtigsten seien kurz genannt:

- *Reedereien* (meist 10 % Rabatt): Fred Olsen (unter 26 Jahre), Larvik Line, DFDS Seaways, Stena Line (Ermäßigungen nur bei untenstehender Adresse erhältlich, Reise Juni-August nur mo-do), Flaggruten Bergen/Haugesund - Stavanger, Autofähre Bergen - Stavanger (20 %)
- *Museen* (50 %): Norsk Folkemuseum, Norsk Sjøfartsmuseum, Wikinger-Schiff-Museum, Norsk Hjemmefrontmuseum (alle in Oslo); Ringve-Museum (Musikmuseum) in Trondheim
- *Bootsrundfahrten*: 50 % in Oslo, 25 % in Bergen

Die Bezugsadresse für bestimmte Ermäßigungen und weitere Informationen ist das Reisebüro des norwegischen Jugendherbergsverband: Terra Nova Travel, Dronningensgate 26, 0154 Oslo 1, Tel. (02) 421410 - der Jugendherbergsverband sitzt im gleichen Haus. Außerdem gilt auch in Bergen: Terra Nova Travel, Strandgaten 4, 5013 Bergen, Tel. (05) 322377.

Hilferufe

Wenn man sich finanziell verkalkuliert hat oder völlig ausgeraubt wurde, wird man in die Zwangslage kommen, um Hilfe bitten zu müssen.
Die einfachste und auch billigste Art ist immer noch, von Freunden oder Verwandten Geld nachschicken zu lassen. Da die norwegische Post zuverlässig ist, kann man die Zusendung einer Internationalen Postanweisung riskieren. Wichtig: der Empfänger muß sich bei Entgegennahme der Barschaft ausweisen

können. Bei Verlust des Personalausweises oder Passes also lieber einen Ersatzempfänger suchen (z.B. Leiter der Unterkunft, in der man aufs Geld wartet). Internationale Postanweisungen sind bis zum Höchstbetrag von 10000 NOK (auch telegrafisch oder Eilzustellung) möglich. Wer mehr haben will, muß sich eine Scheck-Postanweisung (bis zum Gegenwert von DM 20000 möglich) oder mehrere Anweisungen schicken lassen. Falls man sich ausweisen kann, ist die schnellste Empfangsadresse immer das jeweilige Hauptpostamt, postlagernd ("poste restante").
Allerdings kann der Höchstbetrag bei Bar-Postanweisungen nur ausgenutzt werden, wenn keine Postlageradresse und auch kein Hotel etc. in der Anschrift auftaucht (Auskunft am Postschalter).

Nur bei abgelegenen Dörfern muß man mit längeren Laufzeiten rechnen; telegrafische Anweisungen sind normalerweise innerhalb von 24 Stunden am Zielort.
Wenn alle Stricke reißen, ist die jeweilige Botschaft zur Hilfe verpflichtet. Da man hinterher aber alles mit Zinsen und Gebühren zurückzahlen muß, sollte man dort wirklich nur im äußersten Notfall anklopfen.
Die Anschriften:

- Deutsche Botschaft, Forbundsrepublikken Tysklands Ambassade
  Oscars gate 45, 0258 Oslo 2, Tel. (02) 552010
- Österreichische Botschaft, Sophus Lies Gt. 2, 0244 Oslo 2
  Tel. (02) 552348/-49
- Schweizer Botschaft, Bygdøy Allé 78, 0268 Oslo 2, Tel. (02) 430590

Deutschland hat noch eine Reihe von Generalkonsulaten in Bergen, Drammen, Haugesund, Kristiansand (S), Kristiansund (N), Sandefjord, Skien, Stavanger, Trondheim und Ålesund. In Nordnorwegen ist sie in Narvik, Tromsø, Bodø und Kirkenes vertreten. Österreich hat Konsulate in Oslo (Ullern Allé 10, Tel. [02] 523301) und Bergen. Die Schweiz führt ebenfalls ein Konsulat in Bergen.

Das Fahrrad

Die Streckenbeschreibungen in diesem Buch gehen davon aus, daß ein tourentaugliches Rad benutzt wird. Dies trifft insbesondere für die Bergtüchtigkeit zu. *

Nur mit solch einem Rad wird man ein angenehmes Reiseerlebnis haben und sich Strapazen, bedingt durch falsche Rahmenhöhe, nicht passende Übersetzungen und häufige Pannen ersparen. Holländräder, einfache Sporträder oder gar Klappräder sind angesichts der Steigungen völlig ungeeignet. Auch Sporträder mit 3- oder 5/6-Gangschaltungen sind den Anforderungen nicht gewachsen und sollten allenfalls in den ganz wenigen flachen Regionen (Jæren, Trondheimfjord, evtl. Südküste und entlang der Fjorde und Talböden) zum Zuge kommen.

Im folgenden werden die wichtigsten Kriterien genannt, die auf ein tourentaugliches Rad für Norwegen zutreffen. Nach diesen Empfehlungen kann man sich ein Rad kaufen, umrüsten oder selbst zusammenbauen.

Fahrradtyp: sogenanntes Reiserad oder Leicht- oder Rennsportrad richtiger Rahmenhöhe; alternativ sind auch Mountain Bikes/All Terrain Bikes oder die neuen Trekking/City Bikes sinnvoll einsetzbar. Alle Mountain-Bike-ähnlichen Varianten haben aber den Nachteil, daß sie in den unteren Preisklassen sehr schwer sind und die tw. großvolumigen Reifen für einen größeren Widerstand/zusätzliches Gewicht sorgen.

Reifengröße: 25 - 28 - 32 - 37 (evtl. auch 47)/622 oder 630 bzw. Mountain-Bike-Reifen. Letztgenannte sollten einen Mittelsteg aufweisen. Es ist aber durchaus möglich, mit bis zu 25 mm schmalen Reifen zu fahren, da die Straßendecken in Norwegen einen guten bis sehr guten Standard haben. Bei dieser Reifenbreite muß man den niedrigen Rollwiderstand durch etwas härteren Komfort auf den vereinzelt vorkommenden unbefestigten Teilstücken (siehe Etappenbeschreibungen) bezahlen. Reifen der beiden gängigsten Größen 622 (28 Zoll) bzw. 630 (27 Zoll) sind in den Städten zu erhalten (s. Ortsbeschreibungen). Sinnvollerweise sollte man nur mit einer neuen Decke aufbrechen.

* Die Kriterien für ein tourentaugliches Fahrrad sind ausführlich dargestellt in dem Buch *Der Wind kommt immer von vorn* von Jürgen Rieck (s. *Reiseführer und -Literatur*)

Gangschaltungen: Mindestens 10- bis 18-Gang-Kettenschaltung mit vorderen Kettenblättern 52/42 oder weniger Zähne. Freewheel (Mehrfachfreilaufkranz) mit Abstufung von 16-32 oder mehr Zähne (mit geeigneten Schaltwerken). Besondere Bedeutung kommt den Berggängen zu; eine 1:1-Übersetzung (vorn und hinten gleiche Zähnezahl) beim kleinsten Gang ist für Norwegen sinnvoll. 18- und 21-Gangschaltungen verfügen in der Regel standardmäßig darüber, aber auch 12-Gang-Schaltungen können entsprechend umgerüstet werden. Den kleineren Ritzeln des Freewheels kommt wegen des Reliefs des Landes nur untergeordnete Bedeutung zu.

Bremsen: Hier gibt es keine Kompromisse. Zwei gut funktionierende Felgenbremsen in Kombination mit Aluminiumfelgen müssen her. Felgenbremsen auf Stahlfelgen erzielen nur schlechte Bremswerte und sind bei Nässe nicht ausreichend! Die beste Lösung des Bremsproblems ist die von den Mountain-Bikes bekannte Cantileverbremse, die auch auf gute Reiseräder montiert wird. Rücktritt- und Trommelbremsen sind ineffektiv und gefährlich, da sie sich bei der erforderlichen Bremsdauer bei langen und steilen Abfahrten gefährlich aufheizen und in ihrer Wirkung nachlassen - ja sogar zerstört werden können und damit völlig unwirksam werden. Nur bei Felgenbremsen ist eine ausreichende Kühlung gewährleistet.

Ausstattung: Das Hauptproblem ist die Verteilung des Gepäckes. Als optimale Lösung hat sich die Zweiteilung auf einen vorderen, sogenannten "Low-Rider" und einen hinteren Gepäckträger erwiesen. Die Lastverteilung beträgt etwa 40 % vorne und 60 % hinten. Wichtig ist, daß nur stabile Konstruktionen Verwendung finden. Das Material ist nicht so sehr entscheidend.

Da man in Norwegen allgemein mit längeren Regenfahrten rechnen muß, ist das Anbringen eines Schmutzfängers am vorderen Schutzblech zum Schutz der Kette und Füße sehr zu empfehlen.

Mitnehmen, mieten, kaufen?

Die Mitnahme anderer Fahrradtypen als vorstehend geschildert kann nicht empfohlen werden, da sie in Norwegen nur bedingt einsatzfähig sind. Die Stellen, wo Fahrräder in Norwegen zu mieten sind, lassen sich an zehn Fingern abzählen. In letzter Zeit entstehen jedoch zumindest in den Orten, wo sich etwas mehr Touristen einfinden, solche Fahrradverleiher. Diese sind zumeist dem örtlichen Sporthändler oder dem Touristenbüro zugeordnet. Soweit sie bekannt waren, sind sie im Kleingedruckten zu den Orten aufgeführt. Die Qualität von Mieträdern ist zumeist extrem dürftig. Mit dem Vordringen der Mountain-Bikes tauchen diese in den preiswerten Versionen auch in den Fahrradverleihen auf; mit solchen Rädern kann man schon mehr anfangen. Die grundsätzlichen Nachteile der Mieträder bleiben jedoch: mangelhafte Anpassung an die eigenen Körpermaße (besonders wichtig in Hinblick auf die überall vorhandenen Berge), das Rad muß an der Ausleihstelle im gleichen Ort wieder abgegeben werden. Die geringen Transportkosten für das eigene Fahrrad lassen sich außerdem kaum gegen die recht hohen Leihgebühren von ca. 10 DM pro Stunde, 50 DM für einen Tag oder 100 DM für die Woche aufrechnen.
Ein besonders heikler Punkt bei Mietfahrrädern sind üblicherweise die Sättel. Wer schon einmal seinen Allerwertesten auf einem zu weichen oder zu harten Sattel wund gesessen hat, wird den folgenden Rat nicht mehr als Obskurität abtun: Wer zu Hause ein Fahrrad mit ihm genehmen Sattel besitzt, möge, wenn schon nicht das ganze Rad, zumindest den Sattel mitnehmen und gleich im Vermietergeschäft ummontieren.

Das Mitnehmen des eigenen, tourentauglichen Fahrrades ist im Angesicht eines radfahrtechnisch so schwierigen Landes wie Norwegen die einzig wahre Lösung, wegen des Transportaufwandes aber manchmal etwas kompliziert (s. Anreise). Wer während seines gesamten Norwegenaufenthaltes mit dem Fahrrad unterwegs sein will, sollte immer ein eigenes Rad benutzen!
Der Kauf eines neuen Rades im Land ist die schlechteste denkbare Lösung. Mehrere Gründe spielen dabei eine Rolle: die Räder sind zu teuer; haben nur schlechte Ausstattungen; bei guten Rädern handelt es sich durchweg um Importware, die in der BRD, Schweiz oder Österreich günstiger zu erhalten sind. Außerdem gibt es in Norwegen teils Räder mit dem sogenannten *Fauber*-Tretlager; Ersatzteile hierfür sind in Mitteleuropa nicht erhältlich.

Reparaturausstattung

Jeder Norwegenradler sollte Reparaturen am Rad beherrschen, die über das Flicken eines Platten hinausgehen. Darüber hinaus ist es wegen der teilweise sehr einsamen Gegenden - weit ab von jedem Fahrradladen - notwendig, einige entscheidende Ersatzteile mitzuführen. Fahrradgeschäfte, die von ihrem Ange-

bot her mit denen in der Bundesrepublik vergleichbar wären, findet man nur in den großen Städten.
Die wichtigste Reparatur auf einer Radtour neben dem Flicken eines Plattfußes ist das Austauschen einer Speiche und das dann erforderliche Nachzentrieren des Laufrades. Diese Handgriffe sollte man schon mal zu Hause üben, um dann in Norwegen eine vorhandene Unwucht nicht noch schlimmer zu machen. Der Speichenbruch läßt sich durch richtige Materialauswahl und exaktes Einspeichen und Zentrieren vor der Reise weitgehend vermeiden.

Um gegen mögliche Pannen - gerade auf den einsamen Fjellstraßen - gewappnet zu sein, ist es sinnvoll, eine jeweils auf das individuelle Rad zugeschnittene Werkzeugausrüstung mitzunehmen. Pannen passieren bekanntlich immer zu den ungünstigsten Zeitpunkten, weit ab von irgendeiner Werkstatt mit Monteur.

Folgende Dinge sollten - mit individuellen Abwandlungen - eingepackt werden:
- Luftpumpe und Ersatzdichtung für Auslaß
- Flickzeug, Reifenheber, Ersatzventile und Ersatzschlauch (dieser ist unerläßlich, 27- und 28-Zoll-Schläuche gleicher Dicke sind austauschbar)
- Maul- oder Ringschlüssel, Inbusschlüssel
- evtl. "Engländer" (verstellbarer Maulschlüssel)
- Ersatzspeichen (in den benötigten Längen)
- Speichenschlüssel und Nippel
- Zahnkranzabzieher
- Konusschlüssel zur Lagereinstellung
- Kettenöl bzw. -fett, evtl. Kugellagerfett
- je einen langen Brems- und Schaltungszug, der bei Bedarf auf die richtige Länge gekürzt wird/zwei Bremsschuhe mit Gummis
- evtl. Ersatzdecke
- einige Ersatzschrauben (besonders die für Gepäckträgerbefestigung am Ausfallende), Muttern, Ersatzventil
- evtl. Tretlagerschlüssel

Grobes Werkzeug, wie z.B. Hammer oder andere Schraubenschlüssel ist überall in Werkstätten, Tankstellen, beim Bauern oder notfalls bei normalen Haushalten auszuleihen. Man sollte das eh schon schwere Gepäck nicht noch mit solchen Teilen belasten. Wer vor dem Start zu Hause noch neue Decken aufzieht, braucht auch keinen Ersatzreifen mitzunehmen.

Zum Thema *Wartung vor der Reise* und *Reparatur* verweise ich auf das in der Literaturliste aufgeführte Buch von Jürgen Rieck *Der Wind kommt immer von vorn.*

Fahrradteile-Vokabular

Im Falle eines Falles werden Sie in keinem normalen Wörterbuch die Übersetzungen für die wichtigsten Fahrradteile finden. Damit Sie sich gegenüber Fahrradhändlern und -werkstätten verständlich machen können, ist hier eine Liste der entsprechenden Vokabeln zusammengestellt.

Rahmen	**ramme**
Oberrohr	øvre rør
Unterrohr	nedre rør
Sattelrohr	sete rør
Vorder-Gabel	forgaffel
vorder. Ausfallende	forgaffelende
hinter. Ausfallende	bakregaffelende
Hinterrohr (Kettenstrebe)	nedre bakregaffel
Hinterstreben	øvre bakregaffel
Laufrad	**hjul**
Reifen	dekk
Schlauch	slange
Felge	felg
Speiche	hjuleike
Nabe	nav
Achse	aksel
Kugellager	kulelager
Vorderrad	forhjul
Hinterrad	bakhjul
Antrieb	**drift**
Tretlager	tredelager
Tretkurbel	tredekile
Kurbelkeil	bolt
Kettenblatt	kjedenhjul
Pedal	pedal
Kette	kjede
Kettenwerfer (vorn)	kjedekastet
Schaltwerk (hinten)	girverk

Schaltzug	girtrekk
Schalthebel	girhevarm
Gangschaltung	girskifte
Freilauf	frihjul
Kettenritzel	kjedekrans

Ausstattung	**utstyr**
Lenker	ratte
Glocke	klokke
Steuerkopfsatz	rattelager
Bremsgriff	bremshåndtak
Bremszug	bremstrekk
(Felgen)Bremse	(felg)brems
Sattelstütze	salstøtte
Sattel	sal
Schutzblech	skjerm
Fahrradstütze, Ständer	sykkelstøtte
Gepäckträger	bagasjebrett
Packtasche	pakningslomme
Luftpumpe	pumpe
Birne	pære
Dynamo	dinamo
Vorderlicht	forljus
Rücklicht	bakljus
Schloß	lås

Werkzeuge	**verktøy**
Schraubendreher	skrujern
Schraubenschlüssel	nøkkel
Inbusschlüssel	sekskantnøkkel
Zange	tang
Hammer	hammer
Freilaufabzieher	frihjultrekke
Nietendrücker	kjedeklingnageltrykker
Reifenheber	dekkløfter
Schmierfett	smørelse
Öl	olje
Mutter	mutter

Unterwegs

Unterwegs

Norwegen ist flächendeckend, in 112 Etappen unterteilt, ausführlich behandelt. Der Reigen der Streckenbeschreibungen beginnt in Oslo, wandert in einer Schleife durch den östlichen Oslofjord, um dann durch das Gudbrandsdalen und die Hedmark nach Norden bis zum Dovrefjell zu ziehen. Hier ist ein Einschnitt, von dem es westlich von Oslo in einem breiten Streifen zunächst die Südküste hinuntergeht, um von dort über das Fjordland und Jotunheimen nach Trondheim und nach Nordnorwegen zu laufen. Die Abfolge der Routen geht davon aus, daß in den meisten Fällen eine Norwegenreise im Raum Oslo beginnen wird. Alle Etappenläufe sind ohne Probleme umzukehren; in einigen wenigen Fällen ist wegen der Steigungen davon abzuraten, dort wird dann darauf hingewiesen. Die Windrichtungen im Binnenland sind weniger kritisch; die meisten Küstenetappen-Beschreibungen gestatten es, mit dem Süd-, West- oder Südwestwind im Rücken zu radeln.
Im Kopf jeder Etappe sind die Zwischenziele, die Etappenlänge und einige Höhenpunkte genannt, um Ihnen einen ungefähren Eindruck von den zu erwartenden Schwierigkeiten zu geben. Die Kilometerangaben beziehen sich auf die reine Fahrstrecke mit dem Rad, Fährpassagen sind nicht mitgerechnet. Weiterhin werden die Etappen in einer dreistufigen Schwierigkeitsskala eingeordnet: leicht (>), mittel (> >) und schwer (> > >). Diese versuchen Reliefverhältnisse und Straßenqualität zu bewerten. Außerdem ist das jeweilige Blatt der Cappelen-Karte angegeben.
Die Etappenbeschreibungen nennen die benutzten Straßen (mit Numerierung, soweit vorhanden) und Straßenkategorien, schildern die durchradelten Ortschaften und Siedlungen, erwähnen am Wege liegende Sehenswürdigkeiten und verweisen auf interessante Abstecher und mögliche Varianten. In den laufenden Text sind oftmals Hinweise (kleingedruckt) zu Touristenbüros (Reiselivslag, Turistkontor oder Turistinformasjon), Verkehrsverbindungen, Jugendherbergen, Postämtern mit Postsparbuch-Geldwechsel und Campingplätzen aufgenommen. Orte und Stätten, die einer ausführlichen Darstellung gewürdigt werden, sind in umrandeten Kästen hervorgehoben. Dort finden sich - analog zum Text - die Informationsdetails in der gleichen Reihenfolge, außerdem manchmal noch mit Adressen von Fahrradhändlern (Vermietung, Verkauf und Reparatur).

Sofern Adressen von Hotels, Touristenbüros etc. ohne Postleitzahl und Ortsangabe genannt sind, gilt die zuletzt aufgeführte entsprechende Kombination der gleichen Ortsbeschreibung.

Verwendete Abkürzungen:
Waschm. = Waschmaschine; Kochg. = Kochgelegenheit; Hü. = Hütten; Zi. = Zimmer (EZ = Einzelzimmer, DZ = Doppelzimmer).

Alle Angaben entsprechen dem Stand von 1990/91. Den Etappenbeschreibungen sind Kartenskizzen in wechselnden Maßstäben zugeordnet zugeordnet, die den Streckenverlauf markieren. Der Maßstab ist aus dem jeweiligen Kilometerbalken zu ersehen. Die Skizzen enthalten alle befahrenen Straßen und alle numerierten Hauptstraßen der entsprechenden Region (d.h. alle Fernverkehrs- [Europastraßen] und Landeshauptstraßen [Riksveien/Reichsstraßen]). In Gegenden mit dünnem Straßennetz sind auch die Bezirksstraßen (= Provinz-) eingezeichnet. Teilweise, d.h. ansatzweise gezeichnet, sind alle Abzweigungen (Gemeindenstraßenebene, keine [Fuß-] Wege mehr) von der befahrenen Straße. Das ermöglicht Ihnen das Radeln nach den Skizzen bei Beachtung der markierten Abzweigungen einerseits und die Umsetzung der Kartenskizzen auf die während der Reise benutzten Landkarten andererseits.
In die Kartenskizzen sind Ortschaften, Jugendherbergen und Campingplätze eingezeichnet. Dabei werden folgende Zeichen und Symbole verwendet:

- ganzjährig geöffnetes Turistbyrå
- saisonal geöffnetes Turistbyrå
- Jugendherberge
- Campingplatz
- Flughafen
- historische Sehenswürdigkeit/Museum
- Fahrradservice

Die Symbole für Reiselivslags etc. sind den jeweiligen Orten - nach Möglichkeit lagerichtig - zugeordnet; bei nahe nebeneinanderliegenden gleichartigen Punkten, z.B. zwei Campingplätzen, ist das betreffende Symbol nur einmal enthalten. Näheres ist dem Text zu entnehmen.
Die genaue Lage von Ortschaften, Übernachtungsstätten usw. kann nur präzisen Landkarten entnommen werden. Für die Umsetzung der Lageskizzen sind die empfohlenen Karten (bevorzugt Cappelen) notwendig.

Nobody is perfect

Und Reiseführer sind "schnellverderbliche Ware".
Deshalb werden sich auch in diesen Reiseführer Fehler eingeschlichen haben. Bei aller Sorgfalt ist es unvermeidlich, daß dieses Buch dem Anspruch der Unfehlbarkeit nicht gerecht werden kann.
Wir bemühen uns, bei jeder Neuauflage eine komplette Aktualisierung aller Informationen durchzuführen, und sind deshalb dankbar für jeden Hinweis zu Korrekturen, Ergänzungen, für Tips zu der Streckenführung, für jede Art konstruktiver Kritik.
Schreiben Sie uns:

Verlag Wolfgang Kettler, Redaktion "Norwegen per Rad"
Czeminskistr. 5, W-1000 Berlin 62

Etappen-Übersicht

1: Oslo - Nesoddtangen - Fjellstrand - Fagerstrand - Heer - Dröbak - Hvisten - Son - Kambo - Moss (68 km)
2: Moss - Værne Kloster - Larkollen - Rygge - Jonsten - Tomb - Huseby - Vikane - Möklegård - Frederikstad (71 km)
3: Fredrikstad - Begby - Hunn - Ulleröy - Skjeberg - Gusland - Lilleby - Eng/Rökke Kirke - Halden (Oltidsveien) (26 km)
4: Frederikstad - Kongsten - Trolldalen - Skjelsbu - Skipstadsand - Korshavn - Skjærhalden - Sponvika - Halden (29 km)
5: Halden - Fjell bru - Flateby - Damholtet - Örje - Klund Kirke - Jåvall - Skulerud - Hemnes - Östby - Löken - Björkelangen (112 km)
6: Björkelangen - Lierfoss - Fetsund - Åkrene - Lilleström (37 km)
7: Kongsvinger - Sjöenden - Matrand - Börrud - Vestmarka Kirke - Tange - Björkelangen (73 km)
8: Lilleström - Kjeller Kirke - Skedmokorset - Ask - Heni kirke - Löken - Nannestad - Möllersted - Sundby - Hurdal Kirke (61 km)
9: Oslo Østbanestasjonen/Sentralstasjonen - Bogstad - Sörkedalen Kirke - Lyse - Stubdal - Åsa - Selte - Tandberg - Hönefoss (60 km)
10: Rena - Elverum - Vesthaug - Braskerud - Eid - Snålroa - Sandstad - Årnes - Kongsvinger (110 km)
11: Hurdal kirke - Brustad - Garsjömoen - Nygård - Totenåsen - Kraby - Vestad/Kapp - Gjøvik - Lillehammer (Boot) (55 km)
12: Hönefoss - Jevnaker - Onsaker - Sörum Kirke - Skute Kirke - Slettbakken - Dokka (94 km)
13: Dokka - Brudal - Svingstad - Vålhovd - Rinddalseter - Vingrom - Lillehammer (55 km)
14: Lillehammer - Fåberg - Follebu - Segalstad bru - Austli - Svingvoll - Aurum - Hovde/Tretten (40 km)
15: Svingvoll - Skeikampen - Fyksen seter - Fagerhöy - Golå - Toppastrand - Harpefoss (57 km)
16: Lillehammer - Jörstadmoen - Fåberg - Oddvang - Hovde - Tretten - Romundgard - Fåvang - Rottås - Rankleiv bru/Ringebu (60 km)
17: Ringebu - Nordrum - Enden - Atnbrua - Holen - Folldal (87 km)
18: Ringebu - Harpefoss - Vinstra - Feten - Sjoa - Sandbu - Otta (61 km)
19: Otta - Sand - Lalm - Kleppe - Vågåmo (41 km)
20: Vågåmo - Tessanden - Darthus - Randsverk - Veolia - Maurvangen - Bygdin (79 km)
21: Vågåmo - Sveom - Gröna - Flatmo - Lom (32 km)
22: Otta - Brennhaug - Arnegård - Dovre - Tofte - Dombås (52 km)
23: Dovre - Tofte - Verkenseter - Grimsdalshytta - Tverrlisetra - Fallet - Folldal (67 km)
24: Folldal - Bruvoll - Eide - Hjerkinn - Drivstua - Driva - Oppdal (78 km)

25: Dombås - Fokstua - Hjerkinn - Drivstua - Driva - Oppdal (81 km)

26: Folldal - Krokhaug - Bakken - Kolbotn - Strömmen - Auma - Tynset (55 km)

27: Tynset - Telneset - Kvennan - Vingelen - Rödsvollan - Vangröfta - Os Kirke/Hummelfjell - Sundet bru - Röros (55 km)

28: Röros - Törresdalen - Langen - Sörvika - Femund See - Elgå/Femundsenden - Galten - Elvbrua (65 km)

29: Elvbrua - Elvdal - Engerneset - Jordet - Slettås - Osvik bru - Valmen - Osa bru - Rena (119 km)

30: Moss - Horten - Åsgårdstrand - Tönsberg - Melsomvik - Stavnum - Råstad - Sandefjord - Hem - Lauve - Viksfjord - Larvik (63 km)

31: Dröbak - Storsand - Tofte - Klokkarstua - Hyggen - Drammen - Hokksund - Vestfossen - Sundhaugen - Fiskum - Kongsberg (97 km)

32: Kongsberg - Stengelsrud - Jondalen Kirke - Ormemyr (36 km)

33: Ormemyr - Höymyr - Sauro - Nåpågard - Bakko - (Rjukan) (44 km)

34: Ormemyr - Gransherad - Grönvollfoss - Notodden - Strupa bru - Yli - Uleberg - Klevar - Gvarv - Bö - Sanda - Ulvenes - Nes - Utgarden - Heggtveit - Smedodden/Kviteseid (122 km)

35: Rotemo - Voddestrond - Björnevasshytta - Berehommen - Borsæ kroa - Dalen - Smedodden/Kviteseid (52 km)

36: Rotemo - Björnarå - Bykle - Berdalen - Hovden - Bjaen - Sessvatn - Haukeligrend (77 km)

37: Haukeligrend - Kosi - Berge - Heilo - Mösvassdammen - Rjukan (86 km)

38: Evje - Senumsund bru/Byglandsfjord - Fröyrak - Hamre - Åraksbö Kirke - Skore - Ose - Langeid - Rysstad - Valle - Rotemo (106 km)

39: Gamle Kirke Kviteseid - Vrådal - Nesland - Fjonesundet - Trontveit - Tveitsund - Högefoss - Öy (70 km)

40: Larvik - Stavern - Helgeroa - Langesund - Ris/Bamble Kirke - Åby - Trosby - Froste - Kragerö - Stabbestad - Öysang - Risör (80 km)

41: Öy - Haugstöl - Vehus - Gjerstad - Takserås - Olimstad - Akland - Bossvik - Risør (78 km)

42: Risør/Bossvik - Bergendal - Sagesund - Tvedestrand - Borås/Vatnebu - Kilsund - Flosta Kirke - Saltröd - Arendal (69 km)

43: Arendal - Vippa - Fevik - Vik - Grimstad - Landvik Kirke - Reddal - Birkeland - Ryen - Ålefjær/Kvarstein bru - Justvik - Kristiansand (94 km)

44: Kristiansand/Kvarstein bru - Vennesla - Grovane - Åmdal - Jeppestöl - Skaiå - Fröyså - Hornesund - Hestvåg - Evje (54 km)

45: Kristiansand - Vågsbygd - Sögne - Harkmark Kirke - Tregde - Mandal - Lunde - Trædal - Vigeland - Syrdal - Spangereid - Lindesnes (97 km)

46: Lindesnes - Jåsund - Gitlevåg - Agnefest - Farsund - Lunde - (Loshamn) - Vanse - Vestbygd - Penne - Listeid - Guse - Kvinesdal (108 km)

47: Kvinesdal - Feda - Flekkefjord - Åna Sira - Hauge - Åvendal - Egersund (91 km)

48: Egersund - Tengs - Hellvik - Sirevåg - Brusand (25 km)

49: Brusand - Hårr - Årsland - Obrestad - Söyland - Orre - Bore kirke - Tjelta - Sola Kirke - Madla - Stavanger (69 km)

50: Brusand - Fossfjellet - Kartavoll - Undheim - Ålgård - Bråstein - Sviland Kirke - Svihus -Lauvvik - Oanes - Jörpeland - Tau (100 km)

51: Tau - Vatne - Tveit - Årdalsosen - Hetland - Hjelmeland - Tötlandsvik - Vindsvik - Erfjord Kirke - Lovraeid - Jelsa - Nedstrand (101 km)

52: Nedstrand - Espevik - Skjoldastraumen - Solheim - Isvik - Austre Vikebygd Kirke - Utbjoa (66 km)

53: Utbjoa - Skjersholmane - Sagvåg - Fitjar - Sandvikvåg - Bekkjarvik - Krokeide - Fana - Rådalen - Nesttun - Fjösanger - Bergen (75 km)

54: Utbjoa - Sydnes - Sæbövik - Ranavik - Sunde - Husnes - Uskedal - Rosendal - Löfallstrand - Gjermundshamn - Mundheim (59 km)

55: Mundheim - Kilen - Eikelandsosen - Vengjaneset - Hatvik - Osöyro - Ulven - Lysekloster - Fana - Bergen (67 km)

56: Mundheim - Oma - Strandebarm - Törvikbygd - Jondal - Herand - Utne - Kinsarvik (67 km)

57: Kinsarvik - Tveisme - Bu - Brimnes - Bruravik - Hetlenes - Ulvik - Aurdal - Granvin - Spildo - Voss (70 km)

58: Myrdal - Upsete - Mjölfjell - Reimegrend - Raundal - Grovo - Ygre - Voss (42 km)

59: Haugastöl - Storurdi - Finse - Laghellerhyttene - Hallingskeid - Myrdal - Flåm - Aurlandvangen - Sognefjord - Kaupanger (100 km)

60: Voss - Tvinne - Oppheim - Stalheim - Gudvangen - Kaupanger (47 km)

61: Kaupanger - Revnes - Vindedalen - Sæbö - Lærdalsöri (Lærdal) - Tönjum - Blåflat - Galdane - Borgund - Kvamme - Borlaug (57 km)

62: Borlaug - Enden - Mariestuen - Alter Königsweg - Nystuen - Tyinkresset/Hugostua (28 km)

63: Hermansverk - Sogndal - Hafslo - Gaupne (51 km)

64: Gaupne - Skjolden - Turtagrö (38 km)

65: Turtagrö - Sognefjellhytta - Jotunheimen Fjellstue - Leira bru - Lom (71 km)

66: Turtagrö - Berdalseter - Murane - Haug - Övre Årdal - Sletterust - Tvisosen - Tyinstölen - Tyin (69 km)

67: Tyin - Eidsbugarden - Bygdin (20 km)

68: Bygdin - Båtskar - Beitostölen - Hegge Kirke - Heggenes - Rogne Kirke - Mellbybråten - Dövre - Fagernes (52 km)

69: Borlaug - Breistölen - Bakkestölen - Hemsedal - Ulsåk - Vanevikken - Lykkja Kirke - Nösen - Granhein bru/Ulnes - Fagernes (103 km)

70: Fagernes - Leira - Hådem - Fjellbu - Kvanhögd - Gol - Svenkerud - Velta - Nesbyen (71 km)

71: Nesbyen - Velta - Buvassbrenna - Tunnhovd - Björkodden - Guttormsgard - Lia (Bruvoll) (53 km)

72: Bakko - Austbygda Kirke - Karlsrud - Skålbö - Sandbu - Björkeflåta - Sönstebo - Vasstulan - Dagali bru - Åsberg - Bruvoll (74 km

73: Bruvoll - Grösland - Geilo - Fekjo - Ustaoset - Haugastöl (37 km)

74: Bergen - Salhus - Steinestö - Knarvik - Lunde - Straume - Austrheim - Leirvåg - Slövåg - Leversund - Rutledal - Rysjedalsvika (102 km)

75: Rysjedalsvika - Leirvik - Dale - Holten bru - Flekke - Dale - Osen bru - Förde (93 km)

76: Förde - Bruland - Moskog - Vassenden - Sanddal - Skei - Byrkjelo - Utvik - Fröholm - Olden - Loen - Stryn (124 km)

77: Stryn - Maurhaugen - Hölmöyane - Nordfjord -Stårheim Kirke - Maurstad - Åheim (82 km)

78: Åheim - Storeide - Koparnes - Årvik - Larsnes - Gjerdsvika - Stokksund - Garnes - Ulsteinvik - Hjörungavåg - Hareid - Ålesund (112 km)

79: Stokksund - (Fosnavåg) - Leinöy - Rimöy - Runde - Ålesund (26 km)

80: Syvdsnes (Fähre Koparnes/Årvik) - Lauvstad - Volda - (Örsta) - Sæbö - Leknes - Tryggestad - Hellesylt (78 km)

81: Dombås - Joramo - Bölia - Lesja - Lesjaverk - Lesjakog - Bjorli - Kylling bru - Marstein - Sogge bru/Åndalsnes (101 km)

82: Åndalsnes (Sogge bru) - Trollstigen - Trollstigheimen - Alstad - Valldal - Linge - Eidsdal - Eide bru - Grande - Geiranger (80 km)

83: Geiranger - Djupvasshytta - Langevatn - Grotli - Tora bru - Bismo - Lom (97 km)

84: Ålesund - Hamnsund - Hidrestranda - Brattvåg - Drynaholmen - Midsund - Sör-Heggdal - Solholmen - Mordalsvågen - Molde - (Bolsöya) (59 km)

85: Molde - Hjelset - Batnfjordsöra - Angvik - Tingvoll - Vågbö - Meisingset - Seljebö - Rökkum - Kvanne - Skei (124 km)

86: Molde - Malmedal - Sylte - Elnesvågen - Bud - Hustad Kirke - Vevang - Örjavik - Tövik - Rokset - Bruhagen - Kristiansund (N) (114 km)

87: Kristiansund - Rensvik - Kvalvåg - Kvisvik - Kanstraum - Halsanaustan - Betna - Bæverfjord - Skei (65 km)

88: Skei - Gulla - Vindöla bru - Rindal - Bakken - Storås - Drogsetmoen - Lökken (61 km)

89: Oppdal - Vognill - Oppdal leirskole - Skarvollen - Nerskogen - Grana bru - Å - Meldal - Lökken (56 km)

90: Lökken - Svorkmo - Skoldmoen - Estenstad - Korsvegen - Hove - Melhus - Klett Kirke - Mo - Selsbakk - Trondheim (72 km)

91: Röros - Sundet bru - Nyplass bru - Rugldalen - Nesvoll - Reitan - Jensåsvoll - Renolsvollen - Tya bru/Moen (69 km)

92: Tya bru/Moen - Ås - Flora Kirke - Rollset - Selbu - Tömra - Fuglem - Fosshode bru - Eggen - Övre Jervan - Trondheim (130 km)

93: Trondheim - Vanvikan - Leksvik - Grönlia - Mosvik Kirke - Kjerringvik - Vangshylla - Straumen - Röra/Röskje - Mære - Steinkjer (113 km)

94: Steinkjer - Asp - Ostvik bru - Beitstad - Namdalseid Kirke - Sjöåsen - Bangsund - Spillum - Namsos (74 km)

95: Namsos - Lænn - Ytterby - Salen Kirke - Haranes - Hofles - Horvereid - Kolvereid - Skog - Kvernan - Kjelleidet (126 km)

96: Kjelleidet - Holm - Vennesund - Berg - Skillebotn - Horn - Anndalsvåg - Forvik - Tjötta - Sandnessjöen - Leinesodden - Leland - Låvong (170 km)

97: Låvong - Nesna - Stokkvågen - (Lovund) - Kilboghamn - Vågaholmen - Ågskaret - Foröy - Örnes - Dalen - Oterstranda - Inndyr - Sund - Horsdal - Alsvik - Bodö (117 km)

98: Bodö - Valvik - Festvåg - Misteröy - Kjerringöy - Tårnvik - Nordfold - Myklebostad - Bogöy - Skutvik (84 km)

99: Svolvær - Kabelvåg - Rörvik - (Henningsvær) - Sundklakk - Valberg Kirke - Stamsund (68 km)

100: Stamsund - Storfjordvik - Leknes - Lilleidet - Napp - Kilanplass - Ramberg - Mölnarodden - Hamnöy - Reine - Sörvågen - Å (73 km)

101: Leknes - Borge Kirke - Vonheim - Kvalnes - Limstrand - Lyngedal - Sundklakk (52 km)

102: Svolvær - Sildpollen Kapell - Fiskeböl - Melbu - Dragnes - Stokmarknes (51 km)

103: Stokmarknes - Straumsnes - Bö Kirke - Steine - Straumsjöen - Rise - Rygge - Kråkberget - Störvik - Holmstad - Sortland (79 km)

104: Sortland - Strand - Sigerfjord - Langvassbukt Kapell - Flesnes - Revsnes (Revsnesvik) - Straumen - Gåra - Sollia - Harstad (65 km)

105: Harstad - Sörrollnes - Ibestad/Hamnvik - Myrlandshaug - Tennevoll - Sjövegan - Sletta - Elvevoll - Sörreisa/Sörstraumen (113 km)

106: Sörreisa/Sörstraumen - Solstad - Andselv - Bardufoss - Rundhaug - Överbygd - Höyset - Övergård (101 km)

107: Övergård - Oteren - Stubbeng - Furuflåten - Lyngseidet (51 km)

108: Lyngseidet - Svensby - Breivikeidet - Sandeggen - Fagernes - Tromsö (71 km)

109: Lyngseidet - Olderdalen - Djupvik - Langslett - Nordreisa - Sandbukt - Sekkemo - Langfjordbotn (142 km)

110: Langfjordbotn - Ulvsvåg - Isnetoften - Talvik - Alta (82 km)

111: Alta - Vasskogen - Leirbotnvatn - Duoddar Sion Kapell - Skaidi (89 km)

112: Skaidi - Olderfjord - Nordmannset - Stranda - Kåfjord - Honningsvåg - Nordkap (139 km)

Eine Etappenübersichtskarte befindet sich am Schluß des Buches (ausklappbar).

Oslo

Die Reichshauptstadt (450000 Einw.) ist die größte Agglomeration Norwegens. In dem gesamten Raum des Oslofjordes konzentrieren sich etwa 1,2 Millionen Menschen, was gut einem Viertel der Gesamtbevölkerung entspricht. Oslo hat den Ruf der schönsten Hauptstadt Europas; mit 438 km^2 Fläche ist sie sicherlich eine der weitläufigsten, wobei ein sehr großer Teil auf die fast unbesiedelten Berge und lichten Birkenwälder der Umgebung entfällt. Die Stadt schmiegt sich förmlich an die Hänge und wird ringförmig von ausgedehnten Mischwäldern umgeben. Neben der üblichen Großstadthektik hat sich Oslo aber eine gewisse provinzielle Ruhe bewahrt, obgleich die Fremdenverkehrswerbung lieber von den Pulsschlägen und unbegrenzter Aktivität einer Weltmetropole spricht. Nach einer anstrengenden Anreise lädt Oslo mit mannigfaltigen Angeboten zu einer kurzen Ruhepause ein.

Die Stadt ist zwar erst seit 1814 Hauptstadt Norwegens, blickt aber auf eine lange Geschichte zurück. Sie wurde wahrscheinlich 1050 von König Hårdråde an der Mündung des Akerselva in den Oslofjord gegründet und war wegen ihrer geschützten Lage, fruchtbaren marinen Sedimentböden und nicht zuletzt wegen ihres Naturhafens schon früh ein bevorzugter Siedlungsort der Wikinger. Vor der eigentlichen Stadtgründung existierte schon im Osten (heute Industrie- und Bahngelände) eine erste Siedlung. 1062 wurde der Ort von Olav Kyrre zum Bischofssitz erhoben und wuchs zum kirchlichen und geistigen Zentrum des Landes,obwohl die Könige weiterhin in Bergen residierten. Erst um 1300 unter Håkon V. erlebte Oslo ihre erste Blütezeit, in der u.a. auch die Akershus-Festung (Hafenhalbinsel südl. der City) entstand. Im 14. Jh. unterbrach die Pest jäh das Leben, begleitet von Fremdherrschaft und der dominierenden Rolle der Deutschen Hanse, die in Oslo eine Niederlassung besaß.

Der Holzhandel lieferte Ende des 15. Jh. neue Impulse, jedoch brannte die Stadt 1624 völlig ab. Christian IV. ließ Oslo im schachbrettartigen Grundriß (deutlich erkennbar im Zentrum zwischen Hauptbhf. und Rathaus) wieder neu aufbauen und prägte den neuen Namen Christiania. Erst 1925 erhielt die Stadt wieder ihren alten Namen Oslo zurück. nachdem sie nach Norwegens Loslösung von Dänemark wieder Reichshauptstadt geworden war.

Die Industrialisierung prägte die Stadt im 19. Jh. Es etablierten sich der Schiffbau, größere Betriebe der Holzindustrie sowie Metall- und Textilindustrie. Die Arbeiter wurden wie auf dem Kontinent in ärmlichen Mietshaussiedlungen um die Betriebe herum im Osten der Stadt angesiedelt. Dem Radreisenden fällt dies bei genauer Betrachtung des Stadtbildes heute noch auf: im Osten finden sich überwiegend enge und einfache Häuser der weniger wohlhabenden Bevölkerungsgruppen, im Westen die reichen Villenvororte. Stadtplanerisch versuchte man nach dem Krieg die Gartenstadtstruktur der 30er Jahre zu bewahren, indem man das ursprüngliche Konzept der 'Konzentrischen Ringe' mit abnehmender Konzentration zugunsten von Maßnahmen zur Dezentralisierung in den Vororten aufgab. Einen wunderschönen Eindruck von der mit Grünanlagen

durchsetzten Stadt erhält man von dem *Tryvannstårnet*, einem Aussichts- und Fersehturm auf 647 m ü.NN. im Nordwesten Oslos.
Für Oslo gibt es übrigens ein eigenes Radkartenheft, das die Straßen in fahrradfreundlich und -unfreundlich differentiert. Die *Sykkelkart* kostet im Buchhandel ca. 40 NOK.

Die Stadt hat dem Besucher viel zu bieten, die folgenden Angaben beschränken sich jedoch auf die herausragenden Sehenswürdigkeiten. Das Zentrum Oslos befindet sich recht kompakt zwischen der Sentralstasjon, dem Slottet (Königsschloß), dem Hafen und dem Rådhus im Südwesten, so daß nur kurze Wege mit dem Rad durch innerstädtischen Verkehr notwendig sind.
Zu den Hauptattraktionen gehört zweifelslos die Museumshalbinsel *Bygdøy* (im Westen), wo sich nicht weniger als 5 Museen internationaler Bedeutung befinden. Alle Museen sind ganzjährig geöffnet.
Außerdem stehen dort das Polarschiff *Fram* von Fridtjof Nansen und die beiden Papyrusflöße *Kon-Tiki* und *Ra II* von Thor Heyerdahl. Zunächst zu den Museen:
Das *Vikingskipenes Hus* (Wikingerschiff-Museum) birgt drei weltbekannte Wikingerschiffe: Oseberg-, Gokstad- und das Tuneschiff. Alle drei wurden mit reichhaltigen Beigaben in großen Gräbern in der Nähe von Oslo entdeckt. Sie sind die größten Funde der Wikingerkultur überhaupt. Das *Norske Folkemuseum* (Norw. Volksmuseum) präsentiert ca. 170 alte Bauernhöfe aus allen Landesteilen sowie die 1881 nach Oslo versetzte Stabkirche aus Gol/Hallingdal. Viele Gebäude stammen aus der Altstadt Oslos, weiterhin gibt es eine Abteilung über die Samen (ca. 20 NOK).
Die Ausstellung mit dem beiden weltbekannten Schiffen des Völkerkundlers Heyerdahl (Kon-Tiki og Ra II Museum) wird durch zahlreiche Gegenstände der Expeditionen und Exponate aus Polynesien und Südamerika ergänzt. Das *Sjøfartsmuseet* (10 NOK)sollte man sich wegen der Bedeutung, die die Seefahrt für die gesamte Landesgeschichte hat, nicht entgehen lassen. Unter anderem befinden sich direkt nebenan die Polarschiffe Nansens (s. Fram) und Amundsens (Gjøa). In Bygdøy stehen außerdem die Sommerresidenz des Königs und das neugotische Lustschloß Oscarshall (ca. 1850) sowie die Villa Grande, in der von 1940-45 Vidkun Quisling (s. *Zeugen der Geschichte*) residierte.
Die Kunst wird durch das im Osten der Innenstadt (Ecke Finnmarkgata/Tøyengata 53) gelegene Munchmuseet vertreten. Norwegens berühmtester Maler schuf in seinem Leben 23864 Werke (katalogisiert), angefangen von einfachen Skizzen über Graphiken, Aquarelle und Linolschnitte bis hin zu Ölgemälden und Skulpturen. Seine immer wiederkehrenden Motive beschäftigen sich mit Armut, Krankheit, Tod, Angst und Einsamkeit. Er selbst war in seinem Leben von vielfachen Krankheiten und Schicksalsschlägen gezeichnet worden.

Der größte touristische Andrang konzentriert sich entlang der Einkaufsstraße und Promenade Karl Johans Gate, wo besonders im Frühling viele Stadtmusikanten und Straßenmaler das Bild beleben. Dort liegen auch sehr viele Cafés und Restaurants, die unter den Alleebäumen zu eine Verschnaufspause einladen.

Kurz vor dem Ende der Karl Johans Gate am Schloßpark, in dem sich allerlei Jogger trimmen, befindet sich die im klassisistischen Baustil errichtete erste Universität Norwegens. Sie wurde 1811 als 'Universitas Regia Fredericiana' gegründet. Heute ist sie mit dem Außengelände in Bindern die bei weitem größte im Lande. Bis 1946 war sie die einzige, später kamen Bergen (1946), Trondheim (1968) und Tromsø (1969) hinzu. In der Aula der Universität Oslo wird alljährlich der Friedensnobelpreis verliehen. Auf der anderen Straßenseite liegt das Nationaltheater.
Am anderen Ende der Karl Johans Gate befindet sich das gelbliche, nüchtern wirkende Gebäude des *Storting* (ca. 1850, kann besichtigt werden). Im Plenarsaal hängt das große Gemälde, das die Reichsversammlung 1814 in Eidsvoll darstellt. Die Norweger sehen es jeden Abend in den Fernsehnachrichten als Hintergrund für die Sprecher.
Das repräsentativste Bauwerk Oslos ist wohl der monumentale Koloß des Rathauses mit seinen schon von weitem sichbaren 63 und 65 m hohen Türmen. Die Osloer streiten sich bis heute über die ästhetische Wirkung des Bauwerkes. Es wurde in dem monumentalischen Stil, der offensichtlich nicht nur auf das Dritte Reich beschränkt war, 1931-1950 errichtet.
Im gratis zu besichtigenden Rathaus gibt es am Treppenaufgang ein gut sortiertes Fremdenverkehrsbüro, das detailliertes Material zu allen Landesteilen und Fragen ausgibt.
Wer das Radfahren leid ist oder noch keine Lust dazu verspürt, der kann Oslo mit dem sehr gut ausgebauten Nah- und Regionalverkehrsnetz mittels Bus, U-Bahn, Straßenbahn, Eisenbahn und Fähre erforschen. Speziell an Touristen wendet sich die *Oslo Kartet*, die die ganze Region preiswert erschließt. Sie kostet: ein Tag - ca. 80 NOK, zwei Tage - ca. 100 NOK und drei Tage ca. 138 NOK. Sie beinhaltet überdies den Eintritt für die meisten Museen - es lohnt sich also auf jeden Fall.
Wichtig ist in diesem Zusammenhang, daß es in Oslo neben der Sentralstasjon (Hbf.) noch die Vestbanestasjon (westl. des Rathauses) gibt. Von dort fahren die Züge der Bergen- und Sørlandbanen ab.
Nicht auslassen sollte man als kunstinteressierter Besucher den Frognerparken/Viggelandsanleget. Der bekannte Bildhauer Gustav Vigeland (1869-1943) schuf 192 Figuren, die sich in diesem Teil des Parkes befinden. Im Vigelandsmuseet stehen weitere 15000 Werke des fleißigen Künstlers. Vigelands Antriebsfeder war der abgöttische Haß auf seinen Vater, der treffend in der Skulptur des wütend aufstampfenden Jungen im Park symbolisiert wird. Einmal verprügelte ihn sein Vater mit der Begründung, es sei Karfreitag und an diesem Tag müsse man leiden. Im Frognerparken befindet sich auch das Oslo Bymuseum, in dem die Geschichte und Kultur der Metropole durch die Jahrhunderte nachgezeichnet wird. Südwestlich am Hafenkai (bei der Akerhus-Festung) liegt

schließlich das Forsvarsmuseet (Geschichte der norw. Verteidigung), und im Festungswall ist das Hjemmefrontmuseet (Widerstandsmuseum - Zweiter Weltkrieg) untergebracht.

Information: Oslo Promotion, Rådhusgt. 23, 0158 Oslo, lokal/Stadtführungen Tel. (02) 414863, regional Tel. (02) 334386; außerdem: Turistinformasjonen in der Sentralstasjon, 0154 Oslo, Tel. (02) 416221.

Verkehrsverbindungen: Züge in alle Himmelsrichtungen (nach Bergen und Stavanger von Vestbanestasjonen), außerdem Lokalzüge in die gesamte Oslofjordregion und nach Norden (Fahrradmitnahme außerhalb des Berufsverkehrs meistens möglich); Busse in alle Richtungen und nach Schweden, Dänemark und Deutschland von drei Busbahnhöfen: Grønlandstorget (hinter Sentralstasjon), Wesselsplass am Storting und von der alten Universität; Flüge zu allen großen Orten in Norwegen und ins Ausland vom Flughafen Fornebu im Südwesten auf der Halbinsel; Fähren nach Dänemark, Schweden und Deutschland; Fjordfähren zwischen Nesodden im Südosten und Bærum im Nordwesten, Rådhusbryggene-Bygdøy tägl. 17.4.-9.10. alle 15-45 Min. für 12 NOK; Boote zu den vorgelagerten Schären.

Postsparbuch-Geldwechsel: Hauptpostamt Ecke Dronningensgate/Prinsens Gate, tägl. 8-20 Uhr, sowie an über 100 weiteren Postämtern (u.a. auch am Hbf.).

Jugendherberge: Haraldsheimen UH ** (Oslo-Sinsen, Buslinien 30, 31, 301 und 362, Straßenbahnlinien 1 + 7, NSB nach Hakadal, ca. 5 km nordöstl. vom Hbf.), Haraldsheimvn. 4, ganzj. außer 23.12.-2.1., 0409 Oslo 4, Tel. (02) 222965 o. 155043 o. 713497, 117 NOK (inkl. Frühstück), 270 Betten, Kochg. - Voranmeldung sinnvoll!; außerdem im Sommer Ausweichmöglichkeit im Bjerke Studentheim, Trondheimvn. 271 nahe der UH, ca. 70 NOK; Pan Jugendhotel *** im Studentendorf, 1.6.-20.8., Sogneveien 218, 0864 Oslo 8, Tel. (02) 237640, 132 NOK (inkl. Frühstück), 112 Betten, Kochg. - hier ist eine Reservierung notwendig: Region Øst, Box 41, 0409 Oslo 4 (Grefsen).

Camping: Ekeberg ** (südöstl. der City, ca. 3 km), 1.6.-31.8., Tel. (02) 198568, 5 ha, Waschm., Kochg.; Bogstad Camp & Turistsenter *** (ca. 10 km nordöstl. unterhalb der Holmenkollen-Sprungschanze), ganzj., 0757 Oslo 7, Tel. (02) 507680, 180 ha, Waschm., Kochg., Hü.; Stubljan ** (an der südl. Stadtgrenze bei der Lian Kirke), 1.6.-31.8., 1250 Oslo 12, Tel. (02) 612706, 20 ha, Waschm., Kochg.

Fahrradservice: Intersport-Filialen: Oslo 1 - Grensen AS, Tel. (02) 428753; Oslo 1 - Sportslager AS, Tel. (02) 205985; Oslo 1 - Schous Børsemaker, Tel. (02) 425583; Oslo 1 - Speider Sport AL, Tel. (02) 415401; Oslo 3 - Bokstadveien AS, (02) 465818; Oslo 4 - Lorang Andersen AS, Tel. (02) 357163, Oslo 4 - Nye Bakken & Sæter AS, Oslo 6 - Manglerud AS, Tel. (02) 261994, Oslo 7 - Røa Sport AS, Tel. (02) 508050.

Die Skizzen sind nicht dazu gedacht oder geeignet, als Landkartenersatz zu dienen; eine derart präzise Darstellung würde ein eigenes Kartenwerk in entsprechendem Maßstab und vielfarbigem Druck erfordern. Eine Umsetzung der Skizzen auf die während der Reise benutzten Landkarten ist unbedingt erforderlich!

Etappenbeschreibungen

Etappe 1:
Oslo - Nesoddtangen - Fjellstrand - Fagerstrand - Heer - Dröbak - Hvisten - Son - Kambo - Moss (68 km) >
0 - 120 - 35 m
Cappelen-Karte Nr. 1

Der dicht besiedelte Oslofjord hat seine eigenen Reize. Die Etappe führt Sie von Nesoddtangen den Fjord entlang nach Süden, oft mit schönen Blicken auf das geschäftige Treiben auf dem Wasser und an den Ufern; es wechseln Anstiege und Abfahrten einander ab.
Sie beginnen am Rådhuset, dem gigantischen und wegen seiner beiden Türme weithin sichtbaren Rathaus der Hauptstadt. Falls Sie vom Hauptbahnhof starten, so fahren Sie erst einmal einige hundert Meter nach Süden in Rchtg. des Fährhafens. Dort treffen Sie auf die von Osten kommenden *Bispegata*, die hier in die *Rådhusgata* übergeht. Letzterer folgen Sie bis zu dem am Ende sichtbaren Rathaus. Westlich des großen Gebäudes biegen Sie auf die erste Straße nach links ein, den *Dokkveien*, dem Sie aber nur 200 m folgen. In der Biegung nehmen Sie dann den *Stranden* (Aker Brygge), von wo auch die Fähre zu der dem Stadtzentrum gegenüberliegenden Halbinsel *Nesodden* ablegt. Dieser Stadtteil ist eine bevorzugte Wohngegend von stadtmüden Osloern. Ab Nesoddtangen (tange = Landzunge) reisen Sie auf der R 157 weiter, die direkt nach Süden nach Fjellstrand führt. Hier werden Sie auf einen ausgeschilderten Radweg treffen, der die Region erschließt und bis nach Moss führt. Sie radeln östlich an Fagerstrand und Digerud vorbei und über Holtbråten und Heer nach Dröbak.

Dröbak, 7100 Einw., Akerhus, ist eine kleine Stadt, die in früheren Zeiten eine wichtige Mittlerrolle im Handelsverkehr mit der im Inneren des Oslofjordes gelegenen Hauptstadt innehatte. Die Waren wurden im Winter, wenn die Eisdecke eine Weiterfahrt in den inneren Fjord unterband, in Dröbak ausgeladen und über Land weitertransportiert. Dieser umständlichen Prozedur verdankt die Kleinstadt ihren Namen: Drøy bakke bedeutet soviel wie mühsame Anhöhe.
Auch der Holzhandel nach anderen europäischen Ländern hatte große Bedeutung. Kurios ist der Export von Eis nach England gegen Ende des vorigen Jh. In der alten Lotsenstadt stehen einige schöne Holzbauten, allen voran die Vår Frelsers Kirche, eine Holzkirche aus dem Jahr 1776.
Unbemerkt hatte die deutsche Kriegsmarine am 9. April 1940 bei Nebel und Schneetreiben die britischen See- und Luftstreitkräfte passiert und war in den Oslofjord eingelaufen. 2800 Elitesoldaten auf dem Schlachtschiff "Blücher" hatten den Auftrag, Parlament und Königsschloß zu besetzen. Mit den

Kanonen auf die Stadt gerichtet, sollte das Schiff beim Morgengrauen am Kai liegen, um zu verdeutlichen, daß es keine andere Wahl gab, als die kampflose Übergabe des Landes an die Nazis. An der engsten Stelle des Fjordes, dem Flaschenhals bei Dröbak mit vielen Untiefen und Felsen, schoß jedoch ein Wehrpflichtiger mit den alten Kanonen von der Festung Oscarsborg das Schlachtschiff in Brand, das anschließend sank. Das Wrack liegt heute noch in der Fahrrinne. Der der "Blücher" folgende Kreuzer drehte danach ab und brachte seine Truppen 20 km weiter südlich an Land. Durch diesen nicht geplanten Zwischenfall hatten der König und seine Regierung genug Zeit, sich in das Landesinnere abzusetzten und den Kampf gegen die Okkupanten aufzunehmen.
An dieser strategisch wichtigen Stelle befindet sich auf der anderen Seite die besagte Festung Oscarsborg und diesseits die Anlage Seiersten.
Postsparbuch-Geldwechsel: Innenstadt und Heer.
Verkehrsverbindungen: Fähre (häufig) nach Storsand.

Eine Fähre überquert oftmals den Fjord von Dröbak nach *Storsand*, so daß Sie ohne weiteres zur Etappe 31 überwechseln können. Ansonsten fahren Sie durch den Ort weiter nach **Hvisten**, einem kleinem Badeort, wo schon der berühmte norwegische Maler Edward Munch (1863-1944) einige Sommer verbrachte.
Camping: Refling ** (an E 6 - 3 km nördlich von Vestby), 1.6.-15.9., 1540 Vestby, Tel. (02) 950056, 8 ha, Hü.; Hølen *** (an E 6 - 2 km östlich von Hölen), 15.6.-1.9., 1550 Hølen, Tel. (02) 957671.

Die weitere Etappe führt - an Emmerstad vorbei - über Mörk nach **Son**; ebenfalls ein alter Landungsplatz - mit schmalen Straßen und kleinen weißen Häusern. Sehenswert sind hier die alten Landhäuser Thornegård und Spinderigård (beide um 1760). Letzterer wurde nach einem Brand 1976 orginalgetreu restauriert. Über Brevik und Kambo geht es nach Moss hinein.

Moss, 25000 Einw., Ostfold, war der Ort, an dem 1814 die von Schweden erzwungene Union unterzeichnet wurde. Ansonsten ist es eine wenig interessante Industrie- und Handelsstadt. Große Werften (Gastanker - Rosenbergwerft) und die umweltbelastende Zellulosefabrik prägen das Stadtbild. Die Stadt ist ein wichtiger Einreisehafen für Norwegen: die Stena Line fährt das ganze Jahr über vom dänischen Frederikshavn täglich nach Moss. Eine andere Fähre überquert stündlich den Oslofjord nach Horten (6 NOK). Fährhafen und Bahnhof liegen direkt in der Innenstadt.
Information: Turistkontor (nur im Sommer), in der Kunstgalerie gegenüber der Kirche.
Postsparbuch-Geldwechsel: Moss Hauptpost, Bergersborg, Ekholt, Høyden, Jeløy, Krapfoss, Øreåsen.
Jugendherberge: Vannsjåheimen ** (2 km östlich des Bahnhofs schön an einem See gelegen), 1.6.-1.9., Nesparken, 1500 Moss, Tel. (09) 255334, 55 NOK, Kochg.
Camping: Nes *** (Insel Jeløy, 5 km nordwestlich), 1.5.-30.9., 1500 Moss, Tel. (09) 270176, 50 ha, Waschm., Kochg., Hü.

Kartenskizze Etappen 1 - 5

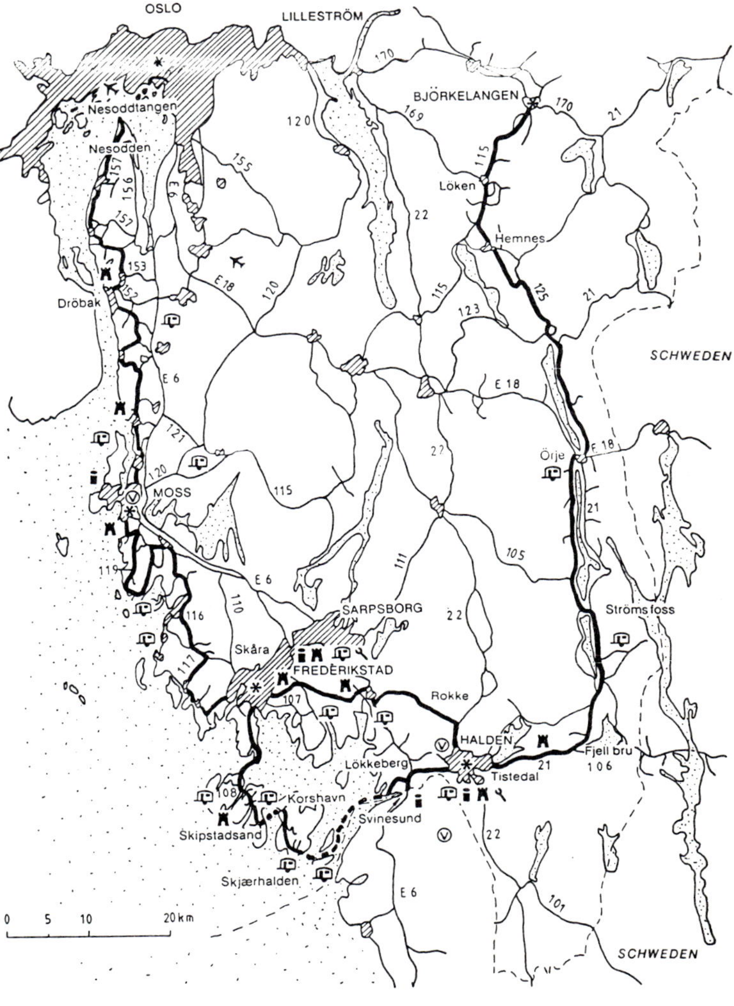

Etappe 2:
Moss - Værne Kloster - Larkollen - Rygge - Jonsten - Tomb - Huseby - Vikane - Möklegård - Frederikstad (71 km) >
0 - 53 - 0 - 89 - 0 m
Cappelen-Karte Nr. 1

Von Moss begeben Sie sich zunächst auf einer kleinen Gemeindestraße nach Süden zum *Værne Kloster*. Diesen ursprünglichen Königshof vermachte Ende des 12.Jh. der König dem Johanniterorden. Die Ruinen des Klosters sind neben dem Hauptgebäude des neuen Gutshofes aus dem späten 17.Jh. zu sehen. Als nächstes gelangen Sie zu dem hübschen Ort *Larkollen*.
Postsparbuch-Geldwechsel: Larkollen.
Camping: Larkollen **, 1.5.-1.10., 1560 Larkollen, Tel. (09) 263194.

Anschließend können Sie zunächst über die Bezirksstraße nach Kure und über die Rygge Kirke nach *Rygge* (Bahnanschluß) fahren. Von hier aus nutzen Sie ein kurzes Stück die R 118 und biegen dann bei Jonsten auf die R 116 ab. In *Tomb* passieren Sie eine Landwirtschaftsschule, und wenig später zweigen Sie bei Holmesvingen (nicht in Cappelen-Karte verzeichnet) auf die querverbindende Nebenstraße nach *Huseby* ab.
Postsparbuch-Geldwechsel: Engelsviken.
Camping: Solviken *, 1622 Engelsviken (Badestelle).

Von Huseby führt der Weg noch ein Stück über die R 116 gen Südosten, bevor Sie sich nach rechts auf die R 117 nach Vikane wenden. Ein Abstecher auf die Insel *Hankö* (Übernachtungsmögl.) bietet sich an. Auf der Weiterfahrt können Sie an den Badestränden von Mærrapanna und Foten erfrischende Erholungspausen einlegen. Anschließend geht es entlang der R 117 über *Möklegård* nach Fredrikstad, einer der am besten erhaltenen Festungsstädte Skandinaviens.

Fredrikstad, 27000 Einw., Ostfold, hat als Industrieregion (Holz) nur einige wenige Sehenswürdigkeiten. Am bemerkenswertesten ist der alte Festungsstadtteil Gamlebyen aus dem 17. Jh. Die Ähnlichkeit dieses mit der Anlage von Trondheim ist nicht zufällig, entstammen doch beide dem Kopf General Cicignons. 1567 wurde mit dem Bau begonnen, doch erst unter dem Druck der Bedrohung durch Schweden nach dem verlorenen Krieg wurde er beendet. Um eine weitere Grenzverlegung zu Ungunsten Norwegens zu verhindern, wurden große Mengen Kriegsmaterials stationiert. Erst 140 Jahre später gelang es Schweden, mit 40000 Mann die Festung einzunehmen. In der anschließenden Konvention von Moss wurde die Union (Personalunion) mit Schweden besiegelt. Das Festungsviertel, in dem heute Antiquitäten- und Kunstgewerbeläden untergebracht sind, ist von einem sternförmigen Wassergraben und dem Fluß Glåma umgeben. Vor der gewaltigen Zugbrücke, die nur mit fast drei Dutzend Männern bedient werden konnte, kann man Glasbläsern bei der Arbeit zuschauen.

Gegenüber der Sparbank befindet sich die Kalenderkaserne aus dem Jahr 1788. Der Erbauer war von der Idee besessen, alle baulichen Merkmale sollten den Ablauf der Zeit widerspiegeln. So hat das Gebäude 60 Türen, 24 Scheiben pro Fenster, 365 Fenster, 52 Fenster, 12 Schornsteine und 4 Eingangstüren (Jahreszeiten). Auch heute wird die Kaserne durch das Militär genutzt. Weiterhin gibt es ein Stadtmuseum in der Slaveriet und ein Provianthaus. Durch die gesamte Festung Gamlebyen werden von dem Turistsentret Führungen angeboten.
Wenn Sie auf der R 110 (Oltidsveien) nach Osten (Etappe 3) radeln, liegen links und rechts der Straße ein Vielzahl alter Grabhügel, Felszeichnungen und Runensteine aus vorchristlicher Zeit - zurückreichend etwa bis 7000 v.u.Z. Nicht umsonst siedelten die Menschen in dieser Region, ist sie doch warm und wesentlich fruchtbarer als andere Teile Norwegens. Ersichtlich wird das an so manchem prächtigen Gutshof aus dem Mittelalter.

Information: Turistsentret (etwas außerhalb des Zentrums an der R 110 - Kreisverkehr bei der großen Stadtbrücke nach Gamlyben), 1630 Gamle Fredrikstad, Tel. (09) 320330.

Verkehrsverbindungen: Züge nach Oslo und Hamburg (über Kopenhagen).

Postsparbuch-Geldwechsel: Fredrikstad (Brochsgate 3), Gamle Fredrikstad (Toldbogate am Glommaufer im Zentrum), Krakeröy,, Lisleby und Vestre Glemmen

Camping: Fredrikstad Motell og Camping ***, 1.6.-31.8., Torsnesveien, 1600 Fredrikstad, Tel. (09) 320315, 20 ha, Waschm., Kochg.; Bevø *, ganzj., Tel. (032) 49215.

Fahrradservice: Intersport Høydahl AS, Tel. (09) 311506; Intersport Torvbyen AS, Tel. (09) 314870; Fredriksstad Sportsforretning AS.

Etappe 3:
Fredrikstad - Begby - Hunn - Ulleröy - Skjeberg - Gusland - Lilleby - Eng/Rökke Kirke - Halden (Oltidsveien) (26 km) >
0 - 116 - 81 - 90 m
Cappelen-Karte Nr. 1

Anstatt über die Hvaler Inseln zu fahren, können Sie die schnellere Strecke entlang der R 110 (Altertumsstraße) wählen. Er ist recht interessant, da sich unterwegs mehrere Grabstätten, Kultplätze und Felszeichnungen (bei Begby, Hunn, Store Dal und Ulleröy) aus vorchristlicher Zeit befinden. Sie fahren durch Fredrikstad, überqueren den Glåma mittels der Fähre oder über die 40 m hohe Flußbrücke und fahren dann in die Altstadt hinein. Dort beginnt die geschichtsträchtige R 110. Achten Sie an der Straße immer auf Hinweisschilder mit dem verschlungenen Ewigkeitsknoten, die in ganz Skandinavien auf historische Stätten hinweisen.

Zuerst erreichen Sie *Begby*, wo Sie einige Felszeichnungen finden. Dargestellt sind Schiffe, Menschen, Tiere und Sonnenräder. Die Sonnenräder sind Anbetungsmonumente des für die erfolgreichen Ernten des bronzezeitlichen Bauern alles entscheidenden Himmelskörpers. Hinter *Brandstorp* (Camping) - ein wenig weiter auf der R 110 - können Sie 2 km nach Norden von der Straße abbiegen und einen Blick auf eine 20 m hohe Skulptur von A. Haukeland und ein Gräberfeld aus der Eisenzeit werfen. Anschließend geht es weiter durch die Gräberfelder von *Ulleröy*. In der südlich angrenzenden Skjebergkilen-Bucht gibt es mehrere Bademöglichkeiten, vorausgesetzt das Wasser ist warm genug. Dann geht es über die neue E 6 hinweg nach *Skjeberg* hinein.

Verkehrsverbindungen: Züge nach Oslo und Halden, Hamburg und Stockholm.

Postsparbuch-Geldwechsel: Skjeberg.

Camping: Höysand ***, 1.6.-1.9., 1745 Skjeberg, Tel. (031) 68125, 27 ha, Waschm., Kochg., Hü.; Revebukta *, 2.5.-31.8., Tel. (031) 69551, 33 ha.

Sie treffen auf die alte Trasse der E 6 und fahren auf dieser nach Süden durch den Ort. Am Ortsende biegen Sie nach links in Rchtg. Gusland und Lilleby (nicht auf Cappelen-Karte) ab und folgen der Bezirksstraße nach Eng und der *Rökke Kirke*. Nach weiteren 3 km treffen Sie auf die von Norden kommende R 22, bis Halden sind es dann noch 7 km.

Halden, 26000 Einw., Ostfold, ist in seiner Geschichte fünfmal von schweren Feuersbrünsten heimgesucht worden. Die Stadt ist eines der Tore Norwegens nach Schweden und dem kontinentalen Europa. Die gute verkehrsgeographische Lage brachte der Stadt schon 1665 die Stadtrechte und führte zum Bau der Festung Fredriksten (1661) am Iddefjorden. Im Laufe der Jahrhunderte war die Festung mehrmals Schauplatz kriegerischer Auseinandersetzungen. 1718 fiel dort der schwedische König Karl XXII. Im Sommer werden Führungen angeboten.

Eine der ehemals wichtigsten Binnenwasserstraßen, der von Engelbert Soot im 19.Jh. gebaute Haldenkanal, führt im Osten bis zur schwedischen Grenze. An der Brekke-Schleuse, der höchsten Nordeuropas, überwinden die heute verkehrenden Touristenboote einen Höhenunterschied von 26,8 m. Die Stadt lebt überwiegend von der Holzwirtschaft, die durch die günstige Lage am Wasser einen Standortvorteil für sich verbuchen kann.

Information: Reiselivslag, Boks 167, Kongens Brygge, 1751 Halden, Tel. (09) 182487.

Verkehrsverbindungen: Züge nach Oslo, Hamburg und Stockholm.

Postsparbuch-Geldwechsel: Halden-Gimle und Halden-Glenne.

Jugendherberge: jenseits der schwedischen Grenze in Lommeland (ca. 20 km).

Camping: Fredriksten * (unterhalb der Festung), 1.6.-1.9., 1750 Halden, Tel. (031) 84032, 30 ha, Waschm., Kochg., Hü.

Fahrradservice: Intersport Halden, Tel. (09) 185900.

Etappe 4:
Frederikstad - Kongsten - Trolldalen - Skjelsbu - Skipstadsand - Korshavn - Skjærhalden - Sponvika - Halden (29 km) >
0 - 36 - 0 - 40 - 0 - 129 - 90 m
Cappelen-Karte Nr. 1

Wenn Sie von Norden in die Stadt eingefahren sind, halten Sie sich bis zum Bahnhof auf der R 110. Kurz davor biegt die R 108 auf die Halbinsel *Kråkeröy* ab. Die Straße wird größtenteils von einem Radweg begleitet. Über den Inselkomplex Hvaler führt die Etappe von Insel zu Insel.
Camping: Vesteröy ** (im Westen der Insel), Hü.; Röd * (zwischen Sand und Skipstadsand); Storesand * (südl. von Skjærhalden, mit Badeplatz); Nedgården * (südl. des Fähranlegers auf der Insel S. Sandöy).

Auf dem Weg zum ersten Campingplatz ist das kleine Krabbenfischerdorf *Utgård* sehenswert. Der Insel *Spæröy* ist das Akeröya Fort vorgelagert (mit Boot erreichbar, Badestrand), eine alte Festung aus dem Jahre 1664. Es wurde 1807 fast vollständig abgebrochen, später allerdings wieder restauriert. Von Spæröy fährt häufig eine Fähre zur Insel *Kirkeöy* (Korshavn). Entlang der Westseite der Insel (direkt nach der Fähre rechts halten) durchfahren Sie Böllingshavn und erreichen **Skjærhalden** (Post). An der Hvaler Steinkirche (13.Jh.) fällt auf, daß sie keinen Turm besitzt. Die Glocke befindet sich im Dachstuhl. Anschließend nehmen Sie die zweimal täglich (im Sommer) verkehrende Fähre nach Sponvika. Von dort radeln Sie auf der kleinen Straße zur E 6. Es lohnt sich übrigens sehr, auf der E 6 1½ km nach Süden bis zum Grenzübergang zur fahren. Dort führt eine riesige Brücke über den Iddefjorden, von der man einen beeindruckenden Tiefblick hat. Es gibt ein Touristenbüro sowie die Möglichkeit, kleinere Geldbeträge zu tauschen (allerdings zu ungünstigem Kurs). Nach Norden führt der weitere Etappenverlauf ebenfalls ein kurzes Stück über die sehr befahrene E 6 und biegt dann nach rechts auf die R 21 (Radweg) nach **Halden** ein.

Etappe 5:
Halden - Fjell bru - Flateby - Damholtet - Örje - Klund Kirke - Jåvall - Skulerud - Hemnes - Östby - Löken - Björkelangen (112 km) >
80 - 106 - 238 - 187 - 140 - 220 - 130 m
Cappelen-Karte Nr. 1

Auch diese relativ leichte Etappe beginnt im Zentrum von Halden, wo Sie auf der R 21 südlich des Flusses Tista am Tistedalsfoss vorbeifahren. Ab Tistedal (Bhf.) besteht die Möglichkeit, mit dem Boot über die Seenkette nach Strömsfoss sluse bzw. Örje zu fahren (4.6.-13.8. jeden zweiten Tag, ca. 100 NOK). Andernfalls benutzen Sie weiter die R 21 und fahren durch eine schöne Wald-Seenlandschaft. Unterwegs kommen Sie an der *Brekke sluser*, Europas höchster Schleusenanlage, vorbei. Sie überwindet als Teil des 75 km langen Haldenkanals einen Höhenunterschied von 26½ m. Ein Stück weiter, an der *Fjell bru*, gabelt sich die Straße - Sie folgen links weiter der R 21 gen Norden. Auf der angenehm zu fahrenden Reichsstraße passieren Sie Flateby und *Fange* (Camping). Alternativ können Sie schon in Flateby auf die Westseite des Aremarksjöen wechseln und bei *Strömsfoss sluse* wieder auf die Etappe stoßen.

In Strömsfoss (Schleuse) angekommen, fahren Sie auf die andere Seite des Kilesjöen, der in den Böensfjorden übergeht. Die neue Straße heißt nun R 105 und bringt Sie nach Damholtet, wo Sie rechts weiter entlang des Öymarksjöen fahren (gute Asphaltdecke). Kurz hinter *Årnes* gibt die ansteigende Straße einen weiten Blick über den langgezogenen See frei. Hier ist auch eine Badestelle.
Camping: Sukken Gård *, 1.6.-1.10., 1870 Örje, Tel. (09) 811077, 18 ha, Waschm., Kochg., Hü.

Die weitere Etappe verläuft zunächst an den Schleusen vorbei und in den Ort *Örje* (Post) hinein. An der großen Kreuzung wenden Sie sich nach Norden Rchtg. Jåvall längs der Ostseite des *Rödenessjöen*. Vor Jåvall verlassen Sie die R 21 mit den begleitenden großen Gehöften am See und setzen Ihre Reise auf der R 125 nach Kroksund fort. Sie bleiben auf dieser etwas hügeligen Straße und radeln entlang des *Skulerudsjöen* nach *Skulerud*. Unterwegs können Sie schon von weitem das Tosen des Skirfoss (bei Grönvik) hören. In Skulerud führt links ein kleiner Fahrweg ab, der den Hölandselva nach Hemnes (Post) begleitet. Dieser Weg war früher eine Eisenbahntrasse und ist entsprechend eben. Von Hemnes aus geht es nun auf der Bezirksstraße nach Enger. Sie führt durch ausgedehnte Ackerlandschaft mit vielen Wiesen und kleinen Hügeln und trifft hinter Östby auf die R 115. Teilweise können Sie auch etwas abseits auf den ausgeschilderten Radweg wechseln, der der oben erwähnten alten Bahntrasse folgt. Über Löken (Post) geht es entlang des Sees nach **Björkelangen**, das in einem ausgedehnten Becken liegt, welches mit fruchtbarem Boden ausgefüllt ist und wo im Sommer die gelben Getreidefelder weithin leuchten.
Postsparbuch-Geldwechsel: Björkelangen.
Fahrradservice: Björkelangen Sport A/S, 1940 Björkelangen.

Etappe 6:
Björkelangen - Lierfoss - Fetsund - Åkrene - Lilleström (37 km) >
200 - 176 - 100 - 136 - 187 - 105 m
Cappelen-Karte Nr. 1 + 2

Eine kurze und zügig zu fahrende Route verbindet Sie mit Lilleström, einer Vorstadt von Oslo. Von Björkelangen geht es zunächst auf der R 170 weiter durch das breite und fruchtbare Tal nach *Lierfoss*. Wenn Sie dort auf die südlich verlaufende Gemeindestraße abknicken, kommen Sie an einem Bautastein (Gedenk- oder Grabstein) vorbei. Hinter Aursmoen ist auf einer Waldstraße noch eine längere Steigung zu überwinden, bevor es dann nach *Fetsund* hinuntergeht. In der Stadt können Sie auf die Bahn umsteigen (etwas Überredungskünste sind notwendig, da Fahrräder eigentlich nur abends und an Wochenenden in den Lokalzügen mitgenommen werden) und nach Oslo bzw. in Gegenrichtung (Rörosbahn) fahren. Andernfalls überqueren Sie auf der großen Brücke den Glomma und radeln auf der R 22 über Åkrene nach **Lilleström** (Post). Die erste Bahnstrecke Norwegens verlief durch Lilleström und wurde 1854 zwischen Oslo und Eidsvoll eröffnet. Anschließend mußten die Passagiere ihre Reise mit dem Schaufelraddampfer "Skibldner" über den Mjösa nach Lillehammer fortsetzen (s. Gjövik). Die wirtschaftliche Basis der Stadt bildet schon seit ca. 300 Jahren der Holzhandel. Etappe 8 bringt Sie nach Norden und die R 159/E 6 (teilweise mit Radweg) nach Oslo.

Etappe 7:
Kongsvinger - Sjöenden - Matrand - Börrud - Vestmarka Kirke - Tange - Björkelangen (73 km) >
142 - 183 - 132 - 177 - 136 m
Cappelen-Karte Nr. 1 + 2

Das erste Stück dieser Etappe benutzt die etwas stärker befahrene R 2, ab Matrand wechseln Sie jedoch auf eine autofreiere Straße.
Sie fahren auf der R 2 aus Kongsvinger heraus und werden zunächst von einer wechselhaften Kulturlandschaft mit Feldern und etwas Wald begleitet. Ab *Lier* geht's für einige Kilometer an dem Sigernessjöen vorbei. Anschließend wird die Umgebung waldreicher, über Dal erreichen Sie die *Eidskog Kirke* und den Bahnhaltepunkt Matrand, wo es rechts auf der Bezirksstraße weitergeht. In Börrud treffen Sie auf die R 21. Sie folgen hier dem Hinweis "Vestmarka" und später "Örje". Die Straße ist recht unruhig, es geht dauernd rauf und runter; der Belag ist ziemlich rauh. Man passiert einige der typisch norwegischen Seen, deren schwarzes Wasser ins Auge fällt. Dieses wird durch Huminsäuren verursacht, die aus den Mooren ausgewaschen werden. Unterwegs finden Sie an der Straße immer wieder Hinweisschilder auf den Söln-Kanalen/Hvervselva. Diese erläutern die an der Straße entlangführende hölzerne Wasserrinne, die das Einzugsgebiet des Hvervselva anzapft. Sie wurde 1890 aus Rundhölzern gebaut und war bis 1950 in Betrieb. Das Wasser diente der Stromerzeugung in einem der vielen lokalen Wasserkraftwerke. Diese Rinne begleitet die R 21 einige Kilometer durch dichten Wald in einem engen Tal, bis sie dann nach Süden abknickt, Sie hingegen auf der R 170 rechts weiterfahren. Über Åmot erreichen Sie nach 13 km die kleine Stadt **Björkelangen**.

Kartenskizze Etappen 6 - 8

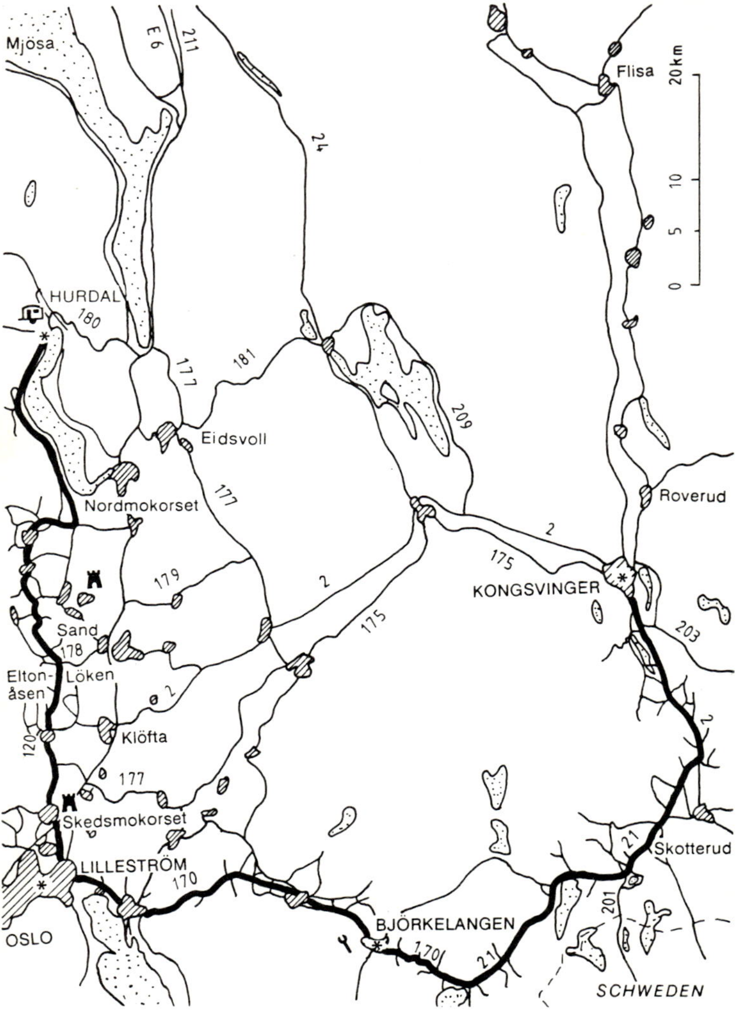

Etappe 8:
Lilleström - Kjeller Kirke - Skedmokorset - Ask - Heni kirke - Löken - Nannestad - Möllersted - Sundby - Hurdal Kirke (61 km) >
105 - 226 - 176 m
Cappelen-Karte Nr. 1 + 2

Sie durchqueren mit dieser Etappe das intensiv agrarisch genutzte Hinterland Oslos mit vielen Höfen und kleinen Dörfern Rchtg. Norden. Unterwegs gibt es keinen einzigen Campingplatz; wildes Zelten ist auch etwas problematisch, da die Freiflächen sehr rar sind.
Es geht in Lilleström auf der R 120 los, mit Sie die E 6 an der Skedsmo Kirke überqueren. Im Skedsmotun Bygdemuseum gibt es die Wohnung und Einrichtung eines Beamten aus dem letzten Jh. zu sehen. Erst führt die gut befahrbare Reichsstraße 120 durch Skedsmokorset (Post) und dann durch *Ask*. An der ersten Abzweigung nach Osten biegen Sie zur *Heni Kirke* ab und folgen der Bezirksstraße nach Löken. Dann lassen Sie rechter Hand die Holter Kirke liegen und fahren nach 8 km an der Nebenstraße nach *Gardermoen* vorbei. Dort bietet sich ein Abstecher zum Flugzeugmuseum (Forsvarets Flysamling, direkt am Flugplatz) des norwegischen Militärs an, wo 35 Flugzeuge aus verschiedenen Jahrzehnten ausgestellt sind. In Nannestad biegen Sie nach Osten ab und fahren in Möllerstad erneut nach Norden. Nach dem Queren der R 176 folgt Sundby und die *Stensgard Kirke*. Die restlichen 19 km bis zur **Hurdal Kirke** geht es am Hurdalssjöen durch waldreiche Landschaft weiter.

Etappe 9:
Oslo Østbanestasjonen/Sentralstasjonen - Bogstad - Sörkedalen Kirke - Lyse - Stubdal - Åsa - Selte - Tandberg - Hönefoss (60 km) > >
20 - 144 - 451 - 63 m
Cappelen-Karte Nr. 1 + 2

Wer in Oslo per Bahn ankommt, befindet sich direkt am Ausgangspunkt dieser Etappe, die Oslo nach Nordosten verläßt. Der Bahnhof ist vom Fährhafen, einem anderen möglichen Ankunftspunkt des unmotorisiert Reisenden, nur ein Steinwurf (im Süden) entfernt. Die Sentralstasjon ist identisch mit dem Ostbahnhof, wird aber in verschiedenen Kartenwerken unterschiedlich benannt. Oslo wird vielfach als grünste Hauptstadt Europas bezeichnet, für Radfahrer zwischen dem großstädtischen Verkehr unterscheidet sie sich aber in nichts von anderen Großstädten. Ob der 1990 fertiggestellte Fjell-Linjen-Tunnel, der ganz Oslo von Ost nach West unterquert, die erwartete Verkehrsentlastung bringen wird, bleibt abzuwarten. Die anderen Maßnahmen (Ausbau und Verbesserung der Angebote im ÖPNV, teilweise Sperrung der Innenstadt, PKW-Einfahrt nur mit gültigem Monatsticket und periodische Fahrverbote für gerade und ungerade Kenzeichen) haben deutliche Verbesserungen gebracht.

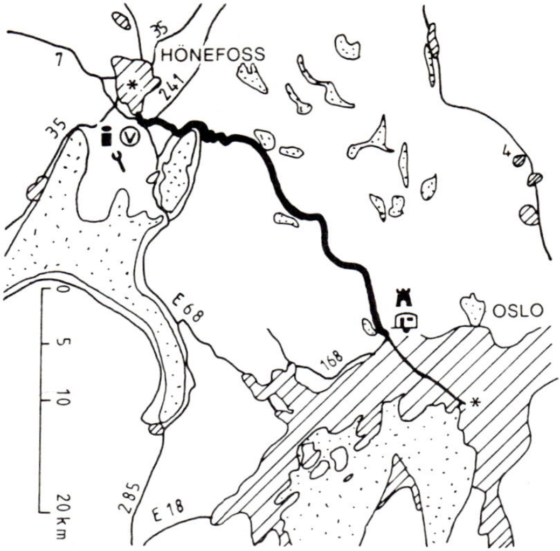

Nordwestlich des Bahnhofs verläuft die Biskup Gunnerus Gate, den Sie nach links befahren und der an der Domkirche vorbei in die Grensen Gate und die Kristian IV's Gate übergeht. Am Stadtpark, der von einer großen Hecke mit einem hohen Gitterzaun umgeben wird, halten Sie sich rechts entlang des *Wergelandsveien*. Dieser trifft nach einigen hundert Metern auf den Parkveien, den Sie kreuzen und etwas nach links versetzt auf dem Uranienborgveien immer weiter geradeaus fahren. Die Straße heißt ein Stück weiter *Majorstueveien*. Es gibt in dieser Straße eines der bestausgestatteten Fahrradgeschäfte in Norwegen, das die gängigen Gruppen von Shimano, Sun Tour und Campagnolo hat. Dies ist *die* Gelegenheit bis Bergen oder einer anderen großen Stadt, um an derartige Teile zu kommen. Sie überqueren anschließend die Kirkegate und fahren auf der R 168 (Sørkedalsveien) weiter gen Nordwesten. Linker Hand liegen die großflächigen Parkanlagen "Vigelands anlegget und Frogner Parken" und "Vestre Gravlund" (s. Oslo). Im Zentrum des ersteren befinden sich auf einer 850 m langen Achse das Lebenswerk des Bildhauers Gustav Vigeland (1869-1943). Es sind eine Reihe von steinernen Skulpturen und etliche Bronzestatuen. Sein Werk erschöpft sich aber nicht in diesen, sondern es gibt noch 121 kämpfende Figuren, einen riesigen Monolithen, einen schönen steinernen Brunnen und ein Labyrinth aus vielen einzelnen Granitquadern. Vigeland hat nicht alle Skulpturen selbst gehauen, sondern mehrere Helfer engagiert, die nach seinen Modellen die Steine bearbeiteten.

Zur Erleichterung der Fahrt durch den Stadtdschungel können Sie sich an den Hinweisen *Holmenkollen* und *Bokstad Camping* orientieren. Einige hundert Meter weiter überqueren Sie die R 160 (Store Ringvei), fahren aber immer weiter geradeaus. Etwa 2 km weiter biegt der Sørkedalveien scharf nach rechts ab (Bogstad Camping). In *Bogstad* befindet sich der Bogstad Gård, ein Herrenhof aus dem Jahr 1762.

Camping: Bogstad Camp og Turistsenter ***, ganzj., 0757 Oslo 7, Tel. (02) 507680, 180 ha, Waschm., Kochg., Hü.

Sie lassen den Campingplatz rechter Hand liegen, und am Bokstadvatnet (Bademöglichkeit) vorbei geht es durch das Ørkedalen endgültig aus Oslo hinaus. Der Weg führt durch Wald, und die Straßendecke wird schlechter.
Nun beginnt ein längeres Stück über unbefestigte Wege - dem Heggeliveien -, es geht gut bergauf, und der dichte Nadelwald geht in lichten Birkenbestand über. Sie radeln immer geradeaus, unterhalb der *Sörkedalen Kirke* nach Skansebakken und Lyse. Die vielen kleinen Hügel kosten eine Menge Kraft, ganz besonders dann, wenn man nach der Ankunft in Norwegen seinen Rhythmus noch nicht gefunden hat. Am Heggelivatna liegen einige Wochenendhütten der Osloer. Die nächsten Häuser finden sich in Lövlla, westlich des Heggelia, der mit 704 m der höchste der "Hügel" ist. Ab Stubdal geht es dann stark nach *Åsa* am Steinsfjorden hinunter. Dort treffen Sie auf eine schöne Gemeindestraße über Selte und Tandberg nach Hönefoss.

Hönefoss, 13000 Einw., Buskerud, liegt an einem großen Wasserfall. Die beiden Flüße Begna und Randselva fließen hier zum Storelva zusammen. Die Wasserkraft wurde schon früh genutzt; ab 1337 wurden hier die ersten Mühlen gebaut. Als die notwendige Technik und die wasserbaulichen Maßnahmen beherrscht wurden, errichtete man ab Ende des 16. Jh. Sägemühlen. Heute ist die Stadt Sitz der Zellstoff- und Papierindustrie. Mitten in der Stadt steht der Patrizierhof Riddergården (1730) mit insgesamt 8 Gebäuden.

Information: Ringerike Reiselivsforening (am Busbahnhof/Ecke Fossveien), Postboks 289, 3501 Hönefoss.

Verkehrsverbindungen: Züge der Bergenbahn nach Ost und West mehrmals täglich; Busse nach Fagernes, Tyinkrysset, Årdalstangen, Lærdal und Lillehammer.

Postsparbuch-Geldwechsel: Hönefoss und Flattum.

Jugendherberge: Hönnefoss UH **, Ringeriksgt. 20, 1.6.-1.9., 3500 Hönnefoss, Tel. (067) 22903, 70 NOK, 60 Betten, Kochg.

Fahrradservice: Brodahl Sport A/S, Storgata, Tel. (067) 22888.

Etappe 10:
Rena - Elverum - Vesthaug - Braskerud - Eid - Snålroa - Sandstad - Årnes - Kongsvinger (110 km) >
250 - 170 - 142 m
Cappelen-Karte Nr. 2

Diese lange Etappe ist typisch für den Bezirk Hedmark. Angenehm zu fahren führt sie über Nebenstraßen durch das südlichste Österdalen mit ausgedehnten Wäldern und Getreidefeldern.
Von Rena aus nehmen Sie die östlich der Glåma verlaufende Bezirksstraße. Sie finden sie, indem Sie am Ortsbeginn vor der großen Kirche nach Süden abzweigen. Sie ist durchgehend asphaltiert und führt durch viele kleine Bauernsiedlungen nach Elverum.

Elverum, 11000 Einw., Hedmark, ist eine ehemalige Markt- und Garnisonsstadt. Am 9.4.1940 fand hier in der Volkshochschule das letzte Treffen des norwegischen Königs mit seiner Regierung und dem Storting (norw. Parlament) statt, bevor sie in das Exil nach England gingen. Vor der Schule steht ein Gedenkstein mit der Aufschrift "Nee" (Nein), als Ausdruck des ungebrochenen Widerstandswillens der Norweger.
Sehenswert ist in der Stadt vor allem das Norsk Skogbruksmuseum, ein Museum der Waldwirtschaft, Jagd und Fischerei. Ausgestellt sind in der einzigen derartigen Ausstellung des Landes eine Menge ausgestopfter Tiere, Werkzeuge und Geräte der Forstwirtschaft. Darüber hinaus erhält man über zahlreiche andere Sammlungsgegenstände einen guten Einblick in die Art und Weise der Waldnutzung. Von hier können Sie über zwei Brücken direkt zum Glomdalsmuseet gehen. In diesem Freilichtmuseum sind fast 90 Gebäude aus Ostnorwegen zusammengetragen. Ferner befinden sich hier die große Bibliothek von H. Væringsaasen mit 60000 Bänden und seine gesammelten Altertümer aus dem Orient. Die Christiansfjell Festning (1683) diente der Sicherung der Stadt gegenüber dem mächtigen Nachbar Schweden. Die Holzkirche stammt aus dem Jahr 1736, wurde 1878/79 umgebaut und 1937 restauriert.
Information: Elverum Reiselivslag, Postboks 327, 2401 Elverum, Tel. (064) 14963.
Verkehrsverbindungen: Züge nach Trondheim und Oslo.
Postsparbuch-Geldwechsel: Elverum und Stadtteile Søbakken und Vestad.
Camping: Elverum ***, 1.6.-31.8., Tel. (064) 12001, 50 ha, Kochg., Hü.

Die Verbindung nach Westen zum Gudbrandsdalen über die R 25 ist recht stark befahren. Falls Sie nach Hamar fahren wollen, folgen Sie der R 25 nur bis Ebru und biegen dann auf das nördlich verlaufende Nebenstraßennetz ab. Eine günstige Verbindung führt über Rogstad, Ringnes zur Övre Vang Kirche und über Oppsal und Nashaug nach *Hamar*. Von Hamar haben Sie mit dem Schiff Anschluß an Etappe 11.

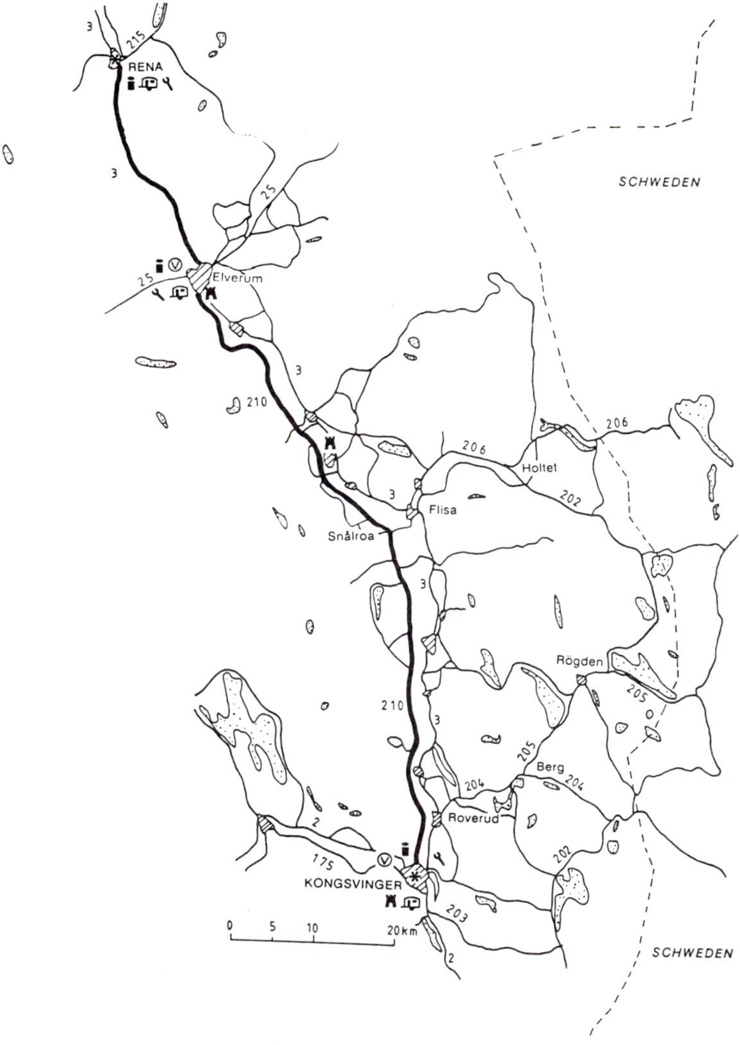

RENA
Elverum
Flisa
Holtet
Snålroa
Rögden
Berg
Roverud
KONGSVINGER
SCHWEDEN
SCHWEDEN
0 5 10 20km

In *Elverum* wechseln Sie auf die Westseite des Glåma (= Glomma), der mit 598 km Norwegens längster Fluß ist. Zu diesem Zweck folgen Sie zuerst der Beschilderung R 25 - *Hamar*, biegen nach der Flußbrücke direkt wieder links ab (am Glomdalsmuseum vorbei) und verlassen, eingezwängt zwischen Bahnlinie und Fluß, die Stadt. Kurz hinter dem Haltepunkt Vesterhaug wird der Glåma zum Skjefstadfossen-Kraftwerk gestaut, dessen Damm man zu einem Abstecher auf die andere Seite nutzen kann. Sie fahren aber diesseits auf der asphaltierten Bezirksstraße am Vesterhaug-Hof vorbei, der früher zur Christiansfjell-Festung in Elverum gehörte. Die Straße führt durch Gersten-, Weizen- und Haferfelder und später durch kleine Waldstücke. Hinter Bronken erreichen Sie *Braskerud*, wo auf der anderen Flußseite in Braskereidfoss die größte Spanplattenfabrik Norwegens die großflächigen Wälder des Bezirkes Hedmark zu Platten verarbeitet. In *Våler* steht auf der gegenüberliegenden Flußseite eine romanische Steinkirche, die im 12. Jh. im Zuge der Christianisierung hier gebaut wurde. Sie folgen nun der beginnenden R 210 nach einem kurzen Asphaltstück über Grus weiter nach Snålroa. Alternativ bietet sich auch die westliche Gemeindestraße über Berge-Sjurderud an, ein altes Gehöft aus dem 18. Jh. Die ganze Region zwischen dem folgenden Flußabschnitt der Glåma und der schwedischen Grenze heißt "Finn-Skogene". Der Name geht auf die Besiedlung durch Finnen auf beiden Seiten der Grenze im 16. und 17. Jh. zurück. Die Prägung durch die finnische Sprache und Kultur ist am deutlichsten in der Stadt Svullrya zu erkennen.
Ein Abstecher in dieses kleine Finnland bietet sich über die R 206, R 202 und R 205 zu der am Ende dieser Etappe kurz vor Kongsvinger gelegenen Stadt Roverud an.

Ansonsten geht es entlang der Westseite des Glåma weiter auf der R 210 durch kleine Wälder und Getreidefelder nach Sandstad gegenüber von *Kirkenær*, dem Verwaltungszentrum der Gemeinde Grue. Sie reisen weiter durch die fruchtbare Ebene des Glåma, vorbei an Bjerke und Årnes. Vom Gjölstadfossen (Wasserfall) sind es noch etwa 10 km nach Kongsvinger.

Kongsvinger, 17500 Einw., Hedmark, ist eine kleine Stadt in der Nähe der schwedischen Grenze, die im Gefolge einer 1673-1682 gebauten Festung zu beiden Seiten des Glåma entstanden ist. Dies geschah zu einer Zeit, als Norwegen unter der Vormundschaft des absolutistischen Dänemarks stand. Die Festung wurde jedoch nie in einem der zahlreichen folgenden Kriege eingesetzt, ab 1823 wurde sie Rathaus und ist heute noch fast völlig intakt. Die Anlage und das dort untergebrachte militärhistorische Museum können im Sommer besichtigt werden. Große Teile der Altstadt Övreby aus dem 18. und 19. Jh. unterhalb der Festung stehen unter Denkmalschutz.
Der Bau der Bahnlinie Mitte des 19. Jh. brachte neue wirtschaftliche Impulse - insbesondere auch in den Verflechtungen mit Schweden. Interessant sind ansonsten noch das Kongsvinger Museum (Kunst) in dem Aamodtgården (in der Nähe der Festung), die barocke Kirche (1697) und die schöne Hän-

gebrücke über den Glåma.
Information: Solör-Odal Reiselivslag, Boks 124, 2201 Kongsvinger, Tel. (066) 15333.
Verkehrsverbindungen: Züge nach Oslo und Stockholm.
Postsparbuch-Geldwechsel: Kongsvinger (Stasjonssida und Vennersberg).
Jugendherberge: Kongsvinger UH ** (industrieveien 2), 26.6.-8.8., 2200 Kongsvinger, Tel. (066) 147171, 49 Betten, 58 NOK, Kochg.
Camping: Kongsvinger **, 1.5.-15.9., Tel. (066) 14422, 15 ha, Kochg., Hü., Zi.
Fahrradservice: G-Sport Kongsvinger; Nye Sporten As, Tel. (066) 15918.

Etappe 11:
Hurdal kirke - Brustad - Garsjömoen - Nygård - Totenåsen - Kraby - Vestad/Kapp - Gjøvik - Lillehammer (Boot) (55 km) >
173 - 458 - 123 m
Cappelen-Karte Nr. 2

Diese leichte Etappe entlang der Westseite des Mjösa-Sees beginnt an der Hurdal Kirke auf der R 180 gen Norden.
Camping: Hurdal Lillemo **, ganzj., 2090 Hurdal, ganzj., Tel. (06) 987164, 3 ha, Waschm., Hü.
Postsparbuch-Geldwechsel: Hurdal.

Brustad ist eine kleine Siedlung nördlich des Hurdal Verk (Hurdalwerke). Die Glashütte produzierte 1755-1895, heute ist in den Gebäuden eine Volkshochschule untergebracht. Von hier geht es den *Hurdalselva* aufwärts. Am Weg liegt das kleine Hurdal-Heimatmuseum.
Die Strecke ist ein Teil des alten Königsweges nach Trondheim. Nächste Station ist Garsjömoen. Hier folgen Sie der rechten Straße Rchtg. Nygård. Falls Sie Interesse haben, ein altes restauriertes Sägewerk anzuschauen, so fahren Sie noch kurz bis *Rognli* (linke Abzweigung). Wenig später erreichen Sie den Schlagbaum der Mautstraße, und rechts geht es zur *Torsetra*, wo Sie eventuell etwas essen können.

Totenåsen, kurz nach dem Skjeppsjöen (See) auf etwa 650 m, ist die folgende Station, bevor es steil bergab durch Skreddersveen, Stange, Kraby bis zur Hoff Kirke geht. Sie fahren jetzt einige Kilometer auf der R 33 hinauf nach Vestad/ Kapp. Etwas westlich finden Sie das "Toten"-Museum. Dieser Name kommt von der altnordischen Bezeichnung "totn" und bedeutet "blühender Ort". Diese Gegend wurde wegen des sehr fruchtbaren Bodens lange Zeit von reichen Adeligen und Bauern mit Getreide bestellt. Erst Mitte des 19 Jh. wurde das Getreide durch Kartoffeln und Milchwirtschaft abgelöst. Ab hier geht es nun die R 33 entlang, unterbrochen von schönen Ausblicken auf den Mjösa und die Helgöja Insel, nach Gjövik.

Kartenskizze Etappen 11 - 13

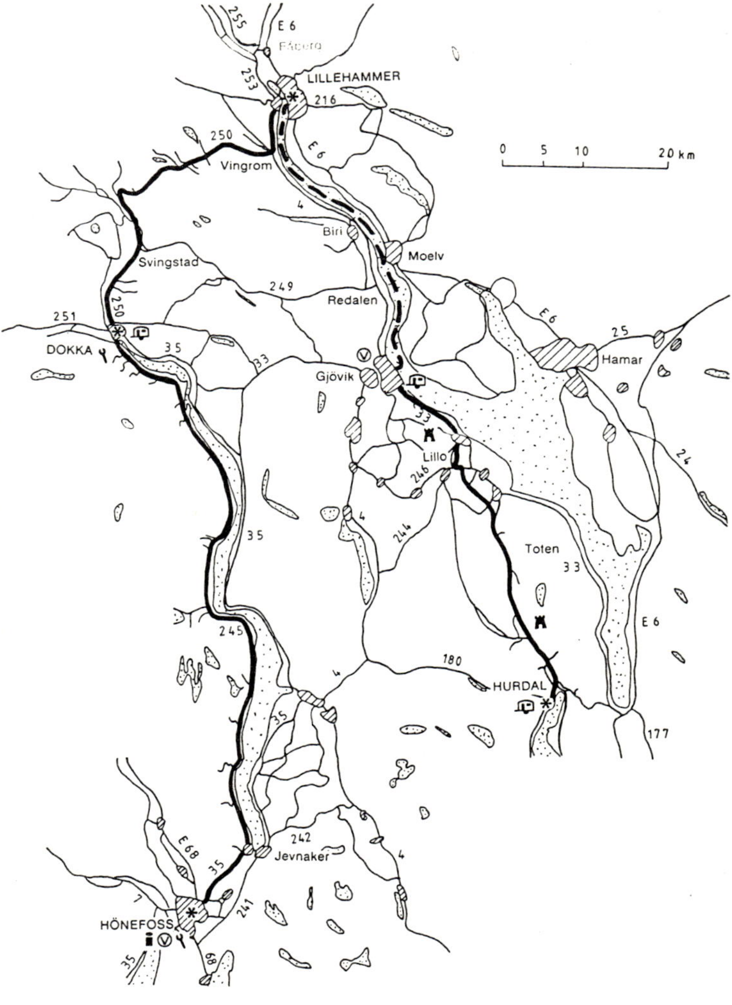

Gjövik, 26000 Einw., Oppland, ist eine unscheinbare Industriestadt (Glaswerk) am Mjösa, dem größten Binnensee Norwegens (368 km²), dessen Wasserqualität sich in den letzten Jahren rapide verschlechtert hat, bis kürzlich eine Ringkanalisation außen herum gebaut wurde.

Auf dem See verkehrt im Sommer der 1856 in Dienst gestellte Dampfer Skibladner; er gilt als ältester noch in Betrieb befindlicher Raddampfer der Welt. An Bord kann man sich kulinarischen Genüssen hingeben, es wird die norwegische Spezialkombination von Lachs mit Erdbeeren und Schlagsahne serviert - zu norwegischen Preisen, versteht sich. Die Stadt ist neben Lillehammer das Zentrum von Oppland und geht auf die Gründung einer Glashütte zurück, die von 1804-1843 produzierte. Heute arbeiten noch die Werke in Hadeland und Randsfjorden (10 km nördl., Besichtigung möglich). Als Museen empfehlen sich folgende Örtlichkeiten: Eiktunet (nordwestl., kulturhistorisch) und Gjövik Gård (Herrenhof).

Information: Vestoppland Reiselivslag, Kauffeldgården, 2800 Gjövik, Tel. (061) 71688.

Verkehrsverbindungen: Züge nach Oslo; Busse nach Dombås und weiter nach Stugufläten; Schiff (Skibladner) nach Eidsvoll, Hamar und Lillehammer.

Postsparbuch-Geldwechsel: Gjövik, Hunn und Kopperud.

Jugendherberge: Hovdetun UH ** (1,4 km nordöstl. des Bahnhofs), 15.1.-15.3. und 1.7.-15.8., Tel. (061) 71011, 128 Betten, 97 NOK (inkl. Frühstück), Kochg.

Camping: Tranberg Gjestegård Møte og Kurssted **, ganzj., Tel. (061) 72950; Vikodden Camping ***, 1.5.-1.10., Tel. (061) 73233, 18 ha, Kochg., Hü.

Hier steigen Sie auf den Raddampfer "Skibladner" um (tägl. 12 h, 80 NOK, 2½ h bis Lillehammer). Die Verbindung wurde damals als Fortsetzung der Bahnverbindung Oslo-Eidsvoll nach Lillehammer in Betrieb genommen.

Lillehammer, 22000 Einw., Oppland, ist die hübsche Hauptstadt des zentralen norwegischen Bezirkes mit einem gewissen provinziellen Charme, gelegen auf einer Terrasse des Mjösa am Südende des Gudbrandsdalen. Die Gemeinde wurde 1205 zum erstenmal als "Litlikaupangr", später auch als "Litlihamar" (Kleinhamar) erwähnt. 1827 bekam die Stadt mit damals 50 Einwohnern die Stadtrechte. Die günstige verkehrsmäßige Lage verschaffte ihr beizeiten eine Rolle als Hauptmarktplatz der Bauern des Gudbrandsdalen. Hauptimpulse der jüngeren Entwicklung waren die Dampfschiffahrt auf dem Mjösa und 1894 der Bau der Dovrebahn. Neben den Verwaltungs- und Dienstleistungsfunktionen gibt es in der Stadt auch zahlreiche Industriebetriebe. In jüngerer Zeit entwickelte sich die Stadt zu einem Schwerpunkt des Fremdenverkehrs in Norwegen, was durch das günstige Klima (angenehme Sommer und viel Schnee im Winter) gefördert wird. Besonders Stolz ist Lillehammer auf die 1994 hier stattfindenden olympischen Winterspiele, die jetzt schon auf allen möglichen Werbeträgern ausgeschlachtet werden. Die Hauptattraktion ist sicherlich das etwas oberhalb der Stadt gelegene Freilichtmuseum Maihaugen, das auf die lebenslange Sammelleidenschaft des

Zahnarztes Anders Sandvig (1862-1950) zurückgeht. Der Grundstein der größten derartigen Sammlung in Nordeuropa war ein geschnitztes Holzgefäß, das er für eine Behandlung als Honorar erhielt. In dem Freilichtmuseum befinden sich heute 125 Gebäude und ca. 30000 Gegenstände, überwiegend mit Herkunft aus dem Gudbrandsdalen. Außerdem gibt es dort eine Palette von historischen Werkstätten von Tischlern, Steinmetzen, Schmieden und anderen Handwerksberufen aus dem gesamten Land und Sammlungen von Trachten und Schmuck (Mai-Sept 10-16/18 h, 30 NOK).
Sehenswert ist weiterhin das historische Fahrzeugmuseum, das die Entwicklung vom Schlitten zum modernen Auto zeigt (15.6.-31.8.: tägl. 10-18 h - sonst 10-14 h; 20 NOK). In der Stadt gibt es zudem eine von Norwegens interessantesten Gemäldesammlungen (am Marktplatz, tägl., 20 NOK) und eine Glashütte, wo künstlerische Glasprodukte hergestellt werden. Dort kann man auch Glasbläsern bei der Arbeit zuschauen.

Information: Lillehammer Reiselivslag (1989 noch direkt am Bahnhof, doch steht evtl. der Umzug in die Storgata an), 2600 Lillehammer, Tel. (062) 51098 oder 59299.

Verkehrsverbindungen: Züge nach Oslo, Trondheim und Åndalsnes; Busse nach Otta, Oslo, Lom, Målöy, Stuguflåten und Gjövik.

Postsparbuch-Geldwechsel: Hauptpost und Åretta, Fylkessykehus, Roterud, Skurva und Vingnes.

Jugendherberge: Birkebeinern UH ** (Sigrid Unsetvei, 2 km nordöstl. vom Bahnhof), 10.2.-19.4. & 19.5.-30.8., Tel. (062) 51994 oder 52496, 88 Betten, 102 NOK (inkl. Frühstück), Kochg.

Camping: Birkebeineren Camping, Boks 205, ganzj.; Bakke Camping ** (7 km südlich), 15.6.-15.8., 2607 Vingrom, Tel. (062) 62149, 6 ha, Kochg., Hü.

Etappe 12:
Hönefoss - Jevnaker - Onsaker - Sörum Kirke - Skute Kirke - Slettbakken - Dokka (94 km) >
63 - 131 - 134 m
Cappelen-Karte Nr. 1 + 2

Eine lange und schnurgerade Route führt Sie entlang der Westseite des Randsfjorden von Hönefoss nach Dokka. Sie fahren die ganze Zeit am Wasser her und können diese sehr leichte Etappe mit schönen Eindrücken des Sees genießen. Es gibt unterwegs nur zwei Steigungen.
Sie beginnen auf der R 35 nach Jevnaker, ausgeschildert ist auch Brandbu. Gleich hinter Hönefoss müssen Sie eine etwa 3 km lange kräftige Steigung, die durch dichten Nadelwald führt, überwinden. Kurz vor der Abzweigung der R 245 von der R 35 sollten Sie sich nicht von dem Verbotsschild "Für Radfahrer gesperrt" irritieren lassen, da ca. 70 m weiter ein Radweg in die gewünschte Richtung abbiegt. Diesem folgen Sie, gelangen etwas weiter wieder auf die Hauptstraße, um dann dort links auf die R 245 nach Dokka (und Bjoneroa an der Fähre ist ausgeschildert) abzubiegen. Diese neue Straße führt nun mit ständigen

Blicken auf den Randsfjorden über einen angenehm befahrbaren Straßenbelag und fast ohne Autoverkehr nach Norden. Sie passieren gut ein Dutzend kleine Häuseransammlungen, bis Sie in Tangen auf das Fährschiff zum anderen Ufer nach Horn treffen. Sie bleiben jedoch auf der R 35 und setzen Ihre Fahrt über Bjoneroa, Lomsdalen, Skute Kirke, Haga und Tranhaug nach **Dokka** fort. In der etwas verschlafen wirkenden kleinen Stadt ist ein kulturhistorisches Freilichtmuseum (Landsmuseum) mit etlichen Gebäuden und deren Einrichtung aus dem 18. und 19. Jh. zu besichtigen (mo-fr 9-15 h, sa/so 11.00-13.30 h, 30 NOK).

Camping: Dokka **, 20.5.-20.10., 2870 Dokka, Tel. (061) 10361, 15 ha, Waschm., Kochg., Hü., Zi.

Postsparbuch-Geldwechsel: Dokka.

Fahrradservice: Enger Sport, Tel. (061) 11362 und Kvennsveen-Sport, Tel. (061) 11022 - beide an der Storgate.

Etappe 13:

Dokka - Brudal - Svingstad - Vålhovd - Rinddalseter - Vingrom - Lillehammer (55 km) > >

134 - 750 - 520 - 620 -123 m

Cappelen-Karte Nr. 2

Diese Etappe benutzt den ganzen Weg die R 250 nach Lillehammer. Sie ist etwas anstrengend, da Sie drei Bergzüge überqueren müssen. Dafür haben Sie einen durchweg guten Straßenbelag und schöne Ausblicke. Unterwegs fahren Sie durch viel Wald und in den höheren Lagen durch das Fjell.

Die Etappe beginnt mit einer 10 km langen und leichten Steigung, etwa bei *Brudal* beginnend und bis Svingstad auf ca. 600 m ansteigend. Ab hier geht es durch wechselhaftes Gelände, unterbrochen von einer Aussichtsstelle mit tiefem Blick auf den unten im Tal fließenden Dokka. Sie müssen immer wieder kurze Stücke klettern. Die Straße führt durch lockeren Wald und etliche Weiler. Bei *Vålhovd* besteht die Möglichkeit, in einem kleinen Laden etwas einzukaufen. Ab hier geht es erneut 5 km leicht bergauf, und die Vegetation bekommt stärkeren Höhencharakter. Sie können weit über die schütteren Fichten und Birken schauen. Nachdem man den Stolodamm, einen künstlichen kleinen Stausee, hinter sich gelassen hat, geht es nochmals ein kurzes Stück stark bergauf mit anschließender Abfahrt in eine Senke mit lichtem Wald und eingestreuten Mooren. Hinter Rinddalseter folgt ein letzter kurzer, aber steiler Anstieg; ab hier geht es dann gemütlich in 8 km in das Gudbrandsdalen hinunter. Unten treffen Sie auf die R 4, die man nach links (Norden) noch 6 km entlangradelt, bis die ersten Häuser von **Lillehammer** auftauchen. Sie überqueren den Mjösa auf der alten Brücke, die Sie auch fast direkt ins Stadtzentrum der Winterolympiaden-Stadt 1994 bringt.

Etappe 14:
Lillehammer - Fåberg - Follebu - Segalstad bru - Austli - Svingvoll - Aurum - Hovde/Tretten (40 km) > >
151 - 389 - 439 - 182 m
Cappelen-Karte Nr. 2

Diese Etappe zweigt vom Gudbrandsdalen Rchtg. Nordwesten ab und führt durch ein schönes Bauerntal mit saftig grünen Wiesen. Es geht kontinuierlich bergauf, die stärksten Steigungen sind direkt zu Beginn und nochmal am Ende vor Svingvoll. Dort beginnt der weiter nach Norden führende Peer-Gynt-Weg (Etappe 15).
Kurz vor *Fåberg* biegen Sie nach links ein auf die R 255 Rchtg. Gausdal/ Fåberg Kirke (Camping in der Nähe der Kirche). Auf der R 255 geht es stetig, aber angenehm zu fahren, bergan. Ab *Follebu* öffnet sich das Tal, es ist deutlich zu erkennen, wie fruchtbar und mild die Lagen sind, da die saftigen Wiesen dem Vorbeiradelnden ins Auge springen und auf den Parzellen - je nach Wetter und Jahreszeit - geschäftiges Treiben herscht. Die schönen Höfe sind im ganzen Tal, oftmals bis in Hanglagen hinein, verstreut. 1 km hinter dem Ort Follebu - unterhalb von Aulestad - findet man rechts direkt an der Straße ein Touristenbüro.
Information: Turistinformasjonen Follebu, Aulestad, 2620 Follebu, Tel. (062) 20066; außerdem: Gausdal Reiselivslag, Boks 62, 2621 Östre-Gausdal, Tel. (062) 20066.

Auf dem Hof Aulestad lebte ab 1875 der norwegische Literaturnobelpreisträger Björnstjerne Björnson (1832-1910), der 1903 den Preis erhielt; er schrieb auch die Nationalhymne. Der Hof kann 20. Mai-Mitte August besichtigt werden (Tel. [062] 20326). Die ebenfalls dort stehende Kirche von Follebu stammt aus dem Mittelalter.

Während dieser Bergfahrt hat man ständig einen schönen Ausblick auf die sich unten im Tal daherschlängelnde Gausa und mehrere am Hang liegende Gehöfte. Anschließend passieren Sie **Segalstad bru**, von wo Sie der R 254 (Ausschilderung Tretten/Peer-Gynt-Veien) folgen. (Die weitere R 255 ist übrigens landschaftlich auch sehr schön - bei Vassenden 50 m tiefe Gletschermühle.) Den Ort Gausdal gibt es zweimal - hier und zu Beginn des Peer-Gynt-Weges. In *Bauker* biegen Sie nach links ab, in *Li* beginnt die Steigung, die zum Startpunkt des Peer-Gynt-Weges in *Svingvoll* (auch Svingvold bezeichnet) führt.
Camping: Svingvold *, 2622 Svingvold, Tel. (062) 28526.

Wem der Fjellweg nach Vinstra zu anstrengend erscheint, der kann hier über Aurum steil durch das Musdalen wieder zurück in das Gudbrandsdalen rollen. Bei **Hovde**, kurz vor *Tretten*, haben Sie Anschluß an Etappe 16 nach Ringebu oder Lillehammer (auch Zug).

Kartenskizze Etappen 14 - 16

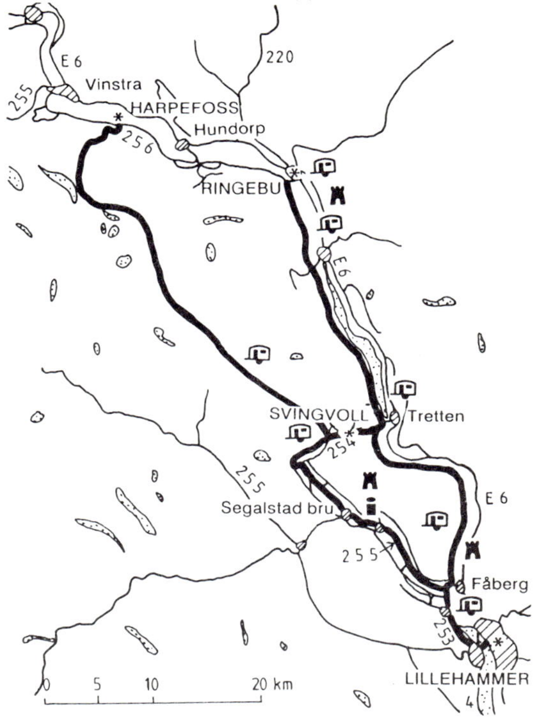

Etappe 15:
Svingvoll - Skeikampen - Fyksen seter - Fagerhöy - Golå - Toppastrand - Harpefoss (57 km) > > "Peer-Gynt-Weg"
439 - 890 - 1000 - 775 - 212 m
Cappelen-Karte Nr. 2

In Svingvoll startet ein 57 km langer Höhenweg, der durch sehr schöne Fjell-Landschaft nach Vinstra bzw. Hönefoss führt. Diese landschaftlich sehr reizvolle Strecke durch das Gudbrandsdal nach Vinstra ist aber recht anstrengend, da sie dauernd auf und ab führt. Ein einmaliges Erlebnis ist der Peer-Gynt-Weg etwa ab Ende August, wenn die Herbstfärbung die Birken und vielen Sträucher mit einer unwahrscheinlichen Pracht unzähliger roter, brauner und gelber Farbtöne überzieht.

Der Peer-Gynt-Weg heißt nach einer Heldengestalt des größten norwegischen Dichters Henrik Ibsen. Peer Gynt ist geht auf eine authentische Figur zurück. Ibsens Peer Gynt wird als ungeduldiger Draufgänger beschrieben, den es immer wieder in die Weite und Einsamkeit der Berge zieht. Er war stetig auf Achse, brachte aber eigentlich wenig Konkretes zustande. Eine seiner hervorstechendsten Eigenschaften war sein Hang zur Übertreibung und zum Flunkern. Ibsens Aussage lag wohl am ehesten in Gynts ungestümen Freiheitsdrang, der ja durchaus in die Zeit des stärker werdenden Nationalbewußtseins paßte. Viele der Eigenschaften idealisieren den typischen Norweger damals und heute. 1867 veröffentlichte Ibsen seine Erzählung, die in 22 Sprachen übersetzt wurde. Dem berühmten norwegischen Komponisten Edward Grieg diente diese Erzählung Anfang des 20. Jh. als Anregung für eine Komposition. Neben dem hier beschriebenen Peer-Gynt-Weg gibt es noch einen Peer-Gynt-Almweg im Rondane und den Peer-Gynt-Gjendieggen-Grat in Jotunheimen (Bygdin See). Außerdem gibt es noch seine Fischerhütte in der Nähe von Folldal.

In Svingvoll folgen Sie nach links der Beschilderung Peer-Gynt-Veien/Gausdal. Der Weg steigt kräftig an und führt schon nach kurzer Zeit durch wilder werdende Landschaft, die Häuser hören auf, und das Tosen der Bäche wird lauter. War die Straße bis Svingvoll von guter Qualität, so findet man nun eine oftmals aufgebrochene, knubbelige Asphaltdecke vor. Ab Skeikampen (Camping) beginnt eine feste Grusdecke, die gut zu befahren ist. Leider wird die Idylle bis hinter *Gausdal* (Mautstelle und Camping) durch starke Errosionserscheinungen, die durch den winterlichen Skibetrieb an den Hängen ausgelöst werden, gestört. Hinter Gausdal muß eine starke Steigung bewältigt werden, als Lohn erstreckt sich danach eine wunderbare Moor- und Seenlandschaft. Am Horizont erscheinen die Silhouetten der beiden Gebirgszüge Rondane (im Norden) und Jotunheimen (im Westen).
Man durchfährt eine grandiose Fjellandschaft (Tip: Blaubeeren suchen). Die unruhige Straße erklimmt weitere Höhen, und Sie passieren *Fyksen seter*. Dieser Weg ist sicherlich einer der eindruckvollsten des Führers, mit Sicherheit im Herbst. Während der Hochsaison wird man zuweilen nicht der einzige Besucher dieses von der Touristenwerbung so ausgeschlachteten Weges sein. In *Golå*, einer Ansammlung von Ferienhotels, haben Sie die Möglichkeit, in einem kleinen Laden etwas einzukaufen. Man lasse sich nicht durch das Gewirr der Wege irritieren - Sie fahren stur geradeaus. Ab dort geht der Weg oberhalb des Sees Gålåvatn (775 m) entlang. Ab dem See beginnt abschließend auf einer Asphaltdecke eine schöne, 10 km lange Abfahrt nach **Harpefoss** hinunter. (Es ist davon abzuraten, den Weg in umgekehrter Richtung als beschrieben zu fahren, da zum einen der Einstieg vom Gudbrandsdalen steiler ist und zum anderen die schnelle Abfahrt auf dem schlechten Wegstück vor Svingsvoll äußerst ungemütlich wird.) Ob Sie dann bei Vadet links oder rechts hinunter weiterfahren, hängt von Ihrem weiter geplanten Tourenverlauf ab. Auf jeden Fall sollten

Sie im Gudbrandsdalen auf der Westseite des Flusses Lågen bleiben und die stark befahrenen E 6 meiden. Im Tal treffen Sie auf die Etappe 18 von Ringebu nach Otta. Im Gudbrandsdalen gibt es eine Vielzahl von Campingplätzen.

Etappe 16:
Lillehammer - Jörstadmoen - Fåberg - Oddvang - Hovde - Tretten - Romundgard - Fåvang - Rottås - Rankleiv bru/Ringebu (60 km) >
122 - 192 - 222 m
Cappelen-Karte Nr. 2

Die Wegfindung dieser Etappe ist sehr einfach, es geht immer nur geradeaus auf der alten Straße an der Westseite des Lågen.
Man verläßt Lillehammer über die alte Brücke im Süden und folgt dann der R 253 nach Norden. Diese Straße führt etwa 7 km entlang des Lågen, durch Jörstadmoen und eröffnet schöne Blicke in das breite Gudbrandsdalen, bis Sie **Fåberg** erreichen. Sie fahren nicht auf der R 255 ins Gausdalen, sondern wählen die Strecke hinunter zum Fluß, um direkt wieder links abzubiegen.
Camping: Hunderfossen *** (7 km nördlich von Fåberg), ganzj., 2638 Fåberg, Tel. (062) 74165, 150 ha, Waschm., Kochg., Hü.; sowie weitere Plätze in Fåberg.
Postsparbuch-Geldwechsel: Fåberg.
Ein wenig weiter liegen rechts der Straße alte Felszeichnungen (Helleristn. bzw. Helleristninger in Cappelen-Karte). Es geht stetig leicht bergauf und bergab, mal höher am Hang, mal weiter am Wasser. Die Grusdecke ist teilweise von Schlaglöchern durchsetzt, der größte Teil der Strecke ist jedoch asphaltiert. Oddvang und *Tretten* sind weitere Orte an dieser abwechslungsreichen Etappe mit immer wieder wechselndem Blick in das Gudbrandsdalen.
Camping: Sandviksberget *, 15.5.-30.9., 2635 Tretten, Tel. (062) 76735, 5 ha, Hü.

Nachdem Sie also ein kleines Stück die R 254 benutzt haben, biegen Sie kurz vor den Bahngleisen wieder links ab, um Ihre Fahrt über Botterud, Romundgard, Losna stasjon und Rchtg. Fåvang fortzusetzen. Sie müssen aber bereits 1 km vor Fåvang nach links in Rchtg. Ringebu abbiegen.
Camping: Tromsnes * (nördlich des Stadtzentrums an der E 6), 20.6.-20.8., 2634 Fåvang, Tel. (062) 82722, 5 ha, Hü.
Postsparbuch-Geldwechsel: Fåvang.

Die letzten 8 km nach **Ringebu** führen in einer leichten Steigung etwas vom Lågen weg. In Ringebu (3 km südl. auf dem alten Königsweg oberhalb der E 6) steht eine sehr große Stabkirche aus dem Jahre 1240. Sie liegt hoch überm Tal und wird von 12 Trägermasten im Innenraum getragen. Wegen der zahlreichen Umbauten hat sie jedoch nur noch recht wenig Ähnlichkeit mit einer echten Stabkirche (20.6.-20.8, 10-18 h).
Camping: Melvold **, 1.6.-1.10., 2630 Ringebu, Tel. (062) 80201, Hü.; Skjeggestad **, 1.6.-10.9., Tel. (062) 80063, Kochg., Hü.; (beide Plätze sind recht nah am Nord- bzw Südrand der Stadt).
Postsparbuch-Geldwechsel: Ringebu.

Etappe 17:
Ringebu - Nordrum - Enden - Atnbrua - Holen - Folldal (87 km) > >
222 - 1060 - 757 - 701 - 820 - 500 m
Cappelen-Karte Nr. 2

Zumindest die erste Hälfte der nun beschriebenen Etappe ist recht anstrengend. Sie müssen vom etwa 220 m hoch gelegenen Gudbrandsdalen auf 1060 m emporkraxeln.
In Ringebu orientieren Sie sich nordwärts auf der R 220 (gesperrt bis Mitte bzw. Ende Mai) und fahren dann rechts - parallel zur E 6 - am Hang nordwärts. Die Steigung hält sich zunächst in Grenzen. Sie fahren durch Nordrum und Haugstad nach *Venabygd* (kleine Bergkapelle). Hier beginnnt der eigentliche anstrengende Anstieg. Oben auf dem Paß sollten Sie bei gutem Wetter einen Blick zurück werfen. Sie sehen die Bergwelt Jotunheimens am Horizont; am deutlichsten ist der 2258 m hohe Besshö zu erkennen. Das Ringebufjellet ist ein beliebtes Feriengebiet, deshalb werden Sie zahlreiche Hütten und die dazugehörige Infrastruktur vorfinden. Nach Norden können Sie in den Rondane-Nationalpark hineinblicken. Der höchste Punkt der Etappe liegt vor dem zweiten großen See (Muvatn, 1060 m). Die Abfahrt nach *Enden* schließt an, unterbrochen von einigen schönen Aussichtpunkten.

Von Enden können Sie alternativ die 39 km durch das wunderschöne *Atnedalen* nach Osten fahren. Allerdings haben Sie dort keine direkte Anbindung an eine Folgeetappe. So müssen Sie bei dieser Wahl ein Stück über die ausgebaute R 3 fahren bzw. die Eisenbahn zu einem Etappenanbindungspunkt (Rena im Süden oder Tynset im Norden) benutzen.
Camping: Solhaug * (bei Enden), 1.6.-24.8., 2490 Atna, Tel. (064) 63784, 4 ha, Hü.; Skogli Hytteutleie og Camping **, ganzj., 2490 Atna/Atnabrua, Tel. (064) 63761, 4 ha, Hü.

Von Enden geht es durch hügeliges Terrain zur Atnbru; danach werden Sie entlang der ansteigenden Straße von Kiefernwäldern begleitet. Die höchste Stelle ist am Atnsjö Kafe erreicht, das von uralten Baumstrünken flankiert wird. Dabei steht eine alte Holzfällerhütte mit originalgetreuem Inventar. Von hier geht es nun zum Atnasjöen (See) hinab, und Augenblicke später öffnet sich im Westen eine wunderbare Szenerie: im Nordwesten der Høgronden (2114 m), Storronden (2044 m) und Digeronden (2015 m) sowie der höchste von allen, der Rondslottet mit 2178 m. Unterwegs passieren Sie nun die Atnasümpfe, die ein vielfältiges Biotop bilden, besonders für so manche Vogelart. In der nun folgenden Bauernsiedlung Straumbu soll sich nach der Sage Peer Gynt in seiner Fischerhütte mit dem Volk der Beugen getroffen haben. Nach **Folldal** sind es jetzt noch 28 km. 8 km vor Folldal, an der Fallet-Touristenhütte, sollten Sie sich den Wasserfall unmittelbar am Haus ansehen. Das restliche Stück nach Folldal geht es jetzt nur noch bergab.

Kartenskizze Etappen 17 - 23

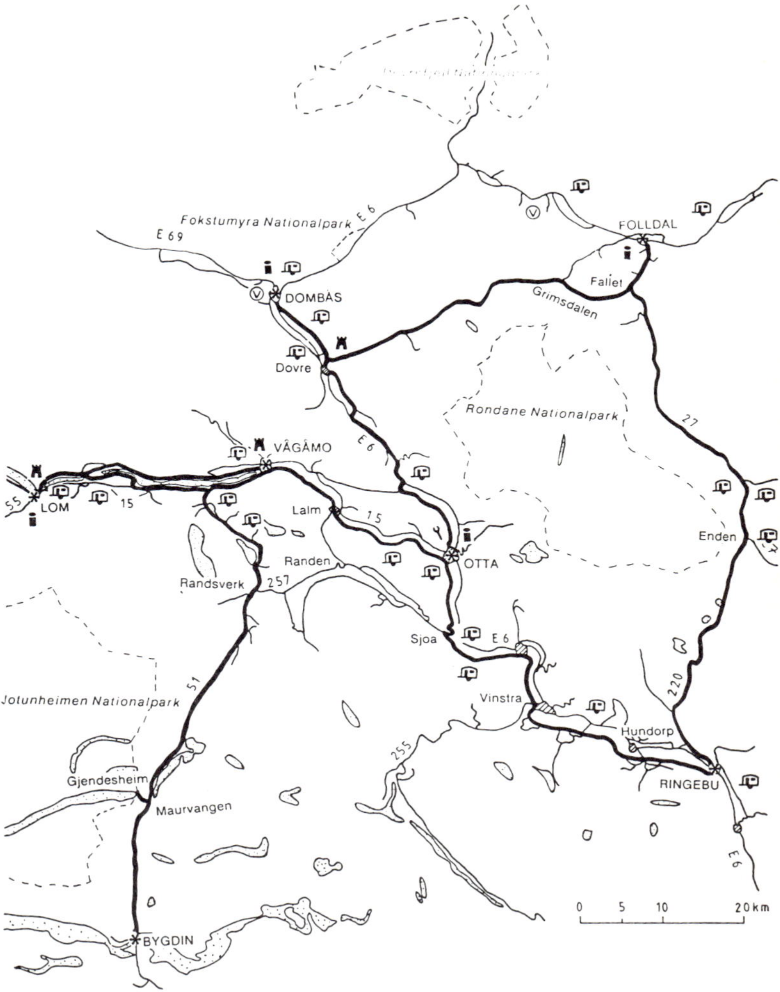

Etappe 18:
Ringebu - Harpefoss - Vinstra - Feten - Sjoa - Sandbu - Otta (61 km) >
198 - 281 - 250 m
Cappelen-Karte Nr. 2

Von Ringebu entlang der westlichen Seite des Lågen fahrend können Sie oberhalb des Gewerbegebietes von Hundorp auf die Bezirksstraße 256 fahren; oder Sie wählen die etwas höherer am Hang liegende Durchfahrt durch den Ortsteil *Fosse*, um etwas weiter nördlich auch auf die R 256 zu gelangen. Die erste Möglichkeit ist leichter, die R 256 beginnt mit einer nur gemächlichen Steigung. In *Skurdal* treffen Sie die Einmündung des Peer-Gynt-Weges (Etappe 15, in diese Richtung aber ungünstig). An der R 255 fahren Sie einige Meter den Hang hoch, um dann den Bezirksweg westlich des Lågen nach Feten weiterzufahren. Nun radeln Sie an der Flußbrücke vorbei, die nach *Kvam* hinüberführt. Jenseits des Flusses fallen die riesigen Holzlager der Sägewerke auf. Auch hier ist der Fluß Lågen wunderschön von vielen Inseln durchsetzt. Als nächstes folgen die Siedlungen Feten und Skurenga.
Camping: Steinum * (zwischen Feten und Skurenga), 5.5.-25.8., 2650 Kvam, Tel. (062) 94353, 65 ha, Hü.; Sjoa *** (vor der Einmündung auf die R 257), 20.5.-10.9., 2653 Sjoa, Tel. (062) 36036, 20 ha, Kochg., Hü.; Aamodt **, 15.6.-20.8., Tel. (062) 36037, 6 ha, Waschm., Kochg., Hü., Zi.

Der R 257 folgt man 1 km Rchtg. E 6, biegt aber kurz vor Sjoa wieder links gen Norden auf die parallel zur Bahn laufende Straße ein. Nach etwa 12 km erreichen Sie *Otta*.
Information: Turist Office Otta, Box 94, 2671 Otta, Tel. (062) 30244 oder 30365.
Verkehrsverbindungen: Züge nach Trondheim, Åndalsnes bzw. in umgekehrter Richtung nach Lillehammer und Oslo, Busse nach Trondheim, Lom, Førde, Bergen, Oslo, Grotli, Stryn, Nordfjordeid, Måløy, Bygdin, Fagernes, Gol und andere Ziele.
Postsparbuch-Geldwechsel: Otta.
Camping: (alle entlang der Bezirksstraße nach Otta) Varphaugen *, 15.6-15.8., 2653 Sjoa, Tel. (062) 35051, 8 ha, Hü.; Ottestadt ** (etwas weiter Rchtg. Otta), 2.6.-30.9., 2670 Otta, Tel. (062) 35035, 9 ha, Hü.; Otta *** (erreichbar über die Parallelstr. zur R 15, in Sand-Baksiddevegen, Ottadalen 580), 1.5.-15.10., Tel. (062) 30309, 12 ha, Waschm., Kochg., Hü.
Fahrradservice: Otta Sykkel og Sport, 2670 Otta; Intersport Otta, Tel. (062) 30681.

Etappe 19:
Otta - Sand - Lalm - Kleppe - Vågåmo (41 km) >
250 - 323 - 413 m
Cappelen-Karte Nr. 2

Diese Etappe ist der Einstieg in das Reich der Riesen: Jotunheimen. Alternativ können Sie diese wichtige Ost-West Verbindung vom nördlichen Gudbrandsdalen bis in das Fjordland (Geirangerfjord) fortsetzen.
Von Otta fahren Sie nicht die R 15, die relativ stark frequentiert ist, sondern die auf der gegenüberliegenden Seite der Otta verlaufende Bezirksstraße. Der

Grusbelag dort ist recht eben und ohne große Schwierigkeiten auch mit schmalen Reifen befahrbar. Sie biegen also vor der Ottabrücke links ab und folgen der Straße, die anfangs überwiegend durch Wald führt. Die Steigung ist gering. Der Ottafluß wird an beiden Seiten von ausgedehnten Sümpfen begleitet. Das Tal verengt sich zusehends, an der Nordseite geht es 700 m steil aufwärts. Dieser Abschnitt ist wegen seines schluchtähnlichen Charakters sehr schön.
Camping: Øihusviken *, 20.5.-15.9., 2670 Otta, Tel. (062) 30398, 10 ha, Waschm., Hü.

2 km vor *Lalm* (Post) kommen Sie in *Eidefossen* an einen 16 m hohen Wasserfall des Otta vorbei. Hinter Lalm verbreitert sich das Ottadalen zum Lalmsvatnet, an dem Sie gemütlich 50 m oberhalb der Seeoberfläche entlangfahren.

[Ab Lalm besteht die Möglichkeit, einen etwas kürzeren Weg in Rchtg. R 51 - Valdresflya (Etappe 20) zu wählen. Dieser ist jedoch steil und anstrengend zu befahren; zwischendurch muß sogar geschoben werden. Anstatt nach der Durchfahrt durch Lalm der Otta weiter zu folgen, biegen Sie nach links gegen den Berg ab (Rchtg. Reiret/Heidalskogen). Die Straße hat eine Grusdecke, und Sie benötigen ca. vier Stunden, bis Sie die von Sjoa kommende R 257 treffen.]

Hinter der kleinen Ortschaft Kluftbakken verliert man den Fluß Otta allmählich aus den Augen, und Ihre Fahrt führt Sie auf einer Grusdecke in ein kleines Nebental. Es geht nun durch das Sjårdalen leicht bergauf. Bei Kleppe erreichen Sie den Scheitelpunkt, und nun geht es bis zur Brücke über den Otta in Vågåmo stetig leicht abwärts. Rechter Hand wächst der Wald, so daß Sie den Fluß im Haupttal nicht mehr erspähen können. Bis zu der hübschen Kleinstadt Vågåmo sind es von Kleppe noch etwa 6 km.

Vågåmo, 1150 Einw., Oppland ist neben Lom der zweite größere Ort im inneren Ottadalen. Hier können Sie die aus dem 12. Jh. stammende Stabkirche im Zentrum anschauen. Sie wurde 1625 umgebaut und erweitert, so daß ihr ursprünglicher Charakter etwas durch andere Stilelemente verdeckt wird.
Postsparbuch-Geldwechsel: Vågåmo, in der Seitenstraße gegenüber des Kirchenparkplatzes.
Camping: Smedsmo ** (am Westrand des Ortes), ganzj., 2680 Vågåmo, Tel. (062) 37450, 50 ha, Hü.; Holungsøy ** (auf der Nordseite des Ottaflusses gegenüber von Kleppe), ganzj., Tel. (062) 37270, 35 ha, Kochg., Hü.

Die Skizzen sind nicht dazu gedacht oder geeignet, als Landkartenersatz zu dienen; eine derart präzise Darstellung würde ein eigenes Kartenwerk in entsprechendem Maßstab und vielfarbigem Druck erfordern. Eine Umsetzung der Skizzen auf die während der Reise benutzten Landkarten ist unbedingt erforderlich!

Etappe 20:
Vågåmo - Tessanden - Darthus - Randsverk - Veolia - Maurvangen - Bygdin (79 km) > >
362 - 863 - 900 - 953 - 1390 - 1032 m
Cappelen-Karte Nr. 2

Vågåmo ist die vorläufig letzte Einkaufsmöglichkeit vor der Überquerung der Valdresflya, die die Ostabdachung von Jotunheimen bildet. Fly bedeutet Bergheide/Fjell - die Passage ist mit dieser Bezeichnung auch durchaus treffend charakterisiert. Sie fahren durch endlose Teppiche von Heidekraut, Rentierflechten und anderen Fjellpflanzen.
Weiter geht es auf der R 15 am Südufer des Vågåvatnet, nach 9 km erreichen Sie in *Tessanden* (Campingplatz) die Gabelung der Straßen nach Lom bzw. über die Valdresflya. Wählen Sie den linken Ast und folgen nun der R 51 steil bergauf. Auf einer Strecke von etwa 6 km (bis Storvik) sind 450 Höhenmeter zu überwinden. Wenn Sie dieses Niveau erreicht haben, können Sie beruhigt etliche Kilometer ohne große Steigungen radeln. Doch noch sind Sie nördlich des Taleinschnittes, den der Fluß Tessa eingegraben hat. Sie beginnen den Aufstieg, indem Sie an der Westseite des 1130 m hohen Oksli bzw. des 907 m hohen Nebengipfels durch das Tal steuern und gelangen zu einem kleinen See auf 680 m Seehöhe. An der Siedlung Grov, die in der Cappelen-Karte fälschlicherweise ca. 3 km zu weit westlich eingetragen ist und eigentlich an der Stelle der Siedlung Storvik eingezeichnet sein müßte, befindet sich ein Campingplatz. Ein weiterer Platz folgt 1 km später. Nun umrunden Sie auf der Ostseite den Lemonsjöen und radeln am Seende (Kalven Fjellstua) gen Süden. Nach 4 km treffen Sie in *Randsverk* auf die von Osten (Sjoa) kommende R 257.

Alternative zu Etappe 21 nach Lom:
Wenn Sie von Tessanden westlich nach Lom fahren wollen, folgen Sie anfangs der R 15. Bei Byre müssen Sie allerdings durch einen 500 m langen unbeleuchteten Tunnel fahren, um bei den *Garmohöfen* (dabei Kirche) rechts zum See abzubiegen. Hier steht die Hamsunhütte (unmittelbar an der Bushaltestelle), wo 1859 der berühmte norwegische Schriftsteller Knut Hamsun geboren wurde. Im Haus ist ein kleine Ausstellung (23.6.-1.9., 10.15-17.30 h) zu seiner Person. Die Stabkirche der alten Bauernsiedlung *Garmo* steht heute im Freilichtmuseum Maihaugen/Lillehammer.

Nach dem anstrengenden Anstieg von Norden haben Sie jetzt erst einmal eine ruhige und wunderschöne Tour durch die einsame Valdresflya vor sich. Der Anstieg ist bis kurz hinter Maurvangen gemächlich, dann folgt ein harter Paß auf die Scheitelhöhe. Nach Bygdin geht es steil abwärts.
Von Randsverk führt die R 51 zunächst 36 km ohne allzugroße Anstrengung stetig etwas aufwärts und bietet wunderschöne Eindrücke in die Hochgebirgslandschaft von Jontunheimen. Sie fahren bis Veolia, Hindseter und Russliseter durch lichten Wald und dann durch eine ausgedehnte Seenlandschaft.

Camping: Bessheim, ganzj., 2680 Vågåmo, Tel. (062) 38913.

Im Westen türmen sich die dunklen Wände des Bessfjellets und Besstrond (1421 m) auf. In *Maurvangen* zweigt ein 2½ km langer Straßenstummel zur DNT-Hütte *Gjendesheim* (10.6.-20.9.; DZ 110-150 NOK) ab. Das Haus ist ein günstiger Ausgangspunkt für Wanderungen in den Nationalpark, jedoch erfordert eine Durchquerung Erfahrung, Kondition und entsprechende Ausrüstung. Außerdem sind die Gletscher nicht so harmlos wie vermutet, es gibt etliche Spalten.
Der langgezogene und schmale Gjendesee (984 m) wird von hohen Felswänden eingeschlossen, etwa 400-700 m über dem Seespiegel verläuft der ebenfalls nach Ibsens Novellengestalt benannte "Peer-Gynt-Höhenweg" (der andere P.-G.-Weg verläuft parallel zum Gudbrandsdalen, Etappe 15) entlang eines exponierten Grates zur Memurubu-Hütte. Es ist eine wunderbare Wanderung, aber sie dauert 7-8 Stunden und erfordert doch etwas Klettergeschick. Als Tagestour gut unter Benutzung des Bootes durchzuführen (Anf Juli-Ende Aug dreimal tägl., fr/sa 1 x zusätzlich abends; Fahrplan hängt in den Hütten; ca. 32 NOK bis Memurubu-Hütte). Am Anleger gibt es einen Kiosk, wo man Grundnahrungsmittel kaufen kann.
Camping: Maurvangen Hyttegrend ***, 1.6.-30.9., 2680 Vågåmo, Tel. (062) 38922, 140 ha, Waschm., Kochg., Hü.

Die R 51 steigt nun nach weiteren 4 km stark an und quält sich in einigen Schleifen das Talende hinauf. Mit 1390 m erreicht der Paß fast die Höhe der Sognefjellroute. Oben radelt man angenehm weiter.
Jugendherberge: Valdresflya UH **, 15.6.-1.9., 2953 Beitostölen, Tel. (063) 41215 oder (094) 07021, 75 NOK, 49 Betten.
Von der Jugendherberge geht es jäh hinab in das Tal des **Bygdin**- und Vinstri-Sees, die in einem dunklen Kessel liegen (Übernachtungsmögl.). Von hier können Sie in alle drei Himmelsrichtungen weiterreisen.

Etappe 21:
Vågåmo - Sveom - Gröna - Flatmo - Lom (32 km) >
362 - 410 m
Cappelen-Karte Nr. 2

Von Vågåmo haben Sie auch die Möglichkeit, am Nordufer des Vågåvatn gen Lom zu fahren. Diese Straße ist wesentlich ruhiger als die doch relativ stark befahrene R 15. Sie fahren - von Etappe 19 kommend - über die Brücke nach Vågåmo und biegen kurz darauf wieder links ab. Nach 1 km enden die Häuser, und die Straße folgt nun direkt dem Uferverlauf, um sich später doch wieder etwas vom Wasser zu trennen. Nachdem Sie Lye und Fellese (nicht auf der Cappelenkarte eingetragen) passiert haben, geht die Straße kurz vor *Sveom* (linker Ast) in eine Grusdecke über. Von leichten Steigungen und Abfahrten abgesehen, geht es nun viele Kilometer geradeaus entlang des Sees. Sie fahren unterhalb von Flatmo weiter, an der Brücke zur R 15 vorbei und erreichen nach weiteren 7 km Lom.

Lom, 750 Einw., Oppland, ist eines der regenärmsten Gebiete Norwegens, da das gesamte Ottadalen von einer gewaltigen Bergkulisse in allen Richtungen abgeschirmt wird. Früher mußten die Bauern im Frühling und Sommer ihre Parzellen sogar bewässern. Lom ist vor allem wegen seiner alten Stabkirche von 1170 bekannt geworden. Sie hat ihren prachtvollen Charakter trotz der Umbauten im 17. Jh. bewahrt. Die urig wirkende Kirche mit ihrem tief herabführenden Holzschindeldach weist besonders am Nordportal zahlreiche Schnitzereien von Tierköpfen auf. Die Stabkirche ist die einzige in Norwegen, die einen weitgehend erhaltenen Firstkamm (mit Drachenköpfen) aus dem Mittelalter besitzt. Der Turm und das Westschiff stammen aus den Jahren 1633/34, andere Elemente wie die Kanzel (1793) aus dem Barock, der Norwegen erst spät erreichte.
Im Lom Bygdemuseum (Mai-Aug) unweit der Stabkirche befinden sich 25 Gebäude aus dem Ottadalen, u.a. auch ein dreistöckiger Kornspeicher (16. Jh.), den man schon von weitem sieht. In einem kleinen privaten geologischen Museum (Fossheim Steinsenter, 9-21 h, im Juli werden geologische Exkursionen angeboten) gibt es hübsche Mineralien aus der Gegend zu kaufen. Lom lebt vom Tourismus, dementsprechend üppig ist das Angebot an Geschäften.
Information: Lom-Jotunheimen Reiselivslag (über der Kafeteria *Kro* an der gr. Straßenkreuzung), ganzj., 2686 Lom, Tel. (062) 11286.
Postsparbuch-Geldwechsel: Lom.
Camping: Nordal Turistsenter ***, 1.5.-30.9., Tel. (062) 11010, 35 ha, Waschm., Kochg., Hü., Zi.; Lom ***, ganzj., Tel. (062) 11220, 10 ha, Waschm., Kochg., Hü., Zi.; Synstad **, 25.5.-20.9., Tel. (062) 11584, 42 ha, Hü.; Furulund *, 15.5.-20.9., Tel. (062) 11057, 3 ha, Hü.; Hamre *, ganzj., Tel. (062) 11590; Fossberg *, ganzj., Tel. (062) 11073, 3 ha, Kochg., Hü., Zi.; Øyen *, 1.6.-31.8., Tel. (062) 12544, Hü., Zi.

Etappe 22:
Otta - Brennhaug - Arnegård - Dovre - Tofte - Dombås (52 km) >
250 - 412 - 660 m
Cappelen-Karte Nr. 2

Diese Etappe führt Sie durch den dramatischsten Teil des oberen Gudbrandsdalen. Die Bergwelt rückt immer näher von beiden Seiten heran. Nachteil dieser an sich sehr schönen Etappe ist allerdings, daß Sie etwa 13 km die stark befahrene E 6 benutzen müssen.
Von der *Ottabru* radeln Sie entlang der Westseite des Lågen; nach etwa 1 km verlieren sich die letzten bunten Holzhäuser, und Ihr Weg führt Sie vorbei an einigen gewerblich genutzten Hallen. Die Seitenwand des Tales rückt wieder eng an die Straße heran, kurze Zeit später öffnet sich das Tal zur Ostseite, und

große Freiflächen liegen in der Talsohle, teilweise im Überflutungsbereich des Lågen. Nachdem Sie die Oslo-Trondheim-Eisenbahnstrecke gequert haben, gabelt sich die Straße. Sie wählen den rechten Ast zur E 6; der linke führt durch das Rustdalen.
Camping: Sandbakken ***, ganzj., 2664 Sel, Tel. (062) 33193, 15 ha, Kochg., Hü.

Die E 6 taucht nun in das engste Stück des Gudbrandsdalen ein und gewinnt an Höhe. Zu beiden Seiten ragen 700 m hohe Bergflanken empor. Sie radeln 2 km hinter den Haltepunkt *Brennhaug* und können dann die Bezirksstraße auf der Ostseite benutzen, die auf und ab geht. 10 km weiter fahren Sie durch die kleine Siedlung **Dovre** hindurch. Sie spielte in früheren Zeiten eine wichtige Rolle als Raststation, wo die Pferde für den anstrengenden Ritt über das Dovrefjell ausgetauscht wurden. Durch Dovre verläuft auch der Kongeveien (Königsweg). Er ist eine der ältesten befahrbaren Straßen im Land und wurde schon 1733 für die Überquerung des Dovrefjells mit Postkutschen ausgebaut; stellenweise sind noch alte Brücken und Stützpfeiler zu sehen.
Camping: Toftemo Turiststasjon ***, ganzj., 2662 Dovre, Tel. (062) 40045, 30 ha, Waschm., Kochg., Hü., Zi.

In Dovre nutzen Sie wiederum kurz die E 6, um nach einigen 100 m an der Kirche rechts abzubiegen. Von der parallel zur E 6 führenden Bezirksstraße haben Sie einen großartigen Ausblick auf die tiefer gelegenen Siedlungen und den Fluß. Von Dovre haben Sie nahtlosen Anschluß an Etappe 23 durch den Rondane Nationalpark und anschließend weiter nach Røros.
Camping: Faksfall **, ganzj., 2660 Dombås, (062) 41471, 10 ha, Waschm., Kochg., Hü.
Am Weg bis Dombas liegen vier Campingplätze. Das letzte Stück der Etappe müssen Sie nochmals auf der E 6 zurücklegen.

Dombås, 1200 Einw., Oppland, ist ein Wintersportort, der neben den Tourismusströmen, die die E 6 heranbringt, überwiegend von der Landwirtschaft lebt. Der Ort bietet eigentlich überhaupt nichts Interessantes und kann getrost durchfahren werden. Dem Besucher bietet sich im Verkehrsknotenpunkt am Ende des Gudbrandsdalen nur das Einbugstu-Museum (Heimatmuseum) an. Das Einkaufen sollte man aber nicht vergessen, da hier die letzte Möglichkeit vor den Etappen nach Westen, Norden und Osten besteht.
Information: Dombås Reiselivslag/Infobüro Norwegen (im großen Einkaufszentrum), 2660 Dombås, Tel. (062) 41444 mit großer Ausstellung zum gesamten Land.
Verkehrsverbindungen: Züge nach Åndalsnes, Trondheim und Oslo; Busse nach Bergen, Lillehammer und Stuguflåten (E 69).
Postsparbuch-Geldwechsel: Dombås.
Jugendherberge: Dombås UH ** (1 km vom Bahnhof), Ostern und 20.6.-12.8., Tel. (062) 41045, 85 Betten, 55 NOK, Kochg.
Camping: Lie **, 1.6.-31.8., Tel. (062) 41420, 20 ha, Kochg., Hü.; Ulekleiv **, 1.6-31.8., Tel. (062) 41232, 10 ha, Hü.; Midtskog **, 1.5.-30.9., Tel. (062) 41021, 20 ha, Kochg., Hü.

Etappe 23:
Dovre - Tofte - Verkenseter - Grimsdalshytta - Tverrlisetra - Fallet - Folldal (67 km) > > > (Rondane-Nationalpark)
460 - 1160 - 994 - 500 m
Cappelen-Karte Nr. 2

In Dovre beginnt eine anfangs schwere Etappe quer durch den Rondane Nationalpark. Der Streckenverlauf geht überwiegend über Grusbelag. Sie sollten sich ausreichend mit Proviant eindecken, da unterwegs keine Einkaufsmöglichkeit existiert.
An der Kirche in Dovre biegen Sie von Süden kommend rechts ab. Von der anfänglichen Asphaltdecke geht die Straße in eine unbefestigte Grusdecke über. Bei *Tofte*, wo die Straße eine große Kehre macht, liegt der Gammel Kongsgård (alte Königshof - heutige Gebäude von 1785), wo schon König Harald Hårfagre im 10. Jh. Rast gemacht hat. In den folgenden Jahrhunderten sind alle norwegischen Könige auf ihrem Weg zu der Krönungsstadt Trondheim hierhergekommen. Der Hof ist seit dem 19. Jh. fast unverändert. Der Weg führt mitten durch den aus 12 Gebäuden bestehenden Hof. Für das Publikum ist dieser jedoch nicht zu besichtigen.

Hinter Tofte geht es stark bergauf (insgesamt ca. 700 m), und Sie erreichen bald die Baumgrenze. Nach weiteren Kilometern erreichen Sie *Fjellheim Cafe* (1170 m - höchster Punkt), wo Sie eine kurze Pause einlegen können. Hier beginnt die mautpflichtige Strecke, die jedoch für Radfahrer kostenlos ist. Weiter geht es das Tal der Grimsa hinab bis zur alten Alm *Verkenseter*. Die frühere Nutzung als Hochweide im Sommer wurde weitgehend aufgegeben - ein Schicksal, das sie mit den anderen Hochweiden Skandinaviens und den zentraleuropäischen Alpen teilt. Als Folgenutzung der Gebäude tritt fast immer der Tourismus ein, der in diesen ökologisch empfindlichen Hochlagen nicht immer ganz unproblematisch ist. Nach weiteren 9 km erreichen Sie die Grimsdalshytta (DNT, 994 m).

Nun beginnt das langgezogene eigentliche Grimsdalen, in dem früher insgesamt 52 Almen bewirtschaftet wurden. Der Fluß im Talboden sorgt für ein ausgeglichenes Mikroklima, so daß sich für das südnorwegische Bergland relativ viele Pflanzenarten angesiedelt haben. Sie radeln an der Alm *Tverrlisetra* vorbei, zwei Stichwege (links) führen zur Mesetra Alm und dann zur Almsiedlung *Tollevshaugen* und den Grimsagruben. Hier und in der nahen Umgebung wurden früher Kupfererze geschürft. Der Kupferbergbau begann 1748, etwa 100 Jahre später als in den Gruben von Røros. Es sind Bestrebungen im Gang, die Almhütten von Tollevshaugen als Kulturdenkmal zu restaurieren.
Um nach Folldal zu gelangen, hat man die Möglichkeit, über Tollevshaugen (sehr schöner Rundblick über die Bergwelt von Rondane - aber anstrengend) zu fahren; oder man folgt weiter dem Grimsdalen über *Fallet* zur R 27 hinunter und fährt dann links noch 8 km nach Folldal.

Folldal, 1000 Einw., Hedmark, war früher neben Röros der Ort des Kupferbergbaus. Die Abbautätigkeit begann 1748, also rund 100 Jahre später als die der Minen in Röros. 1878 wurde der Abbau eingestellt. Etwas nach der Ausbeutung der Kupfervorkommen begann man in Folldal auch mit dem Abbau von Schwefelkies (Pyrit), der bis 1960 fortgesetzt wurde. Nachdem auch diese Vorräte erschöpft waren, verlagerte sich der Abbau nach Hjerkinn (Tverrfjell gruve). Die roten Arbeiterhäuser und Werksgebäude in der Mitte der Stadt stehen als stumme Zeugen dieser wirtschaftlichen Blütezeit. Das unter Denkmalschutz stehende Werk kann in den Sommermonaten besichtigt werden.

Information: Folldal Reiselivslag, 2580 Folldal, Tel. (064) 90268.

Postsparbuch-Geldwechsel: Folldal.

Jugendherberge: Sletten UH ** (ca. 17 km westlich), 15.6.-15.9., 2584 Dalholen, Tel. (064) 93108, 70 NOK, 14 Betten, Kochg.

Camping: Knausen Utleihytter ** (7 km westlich an der R 29), 25.3.-1.10., 2 ha, Hü.; Brendryen ** (10 km östlich an der R 29), 1.5.-30.9., 2582 Grimsbu, Tel. (064) 93575, 20 ha, Kochg., Hü.

Sie sollten in der Umgebung von Folldal nicht aus den Gewässern trinken, da diese teilweise sehr hohe Kupferkonzentrationen enthalten (s. Röros).

Etappe 24:
Folldal - Bruvoll - Eide - Hjerkinn - Drivstua - Driva - Oppdal (78 km) > >
500 - 720 - 980 - 1026 - 680 - 480 m
Cappelen-Karte Nr. 2

Fahren Sie von Folldal westwärts immer die R 29 entlang, so passieren Sie die Siedlung Lon. In Bruvoll können Sie je nach Lust und Laune auch die parallel laufende Bezirksstraße fahren, falls Sie sicher sind, in *Dalholen* nicht den Campingplatz oder die Jugendherberge nutzen zu wollen.

Jugendherberge: siehe Folldal.

Camping: Fjellsyn ***, ganzj., 2584 Dalholen, Tel. (064) 93082, Waschm., Kochg., Hü., Zi.; Borkhus Hytter *** (15 km westlich von Folldal), ganzj., Tel. (064) 93070, Hü.; Nyvoll **, 1.6.-15.9., 2584 Dalholen, Tel. (064) 93019, 15 ha, Hü.

Vor Ihnen öffnet sich ein schöner Blick in die Berge des Dovrefjells: Snöhetta (2286 m), Drugshö (1957 m) und im Süden (Rondane) der Pigghetta (1510 m). So gelangen Sie an der *Eide bru* wieder auf die R 29, die leicht bergauf durch eine offene, wechselnde Landschaft mit Höfen und Weideland führt. Wenige Kilometer weiter überqueren Sie die Grenze von der Hedmark nach Oppland. Rechts an der Straße liegt ein Aussichtsberg, den Sie als Abstecher zu Fuß mitnehmen können (schöner Blick über den Talbereich, den tiefen See, Dovrefjell und Rondane). Links lassen Sie noch die 1969 erbaute Eysteinkyrkja liegen und dann sind Sie in **Hjerkinn** (Haltepunkt der Dovrebahn, aber nur einige Züge). Hier gibt es einen kleinen Laden. Hjerkinn war lange Zeit Poststation bei

der Überquerung des Dovrefjells nach Trondheim. Östlich liegt Hjerkinnhö, ein Naturschutzgebiet von 100 ha Größe mit dichtem Nadelwald.
Die Station Hjerkinn spielte besonders in früheren Zeiten als Straßenkreuzungspunkt und Raststation eine wichtige Rolle. Durch den Windschatten des Dovrefjells und die schon recht östliche Lage ist Hjerkinn der trockenste Ort Norwegens (ca. 250 mm Jahresniederschlag). Die Siedlung lebt heute hauptsächlich vom Touristenstrom der E 6 sowie von den nahegelegenen Bergwerken und Tagebauten.
Camping: Hjerkinn Fjellstue ***, ganzj., 2661 Hjerkinn, Tel. (062) 42927, 10 ha, Waschm., Kochg.; Hageseter Turisthytta ** (4 km auf der E 6 Rchtg. Dombås), ganzj., 2660 Dombas, Tel. (062) 42960, 7 ha, Hü.

Nach Hjerkinn erreichen Sie mit 1026 m ü.NN. den höchsten Punkt. Dort ist ein Rastplatz, von dem aus ein Fußweg auf den östlich anschließenden Hang führt. Die Aussicht von dort ist aber genauso wie von unten. Im Westen sehen Sie die hohen Gipfel der westlichen Hälfte des Dovrefjell Nationalparks: den Snøhetta (2286 m) und den Svånåtindan (2209 m). Sie radeln weiter, und die aufregende Abfahrt beginnt. Die Driva bahnt sich ihren Weg durch enge Felsklüfte, und es wird immer spannender, dem Fluß bei seiner Auseinandersetzung mit dem Urgestein vom Fahrradsattel aus zuzuschauen. Sie durchfahren *Grönbakken* und *Kongsvoll* (beides sind Bahnhaltepunkte). Neben der aus einem Wild-West-Film entnommenen Bahnstation Kongsvoll ist liebevoll ein Steingarten mit den typischen Pflanzen des Dovrefjells angelegt, u.a. Trollblumen und Dovremohn (Gaststätte und Hotel in der Kongsvoll Fjellstue - früher eine Pferdewechselstation). Von hier können Sie eine Besteigung des Snøhetta starten. Den Schlüssel der DNT-Reinheim-Hütte erhalten Sie an der Rezeption (Einstieg etwa 100 m südlich; Dauer zur Hütte ca. 4½ h). Die Abfahrt geht nun weiter durch das enge, von hohen Flanken begrenzte *Drivdalen*. Rechts am Hang läuft ein Teilstück des alten Königweges, den man seit dem Mittelalter wegen der Hochwassergefahr im Frühjahr benutzte. Der exponierte Weg galt als besonders gefürchtet (beginnt am Schild, 3 km hinter Kongsvoll). Weiter abwärts geht es nach Nestavoll und Drivstua, begleitet von immer mehr Wiesen, Obstbäumen, weißen und roten Holzhäusern. In *Engan* (Haltepunkt der Dovrebahn) wird hoch überm Tal der Oppdalschiefer gebrochen. Ab hier können Sie evtl. westlich der E 6 auf der Nebenstraße weiterfahren.
Camping: Magalaupe * (an der alten Straße), 1.6.-1.9., 7340 Oppdal, Tel. (074) 24684, 40 ha, Hü.; Driva Kro og Motel * (bei Rise), ganzj., Tel. (074) 24158, 5 ha, Hü.; Smegarden ***, ganzj., Tel. (074) 24159, 12 ha, Kochg., Hü.; Granmo ***, 1.6. - 31.8., Tel. (074) 24147, 10 ha, Kochg., Hü.

In *Rise* (Camping) ist ein großes Gräberfeld aus der Eisenzeit gefunden worden. Diese Periode ist in Norwegen 300 v.u.Z bis 1500 u.Z. einzusetzen - sehr viel später als in Mitteleuropa. Von *Driva* (zwei Campingplätze) können Sie entweder die 8 km bis Oppdal schnell auf der E 6 zurücklegen - oder Sie biegen nach links ab zum Hang hin und fahren ab hier über die Bezirksstraße nach Melem und dann nach Oppdal.

Kartenskizze Etappen 24 - 26

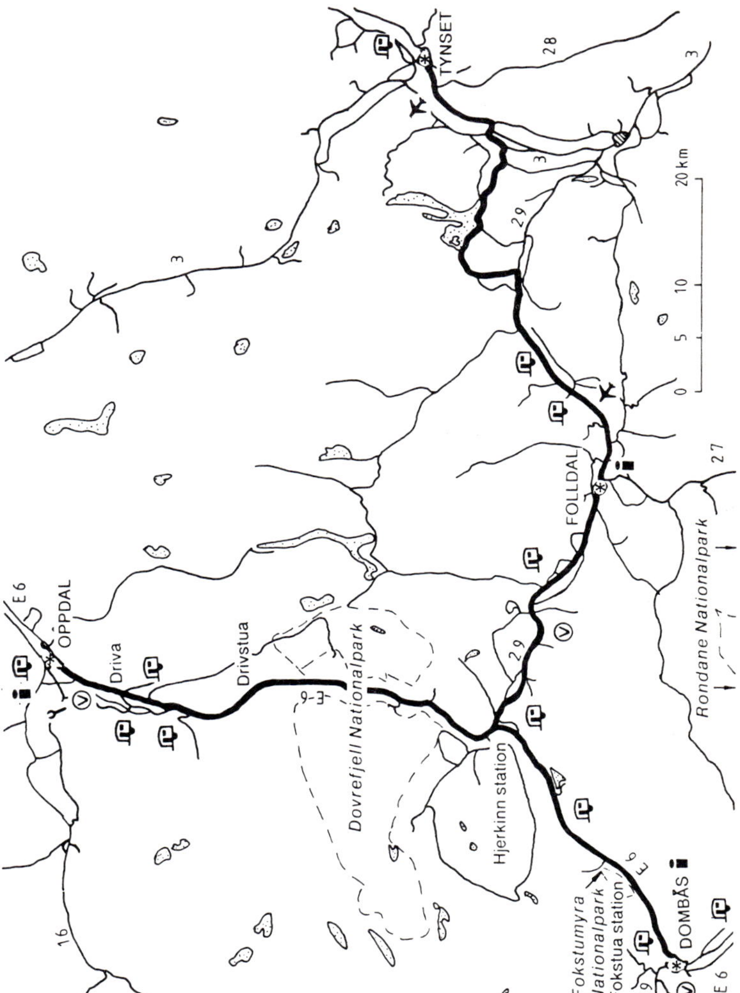

Oppdal, 3500 Einw., Sør-Trøndelag, ist ein beliebter Wintersportort, hat aber ansonsten nicht viel zu bieten. Neben mehreren Sägewerken und holzverarbeitenden Firmen gibt es Betriebe, die den Oppdalschiefer aus der Umgebung verarbeiten. In dem kleinen Fjellkåsa-Freilichtmuseum wurden 20 Häuser (17. und 18. Jh.) aus der Umgebung zusammengstellt. Die kreuzförmige alte Holzkirche wurde 1651 im Barockzeitalter errichtet. Von hier werden Wanderungen in das Dovrefjell zu den Moschusochsen und River-Rafting Touren auf der Driva arrangiert.

Information: Oppdal Turistkontor, Postboks 50, 7341 Oppdal, Tel. (074) 21760.
Verkehrsverbindungen: Züge nach Oslo und Trondheim und übers Raumadalen nach Åndalsnes; Busse nach Trondheim, Dombås, Otta, Lom, Førde, Bergen.
Fahrradservice: Håkon Mjøen Sport AS, Tel. (074) 21637; Bj. Grøseth Sykkel og Sport A/S.
Postsparbuch-Geldwechsel: Oppdal.
Jugendherberge: Turistheimen UH ***, Ruserveien 5b (500 m vom Bhf.), 2.1.-30.11., Tel. (074) 21330, 75 NOK, 49 Betten, Kochg.
Camping: Halsetløkka Oppdal ***, ganzj., Tel. (074) 21361, 40 ha, Waschm., Kochg., Hü.; Imi-Stølen **, ganzj., Tel. (074) 21370, 10 ha, Waschm., Hü., Zi.; Solly **, 15.5.-30.9., Tel. (074) 21428, 10 ha, Hü.; Turistheimen Camping (bei Hallset), ganzj.

Etappe 25:
Dombås - Fokstua - Hjerkinn - Drivstua - Driva - Oppdal (81 km) > >
660 - 927 - 1026 - 680 - 480 m
Cappelen-Karte Nr. 2

Diese Etappe zählt zu den landschaftlich schönsten und spannendsten der in diesem Buch beschriebenen Tourenvorschläge. Ein weiterer Glanzpunkt ist, daß Sie nur eine große Steigung bewältigen müssen - den Anstieg vom Gudbrandsdalen/Dombas nach *Fokstua*. Ein kleiner Wermutstropfen ist die Tatsache, daß Sie die E 6 benutzen müssen, was aber durch das eindrucksvolle Hochgebirgspanorama wieder wett gemacht wird. Sie starten in Dombås (letztes größeres Geschäft bis Oppdal) - direkt hinter dem großen Einkaufs- und Touristenzentrum geht die E 6 rechts ab und gewinnt in einer großen Südkehre an Höhe. Das Gudbrandsdalen und das Romsdalen erscheinen immer eindrucksvoller, je höher Sie fahren. Die E 6 macht noch einige Kehren, bis Sie den Hauptanstieg geschafft haben und durch das *Hinddalen* auf die Fokstumyra-Sümpfe zufahren. Von Dombås können Sie auch mit der Bahn nach Fokstua fahren. Der Anstieg der Bahn in einer gewaltigen Kehre, die durch den 781 m langen Grønbogen-Tunnel führt, ist sehenswert. Wenn Sie im Frühsommer unterwegs sind, sollten Sie sich unter der fachkundigen Führung des Nationalparkwartes (in dem alten Hof Fokstua) die balzenden Kraniche ansehen. Das Gebiet ist aus ornithologischer Sicht sehr interessant, brüten doch fast 70 Vogelarten hier. Die Übernachtung in Fokstua ist nur außerhalb der Nationalpark-

grenzen gestattet, d.h. in dem Gebiet zwischen dem Hof und der kleinen wildwestähnlichen Bahnstation. Von hier aus können Sie auch mit der Dovrebahn nach Süden oder Norden fahren; es halten aber nur einige wenige Züge. Zusätzlich müssen Sie das vorgesehene Haltesignal betätigen bzw. dem Zug gut sichtbar zuwinken (Instruktionen hierzu am Bahnhof). Vom alten Königsweg trifft man hier ebenfalls wieder auf die E 6.
Camping: Furuhaugli Turisthytte **, 20.6.-1.10., 2662 Dovre, Tel. (062) 42916, 15 ha, Waschm., Kochg., Hü.

Von nun an geht es fast bis *Hjerkinn* durch ein bezauberndes Hochtal, durchsetzt mit endlosen Mooren und Seen. Am schönsten ist es sicherlich im Frühsommer, wenn das blühende Wollgras riesige weiße Teppiche bildet. In dem Rasthof bei Dovregubbens hall (Übernachtungsmögl.) ist eine kleine Ausstellung über das Dovrefjell, seine Natur und Geschichte zu besichtigen.
Camping: Hageseter Turisthytte **, ganzj., 2660 Dombås, Tel. (062) 42960, 7 ha, Hü., Zi.
Der weitere Weg von Hjerkinn bis **Oppdal** entspricht Etappe 24.

Etappe 26:
Folldal - Krokhaug - Bakken - Kolbotn - Strömmen - Auma - Tynset (55 km) > >
500 - 706 - 480 m
Cappelen-Karte Nr. 2

Diese Etappe verläuft zumeist nur auf mäßig guten Wegen, zudem ist das Gelände etwas hügelig. Sie sollten also ausreichend Zeit einkalkulieren, wenn Sie diesen Weg wählen.
Sie beginnen in Folldal, indem Sie auf der R 29 gen Osten reisen. Die Straße führt schwach bergab. Zunächst passieren Sie die *Folldal Kirke*, um dann in *Krokhaug* an einem alten Kupfer- und Schwefelkiesbergwerk vorbeizufahren.
Camping: Grimsbu Camping og Motell ***, ganzj., 2582 Grimsbu, Tel. (064) 93529, 15 ha, Waschm., Kochg., Hü., Zi.

Sie fahren an einem kleinen Flugplatz vorbei und folgen in Grimsbu weiter der R 29, jetzt aber auf unbefestigter Decke.
Camping: Kjölle Gård *, ganzj., 2582 Grimsbu, Tel. (064) 93553, 2 ha, Hü., Zi. (nur 1).
Über Ryeng und Moskaret erreichen Sie hinter Einabu die Stelle, wo von links (Norden) eine kleine Gemeindestraße auf die Ihre stößt. Sie verlassen die R 29 und klettern beständig etwas aufwärts, um am Savalen-See auf 707 m ü.NN. *Kolbotn* zu erreichen. Vor der Siedlung schlagen Sie sich nach rechts und folgen dem Weg direkt am südlichen Seeufer entlang auf die Ansiedlung Strömmen zu. Nach kurzer Abfahrt (immer geradeaus) erreichen Sie 1 km vor der R 3 die querende Bezirksstraße, in die Sie links (nach Norden) einbiegen. Sie treffen dann auf die R 3 - müssen allerdings einige hundert Meter zurückfahren, um die Brücke in *Auma* (Bahnanschluß) über den Glåma zu nehmen. Von hier folgen Sie rechtsseitig dem Fluß immer den Schienen nach auf Tynset zu, und nach ca. 12 km (von Auma) erreichen Sie die Stadt. Sehenswert sind in dem

kleinem Ort **Tynset** ein aus 13 Häusern bestehendes Freilichtmuseum sowie eine achteckige Holzkirche (1795), die das alte Gotteshaus nach dessen Zerstörung durch einen Brand, ersetzte.

Camping: Tynset Camping og Motell **, ganzj., 2500 Tynset, Tel. (064) 80311, 30 ha, Waschm., Kochg., Hü., Zi.

Etappe 27:

Tynset - Telneset - Kvennan - Vingelen - Rödsvollan - Vangröfta - Os Kirke/Hummelfjell - Sundet bru - Röros (55 km) >
480 - 820 - 712 - 673 m
Cappelen-Karte Nr. 2 (+ 3)

Sie begleiten zunächst über ein längeres Stück die Röros-Eisenbahn, die anderen zwei Drittel der Etappe legen Sie abseits von Straßen auf kleinen Gemeindewegen zurück. Die Tour ist sehr leicht, da nur eine nennenswerte Steigung auftaucht.

Von der Tynset Stasjon (Übernachtungsmögl. und Zug) folgen Sie praktisch immer den Bahngleisen nach *Tolga*. Bei Telneset überqueren Sie den Glåma-Fluß und reisen auf der R 30 nach Kvennan und Storgielten.

Camping: Neby Gård og Camping, ganzj., 2500 Tynset, Tel. (064) 81048.

Von der Asphaltdecke der R 30 biegen Sie dann die zweite Straße links (ebenfalls Asphalt) nach *Vingelen* ab. In dem Bergdorf findet man einige fast 300 Jahre alte Weiler, gebaut aus unbearbeiteten Rundhölzern. Von den Weilern geht es aufwärts nach Röset. In *Rödsvollan* treffen Sie auf den Schlagbaum der Mautstraße. Von Buhaugsetra geht es auf dem Fahrweg nordöstlich nach *Sagbakken seter*. Anschließend folgt ein schmales und sehr schlechtes Stück einige Kilometer an dem fischreichen See Langen vorbei.

Ab Gruben wird der Weg wieder besser; Sie erreichen schnell *Vangröfta*. Hinter dem Weiler nehmen Sie den nördlichsten der drei parallelen, nach Südosten laufenden Wege; auf diese Weise ersparen Sie sich einige Höhenmeter. Durch weitere Weiler mit alten Ställen in Blockbauweise treffen Sie etwas westlich der *Os Kirke* wieder auf die R 30. In Os gibt es ein kleines Heimatmuseum mit alten Gebrauchs- und Kunstgegenständen (nur im Juli, so). Der Oddengård in Os vermittelt einen Eindruck von der alten Dorfkultur. Sie biegen aber sofort wieder ab auf den guten Kiesweg nach Galåen. Er führt durch schöne Birkenwälder zur *Sundet bru*, die Sie nur noch überqueren müssen, um am Flugplatz vorbei nach Röros hinein zu radeln.

Röros, 3500 Einw., Sör Tröndelag, ist einer der besterhaltenen Bergbauort der Welt. Die ganze Stadt ist ein einziges Museum. Aus diesem Grund wurde sie mit ihren alten Bergarbeitersiedlungen und Schmelzhütten 1975 in die Liste der UNESCO-Heritage-Denkmäler aufgenommen. 1644 fand der Bauer und Jäger Hans Osen Aasen einen Gesteinsbrocken, den er schnell durch seinen Glanz als Kupfer einordnen konnte. Dies war der Startschuß

für eine mehr als 300 Jahre andauernde Epoche der Kupfergewinnung in dieser bis dahin sehr dünn besiedelten Gegend. Wie Pilze schossen ab 1646 in kürzester Zeit die Gruben und Hütten aus dem metallhaltigen Boden, viele Menschen zog die Arbeit hierher, und aus Sachsen und Thüringen kamen als Gastarbeiter erfahrene Bergleute. Durch ihr Know-how etablierte sich schnell eine deutsche Oberschicht. Die Bergarbeiter betrieben als Nebenerwerb oft noch Landwirtschaft; jeder bekam eine kleine Parzelle außerhalb der Stadt zugeteilt. Verursacht durch die Verhüttungsöfen als potentielle Brandquellen, wüteten 1837, 1888, 1953 und 1975 große Feuer in Röros, die aber recht glimpflich abliefen. Nach dem Brand von 1953 wurden die Verhüttung eingestellt, das Erz in Schweden verhüttet und anschließend von Trondheim die Barren verschifft. 1977 ging das traditionsreiche Bergbauunternehmen *Kobberverk*, das seit den Funden von 1644 Kupfer erschmolz, in Konkurs. Für Röros brach damals eine Welt zusammen, und beim Besuch der Stadt wird man den Eindruck nicht los, daß viele Menschen diesen schweren Schlag bis heute nicht überwunden haben. In der Tat mußte die monostrukturierte Wirtschaft auf völlig neue Beine gestellt werden, Hauptstoßrichtung ist heute der Tourismus, so können die 1975 abgebrannten und später wieder aufgebauten Schmelzöfen der Kobberverke besucht werden. Gute, naturgetreue Modelle stellen das Leben in der Bergbaustadt durch die Jahrhunderte dar (Kobberverks Samlinger, Mitte Juni-Mitte Aug, 20 NOK, Eingang in der 2. Etage). In Röros gibt es auch ein altes Pressebüro der 1886 gegründeten Lokalzeitung *Fjellhjem* zu sehen, wo Johan Falkberget seine schriftstellerische Karriere begann (Mitte Juni-Mitte Aug, einmal wöchentlich, 10 NOK). Die Olavsgrube, 18 km östlich der Stadt, ist das einzige geöffnete alte Bergwerk mit tiefen Stollen und alten Förderanlagen; man kann selbst in den Berg zum Kupfer hinunterfahren (tägl., 32 NOK - warm anziehen, unter der Erde ist es nur 5 °C warm!), das Bergwerk ist aber insgesamt etwas enttäuschend.
Die barocke, das Ortsbild prägende Kirche wurde 1779-84 gebaut. Überall in der Stadt verteilt türmen sich die Abraumhalden, die übrigens auch unter Denkmalschutz stehen. Mehrere andere Gebäude, die zu den alten Schmelzhütten gehören, können besichtigt werden. In Röros wurden übrigens die bisher tiefsten Wintertemperaturen im gesamten Land gemessen: -51 °C.

Information: Röros Reiselivslag, Boks 61, Bergmannsplassen, 7461 Röros, Tel. (074) 11165 oder 12595.

Verkehrsverbindungen: Züge nach Trondheim, Kongsvinger/Oslo; Busse nach Trondheim; Flugzeug nach Oslo und Trondheim.

Postsparbuch-Geldwechsel: Röros Postkontor, Kjergata 15.

Jugendherberge: Idrettsheimen ** (Öraveien - in der Nähe des Bahnhofs), 15.5.-15.9., 7460 Röros, Tel. (074) 11089, 110 Betten, 45 NOK, Kochg.

Camping: Bergstaden **, 15.6.-15.8., Tel. (074) 11573, 14 ha, Hü.; Håneset **, ganzj., Tel. (074) 11372, 30 ha, Waschm., Kochg., Hü., Zi.; Röros *, ganzj.

Fahrradverleih: Röros Turistkontor, Peder Hiortsgate, Tel. (074) 11165 (10 DM pro Tag).

Sie sollten in der Umgebung von Röros kein Wasser aus den Gewässern trinken! Einige Flüsse wurden in der Vergangenheit zur Aufbereitung des Erzes genutzt. Auch durch natürlich anstehendes Erz kann das Grund- und Oberflächenwasser hohe Konzentrationen an Kupfer und den häufig mit Kupfer zusammen vorkommenden Metallen Zink, Blei, Antimon, Arsen und Nickel enthalten.

Kartenskizze Etappen 27 & 28

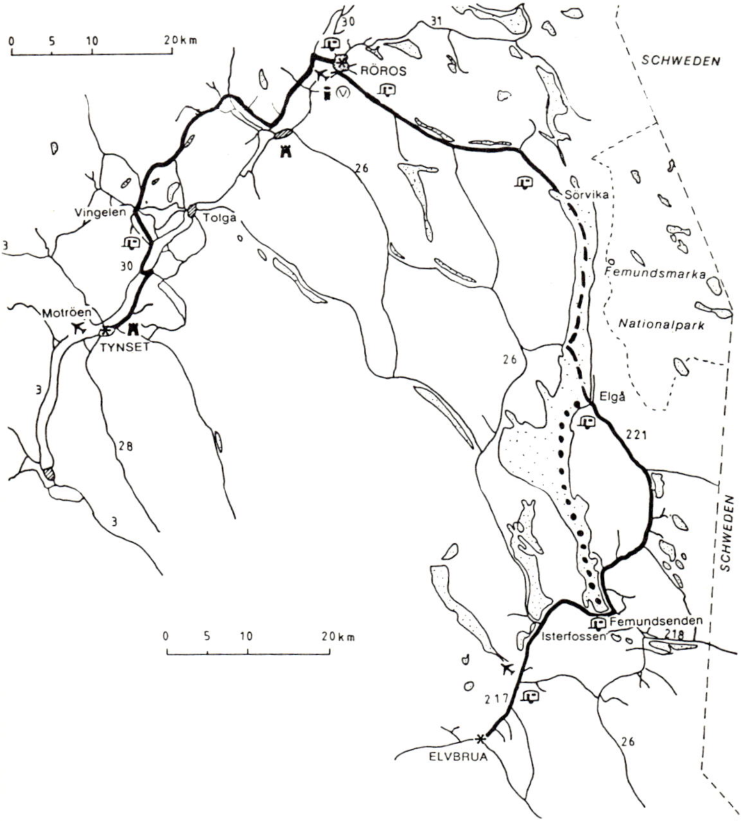

Etappe 28:
Röros - Törresdalen - Langen - Sörvika - *Femund See* - Elgå/Femundsenden - Galten - Elvbrua (65 km) >
540 - 646 - 662 - 734 - 645 m
Cappelen-Karte Nr. 2 (+ 3)

Diese Etappe führt Sie mit den folgenden in die wald- und seenreiche Welt Ostnorwegens - das Østlandet. Im Gegensatz zu jenen etwa im Fjordland oder Jontunheimen beschriebenen Etappen weisen sie nur leichteste Schwierigkeitsgrade auf. Die Höhenunterschiede sind gering.
Sie starten von der alten Bergbaustadt Röros auf dem Bezirksweg (Grus) entlang der Håelva nach Südosten und fahren durch *Ryen*.
Camping: Ryen * und Langen * (letzterer liegt am Femund-See).

Weiter geht es durch die kleinen Weiler Storrya, Törresdalen und Seter. Über Langen geht es durch einsame Wälder weiter zum *Femund-See*. Vom Nordende des Sees verkehrt (18.6.-20.8.) ab Sörvika der 1905 in Dienst gestellte Schaufelraddampfer M/S Femund II über den See (mi/so bis *Femundsenden* [103 NOK], sonst nur bis Elgå [56 NOK]). Außerhalb des angegebenen Zeitraum fährt ein anderes Boot. Das Schiff ist heute noch das wichtigste Transportmittel, da es rund um den See keinerlei Straßen gibt. Früher war das Haupttransportgut Kupfer aus den Gruben von Röros sowie Holz für die dortigen Meiler. Wenn Sie nach 3 Stunden in Elgå angekommen sind, fahren Sie entweder auf der R 221 nach Süden weiter oder planen einen kurzen Abstecher in den Nationalpark Femundsmarka ein. Von der Fähre erreichen Sie in zwei Stunden zu Fuß die Svukuriset-Hütte (DNT), direkt am Rande zum Schutzgebiet. In den Wäldern zwischen dem Femund-See und der schwedischen Grenze leben die südlichsten Stämme der Samen. Lebensgrundlage dieser ethnischen Minderheit ist auch heute noch weitgehend das Ren. Die hiesigen Herden werden aber zur Sommerweide weiter nach Norden getrieben, da sie das heißere Klima im Hinterland nicht so gut vertragen. Dem im Sommer reisenden Radler werden also nur vereinzelt Rene über den Weg laufen.
Postsparbuch-Geldwechsel: Elgå.
Camping: Elgå Gjestgiveri og Camping *, 10.6.-1.9., 2446 Elgå, Tel. (064) 59516, 5 ha, Zi.

Von *Elgå* geht es über die R 221 in 12 km nach Röstvollen. Dort biegen Sie rechts in Rchtg. Femundsenden ab. Die Straße führt durch endlose Nadel- und Birkenwälder, zwischen den Bäumen leuchtet die Rentierflechte neongrün. Nach 25 km, wobei die letzten Kilometer entlang des wunderschönen Femund-Sees führen, treffen Sie auf die von Schweden kommende R 26, der Sie westwärts folgen. Falls Sie die M/S Femund II bis zum See-Ende benutzt haben, landen Sie ebenfalls in Femundsenden.
Postsparbuch-Geldwechsel: Femundsenden.
Camping: Femundsvika Feriesenter **, 1.6.-30.9., 2440 Femundsenden, Tel. (064) 59000, 7 ha, Hü., Zi.; Femundsvika Gjestestue og Camping **, 1.6.-30.9., 2445 Femundsenden, Tel. (064) 59123, Waschm., Kochg., Hü., Zi.

Von Femundsenden folgt die R 26 zuerst dem See und anschließend dem Femundselva. Kurz vor *Fjellheimen* liegt in der Flußaue ein kleiner Flugplatz; an der R 217 gibt es zwei Campingplätze.
Camping: Sölenstua ***, ganzj., 2440 Engerdal, Tel. (064) 59742, 40 ha, Waschm., Kochg., Hü.; Sölenstua Motell og Campingsenter **, ganzj., Tel. (064) 59743, 30 ha, Waschm., Hütte (nur eine).

Sie fahren noch 10 km auf der Reichsstraße, bis Sie **Elvbrua** erreichen. Hier haben Sie nahtlosen Anschluß an Etappe 29.

Etappe 29:
Elvbrua - Elvdal - Engerneset - Jordet - Slettås - Osvik bru - Valmen - Osa bru - Rena (119 km) >
645 - 460 - 560 m
Cappelen-Karte Nr. 2

Mit ihrer endlosen Streckenführung durch innernorwegische Wälder zählt diese Etappe zu den längsten des Führers, ist aber sehr leicht zu befahren, da es keine nennenswerten Höhenunterschiede gibt.
Von der Elvbrua geht es nach Elvseter. Der Lauf der Trysilelva (Klara) wird von einem guten asphaltlosen Weg begleitet. Achten Sie einmal besonders auf den Flußlauf, da es hier zahlreiche Bibergruppen mit ihren typischen Dämmen und Burgen gibt. Den Verursacher dieser ausgeklügelten Stauanlagen werden Sie aber wohl kaum zu Gesicht bekommen, da Biber vorwiegend nachts aktiv sind. Mit Sicherheit sehen Sie aber die Spuren der großen Nagetiere: Bäume in Wassernähe, die mittels der typischen spitzkegelförmigen Fraßtechnik flachgelegt wurden. Der Biber wurde jahrhundertelang wegen seines Felles verfolgt, und seine Lebensräume sind im engen Mitteleuropa mittlerweile begradigt und kanalisiert worden. Desweiteren leben in den ungestörten Wäldern Braunbären, Adler, Elche, und der Fluß wimmelt nur so von Fischen (hauptsächlich Forellen). Die Straße führt insgesamt etwas abwärts; Sie verlieren etwa 150 Höhenmeter im Verlauf der Strecke bis *Engerneset*. Dort angekommen wenden Sie den Lenker nach rechts und benutzen die etwas bessere R 26 nach **Jordet**.
Postsparbuch-Geldwechsel: Jordet.
Camping: Fredbo ** (3 km nördlich von Jordet).

Am Südrand des kleinen Ortes biegen Sie links auf die R 215 ab, die nach Rena führt. Anfangs noch asphaltiert, geht sie wenig später in eine Schotterdecke über. Die Straße führt bis Rena durch dünnbesiedeltes Gebiet, es liegen nun fast 70 km Wald vor Ihnen. Die Straße macht einen größeren Schlenker um den Osensjöen.
Camping: Sandvika *, 1.6.-31.8, 2460 Osen, Tel. (064) 44158, 10 ha, Hü., Zi.

Nach der kleinen Kirche in *Osvik bru* und *Nordre Osen* folgen nach einigen Kilometern zwei weitere Campingplätze.

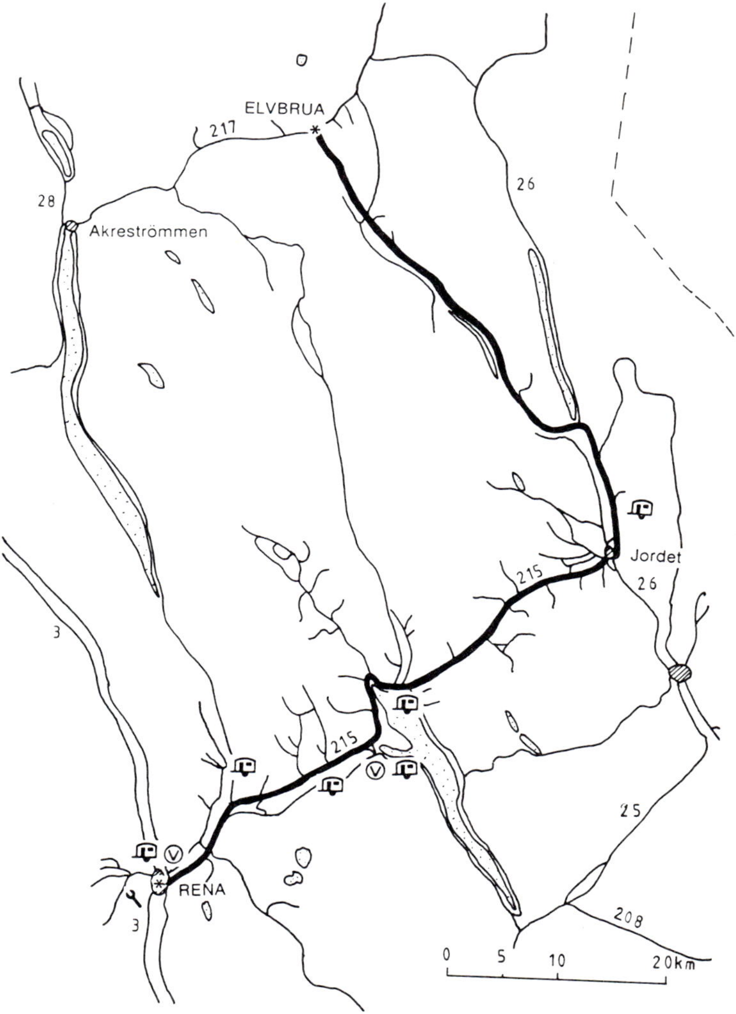
ELVBRUA
217
28
Akreströmmen
26
Jordet
215
26
3
215
25
RENA
3
208
0
5
10
20km

Camping: Berget ** (nach links zum See abbiegen), 1.6.-1.9., 2460 Osen, Tel. (064) 44934, 30 ha, Kochg., Hü., Zi. und angeschl. *Jugendherberge*; Östre Æra *** (an der R 215), ganzj., 2460 Osen, Tel. (064) 44911, 64 ha, Waschm., Kochg., Hü.

Vor Valmen verlassen Sie die Hauptstraße nach links und fahren über die folgende Kreuzung (Valmsneset) hinweg entlang der südlich des Flusses Söndre Osa verlaufenden mautpflichtigen Gemeindestraße nach *Kjölstad*. (Sie können natürlich auch auf der asphaltierten Hauptstraße bleiben.) Am zweiten Schlagbaum kurz vor *Ulva* geht es an zwei Wasserkraftwerken vorbei zurück auf die R*215*.

Camping: Flåtestöa * (1 km nördlich der Osa bru).

Über *Nordby* erreichen Sie **Rena**, wo der Glåma und die Rena zusammenfließen. Die Stadt war in früheren Jahrhunderten ein wichtiger Rastplatz der Pilger, die seit 1030 nach Trondheim zum Grab Königs Olavs des Heiligen reisten. Interessant ist in der kleinen Industriestadt weiterhin die mächtige Åmot-Holzkirche aus dem Jahr 1902.

Postsparbuch-Geldwechsel: Rena.

Verkehrsverbindungen: Züge nach Oslo und Trondheim.

Camping: Rena ** (am Prestesjöen), 1.5.-30.9., 2450 Rena, Tel. (064) 40330, 35 ha, Waschm., Hü.; Østerdalen Turistsenter ***, ganzj., Tel. (064)40100, 30 ha, Waschm., Kochg., Zi.

Etappe 30:

Moss - Horten - Åsgårdstrand - Tönsberg - Melsomvik - Stavnum - Råstad - Sandefjord - Hem - Lauve - Viksfjord - Larvik (63 km) >
0 - 37 - 0 - 16 - 0 - 21 - 0 m
Cappelen-Karte Nr. 1

Diese Etappe führt über eine leichte Strecke durch den Verdichtungsraum des südlichen Teils des Bezirks Vestfold. Sie passieren eine Reihe von alten Walfang-Hafenorten und kulturhistorischen Sehenswürdigkeiten, erleben landschaftlich aber nicht allzuviel.

Horten und **Borre**, 22000 Einw., Vestfold Fylke, bilden eine kleine Stadt in dem kleinsten und dichtestbesiedelten Fylke von Norwegen. Horten ist der Stadtkern der Kommune, zu der auch der Ortsteil Borre im Süden gehört. Die Geschichte Hortens ist eng mit der norw. Marine verbunden, 1818 wurde deren Hauptbasis hier eingerichtet. 1960 wurde diese nach Bergen verlegt, aber Horten ist immer noch wichtigster Stützpunkt im Osten, u.a. mit einem Ausbildungszentrum. Die alte Marinebasis "Karl Johans verm" direkt am Hortenkanal beherbergt heute ein Marinemuseum. Die Stadt ist weiterhin stark von den etwa 50 Elektronikbetrieben abhängig. In Horten konzentriert sich fast die gesamte Branche des Landes.

Weitere Museen: Oldtimermuseum in den alten Bierhallen der ehem. Brauerei; Museum der Gesellschaft zur Rettung Schiffbrüchiger (100 Jahre

Seenotrettung dargestellt in Modellen, Fotos und Ausrüstungsgegenständen); Preus Fotomuseum (viele alte Kameras und ein altes Fotostudio).
Information: Horten og Borre Reiselivslag, Torvet 6a, 3190 Horten, Tel. (033) 14819.
Verkehrsverbindungen: jede Stund Fähre nach Moss, 19 NOK.
Postsparbuch-Geldwechsel: Hauptpost, Bekkajordet und Holtan.

In etwas komplizierter Streckenführung beginnt die Tour auf der R 310 nach Rörestrand (Badegelegenh.) und Borre. Hinter dem "Nasi-Park" im Osten verbirgt sich keineswegs ein Nationalpark, sondern es handelt sich um einen Friedhof, wo viele norwegische Könige ruhen. An der Steinbrücke in Borre biegen Sie zum Campingplatz ab und folgen dem sogenannten "Strandveien", der Sie durch Buchen/Ulmen/Eschen-Wald nach *Fjugstad* bringt.
Camping: Rørestrand **, 1.5.-1.9., 3190 Horten, Tel. (033) 73340, 15 ha, Hü.

Anschließend radeln Sie links auf der R 311 nach **Åsgårdstrand**; die Alternative wäre weiter die R 310, zwar mit Radweg, aber stark befahren. Der berühmte Maler Edward Munch kaufte hier 1897 ein Haus, das heute ein Museum ist. Weiter geht es über die Bezirksstraße zur *Slagen Kirke*. Hier in *Oseberg* hat man 1904 das Osebergschiff ausgegraben (jetzt in Oslo/Bygdöy). Mit dem Schiff (21½ m) waren zwei Frauen begraben, von denen man annimmt, daß es sich um die Großmutter von König Harald Hårfagre Åsa (ca. 850 u.Z.) und ihre Dienstmagd handelt. Wechselweise Wald und Ackerland begleiten Sie nach Tönsberg.

Tönsberg, 31000 Einw., Vestfold, ist Norwegens älteste Stadt und Hauptstadt des Bezirks Vestfold. Angeblich soll es nach den Aufzeichnungen des Geschichtsschreibers Snorre Sturlason über König Hårfagre die Stadt Tönsberg schon vor der Schlacht bei Hafrsfjord (872) gegeben haben. Die zur Zeit laufenden Ausgrabungen des Olavsklosters und eines Wikingergrabes werden dieses Datum evtl. revidieren. Sicherlich war hier eine Siedlung aber schon vor 1000 Jahre wegen der günstigen Lage am Sund zwischen Nötteröy und dem Festland von großer Bedeutung. Die Wikinger gründeten hier ihren Gerichtsplatz (thing) für die gesamte Region, und viele alte Grabstätten (im Stadtzentrum: Haugarhügel) zeugten von den damaligen Aktivitäten. Neben dem Osebergschiff fand man in der Nähe auch ein weiteres: das Gokstadschiff der Königin Åsa. Unter König Håkonsson (1217-1263) bekam die Stadt wichtige Funktionen für das ganze Reich. Er ließ den Burgenkomplex Tunsberghus erbauen (eine der größten mittelalterlichen Burganlagen in Norwegen; heute Ruine um den neuen Aussichtsturm). Håkonsson ließ den Kanal Skjeljasteinssund ausheben, so daß dieser für größe Schiffe befahrbar wurde. Diese Ereignisse sowie die Christianisierung fielen mit der Blütezeit Tönsbergs zusammen.
Der Niedergang begann abrupt, als 1349 der Schwarze Tod (Pest) aus dem übrigen Europa auch vor Norwegen nicht halt machte. 1536 wurde die Stadt durch eine Feuersbrunst vollständig in Schutt und Asche gelegt. Vom 16.

bis zum 18. Jh. spielte der Holzhandel mit den großen Seemächten England und Holland die wichtigste Rolle.
Von der Glanzzeit der Segelschiffe profitierten die Werftindustrie, die ansässigen Reedereien, die sich auf allen Weltmeeren tummelten, und das Hinterland. Auch der erste Tanker der Welt wurde 1870 in Tönsberg gebaut. Die Seefahrt und ansässige Industrie bilden heute noch die Haupterwerbsquelle. Seit 1970 spielen die Zulieferbetriebe für die Ölindustrie in der Nordsee eine immer wichtigere Rolle.
Eine interessante Sehenswürdigkeit ist das Vestfold Fylkesmuseum (Mai-Sept.) unterhalb des Stadthügels in der Grev Wedelsgate. Dort gibt es einen Freilichtkomplex und eine Ausstellung zur Seefahrts- und Walfanggeschichte. Außerdem befindet sich dort das Klåstadschiff aus der Wikingerzeit; die Teile des Osebergschiffes sind nur Duplikate. Für Naturfreunde ist die Brackwasserbucht Presterödkilen mit einer sehr artenreichen Vogelfauna sicherlich sehr interessant. Hier sind 50 % aller Vogelarten des Landes zu beobachten.

Information: Vestfold Reiselivsråd, Storgaten 55, 3100 Tönsberg, Tel. (033) 14819.

Postsparbuch-Geldwechsel: Hauptpost (Storgaten), Kremerhuset Postfilial und Trudvang.

Jugendherberge: Tönsberg UH **, Dr. Blancas gt. 22, 15.6.-1.9., Tel. (033) 12848 o. 81400, 110 NOK, 52 Betten, Kochg.

Camping: Furustrand ***, ganzj., 3150 Tolvsröd, Tel. (033) 24403, 38 ha, Kochg., Hü. und angeschl. Motel; Skallevoldstranda *, ganzj., Tel. (033) 30287; Fjærholmen Familiecamping **, 24.5.-18.8., 3140 Borgheim, Tel. (033) 83601, 60 ha.

Durch idylische Holzbebauung im Norden verlassen Sie auf der R 310 die Stadt. Mittels der R 303 geht es dann nach Melsomvik (Post) und über die Bezirksstraße durch Sandskje nach Sandefjord.

Sandefjord, 36000 Einw., Vestfold, liegt am landwärtigen Ende des gleichnamigen Fjordes. Sie fußt auf dem Ende einer mächtigen Moräne der letzten Eiszeit, daher der Namensbestandteil *Sande*. Schon die alten Verkehrswege verliefen auf dem relativ trockenen und ebenen Rücken dieser Moräne, heute nutzt die E 18 diese Trasse. Die höchsten Meerestemperaturen in Norwegen werden im Sommer im Sandefjorden gemessen, auch die relativ häufigen Sonnentage laden zum Baden ein. An der zerklüfteten 60 km langen Küste des Vestfold-Fylkes gibt es eine große Anzahl schöner Badeplätze - viele liegen unmittelbar an Campingplätzen.
Die Geschichte Sandefjords begann im Mittelalter als Holzumschlagplatz, 1570 erhielt es privilegierte Handelsrechte und 1845 die Stadtrechte. Die wichtigste Periode in der Stadtgeschichte war aber der Zeitraum von 1864 bis 1965. Es war die Zeit des Walfangs; 1905 lief von einer Sandfjorder Werft das erste Walverarbeitungsschiff der Welt mit norwegischer Mannschaft gen Südpol aus. Auch nach dem Krieg waren die Norweger führend (7000 Mann auf 9 Fabrikschiffen und 100 Fangbooten). Erst 1969 wurde der Walfang am Südpol eingestellt, da die Quoten, die Norwegen von der Inter-

nationalen Walfangkommission zugeteilt wurden, keine wirtschaftlichen Gewinne mehr erwarten ließen. Heute gilt ein totales Fangverbot, lediglich Japan und Südkorea halten sich unter dem Deckmantel der wissenschaftlichen Forschung nicht an die Internationale Vereinbarung. In Nordnorwegen jagen einige Fischer noch Kleinwale zur Selbstversorgung.
Die Geschichte des Walfanges ist in dem sehr interessanten Chr.-Christensen-Walfängermuseum (Museumgata 39), das einzige seiner Art in Europa, dargestellt. Neben einer Reihe ausgestopfter Tiere aus den Polargebieten gibt es ein Modell eines kompletten Blauwals zu sehen. Auch das Sandefjord-Seefahrtsmuseum spiegelt in einer Vielzahl von Modellen, Fotos und Gegenständen das von der Seefahrt bestimmte Leben der Stadt (besonders die jüngere Geschichte seit 1800) wieder. Einer der bedeutendsten Funde skandinavischer Archäologen, das Gostadschiff aus dem gleichnamigen Königsgrab (Gostadhügel, 2 km östlich von Sandefjord an der R 303), wurde 1880 ausgegraben. Weiterhin ist das Stadtmuseum (Herrenhaus von 1792 inkl. Inneneinrichtung) im Pukkestad Gård (Hystadveien 21) noch erwähnenswert. In der Umgebung befinden sich umfangreiche Gräbnisstätten mit Steinfeldern in Schiffsform.

Information: Kulturkontoret (mo-fr, 8-15 Uhr), Rådhuset (1. Stock), Tel. (034) 65300 oder 68100; in der Saison: Pavillon am Torvet (Markt).

Postsparbuch-Geldwechsel: Hauptpost in der Storgata.

Jugendherberge: Sandefjord UH (3 km nordwestl. des Bahnhofs), 3200 Sandeford.

Camping: Solløkka Leirsted **, 20.6.-9.8., Tel. (034) 53441, 15 ha, Waschm., Kochg., Hü., Zi.; Vøra * (8 km südl. auf der Landzunge Vesteröya, wo sich auch noch zwei weitere Plätze befinden), ganzj., Tel. (034) 73770; Granholmen * (6 km südlich an der R 303), ganzj.; Mostrand *** (Halbinsel Tjöme ca. 15 km südwestl.), ganzj., 3145 Tjöme, Tel. (033) 90710, 15 ha, Kochg., Hü., Zi.; Rica Havna *** (Tjöme), 1.5.-15.9., Tel. (033) 90802, 210 ha, Waschm., Kochg., Hü. und angeschl. Motel; Furustranda ***, ganzj., 3150 Tolvsröd, Tel. (033) 24403.

Fahrradservice: Intersport, Rolf Blaasvær AS, Tel. (034) 64005; G-Sport, Gunnar Hesby.

Von Sandefjord bis ins benachbarte Larvik sind es nur wenige Kilometer.

Larvik, 38000 Einw., Vestfold, ist eine überwiegend vom Hafen und der damit verbundenen Industrie geprägte Stadt. Larviks Einwohnerzahl verdoppelt sich im Sommer, da viele Touristen von den wärmsten und schönsten Badestränden (Brunlanes, Tjölling und im Larvikfjord: Tollerodden und Batteritomta) der Umgebung angelockt werden. Die Stadt lebt von der Holzwirtschaft, was jedem Besucher durch das gewaltige Sägewerk Treschow-Fritzöes fast mitten in der Stadt und dem immer in der Luft liegendem Geruch nach frischem geschnittenem Holz unschwer auffällt. Auch war die günstige Lage zum Flößen am Fluß Lågen ein Ansiedlungsgrund, obschon die Holztransporte heute überwiegend mittels LKW abgewickelt werden. Das Flößen und das längere Lagern im Wasser hat aber immer noch den Vorteil, daß so das Holz vor Schädlingsbefall bewahrt wird.
Der Hügel mit dem Stadtwald Böskeskogen wird von dem nördlichsten Bu-

chenwald der Welt, der zugleich auch der größte Norwegens ist, bedeckt. Berühmte Söhne der Stadt waren Thor Heyerdahl und Colin Archer. Heyerdahl wurde als Ethnologe 1947 weltberühmt, als er den Pazifik in 101 Tagen über 4200 Seemeilen von Peru nach Thaiti in der Südsee mittels eines nach einem Inka-Vorbild nachgebauten Balsafloß (Kon-Tiki) überquerte. Damit bewies er, daß die Herkunft der Polynesier in Südamerika zu suchen sein könnte. 1970/71 fuhr er mit einer Mannschaft mit einem Schiffsfloß (Nachbau von Booten, die auf dem Tschadsee in Afrika verwendet werden) von Marokko nach Brasilien und zeigte, daß alte afrikanische Kulturen durchaus in der Lage waren, Südamerika zu erreichen und zu besiedeln. Im zweiten Anlauf erreichte er nach 57 Tagen mit der Ramses II die Karibik. Die Schlußfolgerungen Heyerdahls sind in der Fachwelt recht umstritten, zuviele Unsicherheiten, Vermutungen und auch anders erklärbare Entwicklungen begleiten seine Theorien.
Die im Larvik-Seefahrtsmuseum ausgestellten Schiffe sind nur Kopien - die echte Kon-Tiki und Ramses II befinden sich in Oslo auf der Museumshalbinsel Bygdöy im Kon-Tiki-Museum.
Colin Archer war der Erbauer des wohl berühmtesten norwegischen Schiffes: in seiner Werft lief 1892 das Polarschiff "Fram" vom Stapel. Mit diesem Schiff brachen Nansen zum Nordpol und Amundsen zum Südpol auf. Alle Eismeerexpeditionen hatten bis dahin mit dem scheinbar unüberwindbaren Hindernis zu kämpfen, daß die Schiffe - einmal vom Packeis während der oftmals monatelangen Fahrt eingeschlossen - von diesem einfach zerdrückt wurden. Der Clou an der Konstruktion der Fram war, daß man die Bordwände so abschrägte, daß das Schiff quasi wie ein schlüpfriger Fisch vom Eis hochgedrückt wurde. Die revolutionäre Idee war erfolgreich, und die Fram lief zu etlichen Polarexpeditionen aus. Heyerdahl und Archer ist der überwiegende Teil des Seeschiffahrtsmuseums (Sjöfartsmuseum) im ehemaligen Zollhaus am Yachthafen gewidmet.
Weiterhin sind in Larvik sehenswert: das Stadtmuseum, Herrenhof Herregården; das Heimatmuseum im Lågenta (Hedrum bygdetun in Kvelde [typischer Lågenhof] und Pfarrhof in Tjölling); etliche alte Kirchen aus dem Mittelalter; Festung Stavern: Zitadelle mit Lager und Garnisonskirche.
Außerhalb der Stadt gibt es viele kleine alte Fischereisiedlungen, die noch das gewisse Ambiente mit Kuttern, Fischgeruch und Möwen aufweisen.

Information: Reiselivsråd (neben dem Kino), Stgt. 20, Tel. (034) 82623.

Verkehrsverbindungen: Züge nach Oslo und Skien, Skagerrakfähren nach Frederikshavn in Dänemark.

Postsparbuch-Geldwechsel: Jaegersborggate.

Camping: alle Plätze sind 5-7 km außerhalb am Meer - Streterestranda *, ganzj., 3290 Stavern, Tel. (034) 94918; Guslandstranda *, ganzj.; Gon ** (ruhiger Platz, 4 km außerhalb von Gon mit Badebucht), ganzj., 3260 Östre Halsen, Tel. (034) 26511, 20 ha, Waschm., Kochg., Hü.

Fahrradservice: Intersport Larvik A/S, Tel. (034) 81191; Alfred Sport A/S, ebenfalls in 3250 Larvik.

Kartenskizze Etappen 30 & 31

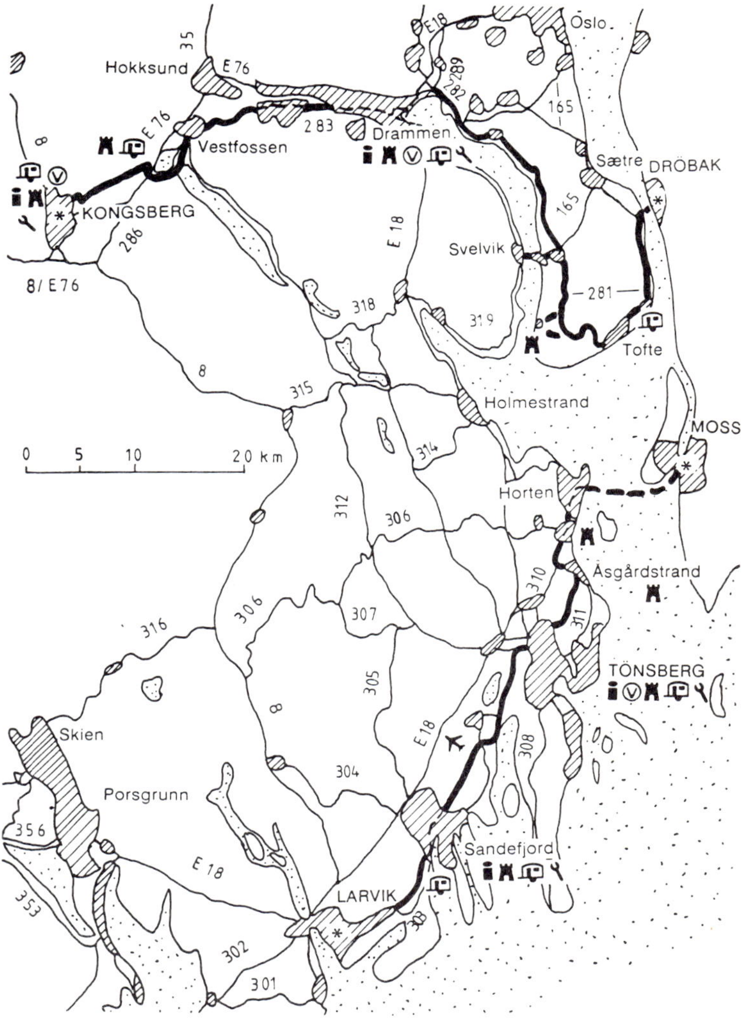

Etappe 31:
Dröbak - Storsand - Tofte - Klokkarstua - Hyggen - Drammen - Hokksund - Vestfossen - Sundhaugen - Fiskum - Kongsberg (97 km) >
0 - 189 - (0) - 115 - 0 - (200) - 18 - 170 m
Cappelen-Karte Nr. 1

Diese Etappe setzt anfangs die Fahrt an der Westseite des wunderschönen Oslofjordes fort. Sie beginnen Ihre Reise an der Fährstelle Storsand (und können ggf. nach Dröbak übersetzen und an Etappe 1 anschließen). Nun geht es viele Kilometer den Oslofjord entlang, der rege von Schiffen aller Größen und Arten befahren wird. Unzählbar sind auch die Motor-, Segel- und Ruderboote - der Norweger liebste Spielzeuge auch in der Freizeit. Viele Bewohner der Region besitzen eine Hütte auf einer der vielen Inseln, die nur mit dem Boot zu erreichen sind. In *Filtvet*, einem kleinen Badeort, steht ein großes Leuchtfeuer, das den Schiffen die Einfahrt in den zahlreiche Untiefen aufweisenden Fjord signalisiert.
Camping: Solbergstöa *, ganzj., 3480 Filtvet, Tel. (03) 796576.

Weithin sichtbar sind die Zellulosewerke von *Tofte* (Übernachtungsmögl. und Post), die größten ihrer Art in Norwegen. Sie fahren durch den langgezogenen Küstenort nach Sagene, wo die R 281 sich von der Küste entfernt und etwas ansteigt. Die Straße führt über Tronstad nach Lilltvet. Halten Sie sich weiter auf der R 281 und fahren nordwärts am Rödbyvatnet vorbei nach Sundby und Klokkarstua. (Sie können auch den Drammensfjorden mit der Fähre Verket - Svelvik [sehr häufig, 10 NOK] überqueren und auf eigene Faust bis zum Startpunkt der Etappe 30 nach Horten fahren.) Dort überqueren Sie die kreuzende R 165 und setzen die Tour auf der Bezirksstraße auf der Ostseite des Drammensfjorden nach *Selvik* (nicht verwechseln mit Svelvik), Selvikstranda, Jerdaltangen nach *Hyggen* fort. Nachdem Sie Lahell erreicht haben, geht es das letzte Stück auf der stärker befahrenen R 282 nach Drammen.

Drammen, 52000 Einw., Buskerud, ist eine große Industriestadt, die an der sehr günstigen Lage der Mündung des gleichnamigen Flusses in den Drammensfjorden seit dem Hochmittelalter zuerst als Handelsort gewachsen ist. Seit Beginn der Neuzeit ist die fünftgrößte Stadt Norwegens neben den Orten an der Mündung der Glåma der größte Holzexporthafen Norwegens. Früher wurden die Stämme über den Drammenselva in großen Mengen geflößt. Heute bestimmen große Betriebe der Holzverarbeitung, Zellulose- und Papierherstellung das Stadtbild.
Die bekannteste Sehenswürdigkeit ist die Straßenspirale im Hausberg Bragernesåsen, die sich auf 2 km unterirdisch 150 m in die Höhe windet. Sie entstand in den 50 er Jahren durch den Bedarf an Schottermaterial für den Ausbau der E 18 und anderer Straßen. Um das Landschaftsbild nicht durch einen Steinbruch zu verschanden, wurde das Gestein einfach unterirdisch abgebaut. Die Strecke ist aber kein Vergnügen für Radfahrer, da sehr steil

(10 %) und mit schlechter Luft behaftet.
Sehenswert sind noch die beiden Kirchen (1871 und 1667), der Austad Herregård (1808 - Herrensitz) und der Gulskogen Gård (1804 - Herrensitz mit schöner Lindenallee, beide Sitze nur so 12-16 h). Im Drammens Museum (Konnerudgata 7, für Öffnungszeiten bei Tel. [03] 832890 oder 834094 erkundigen) existiert eine Sammlung von Kirchenkunstgegenständen, angegliedert ist der Marienlyst Gård von 1750. Der örtliche Kunstverein präsentiert in seiner Kunstgalerie (Gamle Kirkeplass 7) ständige und wechselnde Ausstellungen. Uralte Felszeichnungen (6000 Jahre) gibt es im Stadtteil Åskollen (SO).

Information: Turistinformasjonskontoret, Rådhuset, 3015 Drammen, Tel. (03) 834094 oder 837980.

Verkehrsverbindungen: Züge nach Oslo, Stavanger, Tönsberg, Larvik, Skien und Bergen; Busse nach Oslo, Kongsberg, Notodden, Haukeligrend, Haugesund, Nesbyen, Aurland, Voss, Bergen, Lærdal, Sogndal und Förde.

Postsparbuch-Geldwechsel: Hauptpost sowie 8 Nebenstellen.

Jugendherberge: Drammen UH **, Korsveien 62 (südl. der westl. Brücke), 25.6.-12.8., 3028 Drammen, Tel. (03) 822189 75 NOK, 180 Betten.

Camping: Drammen ***, Buskerudveien 97, 20.5.-10.9., 3027 Drammen, Tel. (03) 821798, Waschm., Kochg., Hü.

Fahrradservice: 4 Intersport-Filialen.

Der zweite Teil der Etappe ist weder schön noch angenehm zu befahren und dient nur der Anbindung an weiter westlich liegende Strecken. Nördlich des Drammenselva führt ein ausgeschilderter Radweg nach Hokksund, der mehrmals parallel zu der sehr lauten E 76 geführt wird. Die andere Möglichkeit ist der hier beschriebene Weg auf der Südseite des Flusses über Mjöndalen. Insgesamt scheint es sinnvoll, einen der häufig fahrenden Nahverkehrszüge nach Hokksund zu benutzen.
Sie fahren von Hyggen kommend Rchtg. Innenstadt, dabei können Sie entweder die westliche oder östliche Brücke zur Überquerung des Drammenselva benutzen. Auf der anderen Seite geht es rechts entlang der R 283 nach Gulskogen (Bhf.) und weitere 10 km nach *Mjöndalen* (Post, Bahnanschluß in alle vier Himmelsrichtungen). Von hier geht es wesentlich ruhiger an vielen Höfen vorbei durch das Tal nach *Hokksund*. (Da Sie nach Kongsberg weiterradeln wollen, können Sie Hokksund auch südlich umgehen, indem Sie in Mjöndalen auf die Bezirksstraße nach Rökeberg fahren. Allerdings müssen Sie etwas bergigeres Terrain in Kauf nehmen als bei der Streckenwahl durch Hokksund.) Bei der Wahl der Strecke durch Hokksund nehmen Sie am Ortsende die parallel zur E 76 laufende Bezirksstraße nach *Vestfossen* (Post, Bahn), einem alten Industrieort. Hinter Vestfossen wird die Tour auf dem Bezirksweg nach Sundhaugen entlang des Fiskumvatnet fortgesetzt. Sie fahren in Sundhaugen über den Eikeren-See und dann auf der E 76 etwas nach Norden durch *Fiskum* (Post, Bahn).
Camping: Fiskum *, 1.6.-1.9., 3322 Darbu, Tel. (03) 750622, 22 ha, Hü.; Sundhaugen * (direkt am Fiskumvatnet).

In Fiskum ist die mittelalterliche Steinkirche sehenswert, die sehr wenig durch spätere Generationen verändert wurde. Die Etappe nach Kongsberg wird an der Kirche auf der nördlich zur E 76 parallel laufenden Bezirksstraße (nach Westen abbiegen) durch Wald fortgesetzt.

Kongsberg, 21000 Einw., Buskerud, ist seit vielen Jahrhunderten mit dem Beinamen "Silberstadt" versehen. Sie ist neben Röros die zweite wichtige historische Bergbaustadt. 1623 fanden Hirtenkinder einen Silberklumpen, kurze Zeit später begann die Schürftätigkeit: 1624 gründete der machthabende König Christian IV., der von dem Fund Wind bekommen hatte und sich sofort seine Rechte durch Dekret sicherte, die Stadt (Konningsberg). Am Ende des 18. Jh. war Kongsberg mit 10000 Einwohnern die zweitgrößte Stadt Norwegens. Ähnlich wie in Röros waren es auch hier Bergleute aus Sachsen, die das notwendige Know-how lieferten, eine Bergbauschule (1757, an der Kirche) gründeten und als einflußreichste Gruppe der Stadt jahrzehntelang den Bürgermeister stellten.
Die Silbergewinnung ist etwas einfacher als die Herstellung von Kupfer. Das Edelmetall kommt fast immer gediegen im Gestein vor, d.h. es ist relativ rein und läßt sich durch mechanische Trennverfahren aufgrund seines spezifischen Gewichtes abscheiden. Den gesamten Ablauf können Sie im Silbermuseum im ehemaligen Schmelzwerk an verschiedenen Modellen anschaulich erklärt bekommen (Hyttegata nahe der neuen Brücke, 18.5.-31.8., tägl. 10-16 h). Weiterhin können Sie auch eine alte Silbermine besuchen. Sie liegt 7 km westlich an der E 76 (in Saggrenda dem Wegweiser nach rechts folgen, 1 km bis zur Grube; 18.5.-31.8.). Die alte Grubenbahn fährt 2½ km in den kalten Fels hinein. Insgesamt hat es zur Blütezeit um 1770 sechzig Minen gegeben. Die letzte wurde 1957 geschlossen, was jedoch keine wirtschaftliche Krise verursachte, da der größte Arbeitgeber seit 1814 die Kongsberg Våpenfabrik (Waffen- und Munitionsfabrik) ist. In der Zeit des Wohlstandes wurde auch die größte barocke Kirche Norwegens gebaut (1740-1761); sie hat 2400 Sitzplätze. Sehenswert ist noch das Lågdalsmuseum, ein Freilichtmuseum in der Nähe des Bahnhofs mit rund 40 Häusern aus dem benachbarten Numedalen (18.5.-31.8. tägl. 11-16 h).

Information: Kongsberg og Numedal Turistkontor, Schwabes Gate 1, 3600 Kongsberg, Tel. (03) 731526.

Verkehrsverbindungen: Züge nach Stavanger und Oslo, Busse nach Haugsund und Oslo.

Postsparbuch-Geldwechsel: Hauptpost, Postbromoen und Steglet.

Jugendherberge: Kongsberg UH ** (Vinjesgate 1, 0,5 km vom Bahnhof), ganzj., Tel. (03) 732024, 102-120 NOK (inkl. Frühstück), 90 Betten, Kochg.

Camping: Skavanger ** (1½ km nördlich an der R 8), 1.6.-20.8., Tel. (03) 732031, 17 ha, Kochg., Hü.; Lågdalsmuseet *** (Tillischbakken 8-10, mitten im Freilichtmuseum), ganzj., Tel. (03) 732228 oder 733468, 37 ha, Hü.

Fahrradservice: Intersport Kongsberg AS, Tel. (03) 731155; Kongsberghallen Sport Fritid, Tel. (03) 724100; Sig. Knutsen AS; O.S. Windsvoll AS.

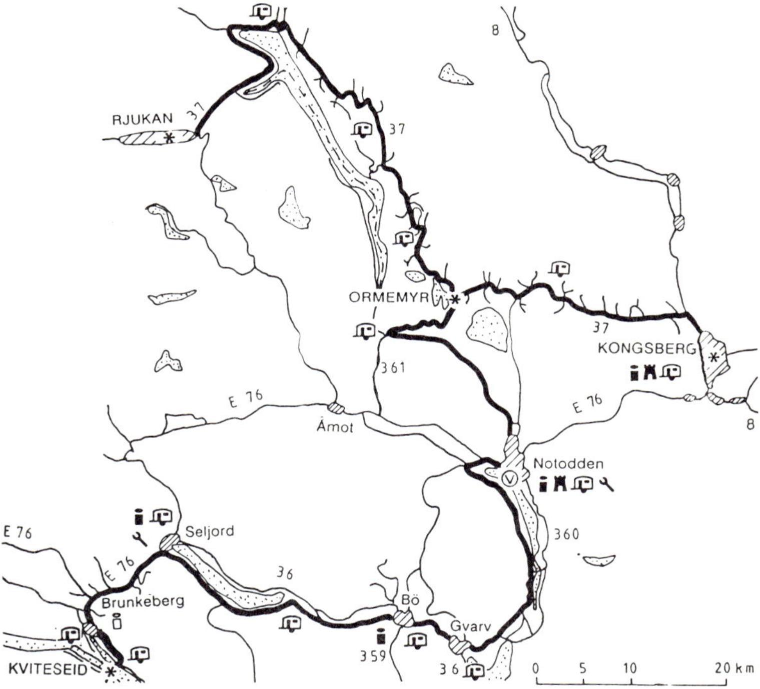

Etappe 32:
Kongsberg - Stengelsrud - Jondalen Kirke - Ormemyr (36 km) >
300 - 404 - 486 - 350 m
Cappelen-Karte Nr. 1 + 2

Die ruhige Etappe bringt Sie durch das Jondalen zum Kreuzungspunkt in Ormemyr. In Kongsberg beginnt die R 8 nach Norden Rchtg. Svene. Man sollte nicht der Versuchung erliegen, statt der Hauptstraße die ruhigeren Nebenstraßen auf der Ostseite des Lågen (nicht zu verwechseln mit dem Fluß des Gudbrandsdalen) zu benutzen. Der Fluß kann nämlich dann erst in Svene überquert werden. Nach 6 km biegt links die R 37 ins *Jondalen* ab, die nun stetig bergauf, aber gut fahrbar, an der Jondalen Kirke vorbei bis Buvannshytta führt.
Camping: Max Kro og Camping **, ganzj., 3600 Kongsberg/Jondalen, Tel. (03) 764451, 8 ha, Hü.; Jondalen Kro og Camping ** hat nur im Winter geöffnet.

Anschließend sehen Sie - bergabwärts fahrend - links unten im Tal den großen Follsjå, halbrechts liegt eine Erhebung, die bis 798 m hoch reicht und auf der Folgeetappe auf der Rückseite umrundet wird. An der Weggabelung von **Ormemyr** müssen Sie sich für den weiteren Verlauf ihrer Radtour nach Norden am Rande der Hardangervidda oder gen Süden zum Telemark-Kanal entscheiden.

Etappe 33:
Ormemyr - Höymyr - Sauro - Nåpågard - Bakko - (Rjukan) (44 km) >
350 - 310 - 750 - 400 m
Cappelen-Karte Nr. 2

Entlang des großen Tinnsjö bringt Sie die R 37 - immer deutlich oberhalb des Sees - nach Norden. Der See war 1943 Schauplatz eines Anschlages auf eine Eisenbahnfähre, die "schweres Wasser" für Atomversuche der Nazis nach Deutschland transportierte. Das Wasser war in Rjukan in den Anlagen des Norsk-Hydro-Konzernes hergestellt worden. Die Versenkung war der spektakulärste Erfolg des norwegischen Widerstandes.
Zunächst geht es 15 km entlang einer Reihe von Seen ohne Höhenunterschiede, bis die Straße bei Hovin (nicht auf Cappelen-Karte) unvermittelt recht stark ansteigt.
Camping: Blefjell **, 1.6.-1.9., 3652 Hovin i Telemark, Tel. (036) 99150, 15 ha, Waschm., Hü.

Diese erste Steigung der Etappe haben Sie bei Fosso überwunden. Bei *Sauro* finden Sie eine der wenigen Einkaufsmöglichkeiten dieser Etappe.
Camping: Oppbygda **, 1.6.-30.9., 3652 Hovin i Telemark, Tel. (036) 99236, Waschm., Kochg., Hü.

Es geht dann einige Kilometer bergab, bis Sie den Fluß überqueren und den eigentlichen Paß mit 750 m Höhe erklettern. Der Ausblick zum Tinnsjö hinunter ist weitgehend verstellt und öffnet sich erst später, dann aber um so schöner. Nach dem Scheitelpunkt folgt eine kurze schnelle Abfahrt, und dann geht es recht hügelig entlang verschiedener Seen nach *Nåpågard*. Über Åmdalen und Vedåsan erreichen Sie die Abfahrt endgültig hinunter zum Tinnsjö. Unterwegs kommen Sie an einer wunderschönen Aussichtsstelle vorbei, wo es sich lohnt, die Abfahrt - sei sie noch so genußvoll - zu unterbrechen. Sie sehen nicht nur den See, sondern auch tief in den Vestfjorden hinein, der nach Rjukan führt.

Ein Abstecher nach Rjukan bzw. die Fortsetzung Ihrer Reise nach Dalen/Telemark-Kanal ist sehr interessant. Sie können die R 37 am anderen Seeufer gut erkennen. In *Bakko* müssen Sie Ihre Entscheidung treffen.
Camping: Sjøtveit **, 1.6.-15.9., 3650 Tinn Austbygd, Tel. (036) 98196, 12 ha, Hü.; Sandviken ***, ganzj., Tel. (036) 98173, 30 ha, Waschm., Kochg., Hü., Zi.

Im Norden sehen Sie den Verlauf des Tessungdalen. Falls Sie nach Norden fahren wollen, gibt es nun zwei Möglichkeiten: entweder lassen Sie sich bis ganz hinunter zum Tinnsjö rollen und müssen dann die Höhendifferenz bis zum Ende des Tessungdalen wieder emporklettern, oder Sie biegen bei der ersten Abzweigung nach rechts ab (ausgeschildert ist Uvdal/Veggli - an der R 8 in 35 km Entfernung). Die Abzweigung steigt zunächst für 2 km so steil an, daß Sie selbst mit sehr kleinen Übersetzungen Schwierigkeiten bekommen werden.
Ansonsten gelangen Sie auf der R 37 zum Etappenziel.

Rjukan, 4600 Einw., Telemark, ist einer der ersten Orte in Norwegen, die um die Jahrhundertwende nachhaltig von den Industrieansiedlungen verändert wurden.
Rjukan liegt in einem sehr tiefen Taleinschnitt, so daß es im Winter so gut wie keine Sonne erhält. Im Süden grenzt der 1883 m hohe Gaustatoppen an die Stadt, der den größten Teil der Sonne abhält. An der R 37 liegt etwa 5 km östlich des Ortsrandes das Mår-Kraftwerk. Die eigentliche Anlage befindet sich 300 m im Gebirgsmassiv. Nach dem Guinness-Buch der Rekorde befindet sich hier die längste Holztreppe der Welt mit 3875 Stufen. Während der Woche werden jeweils um 10 und um 14 h kostenlose Führungen durchgeführt. Außerdem ist in Rjukan das Industriearbeitermuseum (Vemork Museum) interessant. Dort finden sich mehrere Ausstellungen über den Widerstand im Zweiten Weltkrieg mit der Sabotageaktion gegen das "Schwere-Wasser-Projekt", die Geschichte der norwegischen Arbeiterbewegung und eine Dokumentation zur Wasserkraftnutzung (7 km westl. an der R 37, Mai-Aug, nach Rücksprache mit dem Museum oder dem Touristenbüro auch außerhalb der Zeit). Ebenfalls dort befindet sich die 260 m tiefe Maristuschlucht (am Tunnel der R 37), die Sie vom Parkplatz erreichen, indem Sie den alten Weg an der Außenseite des Tunnels entlanggehen. In den Fels eingegraben wurde die Schlucht seinerzeit von einem Wasserfall, der heute aber duch die Stahlröhren das Wasserkraftwerkes fließt.
Der Hausberg Gaustatoppen kann in etwa 3-4 Stunden (norwegische Kondition vorausgesetzt!) von der Straße nach Tuddal erwandert werden. Den Hauptteil des Höhenunterschiedes können Sie mit dem Rad zurücklegen. Unterwegs bietet sich ein Abstecher zur Kvitåvatn Fjellstue an, wo es eine kleine handwerkliche Ausstellung (11.6.-31.8.) zu sehen gibt.
Information: Rjukan og Tinn Reiselivslag, 3660 Rjukan, Tel. (036) 91290.
Postsparbuch-Geldwechsel: Rjukan.
Jugendherberge: Rjukan UH **, ganzj., Tel. (036) 90527, 60 NOK, 90 Betten, Kochg. (nur 15.6.-15.8.).
Camping: Rjukan Hytte og Caravanpark ***, ganzj., Gaustadveien 78, 3658 Miland, Tel. (036)96353, 24 ha, Waschm., Kochg., Hü.
Fahrradservice: Leif Stormoen, Tel. (036) 90633.

Etappe 34:
Ormemyr - Gransherad - Grönvollfoss - Notodden - Strupa bru - Yli - Uleberg - Klevar - Gvarv - Bö - Sanda - Ulvenes - Nes - Utgarden - Heggtveit - Kviteseid - Smedodden (122 km) > >
350 - 170 - 26 - 150 - 50 - 116 - 350 - 70 m
Cappelen-Karte Nr. 1

Wenn Sie an der Weggabel in Ormemyr Ihren Reiseverlauf in südliche Richtung festgelegt haben, erreichen Sie mit dieser Etappe Notodden und später den Telemark-Kanal. Zunächst geht es auf der R 361 durch viel Wald und etwas bergiges Gelände nach Folsland und *Gransherad*. Dort haben Sie Anschluß an das Bahnnetz nach Notodden und Oslo. Gegebenenfalls können Sie hier auch nach Tinnoset abbiegen; von dort fährt ein Boot über den 35 km langen Tinnsjö nach Mæl (10 km östl. von Rjukan).
Camping: Kyrkjetønna *, ganzj., 3682 Gransherad, Tel. (036) 19014.

Direkt vor der Brücke über den Tinnelva halten Sie sich links und folgen dem kleinen und schlechten Weg bis nach Årlifoss (Bahnhaltepunkt und Wasserkraftwerk). Sie fahren nun weiter parallel der Bahn durch das Tinnedalen und erreichen das zweite Wasserkraftwerk bei *Grönvollvoss* (Bhf.). Die Bahntrasse entfernt sich etwas von der Straße und wechselt zum anderen Ufer, wohingegen Sie an der *Lisleherad Kirke* vorbeifahren. Hinter der Siedlung Höymyr geht es nach Notodden hinein.

Notodden, 13000 Einw., Telemark, ist ein unattraktives Industriestädtchen, wo die erste Niederlassung des 1905 gegründeten Industriegiganten Norsk Hydro die Kunstdüngerproduktion aufnahm.
6 km westl. an der E 76 befindet sich die größte Stabkirche der Telemark (Heddal Kirke, 1242). Zahlreiche geschnitzte Portale mit den charakteristischen Tier- und Rankenmotiven sind aus dem Mittelalter erhalten geblieben. Ein kleines Heimatmuseum gibt es in der Nähe der Stabkirche und im Uppiggård in Bolkesjö.
Information: Notodden Turistkontor, Storgata 39, 3670 Notodden, Tel. (036) 12022.
Verkehrsverbindungen: Busse nach Oslo, Drammen, Kongsberg, Haukeligrend, Odda und Haugesund; Schiffsverkehr (22.5.-22.8., ganze Strecke 130 NOK) zwischen Notodden, Akkerhaugen, Ulefoss und Lunde.
Postsparbuch-Geldwechsel: Notodden und Heddal.
Jugendherberge: Notodden UH Teletunet **, Sauheradveien, 1.6.-31.8., Tel. (036) 10460, 70 NOK, 64 Betten, Kochg.
Camping: Notodden **, 1.5.-30.9., Tel. (036) 13310, 30 ha, Waschm., Kochg., Hü.; Volltveit **, 15.6.-1.9., Tel. (03) 959770, 6 ha, Kochg., Hü.; Ørvella **, 25.5.-1.10., Tel. (036) 22703, Hü.
Fahrradservice: Tanning Intersport AS, Tel. (036) 11186.

Sie fahren durch Notodden und halten sich dabei auf der E 76 nach Westen. 3 km außerhalb der Stadt zweigt an der *Strupa bru* eine Bezirksstraße über

den Heddalselva nach Yli ab. Sie radeln darauf am Südufer des schönen Heddalsvatnet nach Strand, Simones und Uleberg und schließlich nach *Klevar*. Hier treffen Sie die R 360, der Sie über Ramsvik und Sanden zu der mittelalterlichen *Sauherad Kirke* folgen. In dieser Steinkirche sind an den Wänden neben Szenen aus dem Neuen Testament im Bereich der Chors unzählige Tier- und Menschenköpfe abgebildet. Nächste Stationen sind Lindheim und die kleine Stadt *Gvarv*.
Postsparbuch-Geldwechsel: Gvarv.
Camping: Teksten * (5 km südl. von Gvarv), ganzj., 3810 Gvarv, Tel. (03) 955596.

Von Gvarv geht es weiter zu der 4200 Einwohner starken Gemeinde **Bø**, die in einer fruchtbaren Ebene liegt. Sie ist das regionale Verwaltungs- und Bildungszentrum.
Information: Bö Turistkontor (Bö Zentrum), 3800 Bö, Tel. (03) 951880.
Postsparbuch-Geldwechsel: Bö (in der Nähe des Bahnhofs - rotes Holzhaus).
Camping: Beverøya **, ganzj., Tel. (036) 60508, 30 ha, Kochg., Hü.; Bö ***, ganzj., Tel. (03) 951882, 60 ha, Waschm., Kochg., Hü.

Der weitere Verlauf dieser Etappe führt durch das Innere des Bezirks *Telemark* und schließt an die Schiffsverbindung über den Telemark-Kanal an. In Bö geht es 9 km auf der R 36 durch das intensiv landwirtschaftlich genutzte Tal der Böelva. Die Fruchtbarkeit der Böden spiegelt sich in den zahlreichen freistehenden Vorratsspeichern (norw.: stabburen) auf Stelzen wieder. In *Sanda* schlagen Sie die linke Straße (sehr ruhiger Schotterweg) südlich entlang des Seljordsvatnet ein.
Camping: Ulvenes **, 15.5.-15.9., 3800 Bø i Telemark, Tel. (03) 954522, 15 ha, Hü.

Das Tal verengt sich beträchtlich. In dem langgezogenen See soll verschiedenen Berichten zufolge eine riesige Seeschlange leben, die Sie aber wohl kaum zu Gesicht bekommen werden. Der Wald verdichtet sich wieder, und Wiesen findet man nur noch vereinzelt. Die Straße führt bis zu dem Touristennest Seljord direkt am Wasser entlang.

Seljord, 3000 Einw., Telemark, ist eine ländliche Kleinstadt, die sich mit einer alljährlichen Leistungsschau im Handwerk und der Landwirtschaft Geltung verschaffen will. Der Termin ist meistens Mitte September. Während des Sommers (Ende Juni/Anf. Juli) finden hier Festspiele sowie eine Kunstausstellung statt.
Information: Turistinformasjonen Seljord, 3840 Seljord, Tel. (036) 50868.
Verkehrsverbindungen: Busse nach Oslo und Haugesund
Postsparbuch-Geldwechsel: Seljord.
Camping: Nes (schön am See gelegen), ganzj., Hü.; etliche weitere Plätze (Seljord; Hovstø Gjestgiveri og Ferieleiligheter; Bjørge, ganzj., Tel. (036) 50147; Telnesstrande Campings Friluftsenter) in der Umgebung - alle ganzj.
Fahrradservice: Seljord Elektriskeavd. Sport, Tel. (036) 50350.

Ab der schön gelegenen Gemeinde Seljord müssen Sie nun 13 km die stärker frequentierte E 76 benutzen, da es keine Alternative gibt. Ein Übel kommt selten allein - es geht nach Brunkeberg kräftig bergauf. An der Kirche biegen Sie nach Süden auf die R 39 ein, wenige Momente später öffnet sich die Landschaft (schöne Aussicht), und es geht in rasanter Abfahrt nach **Kviteseid** (im Sommer fahren die Boote des Telemark-Kanals auch diesen Ort an).

Camping: Syftestad **, 1.6.-15.9., 3850 Kviteseid, Tel. (036) 53187, 25 ha, Hü.

Längs des Sundkilen-Sees geht es durch Utsund über die Sundkilen bru zur *Gamle Kirke Kviteseid*. Dort können Sie den Fahrradsattel verlassen und auf das Schiff "M/S Viktoria" (22.5.-26.8.) umsteigen, das Sie wahlweise nach Dalen (tägl. 16.10 h) oder Lunde (tägl. 10.50 h) bringt.

Der Bau des 150 km langen *Telemark-Kanals*, der trotz seines Namens fast ausschließlich aus natürlichen Wasserwegen besteht, sorgte für weiteren Aufschwung in der Region. Der Ende des vergangenen Jh. gebaute Kanal war bis zur Fertigstellung der Oslo-Bergen-Bahn im Jahr 1909 die schnellste Verbindung zwischen den beiden Städten. Die Kanalpassage ist landschaftlich sehr lohnend - mit den aus handgemeißelten Steinblöcken erbauten Schleusenkammern und den mittels Kurbeln bewegten Schleusentoren ein Erlebnis für alle Wassersportler. Anfangs fährt man durch eine sanfte Wald-Wiesen-Landschaft - ab Lunde beginnt die Fahrt über eine 70 km lange Seenkette, die tief in die südlichen Ausläufer der Hardangervidda hineinführt. Am Ende fährt das Schiff durch den 26 km langen, fjordartigen Badaksee. Der östliche Teil wird durch den 1861 fertiggestellten Skien-Norsjø-Kanal vom Skagerrak bis zum Norsjö erschlossen - 15 m Höhenunterschied werden in 5 Schleusen überwunden. Westwärts geht es dann auf dem Norsjø-Bandak-Kanal bis Dalen (57 m in 15 Schleusen) weiter. Im letzten Jh. stellte der Bau der Wasserstraße eine durchaus beachtliche Ingenieurleistung dar; der Kanal wurde fast komplett in Handarbeit mit Hilfe von Dynamit gebaut.

Es existiert eine Ausflugsschiffverbindung von Skien nach Dalen, die Fahrräder auf jeden Fall bis Kviteseid mitnimmt - und mit etwas Diplomatie wohl auch bis Dalen. Auch die Fähre über den Nissersee nimmt Velos mit (aber Achtung: verkehrt nur 2 x in der Woche). Die Schiffe von Skien nach Dalen verkehren Ende Mai-Ende August (mo, mi, sa) und fahren in ca. 10 Stunden für etwa 80 DM die Strecke.

Etappe 35:
Rotemo - Voddestrond - Björnevasshytta - Berehommen - Borsæ kroa - Grimdalen - Dalen - Smedodden/Kviteseid (52 km) > >
450 - 830 - 72 m
Cappelen-Karte Nr. 1

Ein relativ kurzes und sehr einsames Teilstück bringt Sie vom Setesdal nach Dalen, der Endstation der Schiffsverbindung über den Telemarkkanal ab Skien. Die Nachteile der ansonsten schönen Etappe liegen in der fehlenden Asphaltdecke und der Höhendifferenz von rund 400 m.
Die kräftig ansteigende Straße präsentiert schon nach wenigen Kilometern ihren Glanzpunkt. Wenn Sie von der Straße in Veiajuvet (entspricht auf der Cappelen-Karte dem eingezeichneten Gloppefossen) einige hundert Meter nach Westen gehen, eröffnet sich zu Ihren Füßen ein extrem tiefes Kerbtal mit den herabstürzenden Wassermassen des Falles. Nach den überwältigenden Eindrücken erklimmen Sie mit neuer Kraft die durch immer kargere Umgebung führende R 45 nach Voddestrond und weiter zum Store-Björnevatn. An der Björnevasshytta (DNT) können Sie übernachten. Bevor Sie durch fjellähnliche, lichte Birken-/Nadel-Wälder den *Tjönnesvikvatnet* erreichen, geht es zunächst über den 830 m hohen Sattel. Die einsame Straße führt weiter nach *Berehommen* (Übernachtungsmögl.), am idyllischen Borsæ-See vorbei - mit schöner Aussicht über die Wasserfläche und auf einem längeren und leicht abfallendem Teilstück nach *Grimdalen*. Dort sind in dem Geburtshaus der Bildhauerin Anne Grimdalen (1899-1961) zahlreiche ihrer Werke ausgestellt. Hinter Jordet trifft die Straße in *Kleivi* auf die R 38, wo die Haarnadelkurven nach *Dalen* hinab beginnen. Von der ersten Kurve aus gibt es einen wunderschönen Rundblick über den Bandak-See und den tief im Tal gelegenen Ort. Das Schiff bringt Sie über den See nach Smedodden/**Kviteseid**.

Etappe 36:
Rotemo - Björnarå - Bykle - Berdalen - Hovden - Bjaen - Sessvatn - Haukeligrend (77 km) > >
450 - 659 - 917 - 560 m
Cappelen-Karte Nr. 1

Die Etappe bringt Sie durch das abgeschiedenste und wegen seiner Schroffheit und Natur schönste Stück des Setesdal. Die Straße steigt ab Rotemo deutlich an. 1 km weiter zweigt rechts eine 2 km lange Seitenstraße nach *Rygnestad Gård* ab. Dort befindet sich das *Setesdal*-Museum, das einen umfassenden Eindruck vom Leben in diesem so lange vom restlichen Norwegen abgetrennten Tal vermittelt. Der Rygnestad-Hof war recht wohlhabend, was sich unschwer an dem dreigeschossigen Getreidespeicher erkennen läßt. Ansonsten war das Haus recht spartanisch eingerichtet. Früher wurde in der Gegend noch Getreide angebaut und verschaffte diesen landwirtschaftlichen Gunstgebieten allgemeinen Wohlstand, wohingegen das Setesdal heute zu den sogenannten "peripheren, wirtschaftsschwachen Problemgebieten" gehört.

Camping: Flateland Camping og Hyttessenter **, 1.6.-30.8., 4690 Valle, Tel. (043) 36837, 15 ha, Kochg., Hü.

Kartenskizze Etappen 35 - 37

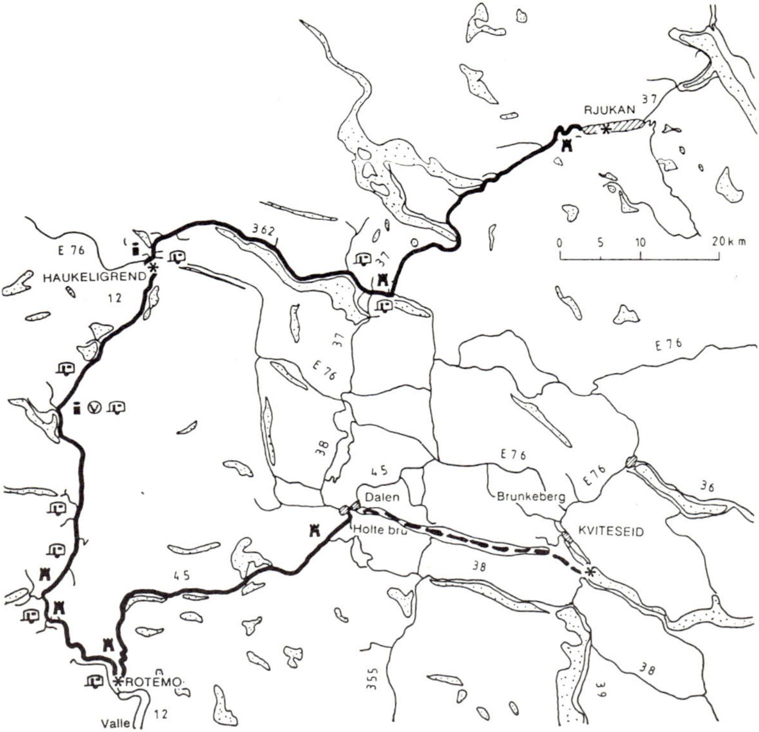

Das Setesdal wird ab dem Museum immer enger und bedrohlicher. Der Fluß hat sich tief in die Granit-Gneisgesteine eingefressen. Sie reisen durch *Björnarå* (Übernachtungsm.) nach *Tyrdal*, wo eine alte wassergetriebene Getreidemühle von 1630 steht. Trotz der relativen Nähe zwischen Valle und Bykle war die nicht zu überwindene 1 km lange, steile und enge Klamm der Otra hinter *Moen* jahrhundertelang ein Hindernis, das jeglichen Austausch unterband. Es gab durch diese wilde Schlucht nur einen einzigen Fußweg: den gefährlichen Byklestigen (1825-1890 benutzt). Dieser führte an steilen Abhängen vorbei, und man muß sich vor Augen halten, daß die Menschen ja nicht nur zu Fuß dadurch gingen, sondern oft auch schwerbepackte Pferde oder andere Tragetiere mitführten. Heute ist der Steig zu Fuß begehbar, und Sie sollten sich diese spannende Exkursion zurück in vergangene Zeiten nicht entgehen lassen. Die Straße erklettert nach der Klamm die Höhe von **Bykle** auf ca. 600 m ü.NN. In dem kleinen berühmten Kirchenort des oberen Setesdal steht das Huldreheimen Museum, in dem mehrere alte Stuben, Vorratshäuser, eine Mühle und eine Stabbure stehen. Sehenswert ist auch die alte Holzkirche (1206), die mit 11 m Länge eine der kleinsten Kirchen im Land ist. Die heutige Kirche wurde 1619 gebaut und ist im Inneren mit farbenfrohen Rosenmalereien (1826) verziert.

Postsparbuch-Geldwechsel: Bykle.

Camping: Byklestølane * (5 km nach Bykle), ganzj., 4694 Bykle sowie zwei weitere Plätze südlich von Bykle.

Ab Bykle reisen Sie entlang eines offenen Hochtales Rchtg. Hardangervidda, die sich hier schon durch zahlreiche Floraelemente ankündigt: ausgedehnte Heidebestände, weißblühende Moore mit Wollgras und Rundhöcker als Relikte der Vereisung von vor etwa 8000 Jahren. Sie erreichen Byklestöylane und etwas weiter *Glidbjörg*. Der alte Hof *Hoslemo* (Übernachtungsmögl.) in einer Höhenlage von ca. 700 m war noch in diesem Jh. ein fester Rast- und Übernachtungsplatz für die Viehhändler mit ihren Herden auf dem Weg vom Vestins Östland.

Camping: Hoslemo **, 1.6.-15.9., 4694 Bykle, Tel. (043) 39143, 5 ha, Hü.

Berdalen nördlich der *Berdals bru* (Parallelstrecke nicht empfehlenswert) ist die vorläufig letzte Siedlung, bis Sie nach 15 km einsamer Fahrt durch die immer tundraähnlichere Umgebung am Ende des Hartevatnet in den Wintersportort Hovden einfahren.

Hovden, Aust-Agder, war in der Wikingerzeit ein Hauptzentrum der Eisenherstellung. Reste von mehr als 100 alten Holzkohlemeilern in der Umgebung zeugen davon. Die Gegenwart hat dieser historischen Stätte keinen Respekt entgegengebracht - heute ist die Landschaft mit zahlreichen Hotels und Ferienhäusern zersiedelt. Von dem an der Baumgrenze gelegenen Ferienort starten zahlreiche Wanderwege in die nähere und weitere Umgebung.

Information: Hovden Ferieservice A/S, 4695 Hovden, Tel. (043) 39630.

Postsparbuch-Geldwechsel: Hovden.

Jugendherberge: Hovden Triangel Feriesenter, 15.6.-15.9. und 15.12.-5.5., Tel. (043) 39501, 75 NOK, Kochg.

Camping: Hovden Hyttegrend og Camping ***, ganzj., Tel. (043) 39543, 30 ha, Waschm., Kochg., Hü.; Sanden *, ganzj., 4694 Bykle.

Über eine karge Hochfläche mit zahlreichen Seen rollen Sie mit dem Rad nach *Lundane* (Übernachtungsmögl.) zum Breivatnet auf 897 m Höhe. Dort gibt es zwei Fjellhotels sowie 3 km vor dem See einen Campingplatz.

Camping: Lislefjødd * (Wiese am Wildwasserbach), 1.7.-10.9., 4695 Hovden, Tel. (043) 39717, 5 ha (letzter Platz bis Haukeligrend).

Die letzten Kilometer nach **Haukeligrend** führen weiter durch die Fjelllandschaft mit knorrigen Birken, Blaubeergebüschen, neongrünen Rentierflechten und Mooren. Hinter dem Scheitelpunkt auf 917 m Höhe geht es zunächst sachte bergab. Am Langeidvatnet/Sigurdsbu können Sie ggf. übernachten, bevor es über die steilen Serpentinen 350 Höhenmeter zur *Tallaks bru* bei Haukeligrend hinabgeht.

Etappe 37:
Haukeligrend - Kosi - Berge - Heilo - Mösvassdammen - Rjukan (86 km) > >
560 - 900 - 722 - 1000 - 400 m
Cappelen-Karte Nr. 1

Diese Etappe verläuft am Südrand der Hardangervidda entlang und weist insgesamt etwa 620 Höhenmeter auf. Den Anfang nimmt sie in Haukeligrend, wo Sie zunächst der E 76 für 2 km nach Osten folgen.

Information: Turistinformasjonen på Haukeligrend, v/Rangvald Christenson, 3895 Edland, Tel. (036) 70305.

Postsparbuch-Geldwechsel: Edland.

Camping: Stampeflote **, Ostern-1.10., Tel. (036)70141, 30 ha, Kochg., Hü.; Tallaksbru **, 1.6.-30.9., Tel. (036) 70172, 10 ha, Hü.; Haukeli Hyttecamping, ganzj., Tel. (036) 70228; Edland *, 15.5.-15.9., Tel. (036) 70208, 3 ha, Waschm., Kochg., Hü.

In *Edland* verlassen Sie die Europastraße auf die R 362 nach Norden und erklimmen die anstrengende Steigung nach Helsvyr. Dort eröffnet sich ein eindrucksvoller Blick in das Gravdalen im Westen. Von nun an dünnen die Bäume aus, und die Wildnis der Hardangervidda ist entlang des Totak-Sees schon deutlich zu spüren. Zum See geht es wieder etwas hinab, über Kosi, Songa-Kraftwerk und Killingtveit erreichen Sie die kreuzförmige *Rauland Kirke* von 1803. 5 km weiter folgt erst der eigentliche Ort. Hier existiert eine Ausstellung von 80 Skulpturen und ca. 40 Gemälden des Bildhauers Dyre Vaa (1903-1989).

Camping: Rauland **, ganzj., 3864 Rauland, Tel. (036) 73309, 17 ha, Waschm., Kochg., Hü.; Brekka **, 1.7.-1.8., Tel. (036) 73309, 28 ha, Kochg., Hü., Zi.; Granborg *, ganzj., Tel. (036) 73166, 7 ha, Hü.

Von dem etwas tiefer gelegenen Ort müssen Sie nun auf der R 37 erneut kräftig trampeln, bis Sie in *Heilo* etwa 900 m erreichen. Vorher gibt es eine Übernachtungsmöglichkeit im Rauland Høgfjellshotell (EZ mit Bad/inkl. Frühstück: 320 NOK; DZ 560 NOK; Tel. [036] 73222, Restaurant). Bis Rjukan gibt es keinen Campingplatz mehr, aber dafür genügend Platz in der Landschaft. Sie umrunden das Südende des Mösvatn und erreichen hinter Bossböen den Paß (1000 m). Am östlichen Zipfel des Sees liegt ein zweites Fjellhotel. In Mösvassdammen beginnt das bewaldete Vestfjorddalen, hinter Krokan folgt die steile Abfahrt nach **Rjukan**. Unterwegs passieren Sie das Vemork-Museum in dem historischen Kraftwerk (s. Rjukan). Die R 37 taucht kurz vor der Stadt in einen neuen Tunnel ein, Sie können aber die alte Trasse benutzen. Dann geht es endgültig in einen der schönsten und extremsten Industrieorte Europas.

Etappe 38:
Evje - Senumsund bru/Byglandsfjord - Fröyrak - Hamre - Åraksbö Kirke - Skore - Ose - Langeid - Rysstad - Valle - Rotemo (106 km) >
170 - 203 - 450 m
Cappelen-Karte Nr. 1

Diese Route bringt Sie tief in das Setesdalen hinein. Diese Region hat von ihrer Ursprünglichkeit erhalten, da es erst seit Ende des letzten Jh. überhaupt Verkehrsverbindungen in die anderen Landesteile gibt. Erst 1960 wurde die Straße zu einer ganzjährig befahrbaren Strecke ausgebaut und einige Jahre später die Setesdal-Bahn stillgelegt.
Das eigentliche Setesdal beginnt am Südende des langen Byglandsfjorden und reicht über 178 km bis zum Hochfjellbereich nördlich von Bykle.

Sie beginnen die Etappe in Evje und fahren noch im Ort auf die Westseite der Otra. Dort führt eine Schotterstraße mit relativ gutem Belag Rchtg. Byglandsfjorden. Hinter Evje - am Birkelandsfossen und etwas weiter am Syrtveitfossen - rauscht der Otra über mehrere reißende Stromschnellen. Danach öffnet sich das Trogtal etwas, und es geht von flachen Hügeln begleitet zur *Senumsund bru* bei Byglandsfjorden (Post). Sie setzten die Fahrt entlang der Westseite des Byglandsfjorden fort, eines glasklaren wunderschönen Sees. Die Bezirksstraße ist zumeist asphaltiert, zwischen Tveitå und Dale ist eine gute Grusdecke. Durch endlose Wälder durchreisen Sie mehrere kleine Weiler: Fröyrak, Sjevrak und Hamre, bis Sie auf die R 12 treffen. Diese queren Sie, indem Sie nach rechts über die Otrabrücke auf die Ostseite des Tales fahren. Die alte Steinbrücke und eine Schleuse markieren den Übergang vom Byglandsfjorden zum Åraksfjorden. Auf der anderen Seite geht es direkt wieder nach links, den nächsten fjordähnlichen See entlang.
In *Åraksbö* existierte früher das Setesdal-Kupfer-Bergwerk. Auch eine alte Stabbure (Vorratshaus) von 1350 steht dort. Der Åraksfjorden ist noch einsamer als der Byglandsfjorden. Das Ende des Sees bildet ein großes mit Weiden und Sümpfen bedecktes Delta des Otra.
Camping: Støylehommen *** (direkt an Straße/See), 25.6.-20.8., 4686 Ose, Tel. (043) 35874, 25 ha, Waschm., Kochg., Hü.; Reiårsfoss ** (ruhig und idyllisch), ganzj., 5083 Øvre Ervik.

Wenn Sie jetzt die Otra zur R 12 überqueren, landen Sie fast direkt unter dem Wasserfall Reiårsfossen. Der weitere Verlauf der Etappe läßt jetzt zwei Möglichkeiten zu. Entweder fahren Sie über die kleine Gemeindestraße (schlechter Schotter) am Ostufer weiter; oder Sie nehmen die R 12, die aber etwas mehr Verkehr aufweist.
Bei der Wahl der Ostroute kommt man am 800 Jahre alten Friedhof von *Austad* vorbei. Ab Sordal ist das letzte Stück sehr schmal und schlecht. In Straume setzen Sie nach *Helle* über.
Die Alternative über die R 12 führt über Ose nach Tveitmoen und *Granheim*.

Entlang dem oft sein Erscheinungsbild ändernden Otrafluß führt der Weg nach *Helle* (s.o.), wo eine der zahlreichen alten Silberminen des Tales liegt. In *Rysstad* gibt es neben der Mine die Möglichkeit, aus Silber hergestellten Schmuck zu kaufen (das Metall kommt aber aus Übersee.)
Camping: Rystadmo ***, ganzj., 4692 Rystad, Tel. (043) 36130, 15 ha, Waschm., Kochg., Hü.

Der Otra begleitet Sie durch *Nomeland*, wo ein altes Blockhaus von 1673 steht, auf der Ostseite nach *Sandnes*. Sandnes ist in Norwegen ein sehr häufiger Name und taucht auch in mehreren Etappen auf. An der *Hallands bru* hat der Fluß im Laufe der Jahrtausende mit dem 14 m tief hinabstürzenden Hallandsfossen große Löcher in den Fels genagt. In einer 1 km breiten und 5 km langen Talausweitung liegt der schönste Ort des Setesdal.

Valle, 1000 Einw., Aust-Agder, war schon immer das wirtschaftliche und kulturelle Herz des Tales. Seine Abgeschiedenheit wurde erst vor 30 Jahren mit dem Ausbau des alten Weges beendet. Die Äcker, Wiesen und Weiden nehmen nur 0,8 % der Gemeindefläche ein und konzentrieren sich alle auf dem Talboden. Viel alte Hofanlagen sind hier zu finden, von denen der Tveitunet-Hof besichtigt (1.7.-15.8) werden kann.
Camping: Tveiten **, 1.5.-1.11., 4690 Valle, Tel. (043) 37124, 15 ha, Hü.; Valle Motel og Camping ***, ganzj., Tel. (043) 37127, 15 ha, Waschm., Kochg., Hü.; Nordibo *** (am Ortsende am Fluß), Hü.

Nördlich des Ortes führt eine kleine Hängebrücke über den Fluß. Wenn Sie am anderen Ufer ein kleines StücK zurückradeln, finden Sie eine schöne Stelle zum Baden und Zelten. Die Nebenstraße führt dann nordwärts durch mehrere Höfe und Wald nach *Dale*.
Camping: Dalsmo *, ganzj., 4690 Valle, Tel. (043) 36814.
Der Otra macht trotz seiner geringen Wasserführung einen gefährlichen und wilden Eindruck. An der *Kallefoss bru* fahren Sie zurück zur R 12 und abschließend nach **Rotemo**.

Etappe 39:
Gamle Kirke Kviteseid - Vrådal - Nesland - Fjonesundet - Trontveit - Tveitsund - Högefoss - Öy (70 km) > >
70 - 367 - 258 - 190 m
Cappelen-Karte Nr. 1

Auf dieser Strecke können Sie Ihre Landkarte getrost wegpacken. Der Tourenverlauf entlang des größten Gewässers der Telemark - des 37 km langen Nisser-Sees - ist sehr leicht zu finden. Die Gamle Kirke (1150) von Kviteseid wurde 1916 durch eine näher am Ort gelegene Granitkirche ergänzt. Von der Bootsanlegestelle Kviteseid/Smedodden fahren Sie auf der R 39 gen Süden. Nach einem steil ansteigendem Kilometer erreichen Sie Kviteseid-Weiler, wo ein klei-

Kartenskizze Etappen 38 & 39

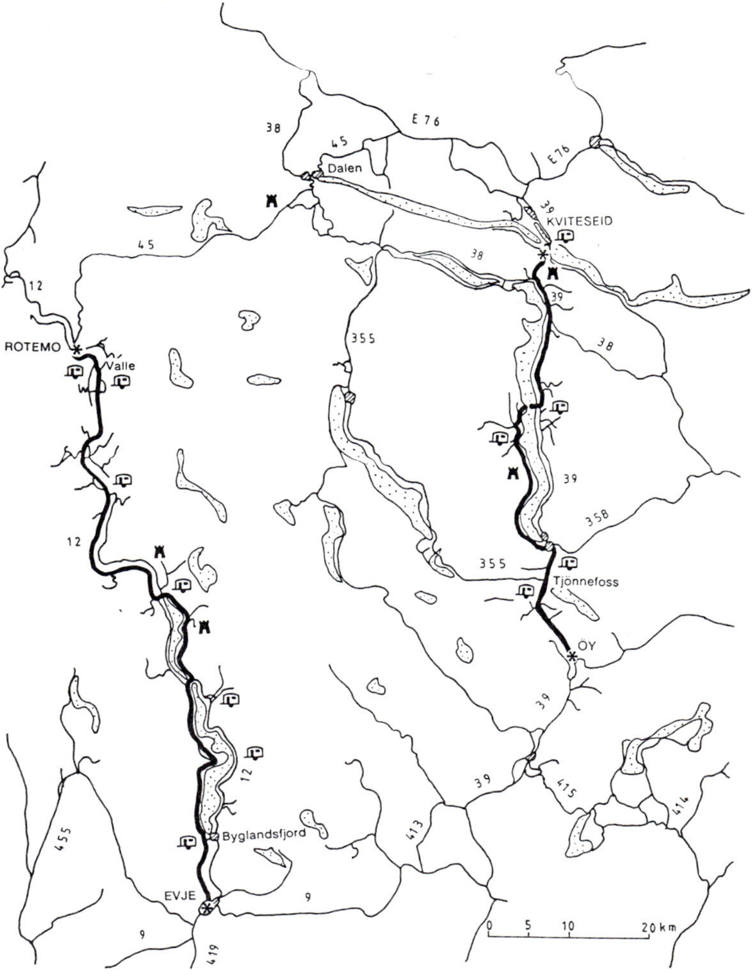

nes Heimatmuseum mit alten Bauernhäusern, Gipsskulpturen und eine kleine Zinnschmiede zu besichtigen ist. Vom Museum aus fahren Sie nun die starke Steigung zur Kviteseid-Höhe (367 m) hinauf. Die Serpentinen erlauben schöne Ausblicke über den Kviteseidvatnet. Auf der anderen Seite rollen Sie nach *Vrådal* (Übern.), einem größeren Ferienzentrum, hinunter. Vor Ihnen tut sich ein schönes Panorama auf: der Winkel, wo der Nisser-See mit dem Vråvatn zusammenstößt. Ein Vielzahl von bildhübschen Inseln verwirrt den Betrachter, so das man kaum Land und Wasser in dem Durcheinander voneinander trennen kann. Weiter geht es auf der R 39 am Ostufer des Nisser-See nach Steane. Nach einsamen 10 km am Wasser des von hohen Bergwänden eingezwängten Sees kommen Sie nach Vik (ders nördlichen der beiden gleichnamigen Siedlungen am See!) und dann nach *Nesland* bzw. *Sunsodden* (nicht in Cappelen-Karte), von wo eine Fähre Sie auf die andere Seite übersetzt.
Camping: Nissedal **, ganzj., 3854 Nissedal, Tel. (036) 47149; Kyrkjeneset ** (kurz vor Nesland), 1.4.-1.11., Tel. (036) 47105, 5 ha, Hü.

Von Fjonesundet setzen Sie Ihre Fahrt auf der Bezirksstraße, die von den herandrängenden Bergen immer wieder direkt an den See gedrückt wird, am Westufer fort.
Camping: Nisser **, ganzj., 4860 Treungen, Tel. (036) 47867, 12 ha, Waschm., Kochg., Hü.
In *Trontveit* liegt eine prähistorische Fundstätte: Felszeichnungen mit Jagdmotiven aus der Bronzezeit, in Norwegen ca. 1000 v.u.Z. Nach längerer Radelei ohne Autoverkehr gelangen Sie nach Treuungen bzw. **Tveitsund**, dem Verwaltungssitz der Gemeinde Nissedal (1600 Einw.), am Südende des Sees.
Camping: Treungen **, 15.5.-1.10., 4860 Treungen, Tel. (036) 45190, 6 ha, Hü.; Lauvland **, ganzj., Tel. (036) 45108, 12 ha, Hü.

Sie fahren über eine schöne Steinbrücke und wenden sich nach rechts wieder auf die R 39. Diese bringt Sie an Lauvland, Baremsland und Tjönnefoss vorbei nach *Haugsjåsund*.
Camping: Haugsjåsund **, 15.5.-1.10., 4860 Treungen, Tel. (036) 45190, Hü.
Durch das waldreiche Tal des Nidelva beenden Sie diese Etappe über Gaukås und Bjorevja nach **Öy**.

Etappe 40:
Larvik - Stavern - Helgeroa - Langesund - Ris/Bamble Kirke - Åby - Trosby - Froste - Kragerö - Stabbestad - Öysang - Risör (80 km) >
0 - 31 - 0 - 102 - 0 - 26 - 0 m
Cappelen-Karte Nr. 1

Eine leichte Etappe führt Sie längs der Skaggerakküste mit den ungezählten Schäreninseln. Sie durchradeln Norwegens klassisches Sommerferiengebiet, dementsprechend üppig ist die touristische Infrastruktur.
Von Larvik geht es an der Westseite des Larviksfjorden entlang nach **Stavern**. Es gibt zuerst ost-, dann westseitig der R 301 parallele Wege, die gen Stavern in

einen Radweg übergehen. Norwegens kleinster Ort mit Stadtrechten (2600 Einw.) besitzt eine alte Festung (Mitte 18. Jh.), die im dänischen Reich lange Stützpunkt der Flotte war. Eine Kirche im Rokoko-Stil gehört zur Festung. Auf den folgendem Teilstück der R 301 gibt es etliche Campingplätze.

Camping: Lydhusstranda ** (Nalumruta), 1.6.-1.9., 3290 Stavern, Tel. (034) 95878, 45 ha, Waschm., Kochg., Hü.; Kjærstranda *** (Nalumruta), 1.5.-1.9., Tel. (034) 95730, 45 ha, Kochg., Hü.; Anvikstranda *** (Nalumruta), 1.5.-30.8., Tel. (034) 95927, 70 ha, Waschm., Kochg., Hü.; Stolpestad ***, 1.5.-30.9., Tel. (034) 95745; 50 ha, Waschm., Kochg.; Donavall, ganzj., Tel. (034) 95927; Solplassen og Rake ***, Boks 57, ganzj., 3291 Stavern, Tel. (034) 99282, 55 ha, Waschm., Kochg., Hü..

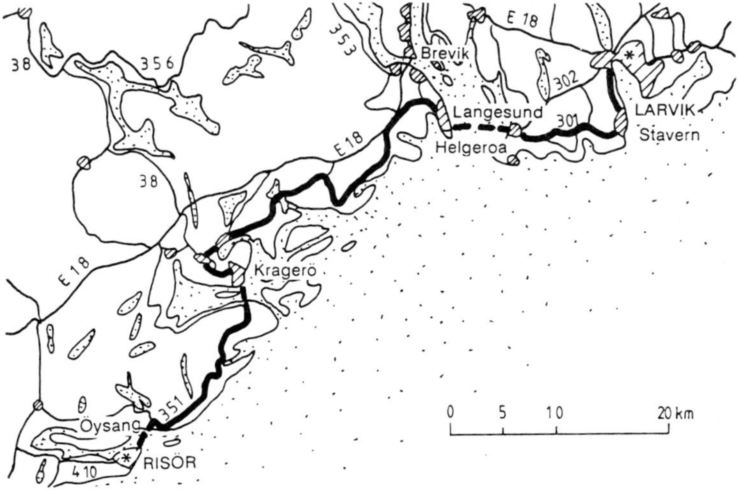

Die alten Lotsenstationen *Nevlunghavn* und *Helgeroa* sind sehenswert. In dem Naturschutzgebiet *Mölen* gibt es viele seltene Pflanzen und interessante Beobachtungsmöglichkeiten für Vogelfreunde. Ganz in der Nähe liegen bronze- und eisenzeitliche Gräber.

Camping: Blokkebukta ***, 20.5.-1.9., 3265 Helgeroa, Tel. (034) 88094, 50 ha, Waschm., Kochg., Hü.; Oddanesand ***, 1.4.-1.10., 3266 Nevlunghamn, Tel. (034) 88270, 120 ha, Waschm., Kochg., Hü.; Omlidstranda, ganzj., Tel. (034) 88260; Sommerlund, ganzj.

Von Helgeroa überquert im Sommer 4 x täglich ein Boot den Langesundsfjorden zum gleichnamigen Badeort mit einem schönen Ortskern aus Holzgebäuden. Am dortigen Kai liegt das wunderschöne Rathaus, in einem alten Lagerhaus ist ein kleines Seefahrtsmuseum eingerichtet, und in der Cudrios Brygge gibt es ein Heimatmuseum (außerdem Kirche von 1753 im Rokoko-Stil).

Postsparbuch-Geldwechsel: Langesund.

Camping: Langesund Bad **., 15.5.-15.9., 3970 Langesund, Tel. (035) 73529, 5 ha, Hü., Zi.; Rognstranda *, ganzj., Tel. (035) 73911.

Sie folgen kurz der R 352, biegen in Sundby nach links ab und treffen in Ris an der neugotischen *Bamble Kirke* auf die E 18. Dann müssen Sie einige Kilometer der Europastraße bis Åby folgen, wo Sie nach Süden auf der Bezirksstraße nach *Brevikstrand* weiterfahren. Über Froste und Fössing (Camping) geht es nach *Helle*.
Camping: Brøløs, ganzj., 3790 Helle, Tel. (036) 84124.

In der hübschen Sörland-Stadt **Kragerö** (6000 Einw.) gibt es im Norden das Berg-Kragerö-Museum (am Hellefjord, 4 km außerhalb) und eine Befestigungsanlage aus dem Jahr 1666. Weiterhin bietet sich eine Bootstour auf die Insel *Jomfruland* an.
Information: Kragerö Reiselivslag, Postboks 176, 3771 Kragerö, Tel. (03) 982330.
Verkehrsverbindungen: Anschluß an Sörland-Bahn - dort nach Oslo, Porsgrunn, Larvik, Arendal, Kristiansand, Stavanger und über Hönefoss Anschluß an Bergenbahn.
Postsparbuch-Geldwechsel: Kragerö.
Jugendherberge: Kragerö UH *** (im Norden), 2.1.-22.12., 3770 Kragerö, Tel. (03) 981866, 135 NOK, 110 Betten, Kochg.
Camping: Lovisenberg ***, 1.6.-1.9., Tel. (03) 988141, 214 ha, Waschm., Kochg., Hü.
Fahrradservice: Intersport Kragerö AS, Tel. (03) 982400; Tor Sport, Tel. (03) 982990; Østrem Sport.
Fahrradverleih: an der Jugendherberge.

Die Fähre (8 x tägl., 10 NOK) bringt Sie hinüber nach *Stabbestad*.
Camping: Kragerøfjorden, ganzj., 3788 Stabbestad, Tel. (036) 82683.
Sie beenden die Etappe auf der R 351 nach *Öysang*, wo die Fähre (nur 4 x tägl.) nach Risör ablegt.

Risør, 7000 Einw., Aust-Agder, "den hvite by" - die weiße Stadt, besticht durch ihre makellosen, engen Straßenzüge mit weißen Patrizierhäusern, die sämtlich nach dem verheerenden Brand von 1861 gebaut wurden. Wie fast alle Städte an der Südküste erlebte Risør im 17. Jh. einen Aufstieg durch den Holzhandel mit den Niederlanden und im 19. Jh. eine Blütezeit. Die Segelschiff-Flotte war bedeutend, jedoch war der Niedergang durch die aufkommenende Dampfschiffahrt vorbestimmt.
Die alte Festungsanlage (Kastellet) in der Nähe des Kais wurde während der Napoleonischen Kriege (1807-1814) gebaut und verteidigte die kleine Stadt erfolgreich gegen die übermächtige englische Seestreitmacht.
"Den hellige Ånds Kirke" (Barockkirche von 1647) ist das älteste Gebäude der Stadt, da es das Feuer von 1861 überstanden hat.
Information: Turistkontor, Solsiden 8, Tel. (041) 52270 - am Hafen.
Postsparbuch-Geldwechsel: Hauptpost - ebenfalls am Hafen.
Camping: Risør, 4950 Risør, am Ortsrand, sehr ruhig und hübsch über dem Sund gelegen, Meereszugang; Sørlandet Camping og Fritidsenter ***, Sandnes, Tel. (041) 54080, 15.5.-1.9., 70 ha, Kochgelegenheit, Waschm., Hü.; Moen **, an der R 44 westl. kurz vor Risør, 4994 Akland, Tel. (041) 55091, 15.5.-15.8., 15 ha, Waschm., abseits der Straße mit Bademöglichkeit.

Blick auf Kragerö

Etappe 41:
Öy - Haugstöl - Vehus - Gjerstad - Takserås - Olimstad - Akland - Bossvik - Risør (78 km) >
190 - 250 - 234 - 256 - 0 m
Cappelen-Karte Nr. 1

Von Öy aus beginnen Sie diese Etappe auf der Bezirksstraße durch endlose Wälder Rchtg. Osten. Ausgeschildert ist *Sunde bru*, 40 km weiter an der E 18 gelegen. Die Strecke führt über guten Grusbelag leicht bergauf zur *Felle Kapelle*. In *Vehus* überqueren Sie die Grenze vom Bezirk Akerhus zur Telemark und fahren durch endlose Wälder entlang des Storelva des häufigeren abwärts über Solem und Valle nach Lunden. Nachdem von links eine weitere Straße hinzustieß, quert eine Bezirksstraße, der Sie ostwärts in die Bilderbuchgemeinde *Gjerstad* (Bahnanschluß) folgen. Es geht durch den Ort zum Anfang der R 418, wo Sie dann rechts Rchtg. *Ulltveit* - am Bahnhof vorbei - am Egdelva entlang fahren. Diese Bezirksstraße bringt Sie kurz nach *Takserås* auf die R 417, bis Sie bei *Olimstad* wieder Rchtg. Osten (R 416) radeln. Durch wald- und seenreiche Landschaft, an Fossen und Akland vorbei, kommen Sie zur E 18.
Camping: Røed **, ganzj., 4994 Akland, Tel. (041) 55006.

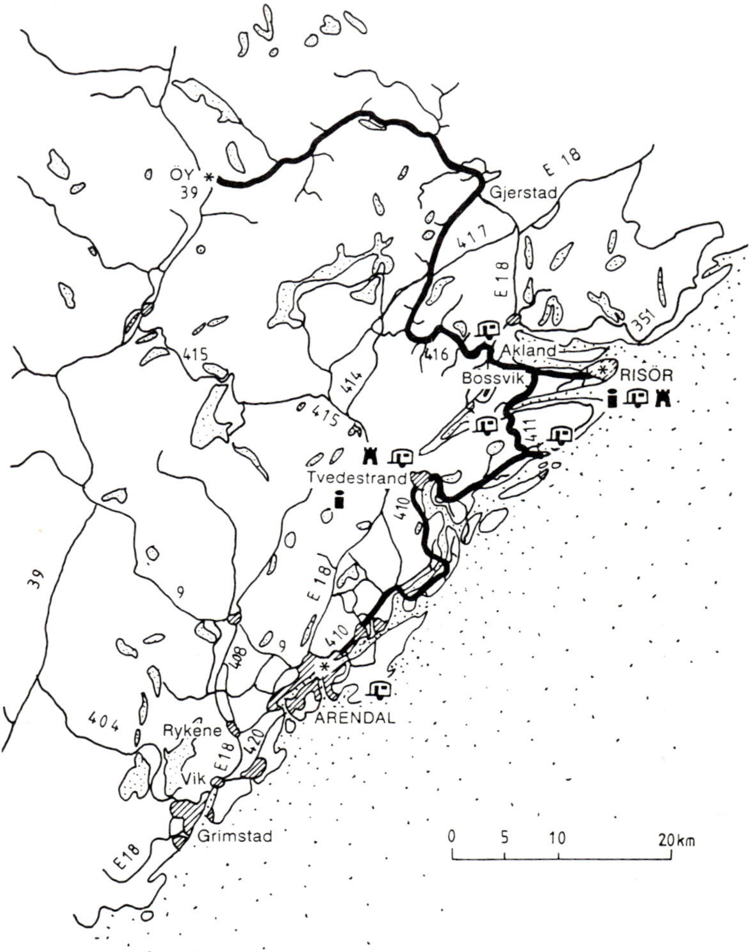

ÖY
39
E 18
Gjerstad
417
E 18
351
415
416
Akland
Bossvik
RISÖR
414
415
411
Tvedestrand
410
39
9
E 18
410
9
408
404
Rykene
ARENDAL
420
E18
Vik
Grimstad
E18
0
5
10
20km

Dieser müssen Sie nun 1 km gen Süden folgen und setzen Ihre Reise auf der R 416 über *Bossvik* nach **Risør** fort. Auch die R 416 ist stark befahren, so daß evtl. schon in Gjerstad Ihre Entscheidung für den Bustransport ab Sunde bru (an E 6, 4 x tägl.) nach Risør ausfallen kann. Achten Sie unterwegs auf die Abzweigung der R 411 (Startpunkt der Etappe nach Arendal), und steigen Sie dort gegebenenfalls aus.

Etappe 42:
Risør/Bossvik - Bergendal - Sagesund - Tvedestrand - Borås/Vatnebu - Kilsund - Flosta Kirke - Saltröd - Arendal (69 km) > >
0 - 50 - 0 - 41 - 0 m
Cappelen-Karte Nr. 1

Diese Strecke führt über viele Kilometer entlang der aufregenden Skaggerak-Küste zu der wichtigen Hafenstadt Arendal.
Von Risør aus fahren Sie zuerst 8 km auf der R 416 und wechseln danach auf die R 411. Diese nette und schmale Straße bietet sehr abwechslungsreiche Erlebnisse: Wälder, Seen und idylische Fjordarme. So geht es schnell nach *Laget* (Camping). Anschließend durchquert die Straße die Halbinsel zu der schönen Inselgemeinde *Gjeving*. Der Hauptort **Lyngör** liegt zwar nicht direkt an der Route, sondern ist über vier vorgelagerte autofreie Inseln (Fähre 3 x wöchentl.) verteilt. Ein Ausflug lohnt sich, um den offenen Skaggerak und die Inselidylle zu genießen.
Camping: Gjeving Marina ** (direkt am Meer), 24.6.-15.8., 4912 Gjeving, Tel. (041) 66367, 5 ha.

Entspannt geht es auf der Reichsstraße an der *Dypvåg* Steinkirche (12.Jh.) vorbei. Die Straße führt den Eikelandsfjorden entlang nach **Tvedestrand**, wie soviele andere Städte an der Südküste fast vollständig weiß gehalten. Das hübsche Rathaus am Kai, wo Dutzende von Booten dümpeln, war 100 Jahre lang die Lagerhalle des Nes Jernverk's (Stahlwerk); das Werk befindet sich 6 km westlich. 1880 wurde die Schmelzöfen stillgelegt. Sie können mit der alten Grubenbahn besichtigt werden. In der Stadt befindet sich ein kleines Holzhaus, daß wegen seiner merkwürdigen Form "das Bügeleisen" genannt wird. Es ist wohl das kleinste Haus im gesamten Land. Vom Hafen dampft das Personenschiff "Sögne" 3 x wöchentlich durch die Schären nach Arendal (Fahrradtransport nur bei freiem Platz).
Information: Tvedestrand Turistkontor, Fritz Smithgt. 1, 4900 Tvedestrand, Tel. (041) 61104.
Verkehrsverbindungen: Bus und Boot nach Arendal.
Postsparbuch-Geldwechsel: Tvedestrand.

Von Tvedestrand schlagen Sie wieder den Weg nach Süden ein. Sie benutzen dazu die R 410 (ausgeschildert Saltröd), der Sie nach *Borås* bringt. (Alternativ können Sie an der Vatnebu einen Schlenker über die Insel *Tverrdalsöya* zu machen und 6 km weiter wieder auf die Hauptstraße stoßen. Auf der Insel gibt es zwei wunderschöne Dörfer: *Kilsund* und *Narestö*. Die an der rechten Straßenseite errichtete *Flosta* Kirche wurde im frühen 18. Jh. teilweise aus dem Holz von Schiffswracks gebaut, denen die Schären im stürmischen Skaggerak zum Verhängnis wurden. Kurz vor *Strengereid* treffen Sie wieder die R 410, die nun etwas stärker befahren wird.) Auf der kleinen Insel *Buøya*, direkt östlich des Zentrums von *Eydehavn*, gibt es wunderschöne Badestellen. Durch eine leicht hügelige Landschaft mit kleinen Seen, Mooren und Wäldern kommen Sie nach *Saltröd*. 10 km nordwestlich liegen die Neskil Gruben, aus denen das Eisenerz stammte, das in den Öfen des Nes Jernverk's seit 1738 verhüttet wurde. Vor **Arendal** lohnt es sich durchaus noch, über die 400 m lange Hängebrücke auf die Insel *Tromöy* zu radeln. Von hier (Pusnes und Hove) fahren Boote zum Etappenziel.

Camping: Hove Familiecamping * (Tromöy, Badegelegenh.), ganzj., 4818 Færvik, Tel. (041) 85391.

Etappe 43:
Arendal - Vippa - Fevik - Vik - Grimstad - Landvik Kirke - Reddal - Birkeland - Ryen - Ålefjær/Kvarstein bru - Justvik - Kristiansand (94 km) >
0 - 40 - 219 - 19 - 0 m
Cappelen-Karte Nr. 1

Auf dem weiteren Weg entlang der Sørland-Küste wäre leider die E 18 die kürzeste Verbindung nach Kristiansand. Deshalb wählt diese Etappe eine deutlich längere, sehr hügelige Variante durch ausgedehnte Waldgebiete fast ohne Autoverkehr. Sie leitet Sie ab Grimstad durch das Hinterland mit endlosen Wäldern und einer Unzahl von Seen. [Sie können prinzipiell auch die E 18 fahren, die allerdings auf dem Teilstück der Umgehung von Grimstad für Fahrräder gesperrt ist. Sie benutzen in diesem Fall zuerst die R 420, fahren bis Lillesand (Übernmögl.) und nehmen dort das Schiff nach Kristiansand.]

Von der R 410 (vorhergehende Etappe) kommend, fahren Sie entlang des Tromöysund westwärts durch die Stadt Arendal. An der Brücke über den Sund beginnt auf der anderen Seite die R 420. Über die Insel *Hisöy* (Camping) geht es an der Engene Kirke vorbei (Vippa: Camping) aus der Stadt heraus. An der Küste vor **Fevik** gibt es mehrere wunderschöne Sandstrände und Campingplätze.

Postsparbuch-Geldwechsel: Fevik.

Camping: Randvika Familiecamping **, 1.6.-15.8., 4870 Fevik, Tel. (041) 47099, 10 ha, Hü. (aber nur eine!); Bagatell *** (direkt am Meer, Hafeneinfahrt), 15.6.-20.8., Tel. (041) 47467, 22 ha, Waschm., Kochg., Hü.; Moysand Familiecamping ***, 10.6.-20.8., 4890 Grimstad, Tel. (041) 40209, 105 ha, Waschm., Kochg.

Sie verlassen Fevik auf der R 420, queren in *Vik* die E 18 und fahren auf der nördlichen Bezirksstraße an der weiß leuchtenden Fjære Kirke (1150) vorbei. Kurz vor der Einmündung der Straße in die R 404 liegt rechts ein Gräberfeld aus der Eisenzeit (bei der staatl. Gärtnerschule Dömmersmoen).

Camping: Bie ***, 1.5.-1.11., 4890 Grimstad, Tel. (041) 43574, 50 ha, Waschm., Kochg., Hü.; Grimstad *, ganzj., Tel. (041) 44623.

Auf der R 404 fahren Sie 2½ km nach Norden und schlagen kurz hinter *Roresand* links die Bezirksstraße entlang des Landvikvatnet (*Landvik Kirke*) ein. Diese Straße leitet Sie nun über Reddal und Beisland 30 km durch sehr waldreiches und etwas hügeliges Gelände.

In *Årdalen* treffen Sie auf die R 39. Kurz hinter **Birkeland** (Post, Badestelle) wird der Fluß Tovdalselva durch ein altes Wehr (heute Bürgertreff: "Bomfestehuset") aufgestaut, das den Wasserstand zum Flößen des Holzes regulierte. Die Etappe folgt nun ein ganzes Stück der R 39 durch das Tal des Tovdalselva, zuerst an der *Birkenes Kirche* vorbei und weiter über Åbål und Ryen. Sie können auch ab Mollestad am Westufer des Flusses (über Foss) fahren. Am Ortsende von Ryen wählen Sie die R 453, die im Norden um den Topdalsfjord herumführt. Ab der *Kvarstein bru* trägt die Straße die Nr. 452 (die nach Norden führende Anschlußetappe 44 zweigt hier ab) und führt über Kostöl und Justvik in die Hauptstadt des Sörlandes - Kristiansand. Dort überquert die 339 m lange Oddernes-Brücke/Varoddbrua den Fjord zu den östlichen Stadtteilen.

Kristiansand, 63500 Einw., Vest-Agder, ist nach Oslo der zweitwichtigste Fährhafen in den Verbindungen zum europäischen Festland (s. *Anreise*). Kristiansand (S) kann leicht mit der 150 km westlich von Trondheim liegenden kleinen Fischerstadt Kristiansund (N) verwechselt werden, deshalb werden für solche Fälle Anhängsel (N = Nord) verwendet. Für den ersten Eindruck in Norwegen ist die Stadt wenig charakteristisch. Kristiansand, an der Mündung des Otra in den Byfjord auf dem aufgeschwemmten Delta gelegen, ist die einzige von der Renaissance geprägte Stadt Norwegens. Sie wurde 1641 von Christian IV. wegen des günstigen Hafens als Garnisonsstadt gegründet und weist den typischen zeitgenössischen Grundriß eines Schachbrettes auf. Von der ursprünglichen Bausubstanz ist kaum noch etwas vorhanden, da die Stadt 1892 durch ein Großfeuer zerstört wurde.

Die alte Christiansholm Festning wurde in den Jahren 1667-1679 errichtet und beherbergt heute ein Kunst- und Kulturzentrum.

Die Stadt - vorgelagert sind unzählige Schäreninseln - ist dank des Einflusses des Nordastlantikstroms klimatisch begünstigt und weist Wassertemperaturen von bis zu 22° C auf. 10 km nordöstlich liegt bei Hamresanden einer der wenigen Sandstrände Norwegens, touristisch gut erschlossen (aber trotzdem nicht überfüllt) und direkt in der Flugschneise des angrenzenden Airports.

Kristiansand beherbergt den einzigen Zoo des Landes (Dyrepark - überwiegend mit nordischen Tierarten; gekoppelt an einen Vergnügungspark, ca. 100 NOK), den man vom Zentrum über die 618 m lange Varoddbrua (etwa 11 km nordöstlich an der E 18) erreichen kann. Außerdem lohnt sich das

Vest-Agder Museum (Freilichtmuseum, bei Kongsgård in der Innenstadt, 20.6.-20.8.) mit 30 Gebäuden, einer Kirche und diversen Kunstausstellungen.

Trotz der Funktion als moderne Geschäfts - und Handelsstadt gibt es deutliche Spuren einer über 400jährigen Geschichte (u.a. im Nordosten - Skippergata). Die Domkirche ist mit ihrem 70 m hohem Turm schon von weitem ein deutlicher Orientierungspunkt. Sie wurde um 1855 im neugotischen Stil erbaut, hatte aber an der gleichen Stelle drei Vorgänger aus Holz (1645, 1696, 1738).

Museen: Billedgalerie (Bildergalerie), Arne Vigeland Museum (auf der Insel Lagmannsholmen in einem ehemaligen Pulverhaus, 130 Gips- und Bronzeskulpturen) und das Gimle Herråds Museum (Möbel und Gemälde, 17.-19. Jh.).

An der Ausfallstraße R 21 liegt der Naturpark *Ravnedalen* (eher ein Botanischer Garten), der über einen anstrengenden Felstreppenaufstieg über 100 m erreicht wird.

Information: Kristiansand Turistkontor, Henrik Wergelandsgata 17, Postboks 592, 4601 Kristiansand, Tel. (42) 26065 oder 26406.

Verkehrsverbindungen: Züge (Sörlandbanen) nach Stavanger und Oslo; Busse nach Evje, Bykle, Haukeligrend, Odda, Voss; Flüge nach Oslo, Städte an der Westküste und Trondheim, Bodö und Tromsö; Fähren nach Hirtshals (DK) und Harwich (GB).

Postsparbuch-Geldwechsel: Hauptpost (Markensgata, nahe Dom) und Posebyen, Grim, Kongsgård, Lundsiden, Møllervann und Tinnheia.

Jugendherberge: Kristiansand UH **, Badmintonsenteret, Kongsgård Allee 33c, 1.5.-1.9. (unter vorheriger Buchung auch 2.9-30.4.), 4631 Kristiansand, Tel. (042) 95369, 120 NOK (ohne Frühstück), 60 Betten, Kochg.

Camping: Dvergsnestangen Senter ***, 1.6.-1.9., 4639 Kristiansand, Tel. (042) 47155, 110 ha, Waschm., Kochg., Hü., Zi.; Roloigheden *, 1.6.-1.9., 4601 Kristiansand, Tel. (042) 94759, 36 ha; Hamresanden Motell, Bade- og Camping ***, 15.5.-1.9., 4752 Hamresanden, Tel. (042) 47222, 20 ha, Waschm., Hü., Zi.; Skottevig Familiecamping *** (ca. 10 km westlich), Ostern bis 15.10., 4772 Hæstadvingen, Tel. (0419 74600, 330 ha, Waschm., Hü.

Fahrradservice: Intersport Kristiansand AS, Tel. (042) 23984; G-Sport Hauge A/S, evtl. Våpensport A/S.

Etappe 44:

Kristiansand/Kvarstein bru - Vennesla - Grovane - Åmdal - Jeppestöl - Skaiå - Fröyså - Hornesund - Hestvåg - Evje (54 km) >

0 - 92 -170 m

Cappelen-Karte Nr. 1

Diese recht leichte Etappe bietet sich besonders denjenigen an, die von Dänemark mit der Fähre in Kristiansand angekommen sind und schnell ins Landesinnere fahren wollen. An dieses waldreiche Teilstück schließt später die Etappe durch das wunderschöne und lange Jahrhunderte fast völlig isolierte Setesdalen an.

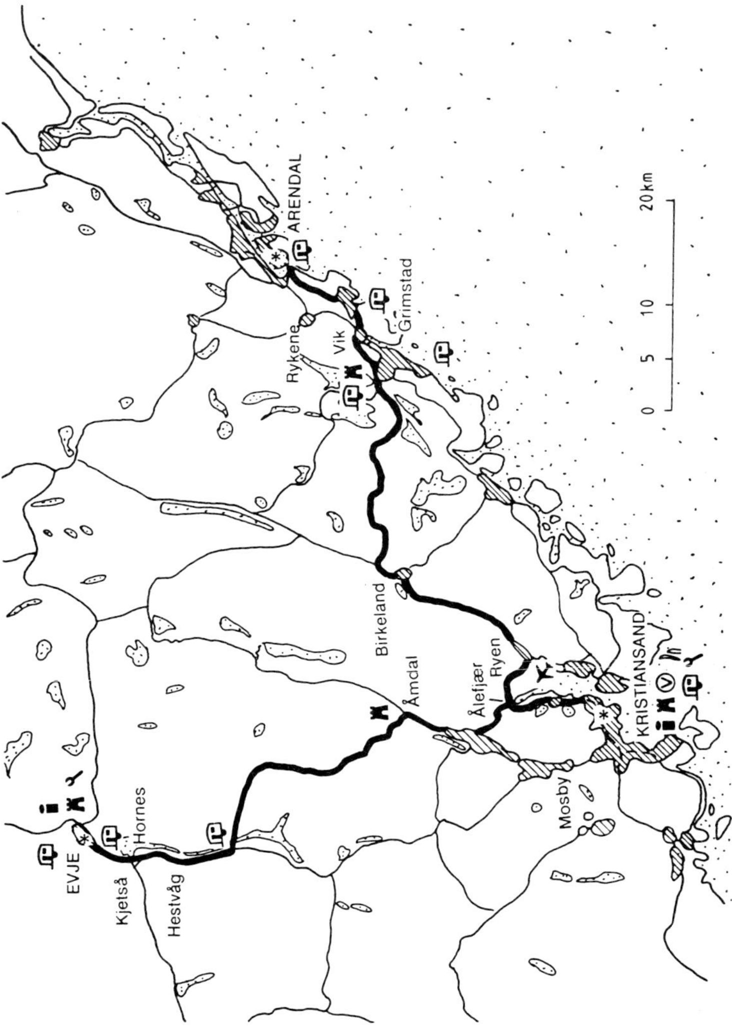
ARENDAL
Grimstad
Vik
Rykene
Birkeland
Åmdal
Ryen
Ålefjær
KRISTIANSAND
Mosby
EVJE
Kjetså
Hornes
Hestvåg
0
5
10
20 km

Zunächst geht es ab der Kvarstein bru über die R 453 nach **Vennesla** (Post, Zug nach Kristiansand, Stavanger und Oslo) und von dort auf der R 405 nordwärts aus dem Ort heraus. Kurz hinter *Grovane* existiert die stillgelegte Eisenbahn der Setesdalstrecke, die liebevoll von Eisenbahnfans gepflegt wird. Dieses Gleisstück ist das einzige übriggebliebene Relikt einer alten Bahn, die durch das Setesdal verlief. Der Rest der ursprünglich 75 km langen Strecke ist nach dem Ausbau der Straße in den sechziger Jahren demontiert worden. Die Museumsbahn startet nicht an der heutigen NSB-Station, sondern ½ km weiter nördlich an der *Steinfoss bru*. Die alte Dampflok mit harten Holzpritschen-Waggons von 1895 fährt im Sommer (16.6.-30.8.) jeweils am Sonntag (11.30, 13.00, 14.30 h) - im Juli gibt es zusätzliche Fahrten di/mi/do. Darüber hinaus erfährt man in einer kleinen Ausstellung in der Werkshalle mehr über die Setesdal-Bahn. 4 km hinter Grovanne biegen Sie links auf die R 403 ab, der Sie durch dünnbesiedeltes Gebiet mit schier endlosen Wäldern und einzelnen, eingestreuten Feldern und Wiesen nach Jeppestöl, Skaiå, Fröyså und Grossås bringt. Sie fahren über den Otra-Fluß und treffen auf die durch das gesamte Setesdal führende R 12.
Camping: Kilefjorden **, 1.6.-15.9., 4673 Moisund, Tel. (043) 33285, 10 ha, Hü.

Durch das waldreiche Haupttal Südnorwegens geht es entlang des hier noch gemächlich daherfließenden Otra an den kleinen Siedlungen Hornesund, Slettefit, Moisund, Hannås und Hestvåg vorbei.
Camping: Hornes ** (kurz hinter der Einmündung der R 9), 15.6.-1.9., 4670 Hornes, Tel. (043) 30885, 15 ha; Kilefjorden **, 1.6-15.8., 4673 Moisund, Tel. (043) 33285, 10 ha, Hü.

Die letzten Kilometer führen am Breiflå-See (168 m) vorbei nach Evje hinein.

Evje, 1200 Einw., Aust-Agder, ist vor allem wegen der Mineralienvorkommen verschiedenster Art bekannt geworden. In den Nickelgruben (1946 stillgelegt) wurden aufsehenerregende Edelsteinfunde gemacht, die viele Hobbymineralogen anziehen. Die Gruben liegen an der Bezirksstraße (an der Kirche rechts) Rchtg. Gautestad. Außerdem gibt es in Evje ein Heimatmuseum und die sehenwerten Stromschnellen Birkelandsfossen im Norden der Stadt.
Information: Nedre Setesdal Reisetrafikklag, Postboks 146, 4660 Evje, Tel. (043) 31056.
Verkehrsverbindungen: Busse nach Voss (Hordaland), Kristiansand, Arendal.
Postsparbuch-Geldwechsel: Evje.
Camping: Odden *** (am Südrand von Evje, ruhig am Fluß gelegen), ganzj., Tel. (043) 30603, 40 ha, Waschm., Kochg., Hü.; Evjetun Leirsted **, 1.7.-15.8., Tel. (043) 30163, 9 ha, Waschm., Kochg., Zi.; Evje Camp og Hytter *, ganzj., Tel. (043) 30888.
Fahrradservice: Torgeir Lund Intersport.

Etappe 45:
Kristiansand - Vågsbygd - Sögne - Harkmark Kirke - Tregde - Mandal - Lunde - Trædal - Vigeland - Syrdal - Spangereid - Lindesnes (97 km) >
0 - 80 - 0 - 60 - 0 - 55 - 0 - 75 - 0 m
Cappelen-Karte Nr. 1

Die Etappe um den südlichen Zipfel Norwegens führt durch viele kleine Sörland-Orte mit deren typischen Hafenensemble und den weißen Häusern. Zunächst fahren Sie innerstädtisch durch Kristiansand auf der E 18 gen Südwesten und biegen noch in der Stadt auf die R 257 nach *Vågsbygd* ab. Beide Städte gehen ohne scharfe Grenze ineinander über. Im Ortsteil *Kjos* folgt man weiter der R 456 (rechts) über Holskogen, Romsvika, Langenes durch ausgedehnte Felder und Wiesen zur Abzweigung in den sehenswerten Ort **Höllen** - kurz vor der alten Kirche von Sögne. Bei *Åros* gibt es neben dem Campingplatz einen schönen Strand.
Camping: Åros Motellcamp ***, ganzj., 4640 Sögne, Tel. (042) 66411, Waschm., Kochg., Hü.

In Höllen gibt es einen schönen Ortskern aus alten, weißen Holzhäusern aus der Glanzzeit der großen Segelschiffe, die für viele Städte entlang der Südküste typisch sind. Von Höllen fährt ein Schiff 3 x täglich zu den Inseln Monsöy (Ny-Hellesund) und Skarpöy (Borøy). Der alte Fischerort *Ny-Hellesund* hat seine Schönheit und Ruhe mit in das 20. Jh. gerettet. Die Häuser gehen teilweise in das 17. Jh. zurück; der bekannte Maler A. Nielsen fand an diesem idylischen Ort viele seiner Bildmotive.
In **Sögne** (Post) treffen Sie wieder auf die E 18, wo Sie einen Radweg parallel der Straße benutzen. Die Sögne Holzkirche ist 1604 gebaut worden, im Inneren hängen über der Galerie eine Reihe schöner Bilder mit religiösen Motiven. Gegenüber finden Sie das Sögne-Volksmuseum, mit nur 3 Gebäuden ein recht kleiner Vertreter der typisch norwegischen Heimatmuseen. Kurz hinter dem Ortsende biegt man nach links auf die Bezirksstraße nach *Hallandvik* ab. Diese bringt Sie durch eine abwechselnde Landschaft mit Feldern zur Harkmark-Kirche von 1613. 1 km nach der Kirche setzen Sie Ihre Reise nach links unter Benutzung der südlicheren Bezirksstraße nach Eigebrekk und *Tregde* (Übernachtungsmögl.) fort. Die Straße wendet sich nach Norden und trifft kurz vor Mandal auf die E 18 mit einem Radweg.

Mandal, 12000 Einw., Vest Agder, ist die südlichste Stadt Norwegens mit einem der schönsten Sandstrände, dem Sjøsanden (900 m lang und gut besucht). Schon im 17. Jh. wurden hier an der Mündung des Mandalselva, auf dessen Schwemmsanden sich heute die Touristen sonnen, Holz und vor allem Lachse verladen. Der Fluß war bei den verschiedenen europäischen Königshäusern wegen seiner hervorragenden Lachse bekannt; heute sind diese aber aufgrund der Verschmutzung sehr selten geworden - nur noch das Stadtwappen erinnert daran.

Zur Zeit dieser Hochkonjunktur entstanden die Patrizierhäuser. Der Fall kam abrupt: 1810 brannte die Stadt nieder, 1821 meldeten die wichtigsten Handelshäuser Konkurs an.
Die Mandal-Kirche wurde 1821 im Empirestil gebaut und bietet 1800 Besuchern Platz, womit sie eine der größten Kirchen Skandinaviens ist. Im Bymuseum / Andorsengården (Stadtmuseum), St. Elvegt 5 (Fußgängerzone), einem ehemaligen Kaufmannssitz aus dem Anfang des 19. Jh., befindet sich heute eine Galerie mit Werken von Mandaler Künstlern (im Sommer, mo-fr 12-16 h, so 12-14 h) und ein kleines Seefahrtsmuseum.
Stille Buchten und Kiefernwälder bilden den großen Stadtpark Furulunden (1000 ha), der im Zweifelsfalle dem regen Badebetrieb des Sjøsanden vorzuziehen ist.
Information: Touristkontor (am Kai), Tidemandsgate 2, oder Mandalregionens Reiselivslag, Bryggegate 4, Boks 278, 4500 Mandal, Tel. (043) 62063 oder 63824.
Postsparbuch-Geldwechsel: Hauptpost, Johnstongate 2 (in der Fußgängerzone).
Jugendherberge: Hall Pensjonat *** (Wattnegt. 17a, Nähe E 18 in der östl. Stadthälfte), 2.7.-5.8., Tel. (043) 60100, 130 NOK incl, Frühstück, 45 Betten, Waschm.
Camping: Mones * (sehr laut), ganzj., Tel. (043) 63416; Sjøsanden * (schöner Platz am belebten Strand), ganzj., 4501 Mandal, Tel. (043) 61094, Waschm., Hü..
Fahrradservice: Mandal Sport, Tel. (043) 61539.

In Mandal halten Sie sich südwärts nach Norwegens bekanntestem Strand, dem *Sjösanden*. Anschließend geht es über die Brücke nach Sånum, der Weg bringt Sie in einer Schleife über *Lunde* zurück zur E 18. Dieser folgen Sie einige Kilometer nach **Vigeland** und der Valle Kirke, von dort der R 460 gegen Süden.
Camping: Furuholmen *** (mit schönem Strand), 1.6.-1.9., 4520 Sør-Audnedal, Tel. (043) 56598, 30 ha, Waschm.

Bei Snig können Sie über den Strand einen schönen Blick über den Snigfjord werfen, kurze Zeit später biegen Sie bei *Lonestrand* nach rechts ab. *Svinöy* auf der gleichnamigen vorgelagerten Insel ist eine alte Lotsenstation aus der Zeit der großen Segelschiffe mit einem idyllischen Hafen.
Wenn Sie der R 460 weiter folgen, geht es über Reme und Höllen zur *Spangereid Kirke* (1840, Steinchor aus dem Mittelalter).
Camping: Njervesanden Familiecamping *, 1.6.-1.9., 4510 Sprangereid, Tel. (043) 59569, 25 ha.

Die R 460 führt auf der Halbinsel mit schönen Blicken über das Meer zu Norwegens südlichstem Festlandspunkt: dem Leuchtturm (1915) **Lindesnes** auf 57° 58' 43" nördlicher Breite. Von hier sind es 2518 km bis zum Nordkap. Der erste Leuchtturm wurde hier schon 1655 gebaut, damals allerdings mit einer nur wenig weit sichtbaren Ölfunzel. Zu Zeiten der Walölverknappung wurde auch schon mal mit einem Holzfeuer das Licht erzeugt. Der Turm kann besichtigt werden und ist dann geöffnet, wenn die starke Lampe brennt. Die Spuren der alten Festungsanlage auf Lindesnes stammen aus dem letzten Weltkrieg.

Kartenskizze Etappen 45 & 46

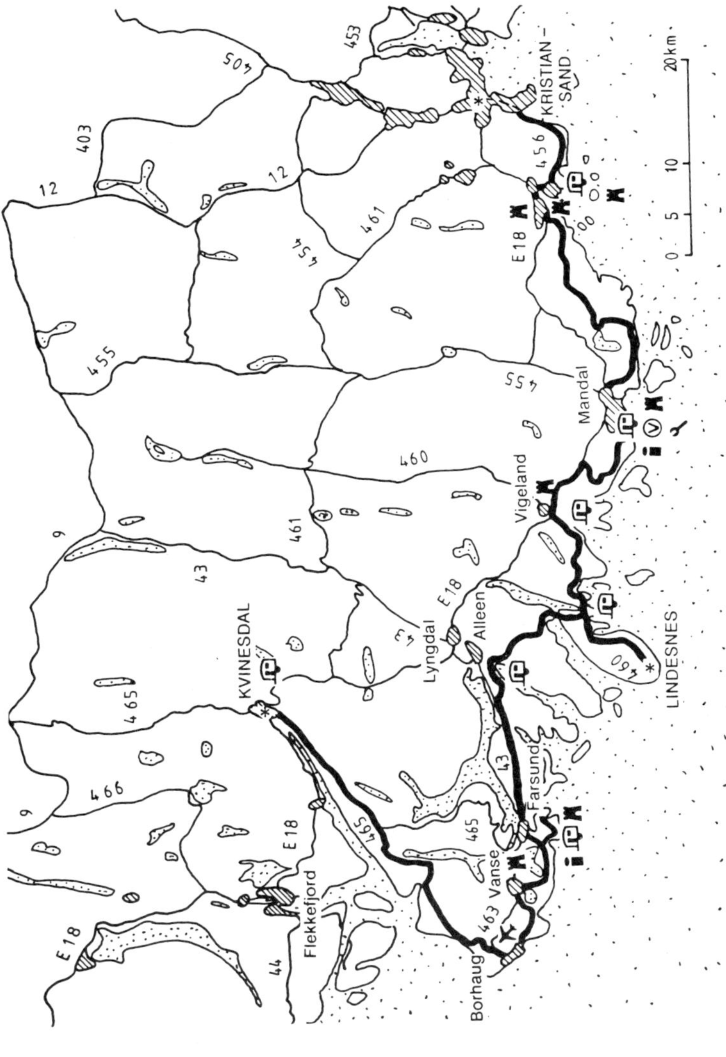

Etappe 46:
Lindesnes - Jåsund - Gitlevåg - Agnefest - Farsund - Lunde - (Loshamn) - Vanse - Vestbygd - Penne - Listeid - Guse - Kvinesdal (108 km) >
0 - 47 - 0 - 64 - 0 m
Cappelen-Karte Nr. 1

Auf dem Weg von Lindesnes nach Spangereid lohnt sich ein Abstecher zu dem Felshafen *Lillhamn*. Hier wurde früher in großen Mengen der sogenannte Klippfisch hergestellt. Dabei handelte es sich um gesalzene Fische, zumeist Dorsch, der wie der Stockfisch auf Holzgestellen oder auf den Klippen getrocknet wurde, bis er 85 % seines Wassergehalts verloren hatte. Von Spangereid setzen Sie die Etappe nach *Jåsund* fort, vorbei an den je nach Lichtverhältnissen wunderbar grün leuchtenden Gröns- und Lenefjorden. Über Gitlevåg fahren Sie nach *Rosfjord*.
Camping: Rosfjord ***, ganzj., 4580 Lyngdal, Tel. (043,45252, 100 ha, Waschm., Kochg., Hü.; Kvavik ***, 1.6.-31.8., 4580 Lyngdal, Tel. (043) 456222, 40 ha, Waschm., Hü.

An der folgenden Weggabelung können Sie sich für beide Richtungen entscheiden, Sie gelangen entweder rechts direkt auf die R 43 oder aber links über *Berghöydne* (etwas längerer Weg) nach Farsund.

Farsund, 9500 Einw., Vest-Agder, ist eine relativ uninteressante Kleinstadt aus dem 18. Jh.; früher war sie eine wichtige Hafenstadt. Heute arbeiten viele Bewohner in dem Lista-Aluminiumwerk. 1901 brannte die Stadt völlig ab, so daß es heute fast keine alten Häuser mehr gibt. In dem kleinen Heimatmuseum informieren verschiedene Ausstellungsstücke über die Geschichte der kleinen Hafenstadt. Vom Hafen aus werden Hochseetörns angeboten, in der Umgebung finden Sie mehrere Sandstrände.
Information: Farsund Turistinformasjon, Torvet, 4550 Farsund, Tel. (043) 90839
Postsparbuch-Geldwechsel: Farsund.

Von Farsund wenden Sie sich auf der Bezirksstaße nach Südwesten. In *Lunde* gibt es Felszeichnungen aus der Steinzeit zu sehen, kurz darauf biegt die Straße nach *Loshamn* ab. Auf dem Weg nach Loshamn kommen Sie an dem langen Lomsesanden vorbei.
Camping: Lomsesanden ** (sehr schön), 1.6.-1.9., 4550 Farsund, Tel. (043) 90913, 17 ha, Waschm., Hü.

Über *Huseby* (in Kviljo: steinzeitl. Felszeichnung) fahren Sie nach **Vanse**. In dem Hauptort der Halbinsel Lista gibt es ein Freilichtmuseum (alter Hof und Skulpturen). Das nächste Ziel ist **Vestbygd**, das Sie am besten über *Midthassel* ansteuern. Am westlichen Zipfel der flachen Halbinsel Lista steht ein 34 m hoher, 1834 gebauter Leuchtturm. Von Vestbygd radeln Sie über *Stave* nach den Gräberfeldern und Felszeichnungen bei *Penne*. Dort wurde die größte Entdeckung aus vorgeschichtlicher Zeit gemacht, als man die Reste von 9 Hütten, mehr als 100 Grabhügeln (Eisenzeit) und Felszeichnungen aus der Bronzezeit freilegte. Über *Heskestad* (Schotter) geht's nach *Listeid*. Sie fahren gut 1 km an einem Bootszugwerk vorbei, das früher Boote vom Eidsdfjorden über Land zum Framvaren zog. Es wurde schon in der Sagazeit (Zeitabschnitt von der Reichsgründung [872 u.Z.] durch Harald Schönhaar bis zum Beginn der Unionen 1319) benutzt und später mit Motorkraft erneut in Betrieb genommen. Schließlich geht es durch sehr hügeliges Gelände hinauf nach **Kvinesdal**, einem Ort mit etwas Metallindustrie auf dem Schuttkegel am Fjordende. Die Steigungen beginnen etwa bei *Gjervollstad*, von wo Sie die R 465 an Guse und Åse vorbei benutzen.

Postsparbuch-Geldwechsel: Kvinesdal.

Camping: Förland * (etwas außerhalb, E 18 hoch nach Solås), ganzj., 4480 Kvinsdal, Tel. (043) 53412.

Etappe 47:

Kvinesdal - Feda - Flekkefjord - Åna Sira - Hauge - Åvendal - Egersund (91 km)

> >

0 - 112 - 10 - 189 - 0 - 80 - 151 - 0 m

Cappelen-Karte Nr. 1

Auf dieser Etappe kommen Sie nach Rogaland, dem südlichsten Bezirke des Fjordlandes. Hier erhalten Sie Kontakt mit den gewaltigen Fjorden, die die Glet-

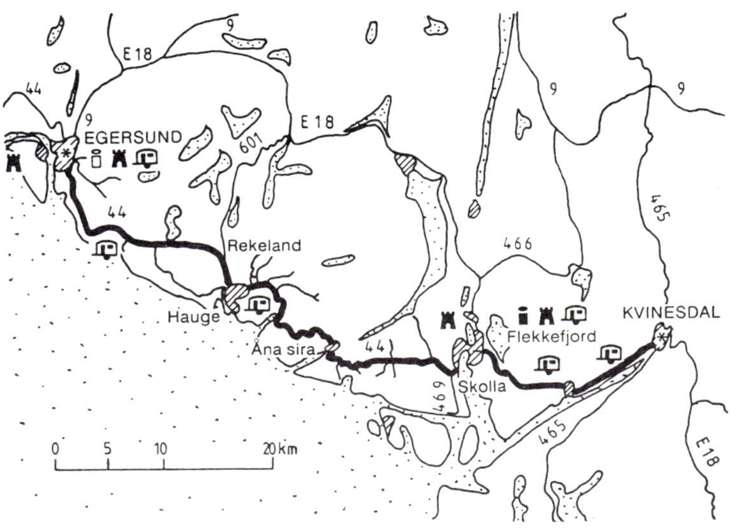

scher beim Abfließen zum Nordmeer tief in den Skandinavischen Schild gegraben haben. Für den Fahrradfahrer bedeutet dies zunehmende Schwierigkeitsgrade.

Von Kvinesdal müssen Sie zunächst bis Flekkefjord die E 18 befahren, da es keine Alternativstrecke gibt. Eine weitere Möglichkeit bietet die Benutzung der Sörland-Bahn (mehrmals tägl.), die Sie von Kvinesdal durch das leicht hügelige Vesterdalen in 9 km an der Bahnstation *Storekvina* erreichen.
Auf der stark befahrenen E 18 geht es ohne große Mühen entlang des schönen Fjordes nach **Feda**, einem schönen Hafenort mit vielen weißen Häusern, der sich in eine Ausbuchtung des gleichnamigen Fjordes zwängt.
Camping: Elvestrøm **, ganzj., 4484 Øyestranda, Tel. (043) 50209, 5 ha, Kochg., Hü., Svindland **, 1.6.-31.8., 4485 Feda, 10 ha, Waschm., Hü.

Über die E 18 mit mehreren Tunneln erreichen Sie nach 11 km Flekkefjord.

Flekkefjord, 9000 Einw., Vest-Agder, ist an einer Verengung zwischen Grisefjorden und Stolsfjorden als Holzstadt im 17. Jh. gewachsen. Das Holz ging hauptsächlich in die damalige Weltmacht Holland, die es für Schiffe, Deich- und Häuserbau benötigte. Im 19. Jh. war der Heringsfang vor der Küste die Haupterwerbsgrundlage. Die Heringsschwärme wechseln alle paar Jahrzehnte ihre Wanderrouten, und zwischen 1820 und 1830 profitierte Flekkefjord von den küstennahen Schwärmen. Aus dieser Zeit stammen die schönen weißen Patrizierhäuser im Stadtteil *Hollenderbyen* mit seinen engen Gassen. Im Stadtmuseum in Hollenderbyen (Dr. Kraftsgate 15, 1.5.-1.9.) in dem ältesten Patrizierhaus der Stadt von 1724 wurde die alte Einrichtung hergerichtet. Interessant sind außerdem die achteckige Kirche von 1833 und das hölzerne Rathaus.
Information: Touristinformasjonskiosk Brogate (kleiner Pavillon nur in der Saison geöffnet), 4400 Flekkefjord, Tel. (043) 24254.
Postsparbuch-Geldwechsel: Hauptpost, Parkgate 4-6.
Camping: Egenes ** (4 km östlich des Ortes an der E 18, aber idyllisch und abseits am See), 1.6.-8.8., Tel. (043) 201148, Hü.

Hinter der Stadt können Sie die laute E 18 verlassen, Sie biegen in *Skolla* nach rechts auf die R 44 Rchtg. *Åna-Sira* ab. Die weitere Wegfindung gestaltet sich sehr einfach, benutzt die Etappe doch bis Egersund die R 44. Zunächst wird die Straße noch von Wald begleitet, doch im weiteren Verlauf weicht er wegen des rauheren Mikroklimas zurück. Die Radelei wird zusehends anstrengender, da es auf und ab geht. Über *Kvanik* und an einem Gewässer vorbei erreichen Sie den tiefer gelegenen Ort **Åna-Sira** (Post). Hier beginnt der etwas schwerere Teil der Etappe. Sie müssen mehrmals von fast 200 m auf das Seeniveau hinunter und wieder hinauf - und das geht in die Beine. Die schmale Straße führt in vielen Kehren zunächst zum canyonartigen Jössingfjord.

Über wechselnde Szenerien erklimmen Sie die steilen Kurven am Ende des Fjordes nach **Hauge** (Post, ausgedehnte Badestrände und Camping). Sie fahren durch den kleinen Ort und immer weiter auf der R 44 (in *Rekeland* links). Im weiteren Verlauf kommen Sie an mehreren Seen und der Siedlung *Åvendal* vorbei. Der Abfluß des Sees begleitet Sie nach *Lædre* (Camping) hinunter und längs der Küste über *Stapnes* (Camping) und Hunnefossen nach Egersund.

Egersund, 13000 Einw., Rogaland, wird schon in alten Sagen als Nothafen bei Wetterstürzen erwähnt, in ihm sollen Knud, der Mächtige, und Olav, der Heilige, Schutz gesucht haben. Im 19. Jh. lebte die Stadt (wie Flekkefjord) vom Heringsfang. Die verzweigte Fjord- und Insellandschaft gibt einen idealen Naturhafen ab - mit einer Unzahl von Booten und Schiffen aller Größen und Farben. Die schönen Holzhäuser entlang der Strandgate stammen von der Jahrhundertwende. Die Stadt hat in der Gegenwart ihre Bedeutung als Fährhafen (Fred Olsen Lines nach Dänemark, nur im Sommer, 5 km außerhalb) und als Fischanlandeort mit Fischfabriken und anderer Industrie. Die alte Verteidigungsanlagen, deren Rüstkammer und Wälle restauriert wurden, sind von Christian IV. im 17. Jh. erbaut worden und spielten in den Napoleonischen Kriegen zu Anfang des 19. Jh. eine Rolle.
In der Umgebung: *Eigerøy Fyr* (westl. von Egersund), eines der stärksten Leuchtfeuer Nordeuropas; *Dalane Folkemuseum* (Heimatmuseum, 3 km nördlich an der R9), mit Einrichtungsgegenständen und wertvollem Porzellan, das in der von 1847 bis 1979 produzierenden Egersund Fayencefabrik hergestellt wurde. Außerdem gibt es im Museum eine Ausstellung über die damalige Landwirtschaft und das Handwerk sowie ein altes Schulhaus (Juni-Aug, 11-12 h).
Information: Dalane & Sirdal Reiselivslag, Jernbaneveien, 4370 Egersund, Tel. (04) 490819 (nur im Sommer).
Postsparbuch-Geldwechsel: Hauptpost, Torgate - gegenüber der Kirche.
Camping: Steinsnes **, 3 km außerhalb an der R 44 bei Tangsbru an der Flußmündung, Tel. (04) 491520, ganzj., 13 ha, Kochgelegenheit, Waschm., Hü.

Von Egersund bietet sich ein Ausflug zum Eigeröy-Leuchtfeuer an. Zu diesem Zweck benutzen Sie die idyllische R 502 entlang der Nordseite der Insel *Eigeröya*. Der Leuchtturm wurde 1854 aus verschraubten gußeisernen Platten gebaut, quasi ein Testlauf für weitere Eisenkonstruktionen wie den 1899 errichteten Eiffelturm. Die Ingenieure der Zeit hielten es nicht für möglich, Eisenkonstruktionen solcher Art in größerer Höhe zu bauen. Das Leuchtfeuer auf dem 33 m hohen Turm wurde früher mit Waltran betrieben, dann mit Erdöl und heute mit Strom. In dem angrenzenden Vogelschutzgebiet brüten viele Seevögel wie Kormorane, Tauche, Lummen und diverse Möwenarten.

Etappe 48:
Egersund - Tengs - Hellvik - Sirevåg - Brusand (25 km) >
0 - 89 - 0 m
Cappelen-Karte Nr. 1

Von Süden her kommend geht es auf der R 44 durch Egersund, dem Hinweis zum Bahnhof (Stasjon) folgend. In einem kleinen Bogen führt die Straße um einen Fjordzipfel und macht ab *Tengs* noch einmal einen Schlenker durch das Hinterland, bevor sie sich ganz der Küste zuwendet. Vor Hellvik kommen Sie am Bahnhof der Sörlandbahn vorbei. Anschließend geht es entlang der relativ flachen Küste, häufig begleitet von frischem Südwestwind, über Vatnamoholmane nach *Ogna* (Übernachtungsmögl.) mit seiner Steinkirche aus dem Mittelalter (erweitert im 17. und 19. Jh.) und dem langen Badestrand. Der kräftige Seewind wirbelt immer wieder Staub aus den Flugsanddecken auf. Zusammen mit dem Salz bildet sich eine sehr korrosive Mischung, was Sie auch nach kurzer Zeit durch kleine Roststellen an Ihrem Drahtesel erkennen können.
Camping: Ogna *, 1.5.-1.9., 4364 Sirevåg, Tel. (04) 438242, 15 ha, Hü.

In dem kleinen Schutzgebiet bei *Ogna* wachsen einige typische Pflanzen, wie wir sie auch an der deutschen Nordseeküste finden. In Norwegen sind sie wegen der vollständig anderen Küstenformen eine Rarität. Auf dem weiteren Weg nach **Brusand** (Übernachtungsmögl., Eisenbahn, Post) liegen am Strand etliche alte Bunker aus dem Zweiten Weltkrieg, die die Deutschen bauten, um die erwartete Invasion der Alliierten abzuwehren.

Etappe 49:
Brusand - Hårr - Årsland - Obrestad - Söyland - Orre - Bore kirke - Tjelta - Sola Kirke - Madla - Stavanger (69 km) >
0 - 40 - 0 m
Cappelen-Karte Nr. 1

Diese Etappe führt Sie durch ein eigenes Land im Staate: die alte Region Jæren.

Jæren ist Norwegens intensivstgenutzte Agrarlandschaft zwischen Egersund und Stavanger. Es weist eine völlig abweichende Charakteristik auf und erinnert den Besucher eher an das südschwedische Schonen oder an die dänische Provinz Jütland. Schon der Name bringt die Andersartigkeit zum Ausdruck: Jæren bedeutet auf norwegisch Kante oder Rand. Die R 44 folgt bis Stavanger dem sogenannten Küstensaum, einem 10-15 km breiten und 60-70 km langen, waldfreiem Streifen mit Höhen bis maximal 100 m. Im Osten schließt sich das 100-250 m hoch gelegene, ebenfalls saumartige Hochjæren an - früher mit ausgedehnten Heide- und Moorflächen.
Die gesamte Küste Jærens bildet seit 1977 ein etwa 70 km langes Natur-

schutzgebiet mit einer Gesamtfläche von 16 km² sowie zahlreichen vorgelagerten Inseln. Verschiedene Einschränkungen sollen Norwegens einzige große zusammenhängende Sand-Dünen-Flora mit den dort lebenden Tieren schützen. Einen schönen Überblick über das Gebiet kann man sich in *Orre* in einer kleinen Ausstellung (mit Diavorführung) verschaffen. Auch viele geologische und historische Objekte gehören zu dem Schutzgebiet. Die Flachstrände sind wichtige Trittsteine für die nordischen Zugvögel auf ihren jährlichen Wanderungen nach Süden. An vielen Stellen versucht man durch Küstenschutzmaßnahmen, den Sand gegen den Angriff der Gezeiten zu sichern.

Das engmaschige Straßennetz weist auf die sehr dichte Besiedlung hin. Zahlreiche Funde belegen, daß schon die alten Wikinger in Jæren Probleme mit der Überbesiedlung hatten und wegen des Bevölkerungsdrucks in neue Länder (Grönland, Schottland und Island) vorstießen. Erste menschliche Spuren sind aber viel älter (6500 v.u.Z.).

Sie starten in der Gemeinde Brusand, die Sie nach Norden auf der R 44 verlassen. Am Straßenrand weisen Schilder mehrfach auf die umfangreichen Gräberfelder (insgesamt 600 einzelne) hin, die hier gefunden wurden. Gleichzeitig geht es an dem *Kvassheim*-Leuchtturm vorbei, und Sie radeln weiter nach Hårr und Lerbrekk. Von der Straße sind schon von weitem die großen Sendeanlagen von Radio Rogaland zu sehen. Sie folgen der Straße bis zu dem Abzweiger links nach *Obrestad*, der Sie zu dem alten Fischereihafen und dem Leuchtturm bringt. Ein alter Königsweg, der von Obrestad nach Süden führte, ist nur rudimentär erhalten und fürs Radfahren ungeeignet. An dem Knick der Straße im Nordwesten liegt *Hå* (Kunsthandwerksausstellung), ein altes Kloster. Die Landschaft wird durch sanfte Hügel und ausgedehnten Felder geprägt. Zurück auf der R 44 gabelt sich die Straße sofort in *Söyland* - Sie folgen dem linken Ast, der jetzt die Bezeichnung R 507 trägt. Über Refsnes und Vik macht die Straße einen großen Bogen um ein ornithologisch sehr interssantes Binnengewässer, den Orrevatnet. In dem Schutzgebiet leben und brüten zahlreiche Küsten- und Seevogelarten u.a. auch die seltenen Singschwäne, Kormorane, Reiher und viele Limikolenarten (Watvögel). Doch zunächst lassen Sie die alte Steinkirche von Orre (13. Jh., im 18. Jh. mit Holz erweitert) hinter sich. Westlich der Straße liegt der schöne Orresanden, der sich als Rastplatz anbietet. (Der direkte Weg nach Kleppe über die Fortsetzung der R 44 ist laut und langweilig; tw. mit Radweg). An der Bore Kirke am Ortsrand von **Verdalen** treffen Sie wieder auf die R 44, die nach 6 km Tjelta erreicht. Dort biegt man links auf die Gemeindestraße ab, die an mehreren Stränden vorbei zum 2,3 km langen Solastrand mit seinen Dünen führt.

Camping: Ølberg Camping og Friområde ***, 15.5.-30.8., 4053 Ræge, Tel. (04) 654375, 80 ha, Kochg., Hü.; Ølbergstranden Apartments og Hytteutleie ***, 1.5.-1.9., Tel. (04) 654254, 40 ha, Waschm., Kochg., Hü.; Sola Motell og Camping *, ganzj., Tel. (04) 654328.

Kartenskizze Etappen 48 - 50

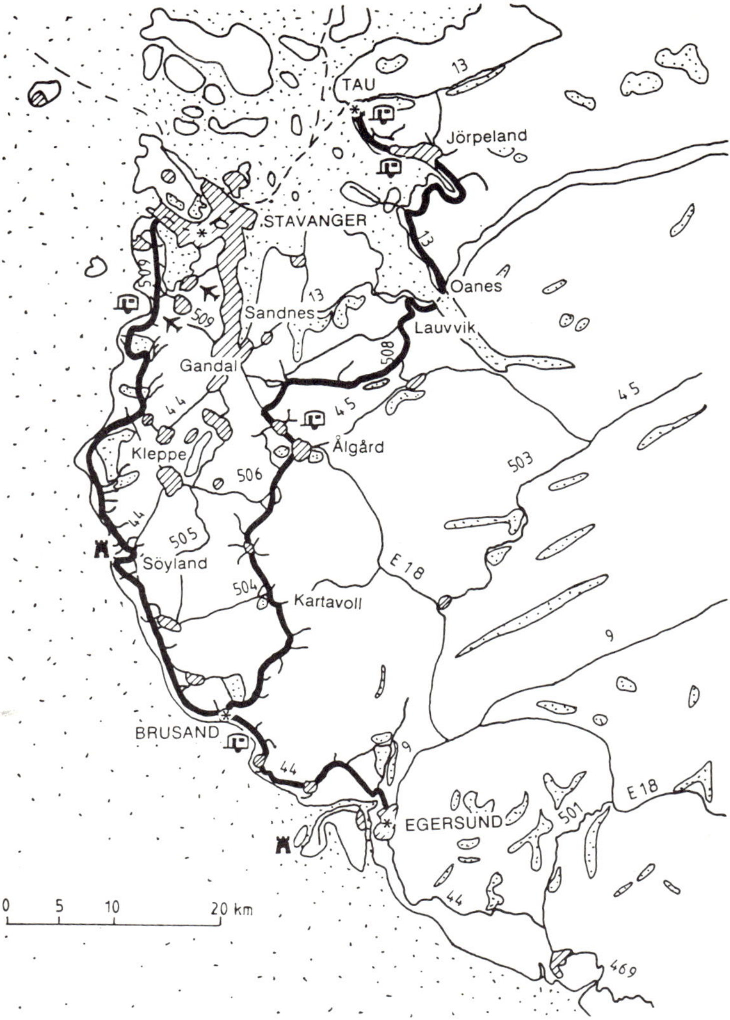

Am Hafrsfjorden fand um 880 u.Z. die geschichtsträchtige Schlacht zwischen den hiesigen Wikingerstämmen und König Harald Hårfagre statt, aus der letzterer als Sieger herausging und anschließend das norwegische Reich gründete. Über Jåsund und Madla geht es nach Stavanger hinein.

Stavanger, 96000 Einw., Hordaland, hat den Ruf einer Goldgräberstadt mit brodelnder Aufbruchstimmung und ist als Ölmetropole weit über die Landesgrenzen hinaus bekannt. In der Tat hat die Stadt seit den 70er Jahren eine Wachstumsphase ohne Beispiel hinter sich. 1968 wurde die erste Offshore-Bohrung fündig, der 1969 das Ekofiskfeld folgte. Dieses Vorkommen zählt zu den 20 größten Einzelfunden der Welt; man vermutet 250 Millionen Tonnen Erdöl und 250 Milliarden cbm Gas unter dem Meeresgrund der Nordsee. Seitdem folgte ein Fund auf den anderen, und Norwegen ist heute das größte Erdölförderland Europas. Die Ölförderung hat die Stadt stark beeinflußt und ihr neben Wohlstand das höchste Preisniveau Norwegens gebracht.
Der alte Stadtkern aus dem Mittelalter gruppiert sich um den Hafen (Vågen), was auch deutlich an der andersartigen Bebauung erkennbar ist. Zahlreiche frühgeschichtliche Grabhügel, Hausreste und Felszeichnungen wurden gefunden und weisen auf eine lange Siedlungsgeschichte als Fischer-Bauerndorf hin. Wohl schon zur Wikingerzeit gab es eine große Siedlung, die man von ihrer Struktur als Stadt bezeichnen kann. Stavanger ist also eine der ältesten Städte im Land. Im 12. Jh. wurde, nachdem englische Mönche das Christentum nach Norwegen gebracht hatten, mit dem Bau des St. Svithund Domes begonnen. 1125 wurde die Stadt Bischofssitz und entwickelte sich zu einem religiösen und zugleich politisch-territorialen Zentrum. Nachdem 1682 der Bischossitz nach Kristiansand verlegt wurde, durchlitt Stavanger bis zum Anfang des 19. Jh. eine lange Durststrecke. Neue Impulse brachten die Heringsschwärme, die ihre jährlichen Wanderungen wieder mehr nach Süden verlegten. Das kleine Fischernest wuchs 1820-1880 zur viertgrößten Stadt Norwegens. Der größte Teil der Fänge wurde von Frauen und Kindern verarbeitet, in Salz eingelegt und exportiert. Umgekehrt transportierten die Schiffe auf dem Rückweg Getreide. Den Durchbruch in der Fischverarbeitung brachte die Erfindung der Konservendose. Eine alte Konservenfabrik kann im Hermetikkmuseet (1.6.-31.8., mi, fr, sa, so 11-15 Uhr; sonst nur so 11-15 Uhr) in der Øvre Strandgt. besichtigt werden.
Sehenswert ist u.a. das Seefahrts- und Handelsmuseum (1.6.-31.8. tägl. 11-15 Uhr, außer mo; sonst nur so 11-15 Uhr) in der Nedre Strandgt. 16/17, einem restaurierten Kaufmannshof am Vågen. Der Dom (1125) ist neben dem Nidarosdom in Trondheim das zweite gr. sakrale Steinbauwerk im Land. Interessant sind auch das Stavanger-Museum (Muségt. 16, westl. Bhf., Archäol., Zool. und Kunst) sowie das Archäologische Museum (Erlandsgt., 1.6.-31.8. tägl. 11-15 Uhr). Sehr hilfreich ist für eine Stadttour der kostenlose "Stavanger Guide" des Touristenbüros.
Information: Rogaland Reiselivsråd, Øvre Holmegt. 24, 4006 Stavanger, Tel. (04)

534834; Stavanger Reiselivslag, Jernbanevn. 3 (Bhf.), Postboks 11, 4001 Stavanger, Tel. (04) 535100.
Verkehrsverbindungen: Flüge zu allen größeren Städten; Zug (Sørlandsbanen) über Egersund, Kristiannsand (S), Kongsberg, Drammen nach Oslo; Fähren nach Bergen, Egersund, Hirtshals (DK - nur 19.8.-11.6.), Newcastle (GB); Lokalfähre nach Tau, Nedstrand, Haugesund, Leirvik, Skudeneshavn/Karmøy, Bergen; Expreßboote nach Jørpeland, Haugesund, Sandeid, Sand.
Postsparbuch-Geldwechsel: Hauptpost (Nähe Bhf.) und Hillevåg, Jorenholmen, Kjelvene, Mariero, Saksemarka.
Jugendherberge: Mosvangen UH ** (H. Ibsengt. 21, Tjensvoll), 4021 Stavanger, Tel. (04) 527560, 106 B., 130 NOK inkl. Frühstück.
Camping: Mosvangen **, 1.6.-1.9., Tel. (04) 532971, 15 ha, Kochgelegenh., Hü. - der JH angeschl.
Fahrradservice: A. Hiddle & Co., Tel. (04) 524890; G. Steensland, Tel. (04) 523609; Intersport Kvadrat, Tel. (04) 677400; Intersport Madla As, (04) 558977; Tvedt Sport AS.
Fahrradverleih: Stavanger Reiselivslag (60 NOK/Tag).

Etappe 50:
Brusand - Fossfjellet - Kartavoll - Undheim - Ålgård - Bråstein - Sviland Kirke - Svihus -Lauvvik - Oanes - Jörpeland - Tau (100 km) > >
0 - 300 - 102 - 300 - 0 - 100 - 0 m
Cappelen-Karte Nr. 1

Die Etappe bringt Sie durch das Innere der Region Jæren und umgeht Stavanger. Von dem auf Seehöhe gelegenen Ort Brusand erklimmen Sie die Gemeindestraße nach *Fuglestad*. Hier wurde vor Jahren eine Getreidemühle aus Steinen und angeschwemmten Schiffsplanken gebaut. Der Anstieg bildet den Übergang nach Hoch-Jæren.

Nach der kleinen Siedlung *Åmot* müssen Sie über einen Höhenzug klettern - die Mühen werden aber mit schönen Blicken entlohnt. Wenn Sie genug Energie haben, bietet sich ein kleiner Spaziergang zum 359 m hohen Synesvarden an, mit schönen Eindrücken über die Höhen und Ebenen des Jærenlandes. Unweit des Berges treffen Sie auf die R 504, die Sie ein kurzes Stück - am See Storamos (244 m) längs des östlichen Ufers - weiterradeln. Hinter Kartavoll verlieren Sie wieder etwas an Höhe, am Knickpunkt der Straße wählen Sie die Gemeindestraße nach Undheim. Das Dorf durchfährt man in nordwestlicher Richtung, um am Ortsende nach Norden abzubiegen und in Seland die R 506 nach Edland und **Ålgård** zu nehmen. Ålgård (Post) liegt mit seiner Klein- und Zulieferungsindustrie schon im Einfluß der Ölmetropole Stavanger. Der *Kongeparken* im Norden der Stadt entpuppt sich als eine Art Disneyland mit viel kirmesartigem Rummel.
Camping: Kongeparken *, ganzj., 4200 Sande, Tel. (047) 93120.

Die weitere Etappe führt über ein kurzes Stück auf Radwegen entlang der E 18, bis man in *Brastein* nach Osten abbiegt (ausgeschildert Sviland). An der *Svi-*

land Kirche schlagen Sie den rechten Weg über Svihus/Svihusvatnet nach Hamarbö ein.
Die Strecke ist etwas bergiger, da sie sich vom Meer als Errosionsbasis der alten Gletscher entfernt. Die R 508 bringt Sie über Hommeland hinab zum Högsfjorden. Die Fähre von *Lauvvik* nach *Oanes* fährt regelmäßig für 11 NOK über den Fjord. (Außerdem hält hier 4 x pro Woche die Linienfähre Stavanger - Lysebotn am Ende des Lysefjorden).
Der weitere Verlauf der Etappe führt durch den deutlich kontrastreicheren und dramatischeren Ryfylke (nordöstliches Rogaland) mit engen Tälern und hohen Felswänden. Die zu befahrene R 13 gilt als eine der schönsten Straßen im Rogaland. Sie führt von *Oanes* immer die Küste entlang durch einen sehr abwechslungsreichen Raum. In der Schleife des Seitenarmes des Idsefjorden liegen Botne und *Jössang*. Von letzterem führt ein Weg zum Prekestolen, Norwegens vielleicht bekanntestem Aussichtsberg. Wenn Sie diesen lohnenswerten Abstecher machen, können Sie zunächst bis zur Prekestolhytta 6 km steil aufwärts fahren. Von der Hütte ist die Kanzel in ca. 1½ Stunden zu Fuß zu erreichen. Der Prekestolen stürzt jäh 600 m senkrecht zum Lysefjorden hinab, das Plateau hat die Größe eines halben Fußballfeldes. Befürchtungen, der vorhandene Riß in dem Felsmassiv würde zum Abgang gigantischer Felsmassen in den Fjord führen, haben sich nicht bewahrheitet und sind nach geologischen Untersuchungen auch unwahrscheinlich. Der Ausflug lohnt auf jeden Fall; wer die Aussicht genießen will, sollte jedoch schwindelfrei sein: es gibt dort kein sicherndes Geländer. Nach dem Abstecher geht es auf der R 13 nach **Jörpeland**.
Postsparbuch-Geldwechsel: Jörpeland.
Camping: Fjelde *, ganzj., 4100 Jörpeland, Tel. (04) 447151, 6 ha, Hü.

Längs der gewundenen Fjordstraße reisen Sie an einer schönen Aussichtsstelle vor Solbakk vorbei und fahren nach **Tau**. Von dort gibt es eine Fährverbindung nach *Stavanger* (ca. 17 x täglich für 19 NOK). Dagegen gibt es von hier aus keine Möglichkeit mehr, ohne den Umweg über Stavanger mit dem Schiff nach Norden zu gelangen.
Camping: Hamrane Hyttefelt *, ganzj., 4120 Tau, Tel. (04) 446420, Hü.; Wathne ***, ganzj., Tel. (04) 446417, 20 ha, Waschm., Kochg., Zi.

Etappe 51:
Tau - Vatne - Tveit - Årdalsosen - Hetland - Hjelmeland - Tötlandsvik - Vindsvik - Erfjord Kirke - Lovraeid - Jelsa - Nedstrand (101 km) > >
0 - 325 - 0 - 200 - 0 m
Cappelen-Karte Nr. 1

Mit dieser Etappe umfahren Sie die ausgedehnte Wasserfläche des Boknafjorden, wenn Sie nicht die direkte Fähre Stavanger-Nedstrand (5 x tägl. für 41 NOK) über den Boknafjorden nehmen wollen. Sie müssen mehrere Steigungen überwinden und zwei Fähren benutzen.

Kartenskizze Etappen 51 & 52

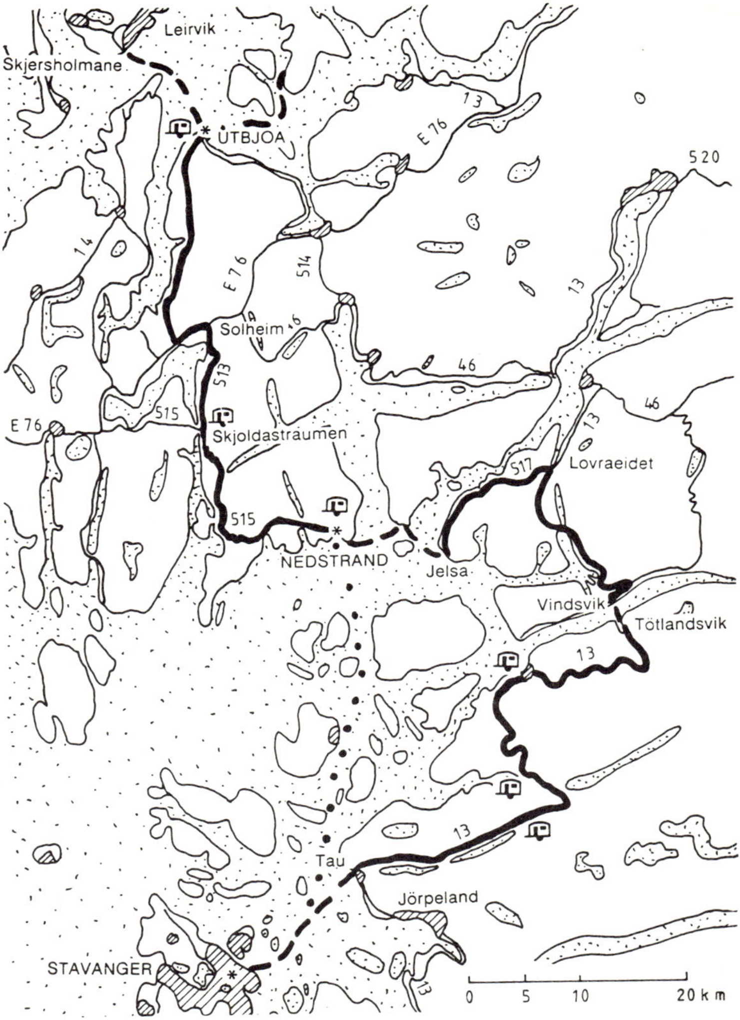

Von dem Startpunkt Tau knickt die R 13 direkt hinter dem Ort landeinwärts ab und führt nördlich an den Binnenseen Björheims- und Tysdalsvatnet vorbei. Die Steigung hält sich in Grenzen, nimmt jedoch am Ende auf der Fahrt durch das *Målandsdalen* zu.
Camping: Tysdal *, 1.5.-1.10., 4137 Årdal i Ryfylke, Tel. (04) 442437, 10 ha, Hü.

Von *Tveit* geht es parallel zum Wasser nach *Årdalsosen* (Camping). Dort müssen Sie erneut kräftig in die Pedale treten. Dann geht es auf diesem variationsreichen Streckenabschnitt von *Hetland* (links) nördlich am Hetlandsvatnet in einem Bogen zum Fisterfjorden und zurück auf die R 13. Auf diese Weise ersparen Sie sich die Kraxelei zum 325 m hohen Scheitelpunkt der R 13 bei Byrkja. Anschließend führt die R 13 über *Ölesund* nach **Hjelmeland**.
Camping: Ingvaldstad *, 1.5.-1.9., 4130 Hjelmeland, Tel. (04) 44596, 4 ha, Zi.

Der weitere Verlauf der R 13 ist recht kurvig und etwas anstrengender. An einem See vorbei fahren Sie durch einen kurzen Tunnel zum Breilandsvatnet (192 m). Durch ein schönes Tal erreichen Sie Laugaland und schließlich die Fähre Tötlandsvik - Vindsvik (jede halbe Stunde, 13 NOK). Nach der Überfahrt halten Sie sich rechts und folgen in *Indre Eiane* weiter der Hauptstraße; diese überwindet den Bergzug zum Erfjorden. Von Vågane radeln Sie am Wasser entlang zur *Erfjord Kirke*, überqueren in Hålandsosen den Fjord, folgen einer alten Eisrinne nach Lovra und biegen weiter unten am Lovrafjorden (Lovraeid) westlich ab zur *Jelsa Kirke* in Richtung des Fähranlegers. Zunächst müssen Sie einen kleinen Höhenzug überwinden. Die Fähre fährt 5 x am Tag nach **Nedstrand** (die gleiche Linie, die zwischen Stavanger und Nedstrand verkehrt).

Etappe 52:
Nedstrand - Espevik - Skjoldastraumen - Solheim - Isvik - Austre Vikebygd Kirke - Utbjoa (66 km) > >
0 - 142 - 0 - 126 - 0 - 182 - 0 m
Cappelen-Karte Nr. 1

Mit der Fähre kommen Sie entweder von Stavanger oder Jelse nach Nedstrand und nehmen nach der kleinen Seereise wieder selbst das Ruder in die Hand. Auch diese Etappe lebt von dem Kontrast zwischen Land und Meer, zwischen deren beiden Welten Sie ständig hin- und herpendeln.
In Nedstrand wird in den begünstigten Südlagen etwas Landwirtschaft betrieben.
Camping: Nedstrand Kro og Camping A/S, 1.5.-30.9., 5560 Nedstrand, Tel. (04) 778377.
Im 17. Jh. spielte die Stadt im Holzexport nach Schottland als Zollhafen eine bedeutende Rolle. An der Nedstrand Kirke (1868), 5 km weiter auf der R 515 steht ein Prangerpfahl, wo Verurteilte durch Zurschaustellen bestraft wurden und Nachahmer abgeschreckt werden sollten. Nach einem kurzen Intermezzo an der See wendet sich die Straße hinter einer Taldurchfahrt (*Klungtveit*) in

Espevik nach Norden. Am Skjoldafjorden überwindet die R 515 durch ein Waldstück einige Höhenmeter, im Osten können Sie tief in den Yrkjefjorden blicken - dann geht es in mehreren Serpentinenkurven durch Wald wieder auf Seehöhe nach Håland runter. Eine Schleuse macht die winzige Landunterbrechung des Fjordes zum nördlichen Teil hin für Boote passierbar. Alte Häuser deuten auf eine Nutzung der Verbindung schon seit vielen Generationen hin.

Camping: Skjoldastraumen ***, 1.5.-1.9., 5567 Skjoldastraumen, Tel. (04) 779196, 50 ha.

Die nördliche Fortsetzung der Straße nennt sich nun R 513 und führt oberhalb des Fjordes in hügeligen 7 km nach Sagi hinab. Mehrere kleine Seitentäler stoßen von Osten herein, und schöne Buchten bieten sich als Zeltplätze an. Zur E 76 geht es wieder etwas hinauf über Frövik nach *Solheim*. Sie benutzen 4 km die verkehrsreiche Europastraße und verlassen sie bei Isvik/Skjold Kirke gegen Norden. Die Bezirksstraße rückt zunächst recht nahe an den Ålfjorden heran. Nach *Ulvebne* und der Kirche Austre Vikebygd bei *Vikevik* (hier alte Bäckerei zu besichtigen) führt der Weg, vom Fjord durch eine Bergkette abgeschirmt durch ein kleines waldiges Tal nach *Toredalen* und zum Fähranleger nach **Utbjoa.**

Camping: Bjoa **, 1.5.-1.10., 5584 Bjoa, Tel. (04) 769965, 7 ha.

Von hier gibt es zwei Möglichkeiten zur Fortsetzung Ihrer Reise nach Norden. Entweder nehmen Sie die Fähre nach *Skjersholmane* (alle 1½ Stunden, 19 NOK) und springen von Insel zu Insel nach Bergen. Andernfalls verkehrt von Utbjoa eine andere Fähre nach Sydnes auf der Insel *Halsnöy* und eine zweite anschließend weiter von Ranavik nach *Sunde*. In der Nähe des Leuchtturms Svalland/Utbjoa gibt es übrigens eine vorchristliche Felszeichnung.

Etappe 53:

Utbjoa - Skjersholmane - Sagvåg - Fitjar - Sandvikvåg - Bekkjarvik - Krokeide - Fana - Rådalen - Nesttun - Fjösanger - Bergen (75 km) >

0 - 11 - 172 - 110 - 0 - 63 - 0 m

Cappelen-Karte Nr. 1

Diese Strecke führt von Utbjoa über die Inseln *Stord* und *Huftaröy*. In dem Gewirr der Inseln gibt es mehrere Fährstrecken, um im weiteren Verlauf Bergen anzusteuern. Besonders bei stark wechselnden Lichtverhältnissen (Schauerwetter) können die Lichterspiele zwischen Himmel, Erde und Meer sehr beeindruckend sein. In *Digernes* (nach 1½ km links) werden gigantische Erdölplattformen für die Nordseeförderung gebaut. Daneben gibt es in Rogaland noch mehrere andere Werften, wo künstliche Stahlinseln gebaut werden. Auf Stord leben viele Menschen indirekt oder direkt von der Erdölförderung; der Flughafen auf der Insel dient der Anbindung an die Zentrale in Stavanger. Von der R 14 zweigt nach 3 km die R 545 nach Westen ab. Bevor Sie auf dieser weiterradeln, bietet sich ein Besuch der Stadt **Leirvik** an. Dort gibt es das Freilichtmuseum

"Sunnhordland" mit mehreren alten Gebäuden (ganzj. täglich). Auf der Stord-Werft in Leirvik werden Schiffe gebaut, die in der Förderung und dem Zulieferdienst für die Plattformen in der Nordsee eingesetzt werden.

Information: Leivrik Turistinformasjon (Sommer), Informationskiosk am Kai, Tel. (054) 10331.

Verkehrsverbindungen: Direktfähre nach Haljem - südlich von Osöyro.

Postsparbuch-Geldwechsel: Leirvik.

Jugendherberge: nicht in Leirvik selbst, sondern in Litlabö (4 km westl.), Stord UH ***, 15.6.-1.9., 5415 Litlabö, 30 Betten, 80 NOK, Tel. (054) 94310.

Camping: Sponavik **, ganzj., 5401 Stord, Tel. (054) 12764, 5 ha, Waschm.

Nach einem eventuellen Besuch Leirviks fahren Sie westwärts zunächst auf der R 14, dann auf der R 545. In Sagvåg müssen Sie nach Osten abbiegen, wenn die Jugendherberge *Litlabö* Ihr Übernachtungsplatz werden soll. In Litlabö gibt es auch ein kleines Grubenmuseum, das aber nur auf Anfrage zu besichtigen ist (Auskunft beim Fremdenverkehrsamt in Leivrik). Durch Waldgebiete führt die R 545 nach Rydland, wo Sie links auf die Gemeindestraße nach **Fitjar** abbiegen. Dieser kleine Umweg lohnt sich wegen der Unzahl schöner Schäreninseln, die der Insel vorgelagert sind. Anschließend reisen Sie durch *Fitjar* - das kleine Dorfmuseum öffnet nur am Sonntag.

Postsparbuch-Geldwechsel: Fitjar.

Camping: Børtveit Hytter og Camping **, ganzj., 5400 Stod, Tel. (054) 95815, 3 ha, Waschm., Kochg., Hü.

Wieder auf der R 545 müssen Sie noch 7 km bis zum Fähranleger *Sandvikvåg* radeln. Von dort gibt es zwei Möglichkeiten, Ihre Fjordlandreise fortzusetzen:

a) Direktfähre nach *Halhjem* (mehrfach am Tag)

b) Fähre nach *Bekkjarvik* auf der Insel Selbjörn

Die Beschreibung folgt der Anbindung b). Auf der Insel *Selbjörn* geht es über die Brücke auf die Nachbarinsel *Huftaröy*. In Vik biegen Sie links auf die Nebenstraße ab und fahren über Naustheller, Söreide und *Storebö* (Übernachtungsmögl.) zur Fähre nach *Hufthamar*. Bei schlechtem und windigem Wetter kann es sinnvoll sein, den Bogen der R 546 auf der Leeseite der Insel zu wählen. Die Fährlinie fährt nach Bergen (über Austevollsheller) bzw. Krokeide. Andere Verbindungen gibt es nach Hjellestad, Fana und Halhjem (letztere sind genau zu erfragen!). Die weitere Etappe führt über *Krokeide* auf der R 546 am Fanafjorden entlang nach Fana und dann auf der R 553 Rchtg. Bergen. *Fana* (Post) selbst weist neben dem Hordamuseum (Heimatmuseum, etwas außerhalb) eine mittelalterliche Steinkirche (von 1230) auf.

Rchtg. *Rådalen* können Sie dem Radweg längs der Trasse einer alten Lokalbahn (Oskbane) bis *Skjold* folgen. Ab hier halten Sie sich entlang der E 68 - oder Sie fragen nach dem Villewegen, der aber recht schwer zu finden ist. Dieser hat seinen touristischen Namen von dem Haus des berühmten Komponisten E. Grieg (1843-1907) erhalten; er lebte in Hop/Troldhaugen an einem See. Das Haus ist vor- und nachmittags für die Öffentlichkeit zugänglich (10 NOK). Ein wenig weiter auf der E 68 in *Paradis* befindet sich die Fantoft-Stabkirche. Sie stand bis 1884 in Fortun am Sognefjord und ist völlig zerlegt hierher transportiert und wieder aufgebaut worden. Viel von den alten Elementen ist nicht übriggeblieben, bei vielen handelt es um moderne Restaurationen (5 NOK). In *Paradis* biegen Sie auf die Straße nach *Fjösanger* ab, die nach *Gamlehaugen* führt, der Residenz des norwegischen Königs in Bergen (5 NOK). Diese Straße bringt Sie parallel zur E 68 zur Brücke über den Puddefjorden, etwa 1½ km vor dem Zentrum. Ab hier benutzen Sie dann die E 68 oder fahren über die zweite Brücke etwas weiter im Westen nach Bergen hinein.

Bergen, 210000 Einw., Hordaland, ist Norwegens zweitgrößte Stadt und sicherlich die schönste und geschichtsträchtigste. Wer nach Norwegen reist, kommt um einen Besuch der alten Hansemetropole mit ihren vielen Sehenswürdigkeiten nicht herum. Sie sollten sich durchaus 2-3 Tage Zeit nehmen, um das einzigartige Ambiente der Stadt zu erleben, die durch das Meer vor der Haustür groß geworden ist.
Bergen ist Hauptstadt des Bezirkes Rogaland, Universitätssitz (mit weltbekanntem Meeresbiologischem Institut), Bischofssitz und Standort zahlreicher überregionaler Einrichtungen.
Um 1070 wurde dem Siedlungs- und Handelsplatz (ursprünglicher Name des Königshofes: Björgvin) von König Olav Kyrre die Stadtrechte verliehen; die Siedlung ist aber viel älter. Die wichtigsten Impulse gingen vom 12. und 13. Jh. aus, als Bergen zur Residenz der norwegischen Könige (1217) wurde. Gleichzeitig war sie Hauptstadt und wurde zum wichtigsten Handelsort des Reiches im Warenverkehr mit dem übrigen Europa. Über 20 Kirchen und Klöster existierten in dieser Periode. Ein Teil (z.B. Lyse im Süden) ist noch als Ruine vorhanden. Die Erkenntnisse über die vorhanseatischen Handelsaktivitäten sind jüngeren Datums - man konnte sie nur durch ein unglückliches Ereignis im Jahr 1955 gewinnen: ein Brand äscherte einen Teil der historischen Brygge ein. In dem nun freiliegenden Areal fand man bei Grabungen eine Menge Hinweise und Spuren aus dieser Zeit, die zweifelsfrei zeigen, daß Bergen schon vor der Hanseperiode ein bedeutender Seehandelsort war.
Ab Mitte des 14. Jh. gewann die Hanse mehr und mehr an Bedeutung. Sie wurde als norwegische Niederlassung deutscher Kaufleute gegründet (Hanseatisches Kontor bzw. Tyskkebryggen - 1343). Überwiegend Fisch, aber auch Felle und Butter aus dem Hinterland verließen Bergen auf dem Seeweg - Getreide, Salz, Bier und Wein wurden importiert. Aufstieg und Macht verdankten die deutschen Kaufleute dem regierenden dänischen König, der sie mit üppigen Privilegien ausstattete, außerdem dem Handelsmonopol und den leistungsstarken Koggen. Die norwegische Wirtschaft war zu dem Zeitpunkt stark geschwächt, da die Pest große Teile der Bevölkerung hinweggerafft hat.
Von der Wirtschaftskraft her muß man die damalige Hanse mit einem heutigen Weltkonzern vergleichen, kontrollierte sie doch über ihre vier ausländischen Hauptniederlassungen London, Brügge, Bergen und Nowgorod (bei Leningrad/Petersburg) die nördliche Hälfte der damals bekannten Welt. Zu-

dem wurde der gesamte Fischfang Nordnorwegens (besonders der ertragreiche Dorschfang von den Lofoten) über Bergen abgewickelt.
Vom Reichtum der hanseatischen Kaufleute zeugt die *Marienkirche* nördlich der Brygge, die den Namen "S. Marien - Der Teutschen Kaufleut Kirch" führte (tägl. 11-16 h) und reichhaltig während der Hansezeit ausgestattet wurde.
Die heutige *Brygge* ist eine orginalgetreue Rekonstruktion des alten Hafenzuges, der durch den Brand von 1702 weitgehend zerstört wurde.
In dem Finegård (um 1720, östl. Ende der Brygge) ist das Hanseatische Museum mit uralten Lager-, Arbeits- und Wohnräumen untergebracht; der Besucher wird in die tatsächliche Lebenswelt eines hanseatischen Kaufmanns geführt; ein Besuch ist sehr empfehlenswert (Juni-Aug. tägl. 10-17 h, Mai-Sept. tägl. 11-14 h; restl. Jahr so/mo/di/fr 11-14 h; ca. 10 NOK).
Das Ende der Blütezeit wurde mit der Reformation in Europa eingeleitet, als innerhalb kurzer Zeit die Nachfrage nach der Fastenspeise Stockfisch zusammenbrach. Zudem gewannen die Engländer und Holländer die neue Vorherrschaft auf See. Nichtsdestoweniger hat Bergen seine Handelsmacht über die Jahrhunderte gehalten und wird heute nur von Oslo in seiner Wirtschaftskraft übertroffen. Die zentrale Funktion kommt dabei dem Hafen zu, der sich vom Puddefjorden im Süden (Containerhafen und Docks) im Norden mit seinen Kühl- und Lagerhäusern bis nach Eidnesvågneset erstreckt.
Die Sehenswürdigkeiten Bergens sind ungezählt; im folgenden werden nur die wichtigsten genannt. Das *Bryggen Museum* (an der Marien Kirche) ist in den uralten Gebäuden, die die Reste der ältesten Besiedlung der Stadt bilden, eingerichtet. Das Museum mit dem großen, rustikalen Versammlungsraum der Kaufmannszunft und den schummrigen Wohnräumen ist außerdem mit den üppigen Ausgrabungsfunden der Jahre 1955-72 bestückt (1.5.-31.8.: mo/mi/fr 10-16 h, di/do 10-20 h, sa/so 11-15 h; 1.9.-30.4.: mo-fr 11-15 h, sa 12-15 h, so 12-16 h; ca. 10 NOK). Die *Schøtstuene*, ein altes Versammlungshaus, ist dem Museum direkt angegliedert (tägl. 10-16 h).
Das große *Meerwasseraquarium* ist eines der größten Europas. Die Bekken werden täglich von Millionen von Litern aus dem Byfjorden durchströmt. Es zeigt die Fauna der Nordsee, außerdem die wichtigsten Süßwasserfische Norwegens. Es befindet sich im Nordenesparken am Ende der Landzunge, direkt am Meeresbiologischen Institut und ist zu folgenden Zeiten geöff net: 1.5.-30.9.: 9-20 h; 1.10.-30.4.: 10-18 h - ca. 23 NOK. Unterwegs zum Aquarium kommt man durch einen Stadtbereich mit sehr steilen Gassen und wunderschönen, bunten Holzhäusern.
Der berühmte *Fischmarkt* (werktags 8-15 h) ist zwar ein beliebtes Fotomotiv, enttäuscht aber, da es sich nur um einige normale Verkaufsstände handelt. Die *Bergenhus-Festung*, an der Hafeneinfahrt des Vågen gelegen, wurde zwischen 1247 und 1261 für König Håkon Håkonsson gebaut und war im Mittelalter der Königshof, der durch einen Sumpf von der Stadt abgetrennt war. Die große *Håkonshalle* (36 m lang und 16 m breit) ist 1944 bei einer gewaltigen Schiffsexplosion im Hafen stark zerstört worden, 1961

aber wieder aufgebaut worden. Heute dient sie zu Repräsentationszwecken (15.5.-14.9.: 10-16 h, stündl. Führungen, 15.9.-14.5.: 12-15 h, do 12-18 h; ca. 7 NOK). Der *Rosenkranzturm* ist Bestandteil der Festung, sein Ursprung liegt ebenfalls in Håkons Zeiten (geöffnet und Eintritt s.o.).

Weiterhin ist die Museumsagglomeration südlich des großen Stadtteiches interessant. Dort befinden sich das *Historische Museum* (ethnologische Abteilung, prähistorische und mittelalterliche Funde Westnorwegens, tägl. 11-14 h) und das *Sjøfartsmuseet* (Seefahrtsmuseum, Kulturgeschichte der Seefahrt/Fischerei, tägl. 11-14 h - außer sa; ca. 6 NOK). Das Naturkundemuseum (Botanik, Zoologie und Geologie; tägl. 11-14 h, gratis) und der Botanische Garten gehören wie die anderen Museen zur Universität.

Erwähnenswert sind noch das Lepramuseum in der Kong Oscarsgate 59 (Leprastation im Mittelalter, 15.5.-30.8. 11-15 h, 15 NOK) und das frisch renovierte und neu eröffnete Fischmuseum mit einer Ausstellung der norwegischen Fische in ihren natürlichen Lebensräumen sowie einem Abriß der Fischereigeschichte.

Darüber hinaus gibt es in Bergen etliche Kunstausstellungen und zwei Aussichtsberge: Fløyen (320 m) mit einer Standseilbahn (ca. 20 NOK) - bei schönem Wetter sehr lohnenswert - und der 607 m hohe Ulriken (Gondelbahn, Rückfahrt 35 NOK).

Im Norden der Stadt befindet sich im Ortsteil Sandviken das Freilichtmuseum *Gamle Bergen* mit 35 aus dem 18. und 19. Jh. stammenden Gebäuden (tägl. außer sa: 7.5.-17.6. 12-18 h, 18.6.-20.8. 11-19 h, 21.8.-10.9. 12-18 h, ca. 21 NOK).

Die Wetterstatistiken weisen Bergen als regenreichste Wetterstation Europas aus (240 Regentage mit 1944 mm, siehe auch *Klima*). Angeblich kommen die Kinder hier schon mit Ölzeug auf die Welt. Es gibt aber einige exponierte Gebirgsorte in Norwegen, die deutlich höhere Werte von bis 5000 mm haben.

Information: Bergen Reiselivslag, Slottgt. 1, 5003 Bergen, Tel. (05) 313860.

Verkehrsverbindungen: Züge der Bergenbahn nach Osten; Busse in alle größeren und mittleren Städte; Hurtigruten (nur N: 22 h), Expreßboote in den Sognefjord; Flüge zu allen größeren Städten des Landes sowie tägl. nach Hamburg.

Postsparbuch-Geldwechsel: Hauptpost (auf halber Strecke zwischen Torget und Stadtteich), in Årstad, Kronstad, Møhlenpris, Flughafen, Sandviken (3 x).

Jugendherberge: Montana UH *** (im Südosten in der Nähe der Ulriken Seilbahn, ca. 6 km), 1.5.-12.10., Johan Blydtsveien 30, 5030 Bergen/Langås, Tel. (05) 292900, 89 NOK, 200 Betten, Kochg.

Camping: Bergenshallen **, Wilhelm Bjerknes vei 24, 23.6.-5.8., 5030 Landås, Tel. (05) 282840, 5 ha, Kochg.; Bratland **, ganzj., 5233 Haukeland, Tel. (05) 551448, 6 ha, Hü.; Midtun **, ganzj., 5051 Nestun, Tel. (05) 136036, 5 ha, Waschm., Kochg., Hü.; Grimen **, ganzj., 5232 Helldal, Tel. (05) 100615, 5 ha, Waschm., Kochg., Hü., Zi.; Lone *** (in Espeland), ganzj., 5233 Haukeland, Tel. (05) 240820, 50 ha, Waschm., Kochg., Hü., Zi.

Fahrradservice: Bergstad Sport AS, Tel. (05) 326670; Finn de Lange's Eftf. AS, Tel. (05) 323444; H. Platou & Co. AS, Tel. (05) 311290; Sporten - Tord Samdal, Tel. (05) 182720; Chr. Tonning AS, Rye Sport AS - alle 5000 Bergen.

Die Brygge in Bergen

Etappe 54:
Utbjoa - Sydnes - Sæbövik - Ranavik - Sunde - Husnes - Uskedal - Rosendal - Löfallstrand - Gjermundshamn - Mundheim (59 km) > >
0 - 47 - 0 - 137 - 0 m
Cappelen-Karte Nr. 1

Die Route bringt Sie auf dem "Landweg" Rchtg. Bergen, es müssen aber auch hier 3 Fähren benutzt werden. Sie erradeln sich den Anfang des Hardangerfjorden, der zur Zeit der Obstblüte im Mai ein einziges weiß-rosa Blütenmeer ist. Die Fjorde Westnorwegens sind die bevorzugten Anbaugebiete für Obst, Gemüse und Beeren. Der Einfluß des warmen Golfstromes mit seiner 12 °C warmen, gigantischen Warmwasserheizung und die nach Südwesten geneigten Hänge gestatten, in der gleichen Breitenlage wie Südgrönland diese anspruchsvolle Form der Landwirtschaft. Es gibt kein nördlichers Obstanbaugebiet der Welt. In den zahlreichen Armen des Hardangerfjordes gedeihen Äpfel, Birnen, Kirschen und Pflaumen sowie verschiedene Beerensorten. Wahrscheinlich haben die Mönche im Zuge der Christianisierung im 11.-13. Jh. diese Sonderkulturen nach Norden gebracht, nachdem sie die Klimagunst der Fjorde durch den relativ frühen Frühlingseinzug entdeckt hatten.

Von *Sydnes* geht es über die Insel Halsnöy, wo in der Nähe der Fähre einige alte Grabhügel liegen und es etliche schöne Badestellen gibt. Über *Arnavik* (anschließend links) erreichen Sie den zentralen Ort der Insel: **Sæbövik** (Post). Die Stadt liegt an einer Landenge, und von dort kommen Sie nach der Eid Kirke zum *Halsnöy Kloster*. Zu sehen sind allerdings nur noch die Ruinen des alten Augustinerklosters von 1164. In dem angeschlossenen kleinen Heimatmuseum gibt es eine Seefahrtsabteilung. Die Fähre von *Ranavik* fährt 7x am Tag (19 NOK) von Leirvik kommend nach Sunde. Wieder auf dem Festland halten Sie sich links nach *Kaldestad* und *Husnes* (Übernachtungsmögl.). Die Gemeindestraße knickt nach Süden zum Upsangervatn ab und trifft auf die R 13. Nun geht es etwa 30 km direkt am Hardangerfjord entlang - die Straße ist recht ruhig. Hellevik, Bringedal und zwei weitere Siedlungen liegen auf dem Weg nach **Uskedal**.

Camping: Ralben ***, ganzj., 5463 Uskedalen, Tel. (054) 86150, Waschm., Kochg., Hü., Zi.

Von Uskedal führt der Weg nach Ljosnes, Sandvik und Lund und dann nach Rosendal. Unterwegs fahren Sie in *Dimmelsvik* an einem alten Weiler vorbei.

Camping: Dimmelsvik **, 1.6.-30.9., 5464 Dimmelsvik, Tel. (054) 81370, 6 ha.

Rosendal, 2000 Einw., Hordaland, fällt durch eine sehr ungewöhnliche Sehenswürdigkeit vollständig aus dem norwegischen Rahmen: dort steht das einzige Renaissance-Schloß (Rosendal baroni, 1663-1665). Der kunstvoll angelegte Park und der üppige Rosengarten waren typisch zu dieser Zeit. Die Innenausstattung des Schlosses stammt aus dem letzten Jh.; die 10000 Bände umfassende Bibliothek ist aber älter. Heute gehört das Schloß der Universität Oslo, es werden in der Saison täglich Führungen angeboten. Im Norden der Stadt steht die Kvinnherad Kirche, die in der Übergangszeit von der Romantik zur Gotik im 13. Jh. errichtet wurde. Dort liegen die Barone von Rosendal in ihren Gruften begraben. Rosendal ist neben dem Schloß seit Jahrhunderten wegen seiner fähigen Schiffsbauer bekannt. Nicht zuletzt ließ Roald Amundsen, der berühmte norwegische Polarforscher, sein Polarschiff hier konstruieren.

Information: Kvinnherad Reiselivslag, 5470 Rosendal, Tel. (054) 81311 oder 81328.

Postsparbuch-Geldwechsel: Rosendal.

3 km hinter Rosendal fährt die Fähre von *Löfallstrand* auf die andere Seite des Hardangerfjordes.

Camping: Lövfall *, ganzj., 5477 Löfallstrand, Tel. (054) 81242, 4 ha, Hü.

Die Fähre verkehrt jede Stunde (17 NOK) nach *Gjermundshamn*. Auf der anderen Fjordseite begleitet Sie die R 13 direkt am Wasser entlang auf weiteren 13 km bis **Mundheim**. Unterwegs geht es durch mehrere unbeleuchtete Tunnel; der erste kommt hinter Skori.

Kartenskizze Etappen 53 - 55

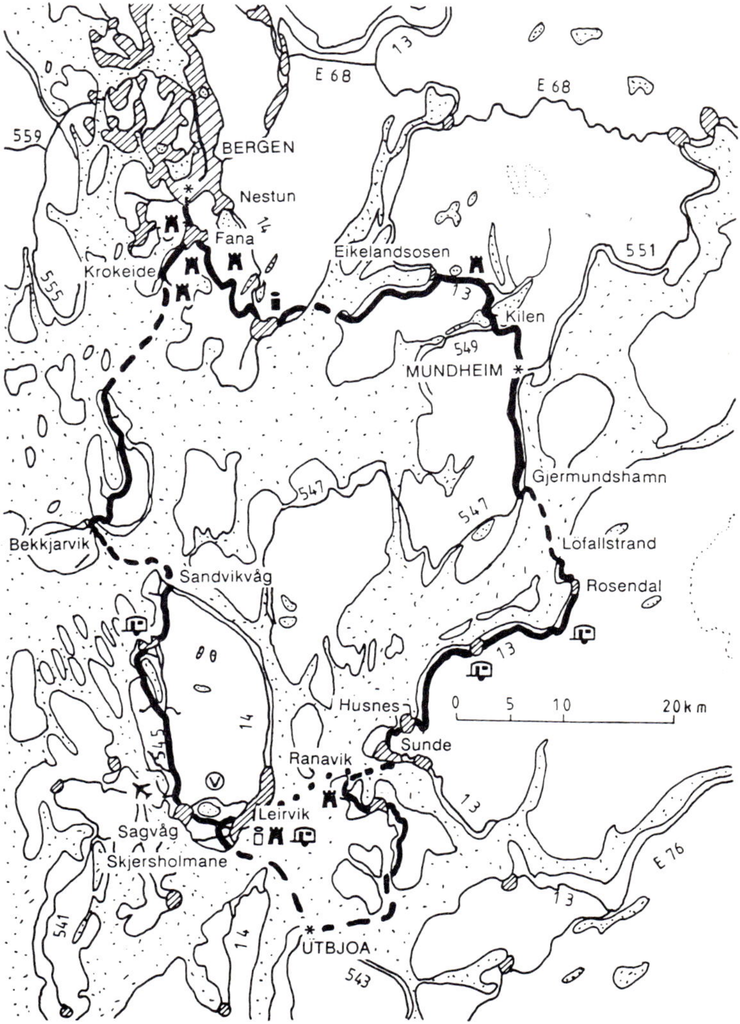

Etappe 55:
Mundheim - Kilen - Eikelandsosen - Vengjaneset - Hatvik - Osöyro - Ulven - Lysekloster - Fana - Bergen (67 km) > >
0 - 12 - 70 - 0 - 300 - 0 - 63 - 0 m
Cappelen-Karte Nr. 1 + 2

Von *Mundheim* führt die Straße 7 km über eine kleine Steigung zur anderen Seite nach *Kilen*. Über die Landbrücke zwischen dem Henanger- und Skogseidvatnet steigt der Weg nach Björndal und Röd etwas stärker an. Bei *Röd* lohnt sich ein Abstecher für kirchenhistorisch interessierte Radfreunde: die *Hålandsdalen*-Holzkirche aus dem Jahr 1306. Seit dem 16 Jh. wurde sie in alten Chroniken als Stabkirche erwähnt. Ab *Eikelandsosen* (in der Nähe: der Koldedalsfossen mit Jettegryter [Gletschermühlen]) radeln Sie den gleichnamigen Fjord entlang über Bergegrend, Vanvik und *Gjerdavik* - an der Fuse Kirke vorbei - nach *Vengjaneset* zur Fähre (alle halbe Stunde, 13 NOK). Auf der neuen Seite führt eine kleine Straße nach **Osöyro**.
Information: Björnefjorden Reiselivslag, Boks 1, 5201 Osöyro, Tel. (05) 301560.

Unterwegs liegt am Wasser der Solstrand, ein schönes Fleckchen Erde, das sich zum Baden und Ausruhen eignet.
Um die verkehrsträchtige R 14 von Osöyro nach Bergen zu meiden, schlagen Sie etwa 3 km nördlich die Straße nach *Ulven* (links) ein. An dem kleinen See befindet sich eine alte Garnison. Dort biegen Sie wieder nach Norden gen *Åsen* ab und erreichen die Ruinen des ältesten norwegischen Zistersienser-Kloster *Lyse*. Es wurde 1146 von engl. Mönchen aus Yorkshire gegründet und 1828-1838 ausgegraben. Die Steine des Klosters sind durch spätere Generationen wiederverwertet worden, indem man sie in den Rosenkranztårn in Bergen und das Schloß Kronborg in Helsingør/Dänemark einbaute. Die Lysekloster-Kapelle (Holz) wurde 1663 als eine der ersten Kirchen nach der Reformation in Westnorwegen errichtet. Vor den Ruinen biegen Sie nach links gegen die Niederlassung *Lysekloster* ab.

Von hier schlagen Sie über das Fanafjell nördliche Richtung ein. Die Strecke wird noch einmal sehr bergig; Sie müssen bis 300 m ü.NN. klettern, aber die Mühen werden durch schöne Rundblicke über das Meer und die Inseln belohnt. Anschließend erreichen Sie *Fana*. Kurz hinter *Nordvik* kommen Sie zum Fanamuseum, einer alten hergerichteten Almhütte mit ausgestellten Wirtschaftsutensilien (heute Café).
Entsprechend Etappe 53 radeln Sie die restlichen Kilometer nach **Bergen** (s. dort).

Etappe 56:
Mundheim - Oma - Strandebarm - Törvikbygd - Jondal - Herand - Utne - Kinsarvik (67 km) >
0 - 71 - 0 - 136 - 0 m
Cappelen-Karte Nr. 1 + 2

Diese Etappe führt an einem der schönsten norwegischen Fjorde entlang. Sie fahren die ganze Zeit längs des stahlblauen Fjordwassers und haben fast keine Höhenunterschiede zu überwinden. Die Etappe ist landschaftlich sehr schön, aber arm an kulturellen Punkten; erst ab Jondal belebt sich die Kulturszene etwas.
Von Mundheim benutzen Sie zuerst die R 551, um nach Teigland, Oma (Badestrand), Bakke und zur *Strandebarm Kirke* zu gelangen. Im Süden leuchtet die weiße Gletscherkappe des Folgevonn (212 km²) auf 1600 m und hebt sich wunderschön vom blauen Fjord ab.
Camping: Strandliljen *, 1.5.-1.9., 5630 Strandebarm, Tel. (05) 559194, 5 ha, Zi.

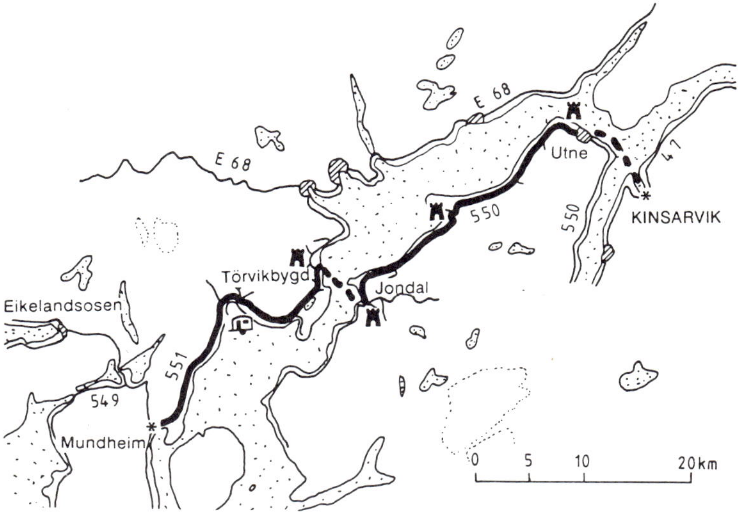

Die nächsten 7 km geht es noch den Fjord entlang, ab Ljones müssen Sie durch ein kleines Seitental fahren, wo nach alten Berichten ein Häuptlingssitz zu Zeiten König Sverres gewesen war. Die Steigung ist bescheiden. Kurz nachdem Sie wieder den Fjord in Skutevik erreicht haben, steigen Sie vom Sattel, um das Fährschiff Törvikbygd - Jondal zu nehmen; es verkehrt alle 45 Minuten über den Hardangerfjord (17 NOK). Auf der anderen Fjordseite hat die Gemeinde *Jondal* ein kleines Dorfmuseum, was im leicht national-konservativem Norwegen zum guten Ton gehört. Von hier können Sie mit viel Kondition zur 1150 m hoch gelegenen Brattabö Hütte radeln und anschließend in einer Fußwanderung zum drittgrößten Gletscher (*Folgefonn*) des Landes laufen. Die R 550 beglückt Sie direkt hinter Jondal mit zwei längeren Tunneln, die Sie leider nicht umgehen können. Über Solesnes, Selsvik und Svåsand gelangen Sie nach *Herand*. Mehrere Felszeichnungen aus der Bronzezeit kann man hier bewundern. Die Straße steigt steil zu einem Sattel zwischen den Felswänden des Fjordes an. Der Ausblick in den Fjord hinab ist wunderschön, insbesondere wenn Sie im Mai/Juni unterwegs sind und der ganze Fjord ein einziges Blütenmeer ist.

Der Kontrast zwischen den warmen, sonnendurchfluteten Fjordniederungen und den schneebedeckten Eiskuppen der Höhen ist gewaltig.
Auf der anderen Seite geht es ebenso jäh wieder hinunter, die Straße ist verkehrsarm und sehr angenehm nach Kvalvik, Ytre Alsåker, Lote, Hesthamar zu befahren. Vor **Utne** (Post) steht eines der vielen Freilichtmuseen des Hardangerfjordes. Ein Dutzend Häuser wird neben den Inneneinrichtungen und verschiedenen handwerklichen Geräten Mitte Mai-Ende Aug präsentiert (mo-sa 11-16 h, so 12-16 h, im Juli bis 19 h) - Führungen werden jede volle Stunde durchgeführt. Im Ort steht das älteste Hotel Norwegens von 1722. Die Etappe wird mit der Fähre Utne-Kinsarvik (jede Stunde, 16 NOK) abgeschlossen.

Kinsarvik, 850 Einw., Hordaland, hatte seit 1000 Jahren wichtige Bedeutung als Umschlagplatz verschiedener Waren (Salz, Fisch, Holz, Felle) wegen seiner günstigen Lage in einer geschützten Bucht. Schon die Wikinger bauten um 900 hier in einer Werft ihre seetüchtigen Schiffe, mit denen sie Island, Grönland und Labrador erreichten. Die Werft befand sich auf der Wiese neben dem Fähranleger. Einen Straßenanschluß erhielt die Gemeinde erst 1928. Die Auslastung der Fährverbindung Kinsarvik - Utne - Kvanndal nahm schlagartig ab, als 1980 der 11 km lange Vallavik-Tunnel eingeweiht wurde. Auch hier investiert der Staat wie in anderen Landesteilen die Millionen aus den Steuereinnahmen des Ölgeschäfts ins Straßennetz. Die Steinkirche zählt mit zu den ältesten Spuren der Ausbreitung des Christentums in Norwegen und wurde um 1200 gebaut (1.5.-15.9., 9-19 h).
Information: Ullensvang Reiselivslag (im Sommer), Boks 73, 5780 Kinsarvik, Tel. (054) 63112.
Postsparbuch-Geldwechsel: Kinsarvik.
Camping: Kinsarvik *, ganzj., Tel. (054) 63290, 10 ha, Hü.; Bråvoll **, ganzj., Tel. (054) 63358, 3 ha, Hü.; Harding Hage - Kro og Camping ***, 15.5.-1.9., Tel. (054) 63182, 8 ha, Waschm., Kochg., Hü. und Fahrradverleih (38 NOK pro Tag).

Etappe 57:
Kinsarvik - Tveisme - Bu - Brimnes - Bruravik - Hetlenes - Ulvik - Aurdal - Granvin - Spildo - Voss (70 km) > >
0 - 343 - 23 - 260 - 70 m
Cappelen-Karte Nr. 1 + 2

Diese Etappe erschließt das Innerste der Hardangerfjordes. Auf ihr müssen Sie zwei kleine Höhenzüge erklimmen.
Von Kinsarvik steuern Sie auf der engen R 47 am Fjord entlang und fahren durch *Tveisme* nach *Ringöy*, wo sich wieder mehrere Campingplätze befinden.
Camping: Bakken *, 1.6.-1.9., 5782 Ringöy, Tel. (054) 63986, 3 ha, Waschm., Kochg., Hü.; Ringöy **, 1.6.- 1.9., Tel. (054) 63917, 6 ha, Kochg.

Hinter *Bjotveit* folgt das Fleckchen *Bu*. Dort befindet ein weiteres der vielen Heimatmuseen im Fjord (1.6.-10.8., mo-sa). U.a. werden vielfältige Volkstrachten ausgestellt. Durch schöne Obstgärten führt die Straße weiter zur Fähre nach *Brimnes*; diese fährt alle 30 Minuten für 17 NOK nach *Bruravik*. Bevor Sie aber die Seite wechseln, bietet sich ein Ausflug durch den Eidfjord zum Zipfel des Simafjorden an.

Im Stummel des *Simafjordes* befindet sich das Sima-Kraftwerk, das nach 18 Jahren Bauzeit 1980 den Betrieb aufnahm. Es liefert 1120 MW und ist das größte Wasserkraftwerk Europas. Die Anlage hat eine lange Vorgeschichte: Schon 1899 war der Rembesdalsvatn zum Zweck der Energiegewinnung aufgestaut worden. Der zu schwach dimensionierte Staudamm riß 1937 jedoch ein, als vom Hardankerjökulen riesige Eismassen abkalbten und eine Flutwelle auslösten. Das Wasser schwappte über die Dammkrone, und durch den Riß entleerte sich der See innerhalb weniger Stunden. Von den Bewohnern kam jedoch keiner zu Schaden. 1917 wurde dann am angrenzenden Osafjord mit dem Bau eines Kraftwerks begonnen, der aber 1923 wegen wirtschaftlicher Schwierigkeiten eingestellt werden mußte. Die Deutsche Wehrmacht wollte das Kraftwerk fertigstellen, um mit dem Strom Aluminium für ihre Flugzeugfabrikation zu produzieren. Das heutige Sima-Kraftwerk wird im wesentlichen von den Schmelzwässern des Hardangerjökulen gespeist. Das Wasser wird aus einem großen Einzugsgebiet mittels eines 46 km langen Tunnelsystems (Querschnitt der Röhren bis 100 m²) aus den gestauten Seen der Umgebung gesammelt. Die eine Tunnelkette erfaßt die nördlichen Seen Langvatn, Rundavatn und Skruelsvatn (Länge insgesamt 21 km), die andere die östlich gelegenen Stauseen Rembedalsvatn und Sysenvatn (insges. 24½ km). Großer Streit entbrannte, als die Ausbaupläne dem berühmtesten norwegischen Wasserfall Vöringsfossen (182 m hoch) das Wasser abzudrehen drohten. Die Kraftwerksbetreiber sicherten dem Wasserfall schließlich eine Mindestdurchlaufmenge von 12000 l pro Sekun-

de im Zeitraum 1.6.-15.9. (Touristensaison) zu. Über dem Fall steht also auch heute noch fast ständig ein Regenbogen. Das eigentliche Kraftwerk ist aus Gründen des Landschaftsschutzes in einer unterirdischen Halle in Sima untergebracht. Die enorme Höhe von 40 m, die wegen einer großen Kranschiene für die Montage und Wartung der Turbinen erforderlich war, verlangte umfangreiche Sicherungsmaßnahmen des Felsens. Eine weitere Schwierigkeit stellte die Verlegung der Hochspannungsleitungen durch das Fjell dar. Zum einen mußten sie auf Storting-Beschluß hinter Bergrücken versteckt werden. Hauptproblem waren aber die enormen Zugkräfte, die im Winter durch Reif- und Eisbildung an den Kabeln verursacht werden.
Die Anwohner des Kraftwerks profitieren nicht nur von dem 50 km langen, neu angelegten Straßennetz. Die Gemeinde Eidfjord füllt sich durch die jährlich erzeugten 2,7 Milliarden kWh auch kräftig den Steuersäckel. Das Kraftwerk kann Mitte Juni-Ende Aug besichtigt werden (Führungen 3 x täglich).
Information: Eidfjord Reiselivslag, 5783 Eidfjord, Tel. (054) 65177, Fahrradverleih.
Postsparbuch-Geldwechsel: Eidfjord.
Camping: Kjærtveit *, ganzj., 6 ha; Bruheim *; beide im unteren Ortsteil; Sæbö **, 1.6.-1.9., 5784 Sæbö, Tel. (054) 65927, 20 ha, Hü.; Myklatun *, ganzj., Tel. (054) 65915, 25 ha, Hü.; Elvatun **, 20.6.-1.9., Tel. (054) 65020, 10 ha, Hü.; Garatun *, ganzj., 1.6.-31.8., 5784 Øvre Eidfjord, Tel. (054) 65911, 25 ha, Hü.; Garen *, ganzj., 5785 Vöringfoss, Tel. (055) 65725, 30 ha, Hü.

Der Ausflug lohnt sich noch wegen weiterer Attraktionen: über die enge und steil ansteigende R 7 (alte Trasse, nicht durch den neuen Tunnel fahren) kommen Sie nach 18 km (ab Eidfjord) zu dem oben erwähnten Vöringsfoss, der recht beeindruckend 182 m tief in das dunkle, für das Außenlicht fast unzugängliche Måbödalen hinabstürzt. Die Straße dorthin ist anstrengend, aber sehr spannend und bietet sich auch als Verbindung nach Haugastöl an. Im Nest **Eidfjord** gibt es mehrere historische Bauten, und der Ort besticht durch seine Lage zwischen den 1000 m hohen Fjordwänden. Der Ort besteht aus zwei Teilen, Eidfjord und Övre Eidfjord (= Sæbö), die auf zwei eiszeitlichen Moränenkegeln angesiedelt sind.

Die eigentliche Etappe führt von *Bruravik* an der Westseite des Osafjorden weiter nach Hetlenes und dann in den extrem engen und schönen Ulvikfjorden, wo oftmals große Kreuzfahrtschiffe auf ihren Sight-Seeing-Touren haltmachen. Am Ende des spiegelglatten Seitenarms des großen Bruders Hardangerfjord liegt die 1400-Seelen-Gemeinde **Ulvik**, die im Sommer aber sehr überlaufen ist.
Information: Ulvik Tourist Service (in der Nähe der Kirche), 5730 Ulvik, Tel. (05) 526360, auch Fahrradverleih - 38 NOK pro Tag.
Postsparbuch-Geldwechsel: Ulvik.
Camping: Fjord * (im Süden von Ulvik), 5730 Ulvik, Hü.

Weiter geht es die R 572 westwärts und zunächst stark bergab durch ein schönes Tal mit Wäldern und Wasserfällen. Drehen Sie sich unterwegs häufiger um und genießen die Aussicht auf den Fjord und die blinkende Gletscherkappe des

Hardangerjökulen! Es geht bis auf 343 m hoch, am Espelandsvatnet vorbei und anschließend durch das gleichnamige Tal schön bergab nach *Holven* am Granvinvatnet.

Camping: Espelandsdalen **, ganzj., 5736 Granvin, Tel. (05) 525167, 5 ha, Kochg., Hü.; Granvin *, 1.6.-1.9., Tel. (05) 525282, 6 ha, Kochg., Hü.

Dort treffen Sie an der Granvin-Kirche auf die E 68, der Sie bis Voss folgen. Die Straße wurde in den 80er Jahren ausgebaut, so daß das Seitengleis der Bergenbahn von Voss nach Eide 1985 stillgelegt wurde.

In steilen Haarnadelkurven windet sich die Straße hinter *Spildo* in die Höhe. Der Skjervewasserfall ist sehr beeindruckend, von *Skjervet* haben Sie die schönste Aussicht auf den Wasserfall. Der gesamte Anstieg führt bis auf 260 m, so daß man nicht allzusehr ins Schwitzen kommt.

Camping: Seim **, 1.5.-1.10., 5736 Granvin, Tel. (05) 525730, 10 ha, Kochg., Hü.; Flatlandsmo **, 1.3.-1.9., 5700 Voss, Tel. (05) 517634, 25 ha, Kochg., Hü., Zi.

Die E 68 führt nun gleichmäßig abfallend über Björgum und Mönshaug am Istadelva längs nach Voss.

Voss, 14000 Einw., Hordaland, ist seit fast 2000 Jahren besiedelt. Das Folkemuseum in Voss beschäftigt sich mit der jüngeren Geschichte seit 1600. Der Komplex besteht aus zwei Höfen: Mölstertunet (oberhalb von Voss, 16 Gebäude, im Sommer tägl.) und Nesheimtunet (am Lönavatnet - 10 km nördlich, nach Vereinbarung, Tel. 05/511511). Der Finnesloftet, ein altes Bauernhaus von 1250 außerhalb des Museums steht 1 km westlich vom Bahnhof (zu besichtigen Mitte Juni-Mitte Aug) und gilt als einer der ältesten Profanbauten in Norwegen. Die gotische Steinkirche wurde 1277 gebaut, leider gingen Teile der mittelalterlichen und barocken Einrichtung bei der Restaurierung 1875/1876 verloren. Etliche Infrastruktureinrichtungen (höhere Schule, Behörden, Geschäfte und etwas Kleinindustrie) machen Voss zu einem Mittelzentrum der Region. Es gibt eine waschechte Seilbahn, die von der 100 m hochgelegenen Station oberhalb des Bahnhofs auf den Hangursnolt (660 m) führt (Mai-Sept, häufig, 38 NOK).

Information: Voss Reiselivslag, Utträgt 9, Tinghuset (Rathaus), Boks 57, 5701 Voss, Tel. (05) 511716 oder 511883.

Postsparbuch-Geldwechsel: Voss, Skulegate 14.

Jugendherberge: Voss UH *** (700 m südwestl. vom Bahnhof), 1.5.-31.10. und 27.12.-30.4., 5700 Voss, Tel. (05) 512017 oder 512205, 85 NOK, 240 Betten.

Camping: Voss ***, ganzj., Tel. (05) 511597, 20 ha, Waschm., Kochg., Hü.

Etappe 58:
Myrdal - Upsete - Mjölfjell - Reimegrend - Grovo - Ygre - Voss (42 km) >
867 - 627 - 57 m
Cappelen-Karte Nr. 2

Ein unvergleichliches Erlebnis ist die Abfahrt aus der Hardangervidda in die Wintersportstadt Voss. Aus den kalten Armen der Wildnis wird man in die Wärme des Raundalen entlassen. Am schönsten ist diese Tour mit Sicherheit zur Zeit der Obstblüte im Mai, wenn das ganze Tal eine einzige Blütenkette ist. Der Temperaturunterschied von der Eisregion um Finse zum Raundalen kann durchaus bis zu 10 °C betragen.

Von Myrdal müssen Sie zuerst einmal den Zug nehmen, da der Tunnel den Weg versperrt. Auf der eingleisigen Bergenbahn verkehrt in den Zuglücken der Expreßzüge ein Lokalzug nach Voss und weiter nach Bergen (4-6 mal täglich). Mit diesem fahren Sie durch den 7,6 km langen Gravhalstunnelen bis nach *Upsete*. Dort führt die alte Baustraße der Bergenbahn weiter entlang des Langavatn nach *Örneberget*.
Jugendherberge: Mjöfjell UH ** (in Örneberget - 300 m von der Station), 1.6.-30.9. und 10.2.-30.4., 5728 Reimegrend, Tel. (05) 518111, 70 NOK, 100 Betten.

Der Weg ist ab hier wieder asphaltiert, und Sie rollen unbeschwert durch das liebliche Raundalen mit seinen Obstgärten, Wiesen und vielen kleinen Bauernhöfen hinab. In der größeren Siedlung *Mjöfjell* gibt es nach der anstrengenden Hardangerüberquerung zum ersten Mal die Möglichkeit, die geschrumpften Lebensmitelvorräte aufzufüllen. Je weiter Sie das Tal entlangfahren, desto stärker läßt der Gebirgscharakter nach und Wiesen und kleine Häuser prägen das Bild. Sie erreichen den Haltepunkt Volli und die Station Reimegrend, wo sich das Tal etwas nach Norden hin ausweitet. Die Straße verläuft kurvig nach Skiple, an der *Raundal Kirke* vorbei nach Grovo. Ein enger Talabschnit führt nach Klyve, wo der Weg sich gabelt. Wenn Sie hier Ihre Norwegenrundreise nicht nach Bergen fortsetzen wollen, müssen Sie auf der Bezirksstraße zum Lönavatnet fahren. Dort treffen Sie auf Etappe 60 nach Gudvangen.

Sie folgen dem linken Ast auf *Ygre* hin zu, es wird es zusehends flacher, und die Berge weichen zurück. Hinter dem Bahnhof, wo Sie sich wiederum links halten, folgen linker Hand ein Flugplatz und eine alte Garnison. Jetzt sind es noch 5 km bis nach **Voss**, das im letzten Krieg fast vollständig zerstört wurde.

Kartenskizze Etappen 57 - 60

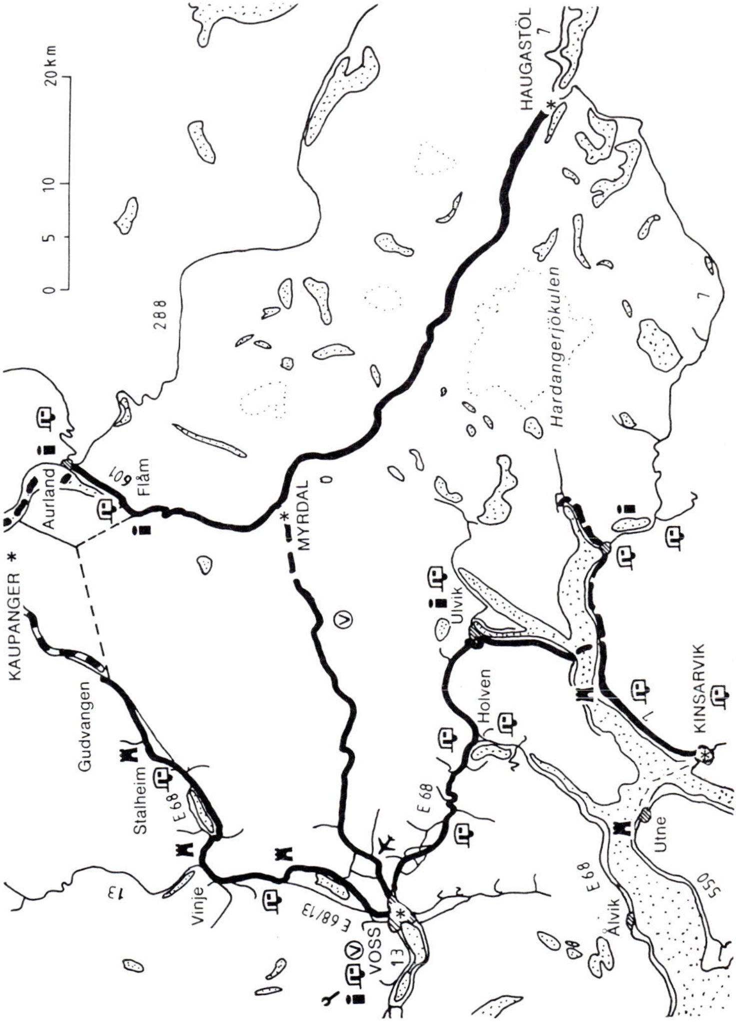

Etappe 59:
Haugastöl - Storurdi - Finse - Laghellerhyttene - Hallingskeid - Myrdal - Flåm - Aurlandvangen - Sognefjord - Kaupanger (100 km) > >
985 - 1222 - 1301 - 1110 - 867- 10 - 0 m
Cappelen-Karte Nr. 2

Diese grandiose Etappe entlang der Bergenbahn führt über den alten Bau- und Versorgungsweg, der schon in den 90er Jahren des letzten Jh. gebaut wurde. Naturgemäß ist der Weg sehr uneben und gleicht streckenweise einer grobsteinigen Piste.
Der schneereichste Weg dieses Buches biegt direkt hinter den Häusern von Haugastöl und noch bevor die R 7 den See kreuzt nach rechts ab (an dem Garagengebäude, direkt gegenüber dem Vegmannsbu Turistsenter). Es gibt kein Hinweisschild, es findet sich nur die Notiz "tull" (= Maut). Die ersten Kilometer folgen linksseitig der Bahn, nach kurzem kommt man an eine Gabelung, wo Sie sich rechts (Hinweis Finse) entlang der Bahn halten. Der Weg bis zur *Storurdi*-Hütte wird schlechter (Steine und Löcher), die Schilder bedeuten, daß der Weg ab hier für Autos total gesperrt ist. Die Hütte des DNT (meistens unbewirtschaftet und offen, jedoch sollten Sie sich vorsichtshalber in Geilo Turistsenter oder in Finse-Hütte nach dem Schlüssel erkundigen) bietet sich zur Übernachtung an. Die Schlafräume sind jedoch etwas heruntergekommen.

Bergenbahn und alte Baustraße bei Haugastöl

Die Bahn und der Weg folgen einem breiten Hochtal, umgeben von Kuppen, die durch Flechtenteppiche bedeckt sind. Man vermutet immer wieder, daß die Bahn bald darauf in dieses oder jenes Hochtal abknickt, in Wirklichkeit folgt sie dem immer weiter führenden Haupteinschnitt. Von Storurdi bis Finse braucht man ca. 1-2 Stunden (immer rechts halten), auf **Finse** zu bessert sich der Weg deutlich. In Finse haben Sie Anschluß an die Bergenbahn (ca. 8 x tägl. in beide Richtungen). Ein einfaches Pritschenlager in der DNT-Hütte kostet ca. 80 NOK.

Die Fahrt geht durch die Siedlung, die wirtschaftlich ausschließlich von der Bergenbahn und den Touristen lebt. Von hier aus führt eine Reihe von Wegen in die nördliche und südliche **Hardangervidda**, die sich dem Radfahrer aber verschließen, da er wohl kaum eine adäquate Ausrüstung für die langen und einsamen Wanderwege durch die Wildnis mitführt. Südlich von Finse erstreckt sich der 78 km² große *Hardangerjökulen*, von dem man nur die nördliche Kappe sieht; der größte Teil liegt hinter der Bergkuppe im Süden. Die Landschaft des breiten Hochtals wird immer großartiger, sogar im Sommer liegen beiderseits des Weges große Firnfelder und schwimmen auf den Seen Eisschollen. Der Weg führt öfters durch bis zu 2 m hohen, durchgegrabenen Schnee links und rechts; auf nördlich exponierten Wegstücken können den ganzen Sommer über große Schneeverwehungen liegen, über die Sie das Rad dann schieben müssen. Der Fahrweg begleitet nördlicherseits die Bahn, bei *Tågavatn* erreichen Sie den höchsten Punkt (1301 m).

Erkundigen Sie sich vor dem Start in die Hardangervidda in Geilo (Touristenbüro), in der Finse-Hütte (DNT, Tel. 05/526732) oder der Finse-Station (NSB, Tel. 05/526730) nach den Schneeverhältnissen.

Da der Weg sehr schlecht und mit Löchern und Steinen übersät ist, sollten Sie ganz vorsichtig zu *Låghellerhyttene* hinunterfahren. Sie kreuzen die Bahngleise und schneiden den Weg ab, wohingegen die Gleise eine große Nordostkehre machen müssen, um an Höhe zu verlieren. Von *Hallingskeid* (Selbstversorgerhütte des DNT, verschlossen) an wird die Landschaft noch wilder. Nach einem erneuten Wechsel auf die andere Seite beginnt eine steile Schlucht; Sie müssen sich nun sehr konzentrieren, da die Abfahrt etwas gefährlich ist. Der Weg führt weiter bergab, schließlich müssen Sie noch bis auf 867 m nach Myrdal hinunter. Durch das *Molåtal* (nicht in der Cappelen-Karte eingetragen) nimmt die Vegetation wieder zu, und es tauchen die ersten Birken auf. Vor **Myrdal** liegt der Reinungavatn, dann sind Sie schon an der Station. Sie haben von hier Anschluß an die Bergenbahn ins westliche Fjordland, oder Sie wählen die aufregende Flåmbahn zum *Aurlandsfjorden*. Die Flåmbahn fährt im Sommer 6 x täglich in 45 Minuten für 40 NOK zum Fjord hinunter. Die Aussicht in das Flåmtal ist grandios. Ganz Wagemutige können den in 20 km langen, steilen (10 %) und in sieben scharfen Kurven hinunterführenden Fahrweg (1896 ebenfalls als Materialweg gebaut) nach **Flåm** selbst im Sattel fahren. Der Weg hat allerdings nur eine Schotterdecke, so daß diese Alternative nicht un-

gefährlich ist.
Information: Turistinformasjonen i Flåm, 5743 Flåm, Tel. (056) 32106.
Postsparbuch-Geldwechsel: Flåm.
Camping: Flåm **,ganzj., 5743 Flåm, Tel. (056) 32121, 20 ha, Waschm., Hü.

Von Flåm aus führt am östlichen Ufer des Aurlandsfjorden, eines langen Seitenarms des Sognefjords, eine schmale Bezirksstraße idyllisch über Otternes und *Li* (Wasserkraftwerk) nach Aurlandsvangen (Aurland, 8 km).

Aurlandsvangen, Sogn og Fjordane, ist ein kleines Nest, das seine gesamten wirtschaftlichen Einnahmen aus den im Aurlandsdalen liegenden Wasserkraftwerken bezieht. Die Anlagen sind aus Gründen des Umweltschutzes und des Landschaftsbildes unterirdisch in den Fels hineingebaut. Desweiteren ist Aurlandsvangen das Verwaltungs- und Versorgungszentrum der näheren Umgebung. Von Aurlandsvangen fährt tägl. (gegen 13 h) ein Bus nach Gol (123 NOK und weiter nach Oslo) und in der Gegenrichtung den Sognefjord entlang.
Information: Aurland Reiselivslag, 5745 Aurland, Tel. (056) 33313.
Postsparbuch-Geldwechsel: Aurland.
Camping: Aurland **, 1.5.-15.10., Tel. (056) 33412, 15 ha, Kochg., Hü.

Von Aurdal lohnt sich der 6 km lange Abstecher nach *Skjerdal* im Norden. Hier haben Sie einen wunderschönen Weitblick in den nach Westen abknickenden Fjord bis zur Einmündung des Næröyfjorden. Die Sommersiedlung Nedbergo (heute aufgegeben) kann nur per Boot oder mühsamen Fußweg erreicht werden.
Fortsetzen können Sie diese Etappe theoretisch nun in drei Richtungen: über die neue R 288 nach *Gol* (wegen zahlreicher Tunnel nicht sehr fahrradfreundlich) oder über die Bezirksstraße nach *Björgo* und durch das *Hörnadalen.* Letztere besticht durch ihre Wildheit und den extremen Hochgebirgscharakter und ist mit der R 55 über das Sognefjell eine der höchstgelegenen Straßen (1306 m, Schnee!) im Land. Sie ist aber sehr anstrengend - ein Bus fährt 5.6.-1.9. einmal täglich für 54 NOK hinüber nach *Lærdalsöri* (Lærdal). Die dritte Verbindung ist die 56 km lange Fährstrecke nach **Kaupanger**.
Sie wählen die Fähre (alternativ 1 x tägl. ein Schnellboot), die 2-3 x pro Tag (42 NOK) nach Kaupanger fährt - über Gudvangen oder direkt. Der Umweg über *Gudvangen* (Camping) lohnt sich wegen des überwältigend schönen Næröyfjorden mit seinen 1000 m hohen Wänden. Desweiteren hält das Schiff bei Bedarf in *Undredal*, wo sich eine schöne Wanderung durch das Undredalen unternehmen läßt. An dieser Stelle sei darauf hingewiesen, daß wegen des Fortsetzung der R 288 von Osten und der Tunnelbauprojekte Flåm-Langhuso und Gudvangen-Undredalen die Fähre Aurlandsvangen-Gudvangen Anfang der 90er Jahre eingestellt wird. Erkundigen Sie sich rechtzeitig nach den neuen Reisemöglichkeiten! Über die R 5 nach Sogndal haben Sie Anschluß an die Anschlußetappen über das Sognefjell nach Lom.

Etappe 60:
Voss - Tvinne - Oppheim - Stalheim - Gudvangen - Kaupanger (47 km) >
70 - 200 - 337 - 370 - 0 m
Cappelen-Karte Nr. 2

Von Voss gibt es über die E 68 per Rad eine mehr oder weniger brauchbare Verbindung entlang eines Hochtales nach Norden. Über die Bezirksstraße geht es etwas östlich des Bahnhofs zur E 68; diese kreuzen Sie nach *Skulestadmo* und radeln dann den Lönavatnet nach *Nesheim* (Nesheimmuseum, Komplex II). Die Seitenstraße trifft am Tvinnefoss, der über regelrechte Kaskaden auf breiter Front in das Tal stürzt, wieder auf die E 68.
Camping: Saue **, 1.2.-1.10., 5710 Skulestadmo, Tel. (05) 516963, 30 ha; Tvinde ** (3 km nördlich), ganzj., Tel. (05) 516919, 12 ha, Waschm., Kochg., Hü.; Taulen *, 1.6.-1.9., 5713 Vossestrand, Tel. (05) 522735, 5 ha, Kochg., Hü.
Die E 68 bereisen Sie parallel zum Strondaelva und bergauf führend zum Scheitelpunkt (200 m) bis zur *Vinje Kirke* und *Oppheim* (hier: alter Pfarrhof mit Einrichtung, Besichtigung: 05/511511). Die abzweigende R 13 führt auch zum Sognefjord, klettert aber bis fast 1000 m hoch. In Framnes verlassen Sie die Hauptstraße und fahren östlich des Oppheimsvatnet nach *Haugsvik*.
Camping: Hagatun **, ganzj., 5716 Haugsvik, Tel. (05) 520187, 10 ha, Waschm., Kochg., Hü.

In *Stalheim* gibt es im regenreichen Hordaland erneut einen Wasserfall, der seine Wassermassen 126 m in die Tiefe stürzen läßt. Ein Privatmann hat hier eine Sammlung von 20 alten Häusern ab dem 17. Jh. zusammengetragen, diese können über das Stalheim-Hotel (Camping und Tel. [05] 520122) besichtigt werden. Hinter Stalheim (am Hotel links) trennt sich die alte Trasse von der neuen E 68, die 1980 gebaut wurde und durch einen abfallenden Tunnel im Berg an Höhe verliert. Sie nehmen die alte Serpentinenstraße, die mittels 13 enger Kurven 400 Höhenmeter fast senkrecht in die enge Kleivaschlucht führt. Die Bremsen müssen absolut in Ordnung sein, denn es tritt ein Gefälle von bis zu 20 % auf. Früher sind auf dieser 1842-49 gebauten Straße sogar LKW und Busse gefahren. Nach der Abfahrt geht es entlang des Næröydalen recht flach über 13 km nach *Gudvangen*. Dort nehmen Sie die Fähre, die 4 x (29 NOK) täglich nach **Kaupanger** ablegt.

Etappe 61:
Kaupanger - Revnes - Vindedalen - Sæbö - Lærdalsöri (Lærdal) - Tönjum - Blåflat - Galdane - Borgund - Kvamme - Borlaug (57 km) > >
0 - 300 - 500 m
Cappelen-Karte Nr. 2

In *Revnes* verlassen Sie die Fähre aus Kaupanger und radeln auf der E 68 den Lærdalsfjorden entlang. Über Vindedalen (kurz hinter der Siedlung ein Tunnel) und *Sæbö* fahren Sie die 15 km nach Lærdal.

Lærdal, 900 Einw., Sogn og Fjordane, ist ein kleiner Ort, der auf dem abgelagerten Schutt des Lærdalselva errichtet wurde. Versteckt zwischen den moderne Betonbauten stehen rund 160 denkmalgeschützte Holzhäuser aus dem 17. und 18. Jh. mit vielen kleinen Geschäften und bunten Fassaden. Der andere Teil des Ortes zieht sich das Lærdal hinauf - begleitet von typischen norwegischen Einfamilienhäusern mit hübschen Vorgärten. Lærdal hat jahrhundertealte Bedeutung als Umschlagplatz von Waren zwischen Ost- und Westnorwegen. Aus Bergen wurden Salz und Fisch transportiert, in umgekehrte Richtung gingen Getreide, Käse und Felle.
Lærdal war Endstation eines alten Königsweges, mit dessen Bau 1790 begonnen wurde. Mühsam wurde der schon von den Wikingern benutzte alte Weg per Handarbeit auf die Breite einer Postkutsche erweitert. Bereits im letzten Jh. kamen über diese Verbindung viele Touristen in das Gebiet; besonders reiche Engländer schätzen den lachsreichen Lærdalselva.
Information: Lærdal og Borgund Reiselivslag, 5890 Lærdal, Tel. (056) 66509.
Jugendherberge: Laerdal UH *** (im Ort), Ostern + 1.5.-30.9., 5890 Laerdal i Sogn, Tel. (056) 66101, 75 NOK, 40 Betten.
Postsparbuch-Geldwechsel: Lærdal.
Camping: Vinnedal *, 15.5.-15.9., 5890 Lærdal, Tel. (056) 66190, 15 ha, Hü.

Nachdem Sie die letzten weißen Häuser des Ortes hinter sich gelassen haben, geht es das enge Tal des Lærdalselva hinauf. Er ist weit über Norwegens Grenzen wegen seiner reichen Lachszüge bekannt. Erste Station ist *Eri*, der dann die *Tönjum Kirche* folgt. Das schönste Stück erreichen Sie bei *Bjåflaten* nach dem folgenden Tunnel. Die Schlucht wird hier sehr eng - der Fluß ist hier mit Lachstreppen ausgebaut. Die Straße führt, immer leicht ansteigend, nach *Galdane*. Kurz davor zweigt rechts der Gammle Kongeveien/ferdselsveier (alter Königsweg bzw. alter Handelsweg) ab. Seinen Namen erhielt er, da einer Sage nach, König Sverre 1177 hier mit seinem Pferd durchgaloppierte. In den folgenden Jahrhunderten wurde die wichtige Ost-West-Verbindung mehrfach ausgebaut. Teile dieses Weges sind erhalten und können als Alternative zur E 68 benutzt werden, allerdings nur mit geländegängiger Bereifung. Das erste Teilstück kreuzt hier die E 68 und trifft 1½ km vor *Husum* wieder auf die Straße. Von dort fahren Sie entweder durch die enge *Vindhellaschlucht* oder umgehen diese mittels des Kongeveien über einen Höhenweg - Sie erreichen oberhalb der *Borgund Stabkirche* wieder die E 68. Diese Stabkirche (300 m von der Straße) ist die besterhaltene des Landes und wurde 1150 gebaut. Die Konstruktion beruht auf 12 Pfeilern und ist mit zahlreichen kunstvollen Schnitzereien versehen. Die im Inneren fast völlig dunkle Kirche bietet 50 stehenden Personen Platz. Das Schindeldach auf der ohne jegliche Nägel gebauten Konstruktion ist tief heruntergezogen. Die Borgund-Kirche diente bei der Restaurierung der Stabkirchen in Gol, Forttun und Hopperstad als Vorbild.
Camping: Borgund Hyttesenter og Camping *, 15.5.-1.10., 5897 Steinklepp, Tel. (056) 68171, 10 ha, Hü.; Steinklepp *, 20.6.-20.9., Tel. (056) 68159, 6 ha, Hü.; Bjøraker **, 1.5.-1.10., Tel. (056) 68720, Kochg., Hü.

Nach weiteren 13 km, evtl. über die Bezirksstraße über *Lo*, erreichen Sie über Kvamme und Hegg **Borlaug**, die Abzweigung zur Etappe 62 bzw. 63.

Kartenskizze Etappen 61 & 62

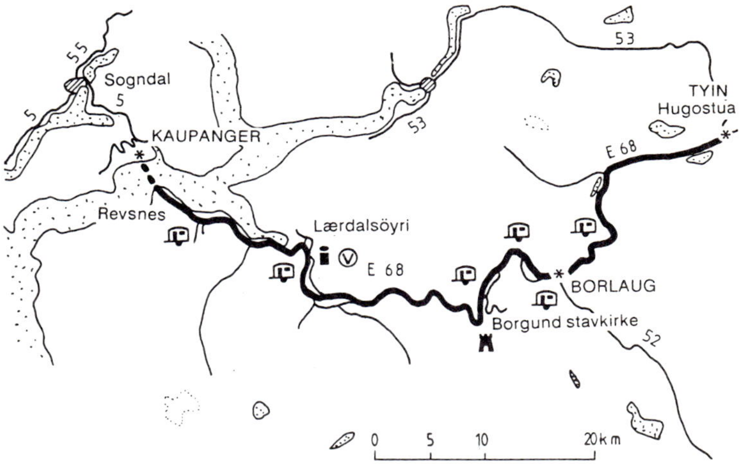

Etappe 62:
Borlaug - Enden - Mariestuen - *Alter Königsweg* - Nystuen - Tyinkresset/Hugostua (28 km) > >
500 - 915 - 1004 - 966 - 600 m
Cappelen-Karte Nr. 2

Ab Borlaug geht es kräftig aufwärts. Nach einem kurzen Stück auf der E 68 können Sie ab *Mariestuen* (830 m, Høyfjellsenter, Postkutschenstation seit 1350 - heutiges Gebäude von 1791) den gut erhaltenen und von den Höhendifferenzen relativ ebenen Kongeveien benutzen. Der Weg ist an der Straße ausgeschildert. Dieses Stück (sehr schlecht) ist 13 km lang und trifft 1½ km vor dem Otrøvatn wieder auf die Straße.
Camping: Mariestuen Hytter og Camping **, ganzj., 5898 Maristova, Tel. (056) 68711, 2 ha, Waschm., Kochg., Hü.

Die alte Bezeichnung "-stua" stammt von den früheren, jeweils eine Tagesreise auseinanderliegenden, Poststationen. Alternativ auf der E 68 radeln Sie am *Smeddalsvatn* (915 m) durch das gleichnamige Tal und erreichen über *Kyrkjestölane* (Kirche) die 1000 m-Höhenlinie. An *Nystuen* und am *Otrøvatn* vorbei geht es durch schöne Fjellandschaft nach **Tyinkresset/Hugostua**.

Etappe 63:
Hermansverk - Sogndal - Hafslo - Gaupne (51 km) >
0 - 172 - 300 - 0 m
Cappelen-Karte Nr. 2

Die Fahrt entlang des inneren Sognefjordes ist sehr einfach, lediglich die Steigung hinter Kjos am Hafslovatnet erfordert etwas Anstrengung. Die Situation verändert sich grundlegend, wenn Sie nach Skjolden die Berge von Jotunheimen erreichen und die R 55 nach Turtagrö hochfahren müssen. Diese und die Folgeetappe zählen zu den landschaftlich schönsten, aber auch zu den anspruchsvollsten des Buches.

In Hermansverk kommen Sie vom Expreßboot und folgen der R 5 gen Osten. Sie erreichen entlang des Sogndalsfjorden über *Norum Kirke* zügig Sogndal.

Sogndal, 6000 Einw., Sogn og Fjordane, ist ein wichtiges Touristenörtchen, weil von hier die Touren nach Jotunheimen starten, Gletscherflüge (20-30 min) angeboten werden und Busse und Schiffe hier halt machen. Eine Konservenfabrik (Lerums), die die Früchte des warmen Fjordes eindost, kann besichtigt werden (Infos übers Touristenbüro, do 10 h). Etwas nördlich befindet sich auf der Ostseite des Fjordes Norwegens älteste Stabkirche (Urnes) aus der Mitte des 11. Jh. Erreichbar ist sie mit dem Boot von Sognadal/Solvorn oder mittels der Straße ab Skjolden.
Information: Sogndal Reiselivslag, Postboks 222, 5801 Sogndal, Tel. (056) 71161.
Verkehrsverbindungen: Buss nach Oslo, Drammen, Nesbyen, Gol, Lærdal, Balestrand, Förde, Otta, Lom: Flüge nach Oslo, Bergen, Förde, Florö, Ålesund, Kristiansund (N), Trondheim und Molde.
Postsparbuch-Geldwechsel: Sogndal.
Jugendherberge: Sogndal UH **/***, Folkehøgskolen, Postboks 174, Tel. (056) 72033, 70 bzw. 90 NOK, 92 Betten, 20.6.-20.8., Kochg. - Campingplatz angeschl. (Øyane).
Camping: Studje **, 15.5.-31.8., Tel. (056) 71012, 20 ha, Waschm., Kochg., Hü.; Kjørnes **, 10.6.-1.9., Tel. (056) 72413, 20 ha, Kochg., Hü.
Fahrradservice: Ese Våpen & Sport, 5800 Sogndal, Tel. (056) 71206; Aaberge AS, 5800 Sogndal.

Hinter dem Ort verlassen Sie die R 5 und wechseln auf die R 55. Diese folgt noch ein kurzes Stück dem Fjord, um sich dann hinter *Hafslo* einen eigenen, stärker ansteigenden Weg zu suchen. Ein Tunnel (fehlt auf der Karte) kann rechts umfahren werden. Die Straße folgt dicht dem klammartigen Abfluß des Hafslovatnet, der zwecks Stromerzeugung an einigen Stellen reguliert wird, kurvenreich am See vorbei.
Camping: Lyngmo Ungdomssenter, ganzj., 5810 Hafslo, Tel. (056) 84366.

Hinter den Orten Hafslo und Kjos klettert die Straße weitere 100 Höhenmeter empor. Auf der anderen Seite geht es schnell zum Lustrafjorden runter. In **Gaupne** biegt die R 604 in das wunderschöne und wilde Jostedalen ab. Ein Abstecher in die Gletscherwelt des Jostedals- und Nigaardsbreen lohnt sich auf alle Fälle. Die R 604 ist bis zur DNT-Hütte befahrbar, so daß Sie evtl. sogar eine Überquerung ins Ottadalen erwägen können.

Information: Turistinformasjonen i Gaupne, 5820 Gaupne, Tel. (056) 81211.

Postsparbuch-Geldwechsel: Gaupne.

Camping: Gaupne *, 1.6.-1.10., Tel. (056) 81138, 4 ha, Kochg., Hü., Zi.; Sandvik ***,20.5.-15.9., Tel. (056) 81153, 25 ha, Kochg., Hü.

Kartenskizze Etappen 63 & 64

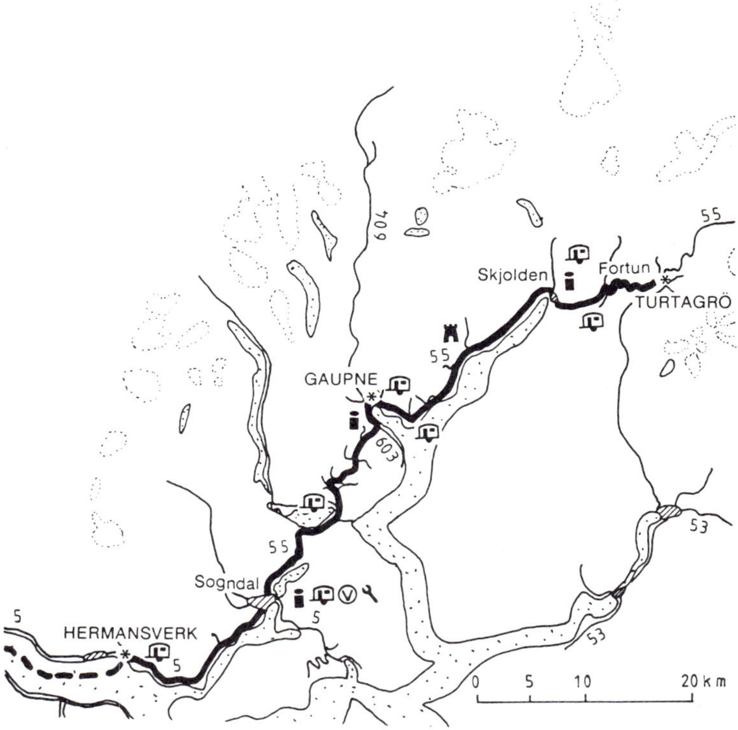

Etappe 64:
Gaupne - Skjolden - Turtagrö (38 km) > > >
0 - 950 m
Cappelen-Karte Nr. 2

Die R 55 ist auf dieser Route stellenweise sehr schmal, Sie kommen in *Höyheimsvik* (Camping) und *Dale* (Camping) vorbei, wo sich eine der ältesten Steinkirchen (12. Jh.) befindet. Die hübsche Kirche ist aus 1½ m dicken Granitmauern gebaut und vereinigt Stilmerkmale der Gotik, Romanik und Neuzeit. Die Wandmalereien aus verschiedenen Epochen wurden erst 1953 freigelegt. *Skjolden*, von hohen Bergflanken umgeben, ist die letzte Bastion der Zivilisation bis Lom. Nutzen Sie also die Angebote, um die Vorräte für die 83 km lange Überquerung des Sognefjells aufzufüllen.
Information: Turistinformasjonen i Skjolden (an Tankstelle vor dem See), 5833 Skjolden, Tel. (056) 86750.
Postsparbuch-Geldwechsel: Skjolden.
Camping: Nymoen Leirplass **, 15.5.-1.10., Tel. (056) 86603, 7 ha, Kochg., Hü.; Bolstad *** (Mörkridsdalen), 5.6.-15.9., Tel. (056) 86636, 4 ha, Kochg., Hü.; Vassbakken ***, 1.6.-1.9., Tel. (056) 86188, 12 ha, Waschm., Kochg., Hü.

Die R 55 über das Sognefjell wurde 1939 für Kraftfahrzeuge ausgebaut, aber schon seit dem Mittelalter führte ein Handelsweg über das Gebirge. Von *Fortun* (letzte Einkaufsmögl.) geht es in vielen Serpentinen ca. 12 km steil bergauf. Der Rückblick in das Tal auf die Ortschaft ist grandios; die weiße Kirche mit dem Friedhof scheint von Meisterhand gezeichnet zu sein. An der **Turtagrö**-Hütte starten etliche Wanderwege in den Nationalpark Jotunheimen, entsprechende Ausrüstung ist aber erforderlich.

Etappe 65:
Turtagrö - Sognefjellhytta - Jotunheimen Fjellstue - Leira bru - Lom (71 km) > >
950 - 1434 - 960 - 1005 - 410 m
Cappelen-Karte Nr. 2

Diese wunderbare Hochgebirgsetappe überquert das Sognefjell und führt in das Reich der Bergriesen (jotun). Das wunderbare Panorama der Berge, Gletscher und Seen hält bei Wetterumschwüngen aber auch unliebsame Überraschungen in Form von Schnee und Temperaturen bis 0 °C bereit. Jenseits der Bezirksgrenze zu Oppland gibt es eine Reihe von Campingplätzen.
Von der Turtagrö-Hütte öffnet sich das *Helgedalen*, ein tiefes Trogtal gen Osten, je höher Sie die Serpentinen hinauffahren. Der weitere Verlauf der Paßstraße, die die Baumgrenze verläßt, ist am Hang gut zu erkennen. Auf 1200 m treffen Sie die ersten Firnfelder in Mulden oder an Nordhängen an, je nach Wetterlage öffnet sich rundherum das Panorama von Jotunheimen und Breheimen im Westen. Die Straße führt unruhig noch einige Kilometer weiter bis zur Gipfelhöhe von 1434 m (kurz nach der Sognefjell-Hütte, Juni-Okt). Die R 55 ist die

Das Helgedalen

höchste reguläre Straße in Nordeuropa und auch die höchstgelegene Etappe des Führers. Die bizarre Natur des Sognefjells umschließt den einsamen Radfahrer; Schneefelder, Eisseen und kahle Kuppen, soweit das Auge reicht. Östlich greift der Smörstabbreen nach der Straße.
Camping: Bøvertun **, 1.6.-30.9., 2687 Bøverdalen, Tel. (062) 12924, 5 ha, Waschm., Kochg., Hü., Zi.

Schon bald geht es kräftig (400 m) in das Breiseterdalen hinab, enge Serpentinen führen hinab. Unten reihen sich die Ferienhütten entlang der Straße auf. Die Steigung ist aber noch nicht zu Ende, es folgt ein kurzer scharfer Höhenzug, dann liegt rechts die Jotunheimen Fjellstue (1.6-31.8., Postadresse: 2693 Nordberg/Bøverdalen, Tel. [062] 14700 oder 12910, DZ ca. 80-110 NOK) bevor man endgültig auf 7 %igem Gefälle in das Leirdalen hinunterschießt.
Camping: Fjellro Turisthytte *, 1.6.-31.8., 2687 Bøverdalen, Tel. (062) 12034, 3 ha, Hü., Zi.

Vielfältig wechselnde Silhouetten folgen; zuerst gräbt sich die Bövra tief in den engen Granit des Tales ein, dann weitet es sich bauchartig, und der Fluß säuselt langsam über die großen Kiesbänke - Weiden und Erlen bilden den Ufersaum. Es tauchen die ersten Gehöfte auf, und in *Galdesand* befindet sich ein Laden und Postamt.

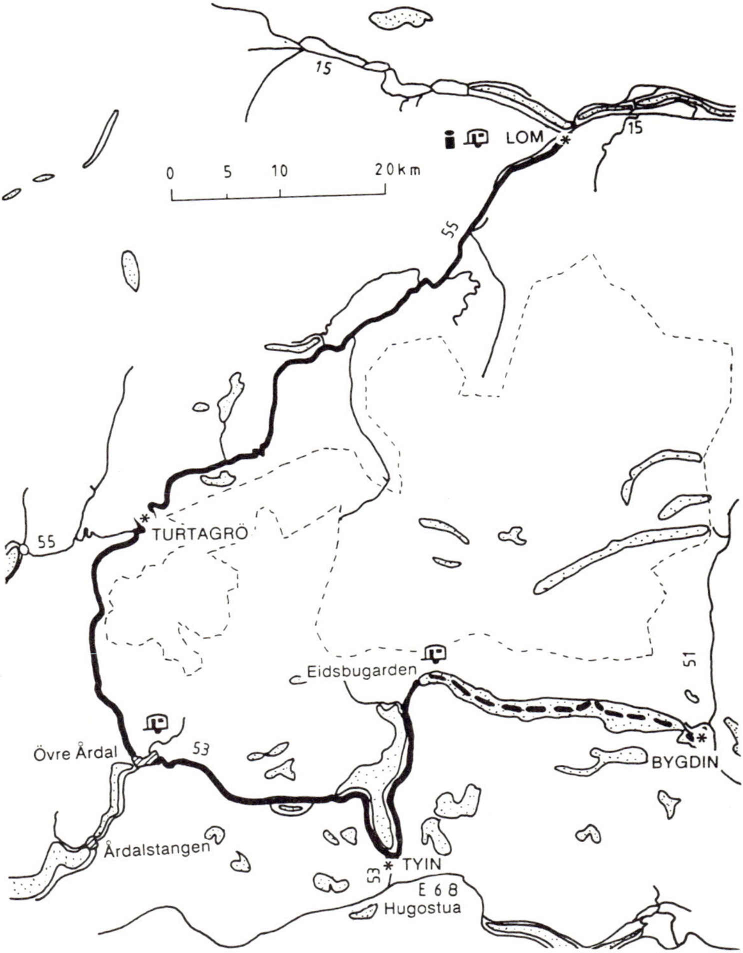
15
LOM
15
0 5 10 20km
55
55
TURTAGRÖ
Eidsbugarden
51
Övre Årdal
53
BYGDIN
Årdalstangen
53
TYIN
E 68
Hugostua

Dort biegt auf der östlichen Straßenseite auch der Fahrweg zur *Juvasshytta* ab, wo Sie eine Besteigung des *Galdhöpiggen* (2469 m) oder des *Glittertind* (2452 m) starten können. Der Weg zu der 1881 m hoch gelegenen Hütte führt 15 km über einen steilen Schotterweg, der mit entsprechendem Rad und Kondition befahren werden kann. Zwischen dem 26.6. und 18.8. fährt 1-2 x täglich ein Bus zur Hütte.
Camping: Bøverdalen **, 10.6.-5.9., 2687 Bøverdalen, Tel. (062) 12064, 4 ha, Kochg., Zi.

Die eigentliche Besteigung des Galdhöpiggen ist wegen der Gletscherpassagen aber nichts für Neulinge, es sei denn Sie schließen sich einer der im Sommer mehrmals täglich durchgeführten Führungen (ca. 60 NOK) an.
Camping: Sulheim, ganzj., 2686 Lom.

Es sind noch 12 km bis **Lom**, die Berghänge rücken noch einmal enger zusammen, bevor die Etappe in den großen Schotterebenen des kreuzenden Ottadalen abschließt. Der ausladende Ottavatn in der Talsohle nimmt sich je nach Wasserstand als See aus oder legt bei sinkendem Pegel langgestreckte Kiesbänke frei.

Etappe 66:
Turtagrö - Berdalseter - Murane - Haug - Övre Årdal - Sletterust - Tvisosen - Tyinstölen - Tyin (69 km) >>>
900 - 1300 - 0 - 1117 m
Cappelen-Karte Nr. 2

Sie können weitere Hochgebirgseindrücke erradeln, wenn Sie vom Turtagrö Fjellhotel (Übernachtungsmögl.) nach Süden (durch den Schlagbaum) abbiegen. Von dieser Stelle aus beginnen auch mehrere Wege in den Jotunheimen-Nationalpark. Anfänglich unbefestigt, später aber besser, führt der Weg förmlich über Berge und Täler hinweg. Sie haben umwerfende Aussichten und können das Gebirge hautnah erleben. Unterwegs gibt es keine Einkaufs- und Übernachtungsmöglichkeit. Der Weg ist schwer, doch die anstrengende Radelei durch *Berdalseter*, durch das *Langedalen* (Murane) und *Fardalen* lohnt sich. Hinter dem Weiler *Haug* geht es steil viele hundert Meter abwärts nach **Övre Årdal** hinab.
Camping: Övre Årdal *** (3 km nordöstlich bei Svalheim), 15.6.-31.8., 5870 Övre Årdal, Tel. (056) 63444, Waschm., Kochg., Hü.
Postsparbuch-Geldwechsel: Övre Årdal.

Vom Campingplatz können Sie eine zweitägige Tour zur Skogadalsböen-Hütte des DNT unternehmen. Bis zum Vetti-Hof kommen Sie mit dem Rad, aber der Fahrweg ist schlecht. Er wurde in früheren Zeiten von 1500 Männern der Talgemeinde zwecks landwirtschaftlicher Nutzung des tiefen Utladalen per Handarbeit angelegt - deshalb der Name "Folkevegen" (Volksweg). Von dort müssen Sie zu Fuß weiter, vorbei an dem vermutlich höchsten Wasserfall Europas -

dem Vettifossen (275 m freier Fall, insgesamt 370 m). (In Vetti und Hjelle Übernachtungsmög.)

Für das nun folgende Teilstück auf dem Weg nach Osten und den Anschlußetappen der Valdresflya-Passage ist es am sinnvollsten, den Bus nach Fagernes zu benutzen. Die Steigung von 0 auf 1100 m sowie zahlreiche Tunnel sprechen für den Bus. Der Bus fährt 3 x täglich (8.35, 11.55 und 16.30 h; 25 NOK) von Övre Årdal nach Tyin.

Alternativ geht es mit dem Drahtesel auf der R 53 Rchtg. Hugostua. Die lange Steigung sofort zu Beginn des *Moadalen* ist sehr anstrengend. Am *Holsbruvatn* haben Sie schon zwei Drittel der Endhöhe erreicht. Die Straße folgt dem Lauf der Tya, Sie erreichen den zweiten Tunnel und den Berghof *Sletterust*. Es führt hier ein kleiner Fahrweg rechts ab, der den Torolme-See südlich umgeht und gleichzeitig den nächsten Tunnel meidet. Am Hof *Tvisosen* beginnt der *Tyin-See* (1077 m); Sie haben nun fast die endgültige Höhe von 1117 m erreicht. Nach dem Überfahren der Grenze von Sogn og Fjordane nach Oppland erreichen Sie auf der schönen Fahrt am See vorbei das Fjellhotel *Tyinstölen* (Übernachtungsmögl.) und nach weiteren 4 km **Tyin** (Übernachtungsmögl.).

Etappe 67:
Tyin - Eidsbugarden - Bygdin (20 km) >
1117 - 600 m
Cappelen-Karte Nr. 2

Von Tyin aus fahren Sie entlang der R 252 (breite Reifen erforderlich, ab 15.6.) über Malnesbua, Tvindehaugen und *Tyinholmen* ohne großen Höhenunterschiede zur *Eidsbugarden*-Hütte (eigentlich eher ein Hotel, aber auch mit Camping) fahren. Unterwegs haben Sie eine schöne Aussicht auf den Falketind (2067 m) und Uranostind (2157 m) und die Berge des Sjoghols-Massives. Weiter geht es über den Bygdin-See, auf dem der uralte Dampfer M/S Bitihorn seit 1912 verkehrt und Wanderer von **Bygdin** über Torfinnsbu nach Eidsbugarden bringt. Das Schiff fährt Anf Juni-Anf Sept 2 x täglich in jede Richtung und kostet ca. 40 NOK. Von der E 68 fährt auch zweimal am Tag ein Bus nach Eidsbugarden für 15 NOK.

Hinter dem *Höyfjellsmuseum* (Hochgebirgsmuseum) verbirgt sich übrigens nur eine Hütte, die der Dichter Aasmund Olavsson Vinje (1818-70) 1868 erbaute. Er prägte den Namen Jontunheimen für das angrenzende Gebiet, die gewaltige Steinskulptur am Schiffssteg stellt ihn dar.

Etappe 68:
Bygdin - Båtskar - Beitostölen - Hegge Kirke - Heggenes - Rogne Kirke - Mellbybråten - Dövre - Fagernes (52 km) >
1047 - 1166 - 320 m
Cappelen-Karte Nr. 2

Nach der Überquerung der *Valdresflya* (Waldheide, *valdres* heißt Waldland) bzw. den anstrengenden Etappen im Westen erwartet Sie ein sehr geruhsames Teilstück, auf dem Sie sich fast ausschließlich rollen lassen können. Nur die ersten Kilometer von Bygdin auf das *Båtskar* erfordern etwas Kondition. Sie fahren östlich am Bitihorn (1608 m) vorbei und verlieren nun rapide an Höhe. Vor Ihnen öffnet sich eine waldreiche Seenlandschaft mit vielen alten Höfen. Am *Beitostölen*-Touristenzentrum haben Sie gleich mehrere Fjellhotels zur Auswahl, nur Campingplätze gibt es erst bei *Hegge* und kurz vor Fagernes.
Information: Beitostölen Reiselivslag, 2953 Beitostölen, Tel. (063) 41006

Weiter geht es an Mörken und Lidar Kirke vorbei - immer leicht bergab. Sie können in der Tat 30-40 km fast ohne Kraftanstrengung fahren. Hinter Skammestein erreichen Sie die *Hegge*-Stabkirche (13. Jh.), die recht hübsch von Birken eingerahmt ist. Nur der mittlere Teil des Schiffes ist original, die Wände wurden im

19. Jh. versetzt und der Chor ausgebaut. Bemerkenswert ist das geschnitzte Westportal (ebenfalls 13. Jh.). Wenig später bietet sich links der Campingplatz Skrestölen dem Reisenden an. Entlang der Strecke geht es an zahlreichen Seen rechts unten im Tal vorbei - auf halber Hanghöhe fahren Sie nach Moen, *Heggenes* (Postsparbuch-Geldwechsel), Skattebu und zur Rogne Kirke. Sie können dann evtl. bei *Mellbybråten* die R 51 verlassen, an der *Skrautvål* Kirke (Holzkirche 1760-80) vorbei und in Dövre links nach *Fagernes* weiterfahren. Es bieten sich auch schon etwas früher bei Heggenes oder Velta Abzweiger von der R 51 an. Die Verkehrsdichte auf der Hauptstraße ist aber nicht sehr hoch, so daß Sie ohne Beeinträchtigungen hier weiterfahren können.

Fagernes, 2600 Einw., Oppland, besitzt eines der größten Freilichtmuseen (auf der kleinen Halbinsel Storøya in den Strondafjorden hinein) in Norwegen. In der 1901 gegründeten Anlage finden sich 61 Gebäude und außerdem alte Trachten, Waffen, Schmuck und Musikinstrumente (insgesamt 15000 Gegenstände). Die Trachtensammlung ist die größte im Land. Ansonsten gibt der Touristenort (Wander- und Wintersportgebiet) nicht viel her. Einen weiteren Ort mit dem gleichen Namen gibt es 25 km südlich von Tromsö.

Information: Valdres Turistkontor, 2900 Fagernes, Tel. (063) 60400.
Verkehrsverbindungen: Busse nach Otta, Randsverk, Bygdin, Gol, Oslo, Øvre Årdal und Lærdal(söyri) und Gjövik, Züge nach Dokka, Gjövik und Oslo; Flüge vom neuen Flugplatz.
Postsparbuch-Geldwechsel: Fagernes.
Camping: Fagernes *** (beim Freilichtmuseum), 20.5.-30.9., Tel. (061) 30510, 40 ha, Kochg., Hü.; Fossen *** (an R 51 vor Holldalsfoss), 20.6.-20.8., Tel. (063) 63534, 15 ha, Waschm., Kochg., Hü. - sowie weitere Anlage bei Osen an der R 51.
Fahrradservice: Fagernes Sportforretning AS, Tel. (063) 60003; Lage Kvissel Sport.
Fahrradverleih: Fagernes Camping.

Etappe 69:
Borlaug - Breistölen - Bakkestölen - Hemsedal - Ulsåk - Vanevikken - Lykkja Kirke - Nösen - Granhein bru/Ulnes - Fagernes (103 km) > >
450 - 1137 - 630 - 830 - 325 m
Cappelen-Karte Nr. 2

Diese Route beginnt gleich mit einer schweren Steigung entlang einer losen Kiesstraße. Deshalb ist es einfacher, ab Borlaug (17 h) den Bus Sogndal-Fagernes zu nehmen. Die Busse halten oft auch zwischendurch an, wenn Sie den Fahrer freundlich darum bitten. So können Sie evtl. selbst die Stelle auswählen, ab der Sie diese Etappe befahren. Die Steigung ist an der *Breistölen* Fjellhütte (Übernachtungsmögl.) noch nicht überwunden, erst hinter *Osen* ist mit 1137 m der Scheitelpunkt erreicht. Hinter Eldrehaug überfahren Sie die Grenze der Fylke Sogn og Fjordane und Buskerud, radeln über *Slettane* und die *Bjö-*

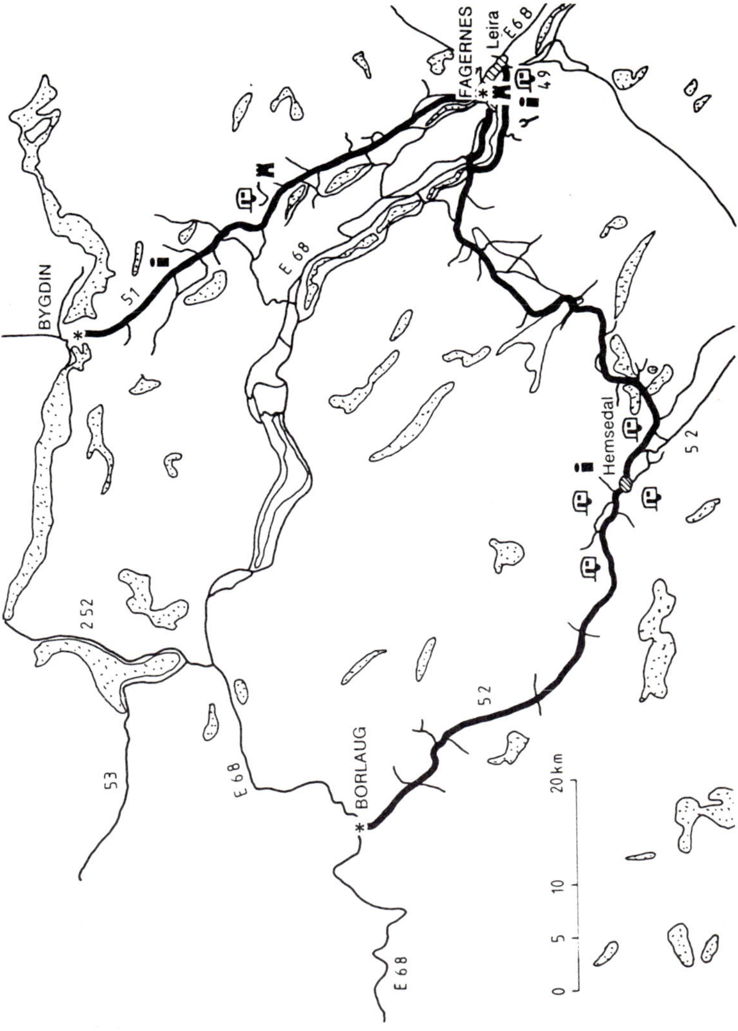
FAGERNES
Leira
E68
49
BYGDIN
51
E 68
Hemsedal
52
252
53
BORLAUG
E68
20 km
10
5
0

berg Fjellstue (Übernachtungsmögl.) ins Mörkedalen hinab. Das Tal übt wegen seiner Kahlheit eine eigenartige Faszination aus. Anfangs recht eng, öffnet es sich nach Hemsedal hin. An der Mörkedöla entlang führt der Weg über Bakkestölen, Lauvset (Camping) und Fekene. Der Wald und die Bebauung nehmen langsam wieder zu, und es folgt *Sogstad*, der letzte Ort vor Hemsedal (650 m).
Information: Hemsedal Turistkontor, 3560 Hemsedal, Tel. (067) 78156.
Postsparbuch-Geldwechsel: Hemsedal.
Camping: Hulbak * (in Fekene erst links und dann rechts), ganzj., Tel. 067) 79112, 4 ha, Waschm., Kochg., Hü.; Elvely **, 1.5-1.10., Tel. (067) 78269, 5 ha, Hü.; Haug **, ganzj., Tel. (067) 78525, 15 ha, Hü.

Die Etappenführung verläßt Hemsedal entweder auf der R 52 oder der südlich verlaufenden Bezirksstraße, bei deren Eintreffen auf die R 52 Sie dann aber einige hundert Meter zurück zum Abzweiger nach *Ulsåk* fahren müssen. Die Straße steigt deutlich an, und von Ulsåk haben Sie eine schöne Aussicht auf Hemsedal und das Skorgshorn (1728 m) im Norden. Der Weg nach Fagernes führt wegen der schönen Fjellandschaft die Bezeichnung Panoramaveien. Entlang zahlreicher Seen und einsamer Hütten folgen Sie der schmalen Straße am Storevatn, an *Lykkja* (Kirche und Übernachtungsmögl.) vorbei und um das südliche Ufer des Flyvatn herum nach *Nösen* (Übernachtungsmögl.). Der alte Almweg hat einen durchaus passablen Grusbelag. Auf *Brennabu* zu geht es über eine einsame Hochfläche (Vestre Slidre) mit schönen Eindrücken Rchtg. Nordosten. An der *Vaset-Seter* (750 m) endet die Mautstraße an einem Schlagbaum, und Sie gelangen über eine schöne Abfahrt über Asphalt nach *Ulnes* mit seiner mittelalterlichen Steinkirche. Unten am Strondafjorden angekommen, können Sie über die *Granheim bru* zur E 68 fahren und die Tour über *Stronda* nach **Fagernes** beenden.

Etappe 70:
Fagernes - Leira - Hådem - Fjellbu - Kvanhögd - Gol - Svenkerud - Velta - Nesbyen (71 km) >>
320 - 860 - 450 m
Cappelen-Karte Nr. 2

Diese Etappe verläuft klassisch - zuerst ein Anstieg, dann die Fahrt über die Hochebene und zum Schluß die Abfahrt nach Gol.
Von Fagernes geht es entweder zuerst über die E 68 nach *Leira*, oder Sie umfahren nordöstlich auf der Bezirksstaße über *Gardli* die E 68, durchqueren Leira und halten sich auf der R 49 Rchtg. Gol.
Postsparbuch-Geldwechsel: Leira.
Camping: Leirasanden Hyttesenter (am Strondafjorden), ganzj., 2920 Leira i Valdres, Tel. (061) 32365.

Anschließend geht es durch ausgedehnte Nadelwälder auf das *Golsfjellet* hinauf. Wenn die Bäume mal eine Lücke lassen, können Sie schön auf den Aurdalsfjorden schauen. Erste Stationen sind Hådem, Abjör und Mönin. Der Wald geht in lichte Birkenbestände über und wird kontinuierlich dünner, je höher Sie kommen. Entlang der R 49 reihen sich, versteckt hinter Birken, eine Unzahl von Ferienhütten der Norweger aus Drammen und Oslo. Auf die *Tisleidalen*-Kapelle folgt als nächste Siedlung *Fjellbu*; hier finden Sie eine Reihe von Fjellhotels und Campingplätzen.

Camping: Vasetdansen ***, ganzj., 2923 Fjellbu, Tel. (063) 64041, 50 ha, Waschm., Kochg., Hü.; Langehaugen *, ganzj., Tel. (067) 77952.

Die Fahrt geht nun über eine leicht gewellte Hochfläche, rechts begleitet Sie der Fluß Tisleia. Die Grenze der Fylke Oppland und Buskerud deckt sich etwa mit dem Scheitelpunkt der R 49 (830 m). Wenig später werden Sie erstaunt einen Flugplatz mitten im Fjell antreffen, doch ist dies wegen der engen Täler eine sinnvolle Lösung. In Kvanhögd, Tubbehaugen und Hallingen haben Sie ebenfalls eine vielfältige Auswahl an Übernachtungshäusern.

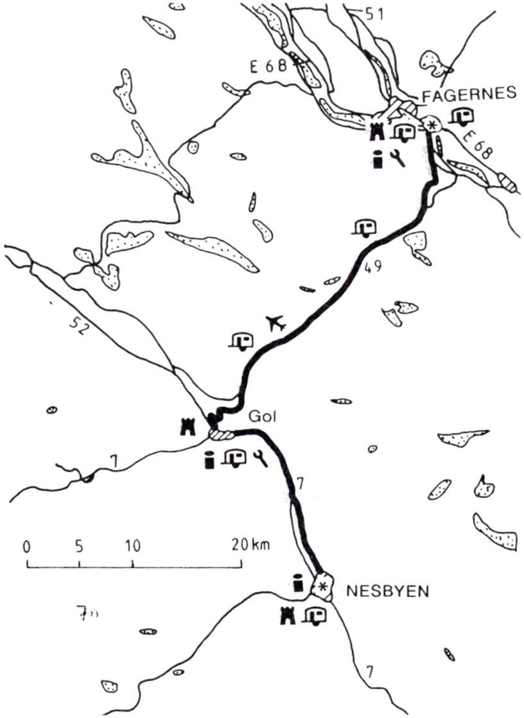

Camping: Kvanhögd **, ganzj., 3550 Gol, Tel. (067) 77957, 25 ha, Hü.; Tubbehaugen **, ganzj., Tel. (067) 77916, Waschm., Kochg., Hü.; Fjellheim Fjellstue **, ganzj., Tel. (067) 77922, 14 ha, Waschm.; Hammerstad **, ganzj., Tel. (067) 77958, 49 ha, Hü.

Mit abnehmender Höhe nimmt der Wald - vornehmlich Fichten und Tannen, später Laubwald - nach Gol hin wieder zu. Nach *Solseter* (Übernachtungsmögl.) führen noch steil abfallende 6 km nach Gol.

Gol, 4200 Einw., Buskerud, ist ein kleines Straßendorf, das neben Nesbyen das zweite Zentrum des Hallingdalen bildet. Ein modernes Vergnügen ist das Tropicana-Bad, wo es Karibik-Atmosphäre und ein Wellenbad gibt. Bei der Folkehögskole (Volkshochschule - entspricht einem ganztägigen Fortbildungszentrum) gibt es in einem kleinen Freilichtmuseum einen alten Hof (Skaga) und eine wiederaufgebaute Mühle von 1850.
Information: Gol Reiselivslag, 3550 Gol, Tel. (067) 74840 oder 74221.
Verkehrsverbindungen: vom Bahnhof über Bergenbahn gute Anschlüsse nach Ost und West, Busse nach Oslo, Bergen, Voss, Sognefjord, Lærdal, Førde und über das Ottadalen nach Otta.
Postsparbuch-Geldwechsel: Gol.
Camping: Personbråten **, 25.5.-1.9., Tel. (067) 74630, 10 ha, Hü.; Fossheim ***, ganzj., Tel. (067) 77316, 8 ha, Waschm., Kochg., Hü., Zi.; Brekko **, 15.5.-1.9., Tel. (067) 77350, 6 ha, Hü.; Gol Campingsenter og Apartments ***, ganzj., Tel. (067) 74144, 100 ha, Waschm., Kochg., Hü.
Fahrradservice: Gol Bygg AS, Tel. (067) 74011; Lie Sport & Fritid.

Da die R 7 direkt hinter Gol für Radfahrer gesperrt ist, fahren Sie innerstädtisch auf Nebenstraßen zum Bahnhof. Am Bahnhof zweigt eine Gemeindestraße ab und führt parallel zur stark befahrenen R 7 nach *Svenkerud* (Bahnstation). Sie fahren auf der R 7 einige hundert Meter zurück Rchtg. Gol, biegen nach rechts auf eine Bezirksstraße nach Velta und Dokka (Bezirk Buskerud) ab. Bis Nesbyen radeln Sie etwa 8 km durch das *Hallingdal* (benannt nach Hadden, einem Wikingerkönig).

Nesbyen, 2000 Einw., Buskerud, besitzt ein interessantes Freilichtmuseum - eine Ansammlung von 22 charakteristischen Bauernhäusern aus dem Hallingdalen und dem benachbarten Hemsedalen. Bei einem Besuch stechen sofort die umfangreichen Rosenmalereien ins Auge, eine verbreitete Bauernkunstform in den Bezirken Buskerud und Telemark. Einige Häuser sind nicht nur in der Stube ausgemalt, sondern über die Türen und Außenwände bis zum Dachfirst.
Daneben gibt es altes Interieur und alte Blockbauweisen an den Häusern, die hübsch in einem Kiefernwald stehen. Eine Scheune aus dem 14. Jh. dürfte wohl einer der ältesten profanen Bauten in Norwegen sein (Juni-Aug tägl. 10-16 h, 2 NOK).
Nesbyen ist ein typischer Wintersportort; Planungen sehen vor, diesen Wirtschaftszweig durch eine 2½ km lange Gondelbahn in das Rukkedal auszubauen.

Information: Nesbyen Turistkontor, Postboks 29, 3541 Nesbyen, Tel. (067) 71249
Postsparbuch-Geldwechsel: Nesbyen.
Camping: Sutøya ***, ganzj., 3540 Nesbyen, Tel. (067) 71397, 26 ha, Waschm., Kochg., Hü.; Sjong ***, ganzj., 20 ha, Waschm., Kochg., Hü.; Qvisten Fritidssenter AS **, 1.5.-30.9., Tel. (067) 71066, 6 ha, Waschm., Zi.; Liodden ** (5 km südl. von Nesbyen), 1.5-1.10., Tel. (067) 72114, 20 ha, Waschm., Kochg., Hü.; Rolökken ** (3 km südl. von Nesbyen), 15.6.-15.9., Tel. (067) 72122, 12 ha, Hü.

Kartenskizze Etappen 71 - 73

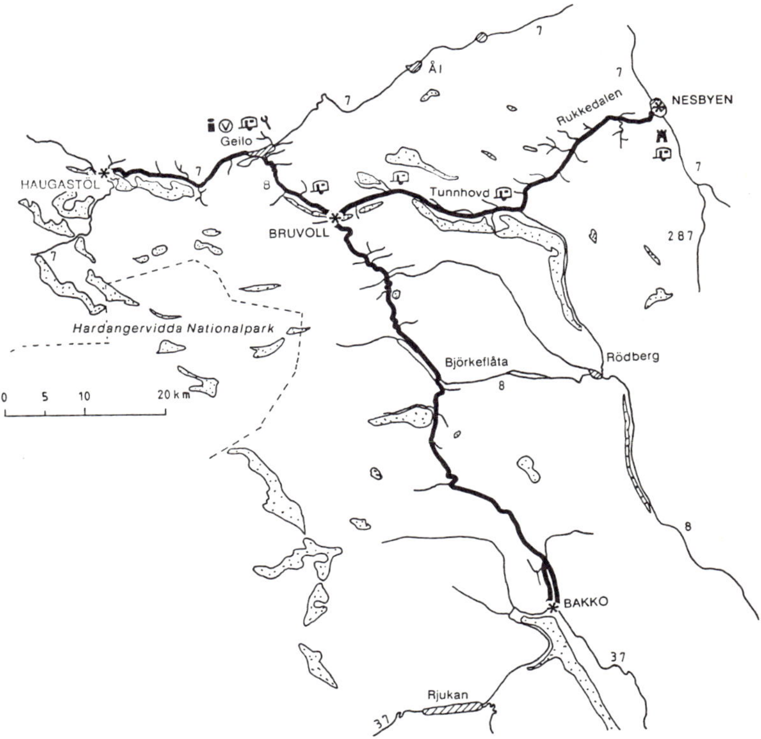

Etappe 71:
Nesbyen - Velta - Buvassbrenna - Tunnhovd - Björkodden - Guttormsgard - Lia (Bruvoll) (53 km) >
450 - 838 - 745 - 785 m
Cappelen-Karte Nr. 2

Auch diese Etappe benutzt durchgehend eine einzige Straße, Sie müssen nur einmal abbiegen. Von Nesbyen geht es das *Rukkedalen* hinauf, Sie befahren die Bezirksstraße (feste Asphaltdecke) nach *Rödberg*. Es geht an den Siedlungen *Velta* und *Rukke* vorbei, dann erklimmen Sie die Höhe des Synstevatn (818 m) und Buvatn (838 m) bei *Buvassbrenna*. Wenig später, nach einer kurzen Abfahrt, folgt der große *Tunhovdfjorden*, den Sie allerdings durch die Bäume nur ab und zu erspähen können, und Sie biegen westlich nach *Tunhovd* ab.
Camping: Tunhovd Camping og Turistsenter **, ganzj., 3540 Nesbyen, Tel. (03) 744618, 45 ha, Waschm., Kochg., Hü.

Endlose Waldgebiete säumen die Straße. Bretvik, Björkodden und Dokken sind die Namen der nächsten kleinen Häuseransammlungen.
Camping: Dokken *, ganzj., 3580 Geilo/Skurdalen, Tel. (067) 88749, 8 ha, Hü.

Von *Dokken* geht es über Guttormsgard zur R 8 bei **Lia/**Bruvoll**, wo Sie nahtlosen Anschluß an Etappe 72 bzw. 73 haben.**

Etappe 72:
Bakko - Austbygda Kirke - Karlsrud - Skålbö - Sandbu - Björkeflåta - Sönstebo - Vasstulan - Dagali bru - Åsberg - Bruvoll (74 km) > > >
400 - 1175 - 500 - 1100 - 780 - 1063 - 765 m
Cappelen-Karte Nr. 1 + 2

Diese Etappe führt Sie am Rand der Hardangervidda vorbei und ist sehr anstrengend. Sie müssen drei schwere Pässe überwinden, die zwar nur mittlere Höhenunterschiede aufweisen, in der Summe aber auf fast 1700 Höhenmeter kommen.

Das Tessungdalen zieht sich über 23 km hin. Zuerst ist es bewaldet und führt steiler aufwärts, später öffnet es sich und es tauchen Weiden und kleine Ackerfluren auf. Über Austbygda erreichen Sie *Karlsrud*, wo auch die letzte Einkaufsmöglichkeit bis ins Uvdal ist. Die Straße wird weiter oben etwas ebener.
Dann erscheint die Gabelung, wo es links zur Kongsbergseter geht. Sie biegen aber nach rechts ab (Björkeflåta 22 km). Die Straße windet sich in wenigen, aber sehr steilen Kehren auf das Fjell. Bis zu den Ferienhütten bei *Småroi* ist sie asphaltiert, wird dann aber bis zur Gabelung zum Imingfjell Turistheim sehr schlecht (Wellblechpiste mit Grus und vielen Schlaglöchern). Nach dem star-

ken Anstieg fahren Sie einige Kilometer in ca. 1100 m Höhe und erreichen den Sönstevatn, einen langgestreckten See, der im Westen bis weit in die Hardanger reicht. Entlang des Sees ist es häufig sehr windig. Am Damm beginnt die rasante Abfahrt über eine gute Asphaltdecke in das Uvdal, das sich tief in das plateauförmige Hochfjell eingeschnitten hat. Die Siedlungsgeschichte begann im 13. Jh., aus der auch die benachbarte Stabkirche Uvdal stammt.
Camping: Bjerkeflåta **, ganzj., 3632 Uvdal, Tel. (03) 743604, 6 ha, Hü.; Røisland Hytteutleie og Camping **, 1.5.-1.11., Tel. (03) 743057, 10 ha, Kochg., Hü.

Über die Brücke geht es nach links auf der R 8 nach Geilo (45 km) weiter. Die Straße führt am Nordosthang des Berges hinauf - erst leichter auf gerader Strecke, dann in steilen Kurven. Linker Hand liegt das idyllische Jönndalen, nicht zu verwechseln mit dem Jondalen bei Kongsberg. Die Höhenmarke der Cappelen-Karte bei *Sönstebo* (660 m) gibt nur eine Zwischenhöhe an. Sie fahren weiter bergauf und erreichen oben ein Gebiet mit vielen verstreuten Ferienhütten.
Camping: Vasstulan Høyfjellsseter, ganzj., 3632 Uvdal.

Man fährt entlang des Torsevatn (1023 m), bis es einen Moment später wieder steil zur *Dagali bru* über den Numedalslågen hinabgeht. Anschließend ist erneut kräftiges Pedalieren angesagt, denn die dritte und letzte Paßüberquerung dieser schweren Etappe steht an: über *Åsberg* auf 1063 m. Dagali ist ein uraltes Gehöft, in dem auch ein kleines Museum untergebracht ist. Der Birken- und Fichtenwald ist etwas dichter, als es sonst in dieser Höhe üblich ist. Die steile Abfahrt nach **Bruvoll** führt auf ca. 765 m.

Etappe 73:
Bruvoll - Grösland - Geilo - Fekjo - Ustaoset - Haugastöl (37 km) >>
765 - 1010 - 800 - 985 m
Cappelen-Karte Nr. 1 + 2

Die kurze Etappe bringt Sie durch den bekannten Wintersportort Geilo, in dem auch im Sommer gehöriger Rummel ist, da die Touristen mit der Bergenbahn anreisen und die wichtige Reichsstraße 7 hier nach Westen führt. Am Ende erreichen Sie in Haugastöl den Einstieg in eine der schönsten Touren überhaupt. Von der *Bruvoll bru* aus können Sie den Anstieg über *Grösland* auf die 1010 m flüssig durchradeln, da er in einem angenehmen Winkel erfolgt.
Camping: Solli Hotel og Turistsenter ***, ganzj., 3580 Geilo, Tel. (067) 86111, 42 ha, Kochg., Hü., Zi.; Geilo Camping og Hytter **, ganzj., Tel. (067) 85945, 5 ha, Waschm., Kochg., Hü.

Sie fahren auf halber Hanghöhe an den beiden Seen Holme- und Skurdalsvatn vorbei. Das letzte Stück ist nochmals sehr steil, belohnt werden Sie dafür mit einer angenehmen Abfahrt nach Geilo.

Geilo, 2200 Einw., Buskerud, ist ein wenig interessanter Wintersportort, der seinen Ruf nur wegen der günstigen Lage am Rand der Hardangervidda bekommen hat. Geilo ist die obere Grenze der alten agrar-bäuerlichen Dauersiedlungen des Hallingdal. Daran schließt in etwa 1100 m die Waldgrenze an, jenseits herscht die Wildnis des Hardangervidda-Plateaus. Die Fertigstellung der Bergenbahn im Jahr 1909 löste den Touristenboom aus. Die Auswirkungen des Tourismus zeigen sich deutlich im Landschaftsbild. Im Ort selbst gibt es keinerlei Sehenswürdigkeiten, die auch nur einen kurzen Stopp gerechtfertigen würden. Für Sie ist die Stadt aber aus einem anderen Grund interessant: es ist die letzte Einkaufsmöglichkeit vor der Überquerung der Hardangervidda. Im Touristenbüro erhalten Sie auch recht zuverlässige Informationen über die Befahrbarkeit (Schneelage) der Etappe 59 entlang der Bergenbahn. Alle Infrastruktureinrichtungen befinden sich zentral in dem großen Geschäftskomplex.

Information: Geilo Turistservice A/L (an der Seite zur R 8), 3580 Geilo, Tel. (067) 86300.

Verkehrsverbindungen: Bergenbahn nach Ost und West (jeweils 5 x täglich), Busse nach Eidfjord, Odda (jeweils 2 x täglich) und Rødberg mit Bahnanschluß nach Kongsberg.

Postsparbuch-Geldwechsel: Geilo.

Jugendherberge: Geilo UH ***, 1.12.-30.4. und 15.6.-15.9., Tel. (067) 85300, 70 NOK, 140 Betten, Kochg.

Camping: Fretheim Hytter & Camping **, ganzj., Tel. (067) 85164, 8 ha, Kochg., Hü., Zi.; Sandven **, 1.6.-1.9., Tel. (067) 85173, 13 ha, Hü., Zi.; Øen Hytter og Camping ***, ganzj., Tel. (067) 85064, 20 ha, Waschm., Kochg., Hü.

Fahrradservice: Intersport Geilo A/S (links im Komplex), Tel. (067) 85970; Geilo Sport A/S (Rückseite des Komplexes); im zweiten Laden kann man auch Sporträder und sogar Mountain-Bikes ausleihen: Tag 70 NOK, Woche 250 NOK, Monat 400 NOK.

Anschließend reisen Sie auf der wichtigen Reichsstraße 7 nach Westen. Sie ist relativ stark befahren und gewinnt weitere 185 m an Höhe. Die Landschaft wird karger und ist von sanften Kuppen durchsetzt. Linker Hand begleitet Sie die Bergenbahn, und es erscheint hinter dem Feriendorf *Ustaoset* (Bahnanschluß) der weitläufige Ustevatn. Er wird von einer Unzahl von Hütten flankiert, so daß Sie nur schwer ein Plätzchen für das Zelt finden werden.
In **Haugastöl** schließt Etappe 59 an. Die weitere R 7 ist sicherlich auch sehr spannend, jedoch wegen des Verkehrs und der Tunnel am Ende stressig.

Die Skizzen sind nicht dazu gedacht oder geeignet, als Landkartenersatz zu dienen; eine derart präzise Darstellung würde ein eigenes Kartenwerk in entsprechendem Maßstab und vielfarbigem Druck erfordern. Eine Umsetzung der Skizzen auf die während der Reise benutzten Landkarten ist unbedingt erforderlich!

Etappe 74:
Bergen - Salhus - Steinestö - Knarvik - Lunde - Straume - Austrheim - Leirvåg - Slövåg - Leversund - Rutledal - Rysjedalsvika (102 km) > >
0 - 238 - 0 - 61 - 0 - 81 - 0 - 30 - 0 - 232 - 0 m
Cappelen-Karte Nr. 2

Die Tour führt von Insel zur Insel und streckenweise recht hügelig zum Sognefjord. Man radelt durch frische und in üppigem Grün erscheinende Landschaften mit überwiegender Weidenutzung. Unterwegs gibt es einige kurze Tunnel.
Sie verlassen die Hansestadt - ausgehend vom Torget (alter Fischmarkt) - über die R 14 nach Norden (Övregaten und Nye Sandviksveien). Da der Weg durch den Tunnel nach Eidsvåg gesperrt ist, nimmt man 30 m vor dem Tunnel rechts den separaten Rad-/Fußweg (Hinweisschild Eidsvåg mit Rad-Symbol). (Alternativ kann man um die Landzunge herum fahren, der Weg ist aber etwas schwierig zu finden.) Der Weg auf einer alten Straßentrasse geht in steilen Serpentinen durch dichten und üppigen Eschen-Birken-Fichtenmischwald den Berg zum Sandviksfjellet hoch. Die wunderbare Aussicht auf das der Stadt Bergen vorgelagerte Meer wird nur durch ein Fabrikgebäude gestört. Am Wegesrand fallen die Granitblöcke steil herab. Oben an dem kleinen Munkebotsvatnet angekommen, folgen Sie dem auf der Karte nicht eingezeichneten Fahrweg nach links an weiteren Seen vorbei.
Nach einer Abfahrt unterquert man die autobahnähnliche neue R 14 und fährt auf der alten Trasse seeseitig nach Steinkjö/Eidsvåg. Der Weg zur Abzweigung der R 564 wurde zur Zeit der Recherche völlig neu ausgebaut. Sie können sich an den Hinweisschildern für Radler und Fußgänger orientieren.
Ab Salhus wird die Straße sehr schmal und streckenweise so steil, daß Sie schieben müssen. Dann geht es zu der am stärksten frequentierten Fähre des Landes in *Steinestö* hinab (ständig, auch nachts; 13 NOK).
Drüben in **Knarvik** folgt man anfangs der R 57, biegt aber schon bald in *Isdalstö* auf die R 565 Rchtg. Rossnes (37 km) ab, die die Häuser hinter sich läßt und in den Wald eintaucht. Später wechselt das Bild zu einer bizarren, kleingegliederten Wiesen-Heiden-Landschaft. Die Straße wird zum Kleinod und windet sich als Hohlweg durch die Insel. In *Lunde* können Sie die ruhige Bezirksstraße über *Ystebö* zur neuen Brücke über Straume und Litlelindås nehmen oder anderweitig weiter der R 565 bis Bövågen folgen und dort dann zur Fähre rechts abbiegen.

Auf der etwa dichter besiedelten Insel Fosnöy orientieren Sie sich auf der R 565 nach *Austrheim* (hübsches Dorf) und **Mongstad**. Die dortige Raffinerie ist schon von weitem sichtbar. Sie ist die einzige im Land, das ja nur einen minimalen Anteil des geförderten Öls selbst verbraucht.
Vor Mongstad schwenken Sie nach Norden (*Leirvåg*) zur Fähre hinüber nach *Slövåg* (ca. alle 45 Min., 13 NOK). Drüben beginnt eine schroffe Gebirgslandschaft, Sie fahren nach Norden in ein idyllisches Wiesental hinein und treffen auf den Eidsfjorden.

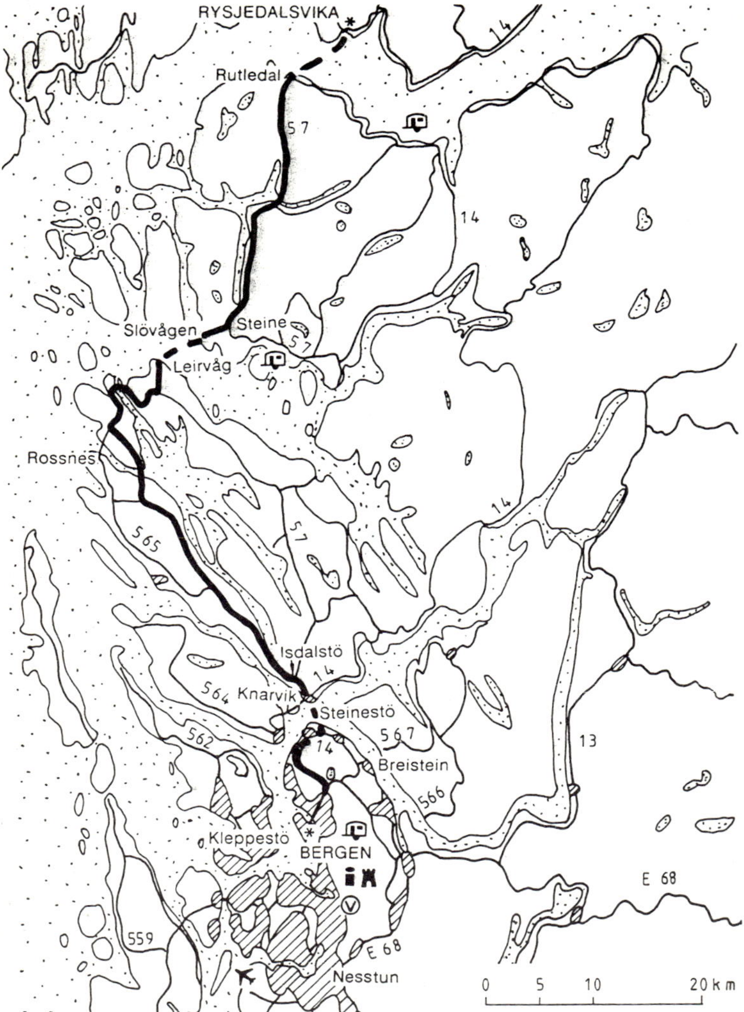
RYSJEDALSVIKA
Rutledal
57
14
Slövågen
Steine
Leirvåg
Rossnes
565
57
14
Isdalstö
14
564
Knarvik
Steinestö
562
567
14
Breistein
13
566
Kleppestö
BERGEN
E 68
559
E 68
Nesstun
0
5
10
20 km

Camping: Nautesund ** (5 km westl. vom Fähranleger), ganzj., 5190 Risnes, Tel. (05) 367044, 25 ha, Waschm., Kochg., Hü.

Am Ostufer fahren Sie auf der schönen R 57; es folgen einige kurze Tunnel (max. 600 m) und in *Leversund* eine Gletschermühle. Der Austgulfjorden wird über eine Brücke überquert, nach 5 km verlassen Sie das Wasser, und es geht ab *Haveland* steil bergauf über einen kleinen Paß. Oben kann man weit auf den Sognefjord blicken, der wegen seiner Obstkulturen bekannt ist. Die Fähre zwischen *Rutledal* und **Rysjedalsvika**/Krakhella legt ca. jede Stunde (14 NOK) ab.
Camping: Botnen ** (16 km südöstl. von Rutledal), 1.5.-1.9., 5950 Brekke, Tel. (057) 85471, 10 ha, Kochg., Hü.

Anschlüsse bilden Etappe 75 oder das Schnellboot über den Sognefjord Rchtg. Osten nach Hermansverk (Etappe 63) oder beliebigem anderen Anlegepunkt. Seit 1988 verkehren Boote einer neuen Generation: Wasserdüsenantrieb erlaubt Geschwindigkeiten bis 70 km/h fast ohne Vibrationen.

Etappe 75:
Rysjedalsvika - Leirvik - Dale - Holten bru - Flekke - Dale - Osen bru - Förde (93 km) >>
0 - 109 - 214 - 17 - 81 - 0 - 331 - 285 - 0 m
Cappelen-Karte Nr. 2

Die Fähre Rutledal/Kyrköy - Rysjedalsvika (ca. 9 x täglich, 14 NOK) bringt Sie zum Startpunkt dieser Etappe auf die Nordseite des Sognefjordes. Diese Stelle können Sie von Bergen (oder umgekehrt) auch mit dem Postboot erreichen, das mo/mi/fr nordwärts fährt und di/do/so nach Bergen. Zunächst reisen Sie unmittelbar in der Nähe der offenen See, was Sie durch kräftige Brisen (meistens aber von hinten) hautnah erleben. Später schwenkt die Tour ins Landesinnere und den Dalsfjorden entlang.
Die R 57, die Sie jetzt befahren, verläuft am Ufer des Böfjorden an der Kirche in *Bö* vorbei nach *Leirvik i Sogn* (Post), nicht zu verwechseln mit Leirvik im Hordaland.
Camping: Birkeland **, 15.5.-1.11., 5940 Leirvik, Tel. (057) 88591, 4 ha, Waschm., Kochg., Hü.

Von Leirvik geht es über Åa- und Fossbrua die kurvige und angenehm zu befahrene R 57 ins Hinterland. Erst flach ansteigend, später aber steiler, steuern Sie zur *Löland bru*, wo der östliche Arm der R 607 ihre Strecke kreuzt. Hinter dem Espelandsvatn steigt die Straße nach *Dale* (auch ein häufiger Ortsname) weiter an - am Markhusvatn (214 m) vorbeiführend. Insgesamt klettern Sie mit der Straße auf knapp 300 m (kurz hinter Dale). Ab hier durchfahren Sie eine schöne waldreiche Landschaft, begleitet von Bächen und See. Zur *Holten bru* geht es kräftig bergab, und Sie gelangen zum erheblich tiefer gelegenen Nest *Naut-*

sund am Hovlandsdalvatnet auf nur noch 51 m ü.NN. Die rechts abbiegende Straße nach Bjorda bringt Sie zu einem ruhigen Campingplatz. Durch abwechsungsreiche Umgebung kurven Sie an zwei weiteren Seen vorbei, rollen durch *Rennestraum* zum schönen Dörfchen *Flekke* am Flekkefjord. (Die Stadt Flekkefjord liegt in Vest-Agder.) Über einen kleinen Höhenzug (120 m) gelangen Sie nach *Dale*.

Kartenskizze Etappen 75 & 76

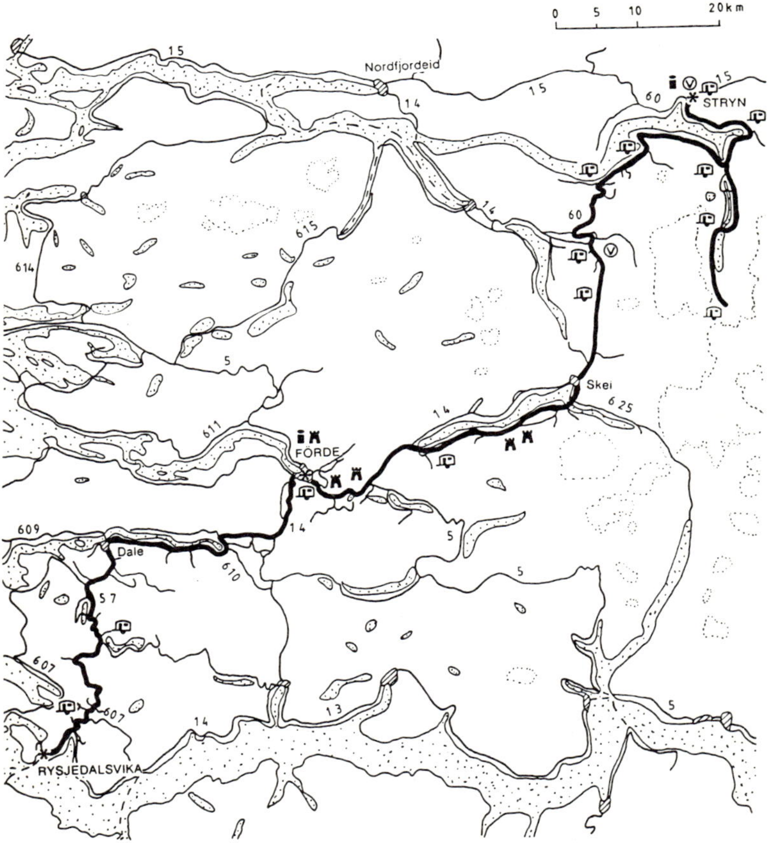

Die R 57 folgt ostwärts dem Dalsfjorden, der sich als sehr schmales Band ins Land hineinzieht. Im Norden erheben sich die Berge bis auf 1305 m (Bleia). Geradewegs durch Björvikstranda führt die Etappe zur Osen bru, wo die R 610 hinzustößt. Ihr Weg geht aber weiter auf der R 57, ab Eidevik/Bygstad (Übernachtungsmögl.) müssen Sie kräftiger pedalieren, um die Gebirgsschranke (335 m) nach Förde zu überwinden. Unterwegs liegen Hjelmeland, *Skilbrei* (Übernachtungsmögl.) und der Langelandsvatnet. Anschließend geht es jäh bergab nach **Förde**. Sehenswert ist die Holzkirche von 1855 im Ortskern, wobei aber ein älterer Altar und eine Kanzel von der alten Kirche übernommen wurden. Weitere Sehenswürdigkeiten der Umgebung werden in der folgenden Etappe beschrieben.

Information: Turistinformasjonen Förde, 6800 Förde, Tel. (057) 22250.
Postsparbuch-Geldwechsel: Förde und Förde/Zentralkrankenhaus.
Camping: am südl. Ortsrand.

Etappe 76:
Förde - Bruland - Moskog - Vassenden - Sanddal - Skei - Byrkjelo - Utvik - Fröholm - Olden - Loen - Stryn (124 km) > >
0 - 39 - 207 - 400 - 630 - 0 m
Cappelen-Karte Nr. 2

4 km östlich von Förde steht der unter Denkmalschutz stehende alte Hof Bruland (1750). Nach diesem ersten kleinen Besichtigungspunkt geht es gemächlich nach *Sunde* am Movatnet und zum Sunnfjord-Freilichtmuseum vor *Moskog*. Die Anlage besteht aus einem Hof aus dem 16. Jh., einige Nebengebäude sind erst später angesetzt worden. In Moskog biegen Sie links ab in das Tal des lachsreichen Jölstra-Flusses. Wenn Sie hier nach rechts fahren und direkt wieder rechts in den kleinen Weg abbiegen, können Sie den 90 m hohen Huldrefossen bewundern. Nach 9 km durch das Flußtal nehmen Sie die am östlichen Seeufer verlaufende Bezirksstraße ab *Vassenden*.

Camping: Jöstraholmen ***, ganzj., 6840 Vassenden, Tel. (057) 27135, 20 ha, Waschm., Kochg., Hü., Zi.; Jöstratunet Hytter og Camping *, ganzj., Tel. (057) 27354, Hü. - mit angeschlossenem Jugendzentrum mit Übernachtungsmögl.

Die Route begleitet weiterhin den wegen seines Fischreichtums bekannten Jölstravatnet. Hinter Hamar und Sanddal kommen Sie nach *Midttunet*, einem alten Hof, der weitgehend in ursprünglicher Form erhalten geblieben ist. Im Sommer werden hier alte Handwerkstechniken und die Herstellung von Käse vorgeführt. Am Ende des Sees führt eine große Brücke - von der man übrigens einen fantastischen Blick in den Kjönsesfjorden hat - auf die Nordseite nach *Kjönses*.
Im Westen leuchtet der Jöstedalsbreen in der Sonne. Er ist mit 486 km² der größte Gletscher des europäischen Festlandes. Von hier aus geht es durch das wilde Våtedalen, das an beiden Seiten von 1400 m hohen Felswänden eingezwängt wird. Es beginnt in *Klakke*, die Steigung ist recht gering. Vor *Byrkjelo*

liegen einige Campingplätze.

Nach dem See öffnet sich der fruchtbare Talkessel von *Byrkjelo*. Sie können auch hier beobachten, daß die Höfe und deren Flächen generell alle auf halber Hanghöhe liegen: dort ist die wärmste Lage, da der warme Aufwind tagsüber den Hang hochstreicht.

Postsparbuch-Geldwechsel: Byrkjelo.

Verkehrsverbindungen: Busse nach Bergen, Rysjedalsvika, Förde, Nordfjoreid, Volda, Ålesund, Lom, Otta, Trondheim, Balestrand, Utvik und Stryn.

Jugendherberge: Byrkjelo UH **, 15.5.-15.9., 6867 Byrkjelo, Tel. (057) 67321, 50 NOK - nur 11 Betten!

Camping: Björkelo **, 1.5.-1.10., Tel. (057) 67327, 10 ha, Kochg., Hü.; Langjord *, ganzj., Tel. (057) 67324.

Fahrradservice: in 6860 Sandane: Olav k: henden AS.

Nach der Ortsdurchfahrt geht es auf der R 60 durch den Fichtenwald kräftig bis auf die 630 m des Utvikfjelles hoch. Die Aussicht nach Süden und Westen auf die Gletscherkappen des Jöstedalsbreen ist sehr schön. Die Vegetation weicht bis auf kälteresistente Formen wie Flechten und Zwergsträucher zurück. Hinter der Paßhöhe geht es zunächst sanft, später aber steil nach *Utvik* am Innvikfjorden hinunter. Unterwegs sollten Sie am Karistova-Hotel kurz anhalten und die weitreichende Aussicht über den Fjord genießen.

Postsparbuch-Geldwechsel: Utvik.

Camping: Utvik *, 20.5.-15.9., 6873 Utvik, Tel. (057) 76526, 4 ha, Hü.

Durch die beschauliche Ansiedlung reist man den einmaligen Innvikfjorden entlang nach Lyslo und *Innvik*.

Camping: Viking **, 1.5.-30.8., 6875 Innvik, Tel. (057) 74175, 15 ha, Waschm., Kochg., Hü.; Misjonsheimen *, ganzj., Tel. (057) 74213.

Um die Fjordnase herum steuern Sie Agjeld, Vanberg (Tunnel) und Heggestad an und kommen schließlich nach *Olden*.

Postsparbuch-Geldwechsel: Olden - im Einkaufszentrum.

Camping: Alda ** (am Ortsanfang), 1.5.-30.9., 6870 Olden, Tel. (057) 73138, 10 ha, Kochg., Hü.

Von Olden lohnt sich auf jeden Fall ein Tagesausflug zum Briksdalsbreen. Diese wunderschöne und beeindruckende Gletscherzunge des Jostedalsbreen ist aber leider touristisch gut erschlossen, so daß Sie an schönen Tagen nicht der einzige Besucher sein werden. Das Wasser der drei Seen schimmert in tiefem Türkis; von weitem ist der imposant steile Melkevollbreen sichtbar. Von der Fjellstue ist es etwa eine Stunde zu Fuß zum Gletscher. Eine riesige zerfurchte Eiswand, die an einigen Stellen tiefblau leuchtet - mancherorts aber aschgrau erscheint -, stellt sich Ihnen in den Weg. Besonders im Frühjahr kalben große Eisblöcke ab (Vorsicht!). Es ist ein Ausflug, der sich wegen des hautnahen Gletschererlebnisses sehr lohnt. Außerdem können Sie schöne Wanderungen zu den angrenzenden Zungen machen.

Camping: Löken Camping og Hytteplass * (am ersten See im Oldedalen, ruhig), 1.4.-1.10., 6870 Olden, Tel. (057) 73153, 5 ha, Hü.; Gytri * (schöner Platz), 1.5.-15.9., Tel. (057) 75934, 4 ha, Hü., Zi.; Oldevatn * (zwischen den beiden großen Seen), 20.5.-15.9., Tel. (057)

75917, 5 ha, Hü., Zi.; Melkvoll * (ganz nahe am Gletscher), 15.5.-15.10., 6876 Oldedalen, Tel. (057) 73847, 3 ha, Hü. - sowie zwei weitere Plätze.

Weiter auf der R 60 - durch einen Tunnel - haben Sie angenehmes Radeln nach *Loen*, einer großen Zeltplatzkolonie. Auch von hier läßt sich ein Gletschervorstoß zum Kjenndalsbreen unternehmen (etwas ruhiger als der Brikdalsbreen). Das letzte Wegstück besteht allerdings aus schlechtem Schotter.
Camping: Sande ***, ganzj., 6878 Loen, Tel. (057) 77659, 20 ha, Waschm., Kochg., Hü.; Tjugen *, 15.5.-1.10., Tel. (057) 77617, 8 ha, Hü.; Loenvatn Feriesenter *, ganzj., Tel. (057) 77655, 20 ha, Waschm., Hü. - alle Plätze sind im Lodalen, darüber hinaus gibt es einen Platz an der R 60.

Um den Fjordzipfel herum führen die letzten Etappenkilometer über *Rake* (Camping) und *Stranda* in das kleine Industriestädtchen **Stryn** (Holzindustrie, außerdem Verwaltungszentrum).
Information: Stryn Reiselivslag (im Geschäftszentrum), Postboks 18, 6881 Stryn, Tel. (057) 71526 oder 71533.
Verkehrsverbindungen: Busse ins Gudbrandsdalen, nach Trondheim und Bergen, Balestrand und Oslo, Ålesund (über Hellesylt Anschluß nach Geiranger), Boot nach Bergen.
Postsparbuch-Geldwechsel: Stryn.
Jugendherberge: Stryn UH ***, 1.6.-31.8., 6880 Stryn, Tel. (057) 71106, 70 NOK, 60 Betten, Kochg.
Camping: Stryn **, 15.3.-15.11., Tel. (057) 71136, 20 ha, Kochg., Hü.; Kleivenes **, 20.5.-10.9., Tel. (057) 77513, Waschm., Kochg., Hü., Zi.
Fahrradservice: Aug. Ytre Eide, Tel. (057) 71062.

Etappe 77:
Stryn - Maurhaugen - Hölmöyane - Nordfjord -Stårheim Kirke - Maurstad - Åheim (82 km) >
0 - 245 - 52 - 0 - 250 - 0 m
Cappelen-Karte Nr. 2

Diese Etappe benutzt fast vollständig die stark befahrene R 15, zunächst am Hornidalsvatn vorbei und dann längs des Nordfjordes. Wegen des Verkehrs können Sie evtl. auch den Bus Styrn-Maurstad (tägl. 18.35 h ab Styrn, 50 NOK) oder das Boot nach Stårheim (di/do/so - 75 NOK) nehmen.
Nach einem kurzen Stück am Innvikfjorden klettert die Straße nach *Maurhaugen* auf 245 m hoch. Unterwegs gibt die Straße an der Abzweigung der R 613 in *Bleksvingen* einen schönen Blick auf den Fjord hinunter frei. Durch dichten Wald längs des Wassers geht es kurvenreich über *Sindre* zum Kjösbotn, der in den großen Hornindalsvatn übergeht. Der See war vor langer Zeit einmal ein Teil des Nordfjordkomplexes, als in den zwischeneiszeitlichen Wärmeperioden der Meeresspiegel deutlich höher als heute lag.
Camping: Nesjartun **, 15.-1.10., 6770 Nordfjordeid, Tel. (057) 62732, 10 ha, Hü.

Kurz hinter *Nor* zweigt eine kleine Straße nach Nordosten ab, die je nach Reiseplanung Ihren Weg nach Ålesund verkürzen kann. Ansonsten geht es in leichten 8 km nach Nordfjordeid/Eid. (Alternativ können Sie auch auf der südlich verlaufenden Gemeindestraße über Björlo fahren.)

Nordfjordeid/Eid, 2000 Einw., Sogn og Fjordane, ist ein regionales Zentrum mit der typischen Infrastruktur. Eid war im 8. Jh. Königssitz der Wikinger, aus der Zeit finden sich einige Grabstätten. Sehr schön ist in Eid die Geschäftsstraße mit schmucken, unter Denkmalschutz stehenden perlweißen Holzhäusern. Die Nordfjordkirche (1849) ist im Inneren von altnorwegischen Rosenmalereien ausgeschmückt. Das kleine Museum Leikvin im nördlichen Stadtteil ist eine moderne Kunstgalerie in einem alten Hof mit bäuerlichen Ausstellungsstücken. Das Heermuseum (Hærmuseum) liegt an einem seit dem 17. Jh. benutzten Exerzierplatz im Ort.
Information: Eid Reiselivslag/Turistinformasjon, Boks 92, 6771 Nordfjordeid, Tel. (057) 61375.
Verkehrsverbindungen: Expreßboote nach Bergen, Florø, Stryn; Busse nach Bergen, Förde, Skei, Byrkjelo, Ålesund, Oslo und in das Gudbrandsdalen.
Postsparbuch-Geldwechsel: Nordfjordeid.
Camping: Smördal Hytteutleige og Camping **, ganzj., Tel. (057) 62331, 10 ha, Hü.
Fahrradservice: Hans Myklebust Eftf., Tel. (057) 60988.

Nun geht es die nächsten 32 km ständig zum Greifen nah am Wasser des Nordfjordes entlang (R 15). Die oben erwähnte Fähranlegestelle *Stårheim* erreichen Sie nach 13 km. Nach den weiteren Niederlassungen Reksnes, Haus und Levdalsbygda fahren Sie nach *Maurstad* hinein, wo die R 61 nach Norden (Åheim) abzweigt. Über eine leichte Steigung (250 m ü.NN.) am Sunndal Kafe vorbei geht es durch eine liebliche Tallandschaft mit plätschernden Bächen und kleinen Seen. Von oben blicken Sie auf **Åheim** (Post, Übernachtungsmögl.) und den Vanylvsfjorden. Sie befinden sich nun im neuen Bezirk Möre og Romsdal.

Etappe 78:
Åheim - Storeide - Koparnes - Årvik - Larsnes - Gjerdsvika - Stokksund - Garnes - Ulsteinvik - Hjörungavåg - Hareid - Ålesund (112 km) >
0 - 232 - 0 m
Cappelen-Karte Nr. 2

Die Entfernung dieser Strecke zwischen Land und Meer sollte man nicht unterschätzen und wohl besser zwei Tage ansetzen. Sie läßt sich aber auf den Inseln Gursköy (-29 km) und Hareidlandet (-13 km) um rund 42 km verkürzen, wenn man statt der Schleifen die direkten Verbindungen fährt. Außerdem weist sie nur eine große Steigung auf.
Sie starten in Åheim; direkt hinter dem Ort steht die alte St. Jetmund Steinkirche von 1150. Sie trägt den Namen eines englischen Märtyrers, der um 900 u.Z. hier von den Wikingern umgebracht wurde. Es geht zunächst um die Landnase mit der *Vanylven* Kirche herum. Dort haben Sie einen weiten Blick auf das Meer hinaus. Die schmale R 61 umfährt den Syltefjorden über Slagenes,

Vidnes und Tunheim und steigt in *Fiskå* über die Halbinsel (unbefestigtes Teilstück, ca. 6 km) zum Syvdefjorden. Wieder am Meer angekommen halten Sie sich gegen Norden - die angrenzenden Berge stürzen förmlich in die See - und erreichen hinter der Siedlung *Sandnes* die Fähre Koparnes-Årvik (etwa jede halbe Stunde, 11 NOK). Am anderen Ufer geht die R 61 nach **Larsnes** (Post, Übernachtungsmögl.). Fischerfamilien haben die kleinen Weiler entlang der Küste in Generationen aufgebaut. Hinter *Gurskebotn* überklettern Sie einen kleinen Hangzug und umrunden die Insel Gursköy auf der Luvseite. Der Seewind bläst kräftig in Ihre Lungen; die Vegetation ist deutlich karger als auf den windgeschützten Seiten. In *Hidsnes* befinden sich Grabsteine aus vorchristlicher Zeit. In *Stokksund* zweigt die Etappe 79 zur Insel Runde ab, die sicherlich eine der interessantesten in diesem Buch ist. Weiter führt die R 654 über eine sehr schmale Landbrücke von *Dragsund* nach *Garnes* und auf die Insel *Hareidslandet*. Am Ende der Landverbindung schlagen Sie die linke Straße ein und gelangen nach *Hasund* (Abstecher auf die Insel *Dimnöy*, Kirche aus dem 19. Jh., Aussichtsberg mit sehr schönem Blick auf das Inselgewirr und das Festland).

Ulsteinvik (Post) ist die größte Stadt der Insel Hareidlandet. Von hier werden organisierte Tauchfahrten in die Unterwasserwelt der Inseln angeboten (Hotel Ulsteinvik). Insgesamt wurden hier 17 Wracks aus verschiedenen Jahrhunderten entdeckt. Nach alten Aufzeichnungen sank in den Riffs 1589 die spanische Fregatte Castillo Negro mit umfangreichen Schätzen an Bord. Sie ist bis heute nicht gefunden worden.

Sie durchfahren auf der R 61 die Insel. Kurz vor *Bigset* (Vonheim: Ansammlung alter Höfe) geht es rechts zum Snipsöyrvatnet (Schotterweg), wo etwa 200 verschiedene Vogelarten in den artenreichen Pflanzenbeständen des Naturschutzgebietes leben. Die Nebenstraße knickt in *Kvammen* nach Nordosten in Rchtg. *Hjörungavåg* ab. Neben dem dortigen Nationaldenkmal gibt es einen schönen Badestrand und einen Campingplatz.

Hareid, 4350 Einw., Möre og Romsdal, war 986 u.Z. Schauplatz der Schlacht von Hjörungavåg, aus der die norwegische Wikingerflotte unter Eivik Jarl gegen die dänischen Wikingerstämme aus Jomsburg siegreich hervorgingen. Die Norweger setzen jedes Jahr im Herbst diese Ereignisse im Freien in Szene. In dem Ort gibt es eine kleine Schiffswerft (Boote für die Bohrinseln) und einige Geschäfte; einige Kilometer nördlich - in Brandal - gibt es ein echtes Polarschiff aus der Zeit der großen Expeditionen vom Anfang unseres Jh. zu sehen. Im Inneren der *Aarvak*, die 1911 gebaut wurde, kann man sich eine Ausstellung über die Geschichte der Nordmeererkundung und des Walfangs anschauen. Etwas weiter in Kvitnes stehen an der wunderschönen Felsenküste zahlreiche Bunker aus dem Zweiten Weltkrieg.
Information: Hareid Rådhuset, 6060 Hareid, Tel. (070) 92195.
Postsparbuch-Geldwechsel: Hareid.

Von Hareid nehmen Sie das Schnellboot (stündlich) nach Ålesund.

Ålesund, 35000 Einw., Möre og Romsdal, ist der wichtigste und wohl auch schönste Fischereihafen des Landes. Ålesund verteilt sich auf die drei durch Brücken verbundenen Inseln Norvöy, Aspöy und Heissa. Die sehr lebendige Küstenstadt mit ihren zahllosen Schären besticht durch ihre Stimmung, die besonders durch den die Stadt in zwei Hälften teilenden Sund bestimmt wird. Die Wasserstraßen wimmeln nur so von Booten aller möglichen Farben, Größen und Funktionen. Die großen Kreuzfahrtschiffe, die den Geirangerfjord im Landesinneren besuchen, müssen Ålesund passieren. Im Hafen liegt praktisch die gesamte Fischfangflotte, die von Norwegen aus das Eismeer befischt (und früher auch überfischt hat, bis sich deutliche Einbrüche z.B. beim Hering zeigten). Hauptfangfische sind Hering und Dorsch. Daneben spielen die Werftindustrie und Ausrüstungsbetriebe eine wichtige Rolle.
Hervorstechend ist das im Jugendstil gebaute Zentrum der Stadt. Am 23.1.1904 wütete ein verheerender Brand durch die gesamte Stadt und hinterließ eine Spur der Verwüstung. Von 800 Häusern blieben nur verkohlte Reste übrig, und 10000 Menschen wurden obdachlos. Ålesund wurde komplett mit Steingebäuden im 1896 von Deutschland ausgehenden Jugendstil wiederaufgebaut. Der deutsche Kaiser, der eine besondere Vorliebe für sein Urlaubsland Norwegen entwickelt hatte, schickte spontan drei Schiffe mit Hilfsgütern nach Ålesund und half mit Geldspenden beim Wiederaufbau - deshalb heißt die Hauptstraße Keiser Wilhelms Gate und befindet sich eine Büste Wilhelms II. im Stadtpark. Schöne Fischerhüten gruppieren sich um den Brosundet, besonders ansprechende Straße sind die Apoteker Gata (und -torget = Platz) und die Kongensgata.
Von dem Hausberg Aksla (Treppe mit 418 Stufen zum Gipfel) haben Sie einen schönen Rundblick auf die pulsierende Stadt und den lebendigen Hafen. In Ålesund lohnt sich bestimmt ein Besuch des "Akvarium", das das Unterwasserleben der Nordsee in vielerlei Facetten zeigt. Das Stadtmuseum (Aalsund Museum) in der Rønnebergsgata stellt die Geschichte der Stadt (u.a. ein Modell der Stadt vor dem Feuer von 1904) dar. Eigene Abteilungen widmen sich den Polargebieten und der Entwicklung der Fischfangtrawler durch die Jahrhunderte. Das Sunnmøre Museum (4 km außerhalb zwischen Ålesund und Spjelkavik) birgt ca. 30 Fischerboote aus verschiedenen Epochen und veranschaulicht mit 40 Fischer- und Bauernhütten den Alltag der damaligen Menschen.

Information: Ålesund Rieselivslag, Rådhuset, 6025 Ålesund, Tel. (071) 21202.

Verkehrsverbindungen: Flüge nach Stavanger, Bergen, Kristiansand (S), Oslo, Trondheim, Bodø, Tromsø; Hurtigroute (N: 14.30 - S: 23.45 h); Fähren nach Hareid, Valderöy, Haram, Ellingsöya, Godöy; Busse nach Åndalsnes, Bergen, Molde und Trondheim.

Postsparbuch-Geldwechsel: Hauptpost und Aspöy, Klipra, Nörve, Skarbövik

Jugendherberge: Ålesund UH, 1.6.-1.9., 6000 Ålesund, 46 NOK.

Camping: Volsdalen *** (Sjømannsveien), 1.5.-1.10., 6001 Ålesund, Tel. (071) 25890, 10 ha, Waschm., Kochg., Hü.; Prinsen Strandcamping A/S *** (Gåseid), ganzj., 6015 Ålesund, Tel. (071) 35204, 30 ha, Waschm., Kochg., Hü., Zi. - beide Plätze in der Stadt.

Kartenskizze Etappen 77 - 80

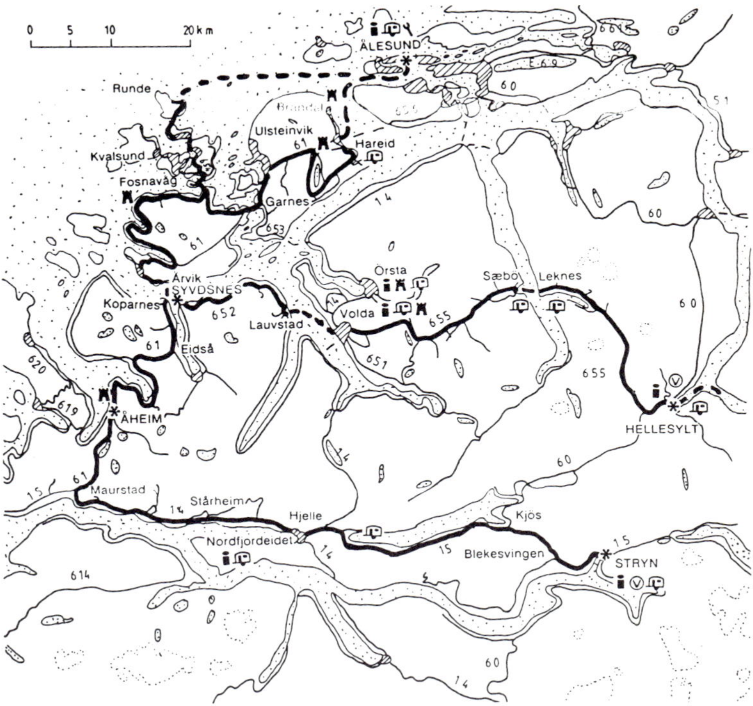

Etappe 79:

Stokksund - (Fosnavåg) - Leinöy - Rimöy - Runde - Ålesund (26 km) >
0 - 38 - 0 m
Cappelen-Karte Nr. 2

Eine kurze, aber sehr interessante Etappe ist die Fahrt hinaus von Stokksund in die rauhe Stad-See zu der berühmtesten Vogelinsel Norwegens, *Runde*. Die anderen großen Vogelinseln liegen sehr viel weiter im Norden. Der Weg über die relativ dicht besiedelten Inseln wurde in den letzten Jahren durch zahlreiche Brückenbauten erleichtert. Neben den offensichtlichen Vorteilen für die Anwohner gibt es aber eine Kehrseite der Medaille. Die Fährschiffer verloren ihre Arbeitsplätze, und vom Festland wanderten herumstreunende Hunde und Katzen sowie die Wanderratte auf die Insel und richten großen ökologischen Schaden in den brütenden Vogelkolonien an. Über die gebührenpflichtige erste

Brücke kommen Sie nach *Röyra*, von wo es kurvig über *Fröystad* zur Hauptbrücke in das moderne Städtchen **Fosnavåg** hineingeht.
Information: Heröy og Runde Reiselivslag, 6090 Fosnavåg, Tel. (070) 88958.

Vor der großen Brücke gibt es eine zweite; wenn Sie die benutzen, kommen Sie am Heröy Gård vorbei. Dort ist in einem ehemaligen Pfarrhof ein kleines Heimatmuseum eingerichtet. Über die nächste Brücke, die wegen der durchfahrenden Schiffe sehr hoch ist, geht es auf die Insel Rimöy. Der Tunnel nach *Sævik* ist fast 1 km lang, hat aber Beleuchtung. Anschließend geht es über die 2½ km lange windgepeitschte Brücke nach Runde.

Runde, 200 Einw., Möre og Romsdal, ist der Name der Insel mit den vielen Vögeln und zugleich der des kleinen Ortes. Der Staat läßt sich die Erschließung der peripheren Gebiete eine Menge kosten. Für die Brücke wurden ca. 20 Mio. DM aufgewendet - im Verhältnis zur geringen Einwohnerzahl eine gewaltige Investition. Die Insel ist auf dem Plateau baumfrei, dort herrschen Moore mit im Hochsommer wunderschön weiß blühenden Wollgrasfeldern und Feuchtweiden vor. In den Gärten der kleinen Holzhäuser stehen Obstbäume, und es sind vielfältige Nutzparzellen mit Beeren, Gemüse und Zierpflanzen abgegrenzt. Der Campingplatz in *Goksöyr* ist der ideale Ausgangspunkt für ausgedehnte Vogelbeobachtungstrips über die gesamte Insel. Bis Juni/Juli brüten mehrere 100000 Seevögel auf dem Inselplateau und in den unzugänglichen Klippen. Insgesamt wurden durch Ornithologen 160 Arten nachgewiesen, darunter auch solche Exoten wie Seeadler, Uhu, Eisvogel und Irrgäste aus Nordamerika. Die Möwen sind kaum noch zu zählen. Ein unvergleichliches Erlebnis ist die Beobachtung der Papageientaucher in ihren Kolonien, selbstgebauten Erdhöhlen an der Oberkante der Abbrüche. Auch die schwarzen Krähenscharben und Kormorane, die in der Sonne stundenlang ihre Flügel trocknen müssen, sind faszinierend. Die Vögel lassen sich am besten beobachten, wenn Sie unter fachkundiger Anleitung eines Einheimischen eine Bootstour um die Insel machen. Bei windigem Wetter kann es dabei schon mal ungemütlich werden. Genauso interessant ist eine Wanderung auf dem Inselplateau in 300 m über dem Meer. Ein intensives Grün vermischt sich mit dem Dunkelblau des Meeres, unzählige Vögel schreien über das Eiland, und Sie erleben bei etwas sonnigem Wetter Lichter und Farben, wie Sie sie noch nie gesehen haben. Auf dem ausgewiesenen Fußpfad kommen Sie dicht an einige Kolonien heran. Bitte denken Sie daran, daß Sie sich in einem Naturschutzgebiet befinden und die Natur vor der menschlichen Neugier Vorrang hat. Bleiben Sie also unbedingt auf den Wegen und beunruhigen Sie die Vögel nicht. Auch vom Leuchtturm lassen sich viele Vögel gut beobachten.
Camping: Goksöyr **, 1.4.-30.9., 6096 Runde, Tel. (070) 85905, 5 ha, Hütte (nur eine), Zi.; Runde **, ganzj., im Ort Runde.

Sie verlassen die Insel mit dem Postboot (täglich) nach **Ålesund**.

Etappe 80:
Syvdsnes (Fähre Koparnes/Årvik) - Lauvstad - Volda - (Örsta) - Sæbö - Leknes - Tryggestad - Hellesylt (78 km) > >
0 - 247 - 0 - 320 - 0 m
Cappelen-Karte Nr. 2

Die Fähre Koparnes - Syvdsnes - Årvik pendelt zwischen diesen drei Punkten häufig hin und her und steht am Startpunkt der folgenden Etappe. Diese bringt Sie von der Küste weiter ins Hinterland und überwindet zwei Höhenzüge von 200-300 m. Am Ende steht die schönste Fährpassage Norwegens: die Fahrt von Hellesylt durch den Geirangerfjord.
Den Rovdefjorden begleitend radeln Sie auf der R 652 an der *Rovde Kirche* und mehreren kleinen Niederlassungen vorbei nach *Lauvstad*. Dort legt die Fähre nach Volda regelmäßig ab (14 x täglich).

Volda, 5000 Einw., Möre og Romsdal, ist das wichtigste Zentrum der weiteren Umgebung, vor allem was die Dienstleistungsangebote betrifft. Daneben gibt es etwas Gewerbe in den typischen Branchen: Möbel- und Textilfabriken sowie Lachsfarmen. Die Ortskirche ist recht jungen Datums (1932) und wurde aus Naturstein gebaut. Ein kleines Heimatmuseum (Sivert-Aarflat-Museum) in Ekset - 2 km nördlich von Volda - stellt als Hauptattraktion eine alte Dampfmaschine aus. Etwas interessanter ist das Volda Bygdemuseum mit vielen Gebrauchsgegenständen aus dem Alltag früherer Generationen und dem Handwerkszeug einer alten Bauerngemeinde. Volda besitzt mit dem botanischen Garten am Krankenhaus durchaus einen sehenswerten Stadtgarten.
Information: Volda Reiselivslag, 6101 Volda, Tel. (070) 77050.
Verkehrsverbindungen: Busse nach Bergen, Rysjedalsvika, Förde, Skei, Nordfjordeid, Ålesund; Flüge nach Trondheim, Molde, Ålesund, Florö, Sogndal, Bergen, Oslo.
Postsparbuch-Geldwechsel: Volda.
Camping: Volda *, 20.5.-1.9., 6100 Volda, Tel. (070) 77171, 15 ha, Hü., Zi.

Von Volda aus müssen Sie sich entscheiden, ob Sie Ihre Route auf der etwas stärker befahrenen Reichsstraße 14 über *Örsta* oder dem direkten Bezirksweg über *Helgatun Kirke* fortsetzen wollen. Letzterer ist allerdings recht schlecht und ziemlich hügelig. Vor Örsta - in *Ose* - biegen Sie auf die Bezirksstraße ab, die an der *Högebru* die R 655 trifft.
Information: Örsta Reiselivslag, 6150 Örsta, Tel. (070) 68157.
Postsparbuch-Geldwechsel: Örsta.
Camping: Örsta **, ganzj., Tel. (070) 66477, 21 ha, Hü.

Sie kommen in *Brautaset* heraus, wenn Sie sich in Volda für die zweite Möglichkeit entschieden haben. Die Straße schwingt sich bis *Bondalseidet* bis auf 275 m Seehöhe empor. Durch das Bondalen (je nach Jahreszeit auf Lachse achten!) geht es nun im Angesicht des Velleseterhorn (1448 m), Brekketind (1578 m) und deren weiß leuchtenden Firnfeldern nach *Sæbö*.

Camping: Hjörundfjord **, 1.5.-1.9., 6180 Sæbö, Tel. (070) 40016, 14 ha, Waschm., Kochg., Hü.; Leksestova ***, 1.6.-1.9., Tel. (070) 40028, 14 ha, Waschm., Kochg., Hü.

Das Boot überquert den wunderschönen Hjörundfjorden nach *Leknes* (etwa jede halbe Stunde, 13 NOK). Das Gebirgsmassiv, das sich vor Ihnen auftürmt, nennen die Norweger Sunnmörsalpen. Die R 655 begleitet den Norangsfjorden auf der Nordostseite (Tageswanderungen in den Gebirgsstock bieten sich von Urke und Öye an). Die Asphaltdecke endet in Öye, zugleich beginnt eines der wunderbaren westnorwegischen Täler: das *Norangsdalen*. Es steigt angenehm zu fahren bis auf 320 m hoch, überrascht den Radfahrer aber mit einem ausgeprägten Fjellcharakter, der durch die Nordexposition des Tales verursacht wird. Zusätzlich halten die bis 1700 m hohen Felswände die Sonne ab; die schmale Straße wird fast von den Wänden erdrückt. Das Tal wird seit altersher als Sommerweide genutzt, viele Steinhütten der Sennersleute zeugen davon. Die Mautstrecke endet beim Übergang in das Nibbedalen und trifft in *Tryggestad* auf die R 60, die steil zum Sannylvsfjorden hinabstürzt. **Hellesylt** ist die Endstation der Etappe und Anschlußstelle für die Fähre nach Geiranger zur Etappe 82 und 83.
Postsparbuch-Geldwechsel: Hellesylt.
Jugendherberge: Hellesylt UH ** (2½ km Rchtg. Vollseter, hübsch), 1.6.-1.9., 6218 Hellesylt, Tel. (071) 65128 oder 63657, 60 NOK, 28 Betten, Kochg. - s. Camping.
Camping: Hellesylt Ungdomsherberge **, ganzj., Tel. (071) 65128, Kochg., Zi.; Stadheimfossen Camping og Hytter **, 1.5.-1.10., Tel. (071) 65079, 6 ha, Hü., Zi.

Etappe 81:
Dombås - Joramo - Bölia - Lesja - Lesjaverk - Lesjakog - Bjorli - Kylling bru - Marstein - Sogge bru/Åndalsnes (101 km) > >
660 - 630 - 595 - (0) m
Cappelen-Karte Nr. 2

Diese Etappe ist vom Ende des Gudbrandsdalen die einzige Verbindung nach Åndalsnes und weiter nach Ålesund. Sehr spannend ist die Fahrt durch das wilde Romsdalen ab Bjorli. Sie müssen über weite Strecken die E 69 benutzen, daher sollten Sie sich überlegen, ob Sie nicht einen Teil mit der Bahn oder mit dem Bus zurücklegen wollen. Am sinnvollsten sind diese ab Bjorli einzusetzen, da die fruchtbare Ebene von Lesja überwiegend landwirtschaftlich genutzt wird und nicht sonderlich interessant ist. (Falls Sie doch selbst treten wollen, können Sie von Dombas zumindest die ersten 16 km die südliche Bezirksstraße nehmen, aber insgesamt ist die E 69 wegen der Blechlawine recht stressig.) An der *Lesja Kirke* gibt es in einem alten Hof eine kleine Heimatausstellung.
Camping: Rolstad **, 10.6.-25.8.,2665 Lesja, Tel. (062) 45099, 9 ha, Hü.; Lesjakogsvatnet **, 15.6.-30.8., 2668 Lesjakog, Tel. (062) 44556, 10 ha, Kochg., Hü.

Der Lesjakogsvatnet, ein schöner See mit viel Wald auf 630 m (höchster Punkt), bildet die Wasserscheide; von hier fließt die Rauma nordwärts und der Lågen ins Gudbrandsdalen. Sie können für etwa 4 km die parallele Gemeindestraße bis vor *Bjorli* (Camping) benutzen. Ab Bjorli beginnt das innere Romsdal mit seinen bis zu 1800 m hohen Bergwänden.

Sie fahren durch Stugufläten und *Verma* durch das einsame Tal. Die Romsdalbahn gewinnt an dieser Stelle in einer langgezogenen Kehre an Höhe. Der lachsreiche Raumafluß sprudelt und spritzt über die Felsen, die Stromschnellen werden durch neue Zuflüsse immer mächtiger, um sich am Slettafossen 30-40 m in einem gewaltigen, strudelnden Wasserfall hinunter zu ergießen. Über Marstein (Camping) und *Horsheim* (prähist. Gräberfeld) geht's weiter Rchtg. Åndalsnes. Das Fortissimo bilden die gewaltigen Berge *Trolltindane* (1788 m) und das *Romsdalshorn* (1550 m) mit seiner 1000 m hohen Westwand. An dem Wasserkraftwerk vorbei geht es nun zur *Sogge bru*, wo die R 63 über den berühmten Trollstigen abzweigt. Bis **Åndalsnes** sind es noch 4 km.

Information: Åndalsnes og Romsdal Reiselivslag (Pavillon am Ortseingang, in der Saison tägl.), Boks 133, 6301 Åndalsnes, Tel. (072) 21622.

Verkehrsverbindungen: Züge mit der Romsdalbahn nach Süden (mehrfach tägl.), Busse nach Ålesund, ab Stugufläten ins Gudbrandsdalen, über den Trollstigen nach Geiranger und Grotli, Molde.

Postsparbuch-Geldwechsel: Postamt in der Jernebanegate Nähe Bahnhof.

Jugendherberge: Setnes UH *** (2 km westl., über die Flußbrücke), 15.5.-15.9., 6300 Åndalsnes, Tel. (072) 21382, 70 NOK, 70 Betten, Kochg.

Camping: Mjelva **, 1.6.-1.9., 6300 Åndalsnes (an der E 69), Tel. (072) 216115, 30 ha, Hü.; Åndalsnes ***, 15.5.-15.9., Tel. (072) 21629, 66 ha, Waschm., Kochg., Hü.

Fahrradservice: G-Sport Åndalsnes; Vangen Sport, Tel. (072) 21721.

Etappe 82:

Åndalsnes (Sogge bru) - Trollstigen - Trollstigheimen - Alstad - Valldal - Linge - Eidsdal - Eide bru - Grande - Geiranger (80 km) > > >
(0) - 850 - 0 - 624 - 0 m
Cappelen-Karte Nr. 2

Die Fahrt über den **Trollstigen** mit seinen 11 Haarnadelkurven, die sich 800 Höhenmeter emporwinden, ist wohl die anspruchsvollste Tour in diesem Buch. Sie hält aber Eindrücke bereit, die ohnegleichen sind. Wem sie zu anstrengend ist, der kann ab Åndalsnes - bzw. in umgekehrter Richtung ab Valldal/Linge - jeweils 2 x täglich (55 NOK) den Anstieg mit dem Bus bewältigen. (Weiterfahrt zum Geirangerfjord/Grotli möglich). Bis Anfang Juni müssen Sie mit Schnee rechnen.
Sie fahren von Åndalsnes über die E 69 zur R 63. Dort beginnt der noch gut fahrbare Anstieg durch das wilde und immer alpiner werdende *Isterdalen*. Schließlich endet das Tal vor einer gigantischen Felswand, an die die Straße förmlich angeklebt ist. Die Steigung beträgt 12 %, läßt sich aber mit sehr kleinen Gängen gerade noch fahren. Zwischendurch schießen zwei Wasserfälle über Ihren Kopf hinweg - zumindest erhalten Sie dieses Gefühl, wenn Sie durch die

Der Trollstigen

Gischt des 180 m hohen Stigfossen fahren. Mehrere Ausweichbuchten laden zu Erholungs- und Fotopausen ein. Von der 1936 als Arbeitsbeschaffungsprojekt gebauten Straße öffnet sich ein grandioses Bergpanorama: Bispen, Kongen, Dronningen im Westen und im Osten die hohe Wand des Trolltindane (1788 m). Im Sommer kann es an den Aussichtsstellen schon einmal etwas eng werden. Oben geht geht es zum höchsten Punkt der R 63 am *Trollstigheimen* (Übernachtungsmögl.). Sie fahren nun etwa 40 km durch das Fjell immer leicht bergab. Jedoch ist die Straße nur mit einer Schotterdecke versehen.
Angesichts der recht flachen Steigung von Westen her kommend, ist es je nach individuell geplantem Tourenverlauf günstiger, den Trollstigen in umgekehrter Richtung zu bewältigen. Aber Ihre Bremsen müssen perfekt arbeiten, wenn es nach Åndalsnes hinuntergeht.
Ab *Langdal* fahren Sie wieder über Asphaltdecke, bei *Gudbrandsjuvet* passieren Sie eine nur 5 m breite Schlucht zwischen hohen lotrechten Felswänden.
Camping: Gudbrandsjuvet ***, 1.6.-15.9., 6210 Valldal, Tel. (071) 58631, 10 ha, Kochg., Hü.; Uri *, 1.6-1.9., Tel. (071) 57654, 20 ha, Hü.; Skoglund, ganzj., Tel. (071) 57682.
Nachdem Sie Skjærsura, Rem und Hol hinter sich gelassen haben, geht es schnell nach **Valldal** hinunter. Am Fjord werden wegen der milden Lage auf großen Flächen Erdbeeren angebaut.
Information: Norddal Reiselivslag, Norddal Kommune, 6210 Valldal, Tel. (071) 57570.
Postsparbuch-Geldwechsel: Valldal.

Kartenskizze Etappen 81 - 83

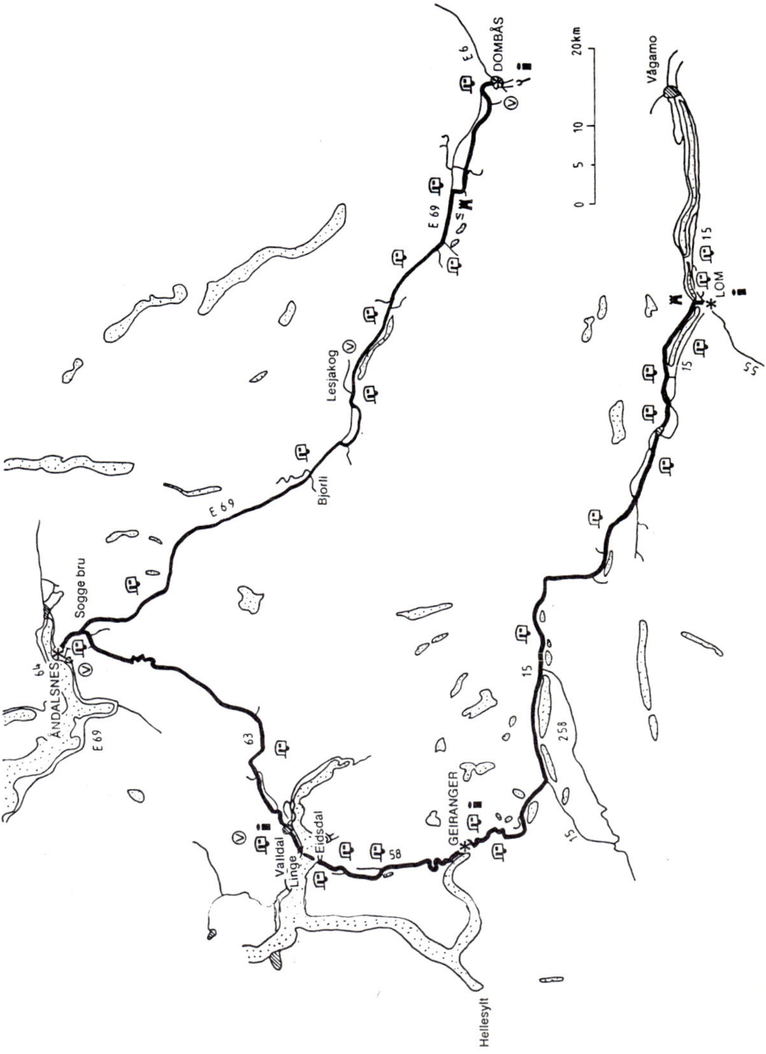

Jugendherberge: Valldal UH (am Ortsanfang rechts), 1.6.-1.9., Tel. (071) 57511, 60 NOK, 28 Betten, Kochg.
Camping: Jemtegård Feriesenter, 15.5.-15.10., Tel. (071) 57610, 74 ha, Waschm.; Elvebakken *, 1.6.-1.9., Tel. (071) 57749, 15 ha, Hü.; Gjerde **, 15.5.-15.9., Tel. (071) 57830, 8 ha, Hü.; Haugtun **, 1.6.-15.9., Tel. (071) 58614, 4 ha, Kochg., Hü.

Sie begleiten die R 63 auf weiteren 5 km entlang des Norddalsfjorden bis zur Fähre Linge - Eidsdal (häufig, 11 NOK).
Camping: Eidsdal **, ganzj., 6215 Eidsdal, Tel. (071) 590029, 10 ha, Waschm., Kochg., Hü. (weitere Plätze an der R 58).
Auch beim zweiten Teil diese Etappe müssen Sie kräftig klettern, allerdings nur auf 624 m.
Sie fahren auf der wenig befahrenen R 58 (Schotterdecke) gen Süden. Die Straße geht gut aufwärts, an Veiberg (Camping), Svora (Camping) und Eide bru (Fjellhotel) vorbei, um wenige Kilometer weiter durch einen etwa 800 m langen Tunnel zu führen (höchster Punkt). Nachdem Sie diesen verlassen haben, beginnt nun die rasante Abfahrt über die 11 Kurven des Örneveien (Adlerstraße) hinab zum wohl berühmtesten Fjord Norwegens - dem **Geirangerfjord**. Der obere Teil der Adlerkehren ist unbefestigt. Denken Sie daran, unterwegs die Bremsen ruhen zu lassen, und genießen Sie den gewaltigen Tiefblick in den Fjord. Wem diese Abfahrt zu gefährlich erscheint, der kann gegebenenfalls den gegen 9.15 h bzw. 19.45 h vorbeifahrenden Bus anhalten und mit diesem hinunterfahren.
Vom Parkplatz aus führt in etwa einer halben Stunde ein Pfad zu einer Stelle, wo Sie sich direkt über dem Fjord befinden und einen überwältigenden Blick über den Ort Geiranger, die zahlreichen hinunterstürzenden Wasserfälle und den 1476 m hohen Dalsnibba jenseits von Geiranger haben.
Geiranger und das 300-Seelen-Dorf *Maråk* leben das ganze Jahr vom Tourismus und werden im Sommer von Heerscharen überschwemmt. Das eindrucksvolle Panorama zieht zudem große Kreuzfahrtschiffe vom Atlantik an, die bis zum Ende des Fjordes fahren. Dieses Bild ist in fast allen Norwegen-Prospekten und Büchern zu finden.
Information: Geiranger Turistinformasjon, 6216 Geiranger, Tel. (071) 63099, gegenüber der Fähranlegestelle.
Postsparbuch-Geldwechsel: Geiranger.
Camping: Grande ** (unterhalb des Adlerweges, schön), 1.5.-20.9., Tel. (071) 63068, Hü.; Vinji ** (oberhalb des Ortes am Wasserfall Storseterfossen), 1.6.-10.9., Tel. (071) 63017, Kochg.; Geiranger ** (Wiese direkt am Fjord, etwas laut), 6219 Geiranger, 1.6.-1.9., Tel. (071) 63120, Waschm., Kochg.

Von Geiranger aus lohnt unbedingt, eine Fjordrundfahrt mitzumachen. Von den steilen Wänden stürzen eine Reihe von Wasserfällen mehrere hundert Meter in die Tiefe, von denen die "Sieben Schwestern" und der "Brautschleier" die bekanntesten sind. Sie sind besonders schön im Frühsommer, wenn oben im Fjell noch reichlich Schnee schmilzt. Sie können die eingesetzten Touristenboote (ca. 40 NOK) benutzen, mit der Linienfähre nach Hellesylt (1.5.-20.9., 23 NOK + Rad) oder mit dem Schnellboot nach Ålesund fahren.

Etappe 83:
Geiranger - Djupvasshytta - Grotli - Tora bru - Bismo - Lom (97 km) > > >
0 - 624 - 1038 - 908 - 410 m
Cappelen-Karte Nr. 2

Diese Hochgebirgsetappe weist einen großen Höhenunterschied von 1038 m auf; Sie können den Bus Geiranger - Grotli für die Steigungen benutzen (ab Geiranger: 10.00 und 16.45 h). Die Steigung beträgt max. 12 %, und der Paß ist erst ab Ende Mai/Anfang Juni befahrbar. Zwischen der Siedlung *Flydal* und der Alm *Örjaseter* (Camping) erreichen Sie schon nach sehr kurzer Fahrstrekke den ersten Scheitelpunkt mit 624 m. Hinter *Kvandalseter* beginnt mit einem Schotterteilstück der Anstieg zum eigentlichen Paßübergang zum Ottadalen. An der *Djupvasshytta* (Abstecher: mit dem Rad über den Nibbeveien auf den 1474 m hohen Dalsnibba; grandiose Aussicht) können Sie übernachten. Am Djupvatnet und Kolbeinvatnet vorbei, beide mit angrenzendem Gletscher, geht es durch eine wunderschöne extreme Hochgebirgslandschaft zum Langevatnet auf 908 m ü.NN. Hier liegt die Grenze zwischen den Bezirken Møre og Romsdal und Oppland. Sie treffen auf die R 15, der Sie nach Osten in Rchtg. Lom folgen. Die Tour als eigene Abänderung in andere Richtung nach *Styrn* am Innvikfjorden fortzusetzen, ist nur über die alte R 258 möglich, da die Tunnel entlang der neuen R 15 (Helårsveien) für Radfahrer gesperrt sind. Die Fahrt am Lægervatna und Breidalsvatn vorbei, die auch im Sommer oft noch mit Eisschollen bedeckt sind, ist nach den vorausgegangenen Strapazen recht erholsam. Sie erreichen auf diese Weise auf der gut ausgebauten Straße *Grotli* recht zügig und fahren durch die Fjellandschaft ostwärts Rchtg. *Ottadalen* hinunter.
Camping: Øyberg Seter og Camping **, 1.6.-15.9., 2693 Nordberg, Tel. (062) 13918, 14 ha, Waschm., Kochg., Hü.

An Billingen/Tora bru, Pollvoss, Fosstuen (jeweils Übernachtungsmögl. bzw. Camping) vorbei geht es durch wilde, romantische Gebirgslandschaft mit Schneefeldern, krüppeligen Kiefern und grünen Gletscherseen zur *Dönfoss bru*. Die rasante Abfahrt verebbt etwas - Sie haben das *Ottadalen* erreicht. Dieses wird bis Lom immer breiter, und in der Talsohle breiten sich gewaltige Schotterbänke im Fluß aus.
Camping: Furuly **, 1.5.-20.9., 2693 Nordberg, 15 ha, Kochg., Hü.; Skamsar ***, 1.5.-30.9., 2692 Bismo, Tel. (062) 14049, 15 ha, Kochg., Hü.; Bismo ***, ganzj., Tel. (062) 14024, 5 ha, Kochg., Hü.

Kurz hinter *Bismo* an der *Vollungsbru* können Sie, ein Rad mit breiteren Reifen vorausgesetzt, die ruhigere Bezirksstraße auf der Nordseite des *Ottavatn* nehmen. Die letzten Kilometer bis Lom sind allerdings recht schlecht. Andernfalls fahren Sie auf der R 15 an der *Skjåk*-Holzkirche (1752) vorbei und durch mehrere kleine Siedlungen nach **Lom**.

Etappe 84:
Ålesund - Hamnsund - Hidrestranda - Brattvåg - Drynaholmen - Midsund - Sör-Heggdal - Solholmen - Mordalsvågen - Molde - (Bolsöya) (59 km) >
0 - 56 - 0 m
Cappelen-Karte Nr. 2 + 3

Im Hafen der Stadt Ålesund startet diese Etappe entlang der Küste des Bezirks Möre og Romsdal. Die Tour ist durchgehend flach und streift zwei Inseln auf dem Weg in die Jazz- und Rosenstadt, wie Molde sich selbst im bunten Prospekt nennt. Es gibt unterwegs keinen Campingplatz.

Sie nehmen als erstes die Fähre nach *Hamnsund* auf der Halbinsel Haram (6 x tägl.). Von Ålesund fährt übrigens auch jeden Tag um 12.00 h ein Schiff der Hurtigruten nach Molde. In Hamnsund reisen Sie nach **Sövik** (Post). Die Bezirksstraße bringt Sie über *Skjelten* auf die R 659. Unterwegs treffen Sie immer wieder auf jahrhundertealte Steinwälle, die die einzelnen Nutzungsparzellen der Bauern voneinander abgrenzen. Von Skjelten lohnt sich ein Ausflug auf die weltabgeschiedene Inselgruppe Nordöyane im Vorposten des Atlantiks. Hinter der *Hidrestranda Kirke* kommen Sie nach 6 km in **Brattvåg** (Post) an, einer betriebsamen kleinen Hafenstadt. Das Schiff zur Insel Mia legt hier achtmal am Tag ab und steuert drüben *Drynaholmem* an. Ihre Reise durch das Land der Inseln setzen Sie in *Drynesund* auf der Bezirksstraße längs der Südseite der Insel fort. Dort haben Sie den Vorteil, windgeschützter durch eine gefällige Landschaft radeln zu können. Eine Brücke bringt Sie und Ihr Rad nach **Midsund** (Post). Das ganze Leben der 2000 Menschen der Inselgemeinde orientiert sich an der Nordsee: Fischanlandeanlagen, eine große Fischereiflotte und entsprechende Zulieferungs- und Dienstleistungsbetriebe bestimmen das Stadtbild. Sie halten sich weiter im Lee der Insel und fahren durch Sör-Heggedal und Jenset nach *Solholmen*, wo die Fähre nach *Mordalsvågen* jede halbe Stunde (11 NOK) übersetzt. Die R 662 bringt Sie in 10 km nach Molde, der Hauptstadt von Möre og Romsdal.

Molde, 21500 Einw., Möre og Romsdal, ist die Hauptstadt des Bezirkes, liegt von hohen Fjellhöhen geschützt am Moldefjorden und weist eine besondere Klimagunst auf (Golfstrom, Südlage), was sich im Auftreten zahlreicher wärmeliebender Laubgehölze und anderer Pflanzen zeigt. Der Beinamen "Rosenstadt" hat also seine Berechtigung. Im Süden öffnet sich bei klarem Wetter ein schöner Panoramablick über 87 Gipfel des Trollheimen-Gebirges, der besonders schön vom 407 m hohen Hausberg *Varden* ist. Im Fiskerimuseum auf der Insel *Hjertöya* gibt es eine alte Trankocherei zu sehen, das Freilichtmuseum präsentiert 27 alte Häuser. Da die alte Kirche Moldes 1940 zerstört wurde, baute man 1957 eine Betonkirche im modernen Stil.
Information: Reiselivsforeiningen i Molde, Boks 484, 6401 Molde, Tel. (072) 57133
Postsparbuch-Geldwechsel: Hauptpost und Kriltop, Langmyra, Lundavang.

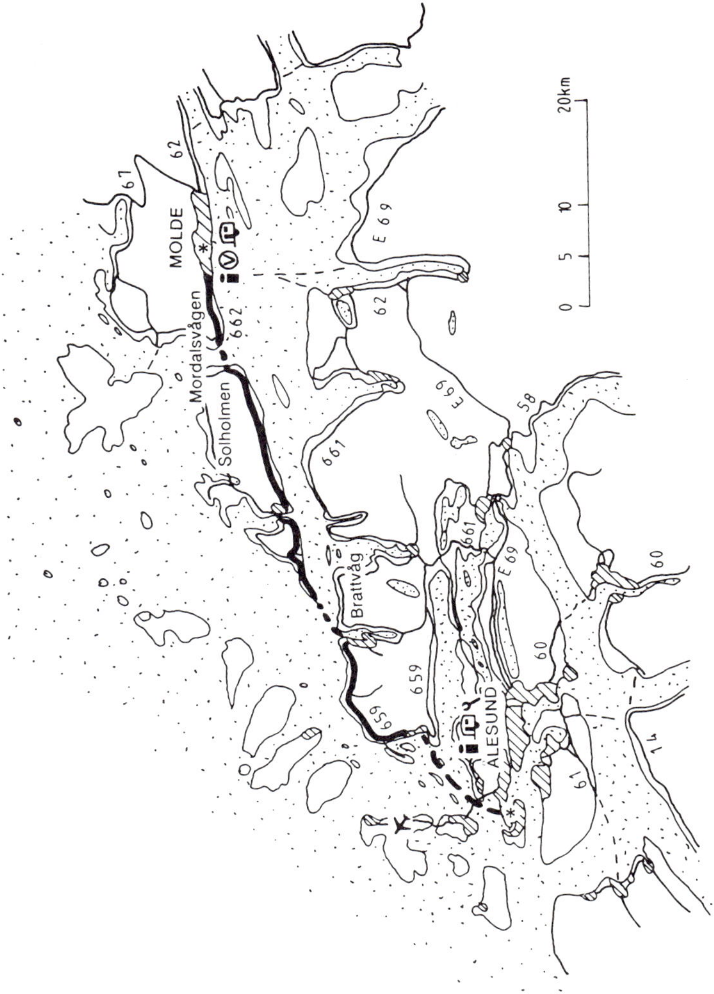
MOLDE
Mordalsvågen
Solholmen
Brattvåg
ALESUND
62
67
662
661
659
E 69
58
60
61
14
0
5
10
20km

Jugendherberge: Rimo Hostel ***, Fabrikveien 4-8, 20.6.-15.8., 6400 Molde, Tel. (072) 54330 oder 51077, 90 NOK, 84 Betten, Kochg.
Camping: Kviltorp Camping **, 15.5.-15.9., Tel. (072) 11742, 12 ha, Kochg., Hü.; Knausens Pensjonat og Motell *, ganzj., Tel. (072) 51577.
Fahrradservice: Audun Nerland Sport AS, Elvsaas & Co. AS, Tel. (072) 51866.

Etappe 85:
Molde - Hjelset - Batnfjordsöra - Angvik - Tingvoll - Vågbö - Meisingset - Seljebö - Rökkum - Kvanne - Skei (124 km) >
0 - 230 - 0 - 86 - 0 - 130 - 13 m
Cappelen-Karte Nr. 3

Wer nicht an der Seeseite den rauhen Winden ausgesetzt sein möchte, hat in dieser Etappe die Möglichkeit, windgeschützter landeinwärts gegen Nordosten in Rchtg. Trondheim zu radeln. Diese relativ leichte Etappe führt zunächst über 20 km (R 62) den Fannefjorden entlang. In *Lönset* zweigt die R 64 (Anbindung an Etappe 81 + 82) nach Åndalsnes ab (Fähre jede halbe Stunde, 11 NOK). Kurz nach *Gujord* biegt links die R 66 ins Landesinnere ab, 6 km nach Eidseter überfahren Sie den höchsten Punkt (230 m) und rollen dann ab *Furset* entlang eines Flußtales nach *Batnfjordsöra*, wo Sie wieder das Meer erreichen.
Information: Gjemmes Reiselivslag, 6631 Batnfjordsöra, Tel. (072) 90100.
Postsparbuch-Geldwechsel: Batnfjordsöra.

Die unasphaltierte Straße verläuft hier direkt am Ufer des Batnfjorden entlang. Die idyllische *Öre Kirke* lädt zu einer Pause ein. Sie folgen immer weiter dem Fjord, in *Holten* beginnt eine geschlossene Asphaltdecke, und über mehrere kleine beschauliche Siedlungen kommen Sie zur Fähre *Angvik-Tingvoll*. Sie setzen zur anderen Seite des Bergsöyfjorden über (10 x täglich).

Tingvoll, 1000 Einw., Möre og Romsdal, besitzt eine ganz besondere Kirche. Die Wände des romanischen Gotteshauses (12. Jh.) sind teilweise hohl und von Gängen und Treppen durchzogen. Der Prangerpfahl vor der Kirche war bis Mitte des letzten Jh. in Gebrauch. Im Nordosten der Stadt befindet sich ein kleines Heimatmuseum (siehe Cappelen-Karte: Bygdetun).
Information: Tingvoll formanskappet (Bürgermeisterbüro), 6630 Tingvoll, Tel. (073) 31000.
Postsparbuch-Geldwechsel: Tingvoll.
Camping: Tingvoll **, 15.5.-15.11., Tel. (073) 31057, 18 ha, Waschm., Kochg., Hü.

Auf der langgezogenen Halbinsel Tingvoll befindet sich am Ostufer der nördlichste Eichenwald der Welt, der hier wegen des warmen Golfstromes und der etwas trockeneren Bedingungen an der Leeseite noch existieren kann. Von Tingvoll aus setzen Sie Ihre Reise durch das kleine Tal quer durch die Insel nach Vågbö fort und fahren auf der Bezirksstraße nach *Röttingsnes*, wo sich einige Grabmäler aus der Wikingerepoche befinden. In *Meisingset* stoßen Sie

wieder auf die R 16.
Camping: Mölle-Roa Hyttesenter **, 15.3.-31.8., 6635 Meisingset, Tel. (073) 33675, 5 ha, Hü., Zi.; Norheim **, 1.6.-15.9., Tel. (073) 34497, Hü.

Sie benutzen weiter die Hauptstraße und fahren bis zum Ende des Ålvundfjorden bei *Seljebö*, um dort auf die R 670 nach Ålvund und *Rökkum* abzubiegen.
Camping: Fuglvåg *, ganzj., 6622 Ålvundfjord, Tel. (073) 98193.
In Rökkum setzt eine Fähre Sie nach *Kvanne* über (jede halbe Stunde, 11 NOK).
Camping: Kvanne ***, 1.4.-1.10., 6640 Kvanne, Tel. (073) 63510, 60 ha, Waschm., Kochg., Hü., Zi.

Einige Kilometer südlich entlang des Todalsfjorden gibt es in *Svinvik* einen kleinen sehenswerten botanischen Garten mit Hunderten von Rhododendren, die besonders zur Blütezeit im Frühsommer durch ein Blütenmeer den Eindruck eines Zaubergartens erwecken. Daneben wachsen hier in dem warmen Klima viele andere Pflanzen aus aller Welt. Direkt in der Nachbarschaft hat ein Privatmann im Gjeldnes Gårdsmuseum einige alte bäuerliche Gebrauchsgegenstände zusammengetragen (Besichtigung nach Vereinbarung). Von Kvanne geht es angenehm zu fahren durch das Tal der Söya über Leite nach *Åsen*. Das recht große Surnadal Volksmuseum ist hier in einem alten Hof eingerichet. Anschließend reisen Sie über die kleine Anhöhe nach **Skei**, 3000 Einw., Möre og Romsdal, dem Verwaltungs- und Einkaufszentrum der Gemeinde Surnadal.
Information: Rindal og Surnadal Reiselivslag (in der Nachbargemeinde), Box 128, 6650 Surnadal, Tel. (073) 60351.
Verkehrsverbindungen: Busse nach Bergen, Rysjedalsvika, Förde, Nordfjordeid, Ålesund, Lom, Grudbrandsdal, Trondheim, Molde, Kristiansund, Balestrand und Stryn.
Postsparbuch-Geldwechsel: Surnadal.
Camping: Skei Hyttecamp *, ganzj., Tel. (073) 60420, 8 ha, Waschm., Hü.

Etappe 86:
Molde - Malmedal - Sylte - Elnesvågen - Bud - Hustad Kirke - Vevang - Örjavik - Tövik - Rokset - Bruhagen - Kristiansund (N) (114 km) >
0 - 240 - 30 - 0 m
Cappelen-Karte Nr. 3

Eine recht lange Etappe verbindet die zweitgrößte mit der drittgrößten Stadt von Möre og Romsdal. Sie sollten die leichte Etappe nicht unterschätzen, denn der Seewind kann das Radfahren sehr anstrengend machen. Die einzige größere Höhendifferenz müssen Sie direkt nordöstlich von Molde überwinden, wenn Sie vom Ortsende auf der R 67 nach *Malmedal* über einen 240 m hohen Rükken steuern. In *Sylte* gabelt sich die Straße zur R 663 nach **Elnesvågen** (Post). Etwa 5 km weiter auf der R 67 befindet sich die Trollkirche (Trollkyrkja), eine große Höhle auf 380 m Seehöhe in den Trolltind-Bergen. Die Höhle ist 70 m lang und 2-7 m hoch. Vom oberen Ende fällt ein 10 m hoher Wasserfall in eine große Aushöhlung in den Fels.

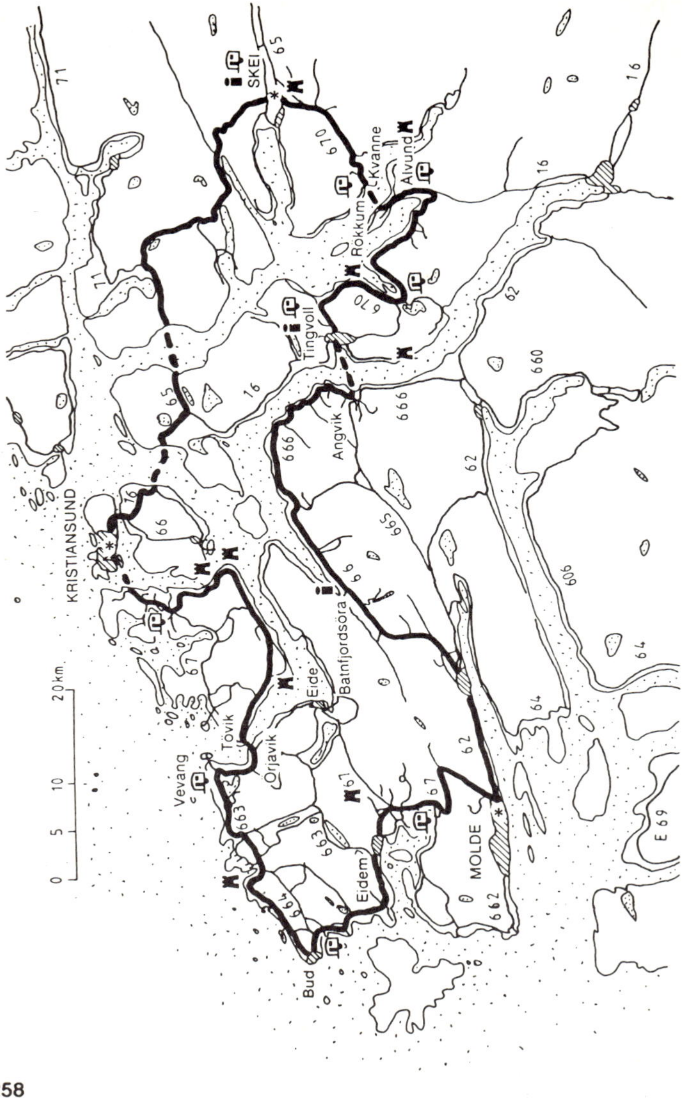
SKEI
Kvanne
Alvund
Rökkum
Tingvoll
Angvik
KRISTIANSUND
Batnfjordsöra
Eide
Tövik
Orjavik
Vevang
MOLDE
Eidem
Bud
20km
10
5
0
E 69

Camping: Bjölstad **, 1.5.-1.9., 6445 Malmefjorden, Tel. (072) 65656, 5 ha, Kochg., Hü.
Längs des Frænfjorden radeln Sie entgegen der Hauptwindrichtung nach Tornes und Skjæret. Die Gemeinde Fræna wird im Norden und Westen von einem Gürtel sehr flachen Geländes umgeben, die großen Höhen bis 1000 m befinden sich im Südosten.

Camping: Blåhammer **, 1.6.-1.9., 6435 Haröysund, Tel. (072) 61703, 16 ha, Kochg., Hü.; Bud **, Ostern-1.10., 6430 Bud, Tel. (072) 61023, 25 ha, Kochg., Hü.

Der Ort **Bud** (Post, Übernachtungsmögl.) hat seine Glanzzeit lange hinter sich. Zum Ausgang des Mittelalters war er eine der größten Städte im nordwestlichen Norwegen. 1533 fand hier eine Reichsversammlung der damals schon 500 Jahre alten Nation statt. In Bud gibt es viele Spuren (alte Bunker) der deutschen Besetzung von 1940-1945. Es besteht die Möglichkeit, mit einem fast täglich fahrenden Boot zu dem Eiland Björnsund zu fahren und sich dort am Ende der Welt einige erholsame Tage zu gönnen. Die Landflucht hat die ehemalige Fischerinsel fast völlig entsiedelt. Die Etappe führt an der windexponierten, rauhen und kargen Nordküste mit den vielen Vogelfelsen über Ersholmen zu einem prähistorischen Gräberfeld hinter *Male*. Tief in der windgeschützten Bucht steht die Hustad Kirke. 4 km weiter treffen Sie auf die R 663, der Sie nördlich nach Sandvik folgen; ab hier geht es über losen Schotter nach *Vevang* (Camping). Einige Kilometer weiter nehmen Sie die Fähre *Örjavik-Tövik* (häufig). Anschließend umrunden Sie die Insel Averöy auf der R 67 im Süden. Hinter der der Kirche in *Kornstad* kommen Sie in *Rånes* an den größten alten Grabhügeln des Bezirks vorbei. Die Straße längs des Kornstad- und Kvernesfjorden ist zumeist mit einer festen Decke ausgestattet, sie wird jedoch von losen Abschnitten unterbrochen. Über Rokset erreichen Sie *Kvernes*. Neben der um 1200 gebauten Stabkirche (1633 grundlegend umgebaut, barocker Altar von 1603) gibt es etwas weiter kurz vor *Gullset* das Gamle Kvernes Bygdemuseum (Freilichtmuseum) zu besuchen. In Bruhagen treffen Sie wieder auf die R 67.

Camping: Sandvoll **, 1.6.-1.9., 6550 Bremsnes, Tel. (073) 11193, 7 ha, Kochg., Hü. und ein weiterer Platz in Bruhagen (5 km nördl.).

3 km weiter ist links neben der Straße eine Höhle, nach weiteren 2 km gelangen Sie nach *Bremsnes*. Die Fähre fährt von hier sehr häufig (16 NOK) direkt nach Kristiansund hinein.

Kristiansund (N), 18000 Einw., Møre og Romsdal, ist der Hauptort des nördlichen Teils des Bezirkes und erstreckt sich - ähnlich wie Ålesund - über drei Inseln. Kristiansund wurde 1940 durch deutsche Flugzeuge stark zerstört, daher gibt es kaum alte Gebäude.
1520 wurde der Ort erstmalig urkundlich erwähnt, 1742 wurde Litle-Fosna in Christianssund (der damalig dän. König hieß Christian) umbenannt.
Holzhandel, Heringe und die Verteilung des Lofotenfisches waren lange Zeit die Lebensgrundlage der Stadt. Heute ist Kristiansund eines der großen Fischereizentren des Landes, zeitweilig liefen über Ålesund und Kristiansund 90 % des norwegischen Klippfischexportes. Der Hafen ist auch heute Mittelpunkt der Stadt mit ihren farbenfrohen Holzhäusern. In jüngerer Zeit spielen

zunehmend die Zulieferungs- und Versorgungsdienste für die expandierende Erdölindustrie eine Rolle.
Sehenswert ist die Nordlandet Kirke von 1914 vor allem deswegen, da sie in ihrem monumentalen Baustil deutlich von anderen Gotteshäusern abweicht. Im Nordmøre Museum werden Funde der 1909 hier entdeckten Fosna-Kultur ausgestellt, außerdem beinhaltet es eine Fischerei- und Freilichtabteilung, eine Böttcherwerkstatt und eine alte Schiffswerft.
Man kann einen Ausflug auf die vorgelagerte Insel Grip machen. Sie ist nur noch im Sommer bewohnt; um eine mittelalterliche Steinkirche gruppieren sich die Häuser der ehemals kleinsten selbstständigen Gemeinde Norwegens. Auf ½ km^2 lebten früher 400 Einwohner, 1974 wurde Grip aber aufgegeben.
Information: Møre og Romsdal Reiselivsråd, Postboks 467, 6501 Kristiansund (N), Tel. (073) 73977; Kristiansund Reiselivslag, Postboks 401, Tel. (073) 77211.
Verkehrsverbindungen: Busse nach Trondheim, Surnadal, Halsa; Hurtigruten (N: 22.30 - S: 17.00 h); Flüge nach Oslo, Kristiansand (S), Stavanger, Bergen, Ålesund, Molde, Trondheim, Bodø und Tromsø.
Postsparbuch-Geldwechsel: Hauptpost.
Jugendherberge: Atlanten UH ** (im nördlichen Stadtteil), 1.6.-30.8., 6500 Kristiansund (N), Tel. (073) 71104, 70 NOK, 20 Betten, Kochg. - mit angegl. Campingplatz.
Camping: Atlanten ** (der JH angegliedert), ganzj., Tel. (073) 71104, 30 ha, Kochg., Hü.; West Motel (Skogvn. 41), ganzj., Tel. (073) 81972, 10 ha, Waschm., Kochg., Hü., Zi.
Fahrradservice: Ohr Sport AS, 6500 Kristiansund.

Etappe 87:
Kristiansund - Rensvik - Kvalvåg - Kvisvik - Kanstraum - Halsanaustan - Betna - Bæverfjord - Skei (65 km) > >
0 - 142 - 0 - 17 - 0 - 281 - 0 - 272 - 45 m
Cappelen-Karte Nr. 3

Diese Etappe beginnt auf der R 16 gen Süden über dem Omsundet aus Kristiansund heraus. An der Route liegt nur ein Campingplatz, lediglich in Halsaustan gibt es ein Hotel.
Die Fähre verkehrt regelmäßig zwischen *Kvalvåg* und *Kvisvik* (16 NOK). Drüben setzen Sie die Reise auf der R 16 über die Halbinsel Tingvoll fort, hinter der Straumnes Kirke/Grimstad schlagen Sie links die R 65 zur nächsten Fähre (Kanestraum - Halsa[naustan], 13 NOK) ein. Es geht am Skålvikfjorden entlang nach *Betna*, wo Sie die rechte Abzweigung nehmen und etwas bergigeres Gelände nach Setternsdal durchklettern und zur Åsskard Kirke am Fjord rollen. Am Ende des nächsten Fjordes liegt *Bæverfjord*.
Camping: Småøyan **. 1.5.-1.9., 6660 Bæverfjord, Tel. (072) 62622, 22 ha, Hü.
Bevor Sie **Skei** erreichen, müssen Sie über den Paß klettern. Wenn Sie vorher auf die Bezirksstraße nach Osten abbiegen, können Sie auf ruhigem Weg die Stadt erreichen.

Etappe 88:
Skei - Gulla - Vindöla bru - Rindal - Bakken - Storås - Drogsetmoen - Lökken (61 km) > >
20 - 310 - 230 m
Cappelen-Karte Nr. 3

Immer stur geradeaus, so könnte man diese Etappe charakterisieren. Sie führt durch das endlose Tal des Surna-Flusses.
Von Skei folgen Sie immer der R 65 (alternativ auf dem Bezirksweg am nördlichen Ufer) durch das fruchtbare Tal. Auf der Talsohle wird Getreide angebaut, Wiesen durchsetzen die Schläge, und gegen den Hang hin bedeckt Wald den Boden. Deutlich ist in dem West-Ost-Tal der Unterschied zwischen dem Nord- und Südhang zu erkennen; die Schläge klettern am wärmeren Südhang viel weiter in die Höhe. Über *Honnstad* und *Vindöla bru* erreichen Sie die alte Mo-Kirche aus dem Jahr 1728 auf der Nordseite des Flusses. Sie wurde in Form eines Y gebaut, die Glocken stammen von der alten Stabkirche (1650), die vorher hier gestanden hat (Führungen nach Vereinbarung: Tel. 62211).
Camping: Honnstad **, 15.5.-10.9., 6650 Surnadal, Tel. (073) 62180, 17 ha, Hü., Zi.; Övre Sæter **, 1.6.-1.9., 6653 Övre Surnadal, 30 ha, Waschm., Kochg., Hü.; Trollheimen **, ganzj., 6657 Rindal, Tel. (073) 65534, 10 ha, Waschm., Kochg., Hü.
Hinter *Rindal* (Post) öffnet sich das Tal. Sie fahren auf der alten R 65 (rechts abbiegen) in den Ort hinein und können dort das Rindal Bygdmuseum mit 11 Gebäuden (15.6.-15.8., täglich 13-17 Uhr, mit Führungen) besichtigen. In Björnås geht es wieder auf die Hauptstraße; in dem nächsten Ort *Röd* ist ein Campingplatz.
Camping: Trögnaholt **, Ostern-1.10., 6657 Rindal, Tel. (073) 66562, 7 ha, Kochg., Hü.

Der begleitende Wald rückt näher an die leicht ansteigende Straße, Sie durchreisen Övre Rindal (Kirche) und erreichen schließlich *Storås* (Post) im Orkladalen. Von hier fahren Sie auf der R 65 zunächst Rchtg. Drogsetmoen. Dort nehmen Sie, über die Brücke des Orkla-Flusses hinweg, auf der anderen Seite die Bezirksstraße nach Björnli und Lökken.

Lökken, 3000 Einw., Sör-Tröndelag, lebte jahrzehntelang vom Bergbau. In den Gruben im Südwesten der Stadt wurde etwa die Hälfte der norwegischen Jahresproduktion an Pyrit gewonnen. Pyrit ist fast reines Eisensulfid, so daß man neben dem Eisen auch den Rohstoff Schwefel verarbeiten kann. In Lökken gibt es in der Nähe des Bahnhofs ein Grubenmuseum, wo man einige interessante Tatsachen über den Bergbau und dessen alte und gegenwärtige Abbautechnik erfährt. Auch kann man 1 km unter die Erdoberfläche in das alte Bergwerk einfahren und den Fels von innen studieren; unter der Erde herrscht eine konstante Temperatur von nur 6 °C herrscht (Info/ Öffnungszeiten: Salvesen & Thams, 7332 Lökken, Tel. [074] 96700). Weiterhin fährt eine Museumseisenbahn (jeden Sonntag) auf dem Bahnstummel nach Svorkmo.

Kartenskizze Etappen 88 - 90

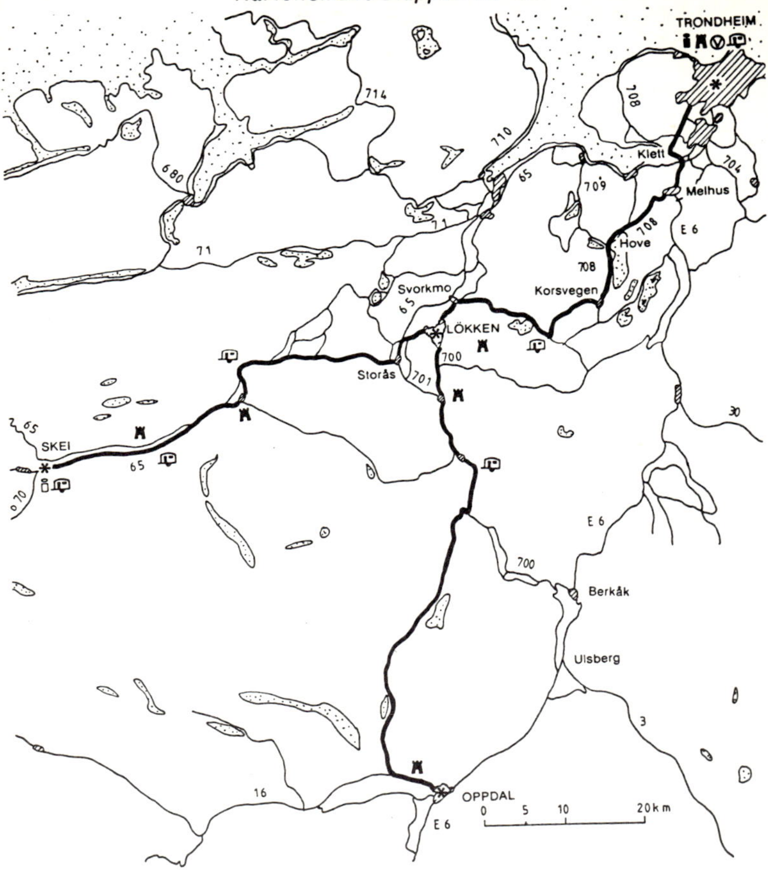

Etappe 89:

Oppdal - Vognill - Oppdal leirskole - Skarvollen - Nerskogen - Grana bru - Å - Meldal - Lökken (56 km) > >

545 - 600 - 869 - 150 - 210 - 150 m

Cappelen-Karte Nr. 3

Von Oppdal gibt es grundsätzlich nur zwei Möglichkeiten, um nach Norden zu gelangen. Da die Strecke entlang der E 6 weder landschaftlich noch kulturell

sonderlich interessant ist, bietet sich hier ein etwas anstrengenderer Etappenverlauf über die westlichen Ausläufer des Trollheimen-Fjells an. Sie entfliehen auf diese Weise der Hektik, dem Lärm und dem Dreck der Autostraße zum Nordkap. Ihnen bietet sich dafür die Ruhe und Mystik des sagenumwobenen Trollheimen-Gebirges, wo man mit etwas Fantasie auf so manchem Gipfel einen großen Troll sitzen sehen kann. Auch bietet sich eine Wanderung zur Jöldalshytta (3-4 Stunden) an.
Sie verlassen Oppdal nach Westen auf der R 16. Die Straße führt leicht aufwärts, 3 km nach dem Stadtzentrum passieren Sie eine der größten Grabstätten Norwegens. Hier wurden 758 Einzelgräber aus der Eisenzeit gefunden. Sie biegen 1½ km hinter *Vognill* nach rechts auf die Mautstraße gegen Norden ab. Der Fjellweg steigt langsam auf 869 m am Skarvatn hoch. Dann geht es viele Kilometer durch endlose Fjelleinsamkeit, Sie begleiten den Skardalen-Fluß nach *Nerskogen* und dem Granasjöen. Der See wird von ausgedehntem lichten Bergwald gesäumt. Hinter dem See geht es durch das dünner bewaldete Fjell nach Nergård und in steiler Abfahrt zur *Grana bru* an der R 700 hinunter. Das Kraftwerk, vor der Abfahrtsstrecke links, kann besichtigt werden. Auf der neuen Straße folgen Sie dem Verlauf der Orkla und steuern nach **Å** (Sör-Tröndelag). Der Ortsname Å ist in diesem Buch 3 x vorhanden: hier, Lofoten und Westnorwegen.
Camping: Motun ***, ganzj., 7396 Jerpstad, Tel. (074) 94223, 25 ha, Waschm., Hü.
Sie können auf die andere Flußseite wechseln und dem Autoverkehr aus dem Weg gehen. An etlichen kleinen Streusiedlungen vorbei erreichen Sie *Meldal* (Post), wo es etwas außerhalb ein Volksmuseum gibt. Im Ortskern treffen Sie wieder auf die R 700 und klettern über den kleinen Höhenzug (210 m) durch den dichten Meldalskogen (skogen heißt Wald) zur Bergbaustadt **Lökken**.

Etappe 90:
Lökken - Svorkmo - Skoldmoen - Estenstad - Korsvegen - Hove - Melhus - Klett Kirke - Mo - Selsbakk - Trondheim (72 km) >
230 - 237 - 149 - 0 m
Cappelen-Karte Nr. 3

Die relativ ebene Gegend um den Trondheimfjord ist eines der zentralen Anbaugebiete für die norwegische Landwirtschaft.
Sie folgen der R 700 von Lökken parallel zu den Gleisen ebenfalls nach **Svorkmo**, fahren durch den Ort und knicken dann nach Osten auf die Bezirksstraße nach *Skoldmoen* ab. Die Felder dünnen im Verlauf des Weges aus, und der Wald übernimmt die Regie. Hinter dem idyllisch gelegenen Svorksjöen gibt es einen Campingplatz.
Camping: Svorksjöen *, 1.6.-1.9., 7086 Gåsbakken, Tel. (07) 850625, 35 ha, Hü.
In Skoldmoen biegen Sie nach links (Norden) ab und steuern über Estenstad nach Korsvegen am Gaustadvatn. Dort treffen Sie die R 708, die Sie entlang des Ånöya-Sees weiter gen Trondheim bringt. In *Hove* (Camping) halten Sie sich

rechts und kommen über Sagberget und Gimsan hinunter nach *Melhus* (Post). Die große Kirche (Gaukdalskathedrale, 1890) des Ortes ist schon weithin sichtbar. Von Melhus müssen Sie 5 km der E 6 folgen, an der *Klett Kirke* verlassen Sie diese mit der R 707 und biegen in Mo auf die Bezirksstraße nach Selsbakk ab; nach weiteren 5 km durch die Randbezirke kommen Sie in das Zentrum von Trondheim.

Trondheim, 135000 Einw., Sör-Tröndelag, ist die drittgrößte Stadt Norwegens und die wichtigste Stadt der norwegischen Peripherie (alles abseits von Oslo und Bergen zählt dazu). Die Stadt gewann ihre Bedeutung in ihrer langen Geschichte vor allem als geistliche Hauptstadt, zu der später die weltliche Macht hinzukam. Nidaros, so der Name der alten Wikingersiedlung bis ins 16. Jh. in der fruchtbaren Ebene um den Nidelva, existierte schon, bevor Olav Tryggvason (Olav I.) 997 u.Z. den Königshof Nidarnes und eine Kirche errichtete. Er war es auch, der anschließend die Christianisierung mit großer Brutalität vorantrieb. Die Stadt gewann schnell als Königssitz an Bedeutung, vor allem unter Olav dem Heiligen, und als der König nach seinem Tod von Rom heiliggesprochen wurde, wuchs Trondheim zu einem weit über die Grenzen bekannten Wallfahrtsort. In dieser Zeit des Wachstums und Wohlstandes entstanden außer dem Nidarsdom neun weitere Kirchen und fünf Klöster. 1152 wurde Trondheim Bischofssitz, und ab 1449 wurden hier alle norwegischen Könige gekrönt. Die Glanzzeit endete jäh mit den einfallenden Dänen (sie nannten die Stadt Trondhjem) und der Reformation, die zur Flucht des Erzbischofs führte. Fünfzehnmal in der Geschichte wurde Trondheim von Feuersbrünsten heimgesucht, die schlimmste von 1681 legte die Stadt vollständig nieder. Die Stadt wurde nach den Plänen des luxemburgischen Generals Johan Caspar v. Cicignon völlig neu wieder aufgebaut. Er entwarf ein Schachbrettmuster, vergrößerte den Abstand zwischen den Häusern und trennte ganze Viertel durch die breiten Hauptachsen Munke- und Kongsgate. Beide Straßen bilden eine dominierende Leitlinie auf prächtige Sakralbauten zu (Dom- und Marienkirche). In den folgenden Jahren war der Holzhandel das wichtigste Standbein, und die Auswirkungen des Kupferbergbaus in Röros belebte die Wirtschaft enorm. In Trondheim ließen sich viele Kaufleute nieder; viele Prachtbauten (Stiftsgård, Hornemannsgården, die Palaisbauten der Kaufmannsfamilien Schöller und Möllmann) stammen aus dieser Zeit. Das Ende des 19. Jh. brachte mit der Verkehrserschließung durch die Eisenbahnen und die Einrichtung des regelmäßigen Schiffsverkehr der Hurtigrouten neue Veränderungen. Ein neuer Hafen wurde nördlich des Zentrums am Fjord gebaut, da die beiden alten (Övre und Nedre Elvehavn) den größeren Schiffen keine Einfahrt mehr bieten konnten und der Warenumschlag stark gewachsen war. Der Övre Elvehavn ist wegen der alten, auf Stelzen stehenden Lagerhäuser sehr sehenswert. In diese wirtschaftliche Entwicklung fällt die Gründung der "Trondheims Tekniske Laereanstalt", der Universität Trondheim, die auch über die Grenzen hinaus einen anerkannten Ruf hat.

Der Dom ist das wohl berühmteste Bauwerk Trondheims und eine der wenigen skandinavischen Kathedralen aus der Übergangszeit der Romanik zur Gotik. Das größte mittelalterliche Bauwerk in den nordischen Ländern ist das Nationalheiligtum der Norweger. Es hat eine lange und wechselvolle Geschichte seit dem Baubeginn im Jahr 1152 hinter sich. Nachdem der Dom 1320 fertiggestellt war, erlebte er die Zeit der großen Pilgerfahrten, zu der er üppig und prächtig ausgestattet war. Bis zu 28 Altäre waren im Inneren aufgestellt. Brandereignisse in den Jahren 1328 und 1432 wurden wieder repariert. Mit der Reformation begann der Niedergang, 1531 brannte der Dom erneut und verfiel in den folgenden Jahren fast vollständig. 1869 begann man mit dem Wiederaufbau, der heute noch nicht abgeschlossen ist. Von der westl. Hauptfront gab es weder Pläne noch Skizzen, die Wand war wohl nie richtig fertiggestellt worden. Die Hauptfassade schmücken eine große Anzahl von Statuen mit biblischen Motiven, Königen und Bischöfen.

Der oben erwähnte Stiftgården ist der größte Holzpalast des Nordens und wurde 1774-1778 als Privatwohnung für die Geheimrätin Christine Schöller gebaut; die Wohnung umfaßte 100 Zimmer. Musikfreunde sollten sich auf keinen Fall das Musikmuseum mit einer großen Anzahl von unterschiedlichsten Instrumenten aus aller Welt entgehen lassen (mit Vorführungen, 30 NOK, Einlaß nur mit Führung, 20.5.-30.9.). Das Museum liegt auf dem Landzipfel (Ringve) im Norden, direkt dabei befindet sich der botanische Garten. Von den vielen Museen seien hier nur zwei herausgegriffen: das Seefahrtsmuseum (Fischfanggeräte, tägl. 9-15 h, 10 NOK) in einem ursprünglichen Gefängnis (Sklavenhaus) von 1725 und das wissenschaftliche Museum der Universität Trondheim mit vielen kulturgeschichtlichen und naturwissenschaftlichen Ausstellungsobjekten. Die alte Benediktinerabtei auf der Insel Munkholmen wurde 1658 in eine Festung und ein Gefängnis umfunktioniert (Boote stündlich, 27.5.-3.9., Boot 18 NOK - Festung 8 NOK).

Information: Trondheim Reiselivslag/Turistinformasjon (zentral am Torvet - Marktplatz), Boks 2102, 7001 Trondheim, Tel. (07) 511466.

Verkehrsverbindungen: Züge nach Oslo, Stockholm und nach Bodö; Busse nach Bergen, Ålesund, Molde, Kristiansund, Otta, Röros; Flüge nach Röros, Oslo, Tromsö, Kirkenes, Bergen, Ålesund, Kristiansund und Skien.

Postsparbuch-Geldwechsel: Hauptpostamt und 32 Nebenstellen.

Jugendherberge: Rosenborg UH *** (in der Nähe der Nidarsmündung, Weidemannsveien 41), 4.1.-21.12., 7000 Trondheim, Tel. (07) 530490, 200 Betten, 120 NOK (incl. Frühstück), Kochg.

Camping: alle Campingplätze liegen weit außerhalb - Flak Camping ** (13 km westlich), 10.5.-5.9., 7070 Bosberg, Tel. (07) 835108, 14 ha, Kochg., Hü.; Sandmoen Camping *** (10 km südlich an der E 6), ganzj., 7080 Heimdal, Tel. (07) 886135, 56 ha, Waschm., Kochg., Hü., Zi.; Storsand Gård Camping *** (17 km östlich), 7560 Vikhamar, Tel. (07) 9776360, 90 ha, Waschm., Kochg., Hü., Zi.; Vikhammer Camping *** (15 km östl.), 1.5.-30.9., 7560 Vikhamar, Tel. (07) 976165, 20 ha, Waschm., Kochg., Hü.

Fahrradservice: Magnar Fosseide Sport AS, Tel. (07) 526983; Harald Moum AS, Tel. (07) 525248, Intersport City, Tel. (07) 889690; Intersport Stormarked AS, Tel. (07) 913032; Intersport Trondheim AS, Tel. (07) 529920; Gresvig AS.

Etappe 91:
Röros - Sundet bru - Nyplass bru - Rugldalen - Nesvoll - Reitan - Jensåsvoll - Renolsvollen - Tya bru/Moen (69 km) >
673 - 805 - 860 - 600 m
Cappelen-Karte Nr. 2 + 3

Diese Etappe ist trotz des langen Streckenabschnittes über das Fjell nicht übermäßig schwer, da die Höhen relativ sanft sind und Sie das einmal erreichte Niveau zwischen 600-800 m ü.NN. bis Tya bru halten. Gleichwohl ist die Landschaft durchaus typisch für den Bezirk Sör-Tröndelag, der nicht nur aus den flachen und warmen Gebieten um Trondheim herum besteht.

Sie starten, indem Sie Röros über die *Sundet bru* verlassen. Auf der anderen Seite des Glåma schlagen Sie den rechten Abzweig ein und rollen an auf der Ostseite des Flusses liegenden großen Sandfeldern und Dünen vorbei. Nach ca. 6 km durch offene Landschaft treffen Sie auf die R 30 (Bahnanschluß in Orvos).
Camping: Orvos **, 20.6.-1.9., 7460 Orvos, Tel. (074) 12267, 15 ha, Kochg., Hü.

Nun geht es auf der Hauptstraße von der *Nyplass bru* nach *Kroken* (Camping), wo es vor dem Haltepunkt Harborg der Röroseisenbahn eine schöne Badestelle an einem See gibt. Im Fjell westlich der Straße liegen mehrere alte Bergwerke, die aber alle aufgegeben sind. Auch hier wurde überwiegend Kupfer abgebaut. In *Ratvollen* (Camping) lebte lange Jahre der norwegische Schriftsteller Johan Falgberget (1879-1967). sein Haus gehört der Stadt Röros, und eine kleine Ausstellung kann besichtigt werden (Juni-Aug, mo-so 11-16 h). Die R 30 bringt Sie in Nesvoll zu einer rechts abzweigenden Gemeindestraße, der Sie über Engan nach Reitan/Storvollen (2 x rechts abbiegen) folgen. Von hier ab geht es durch das Flußtal der Gaula. Das Flußwasser wird von einer oberhalb liegenden Grube als Waschwasser zur Aufbereitung des Erzes benutzt, trinken Sie also nicht daraus. Der Wald endet in Jensåsvoll, und Sie radeln nach *Renolsvollen* (Camping) am 805 m hoch gelegenen Riasten-See.

Es geht weiter leicht bergauf, bis Sie zwischen dem Busjöen und dem Grönvola-See die Paßhöhe (860 m) passieren. Nun geht es ca. 200 Höhenmeter zur **Tya bru** bergabwärts - oder alternativ direkt nach **Moen** am Mosjöen -, beide am letzten Zipfel der R 705. Am Südostende des angrenzenden Stugusjöen gibt es mehrere Campingplätze.
Camping: Moheim **, 20.6.-1.9., 7590 Tydal, Tel. (07) 814647, 12 ha, Hü.; Svarthölvika **, ganzj., Tel. (07) 814652, 100 ha, Hü.

Kartenskizze Etappen 91 - 92

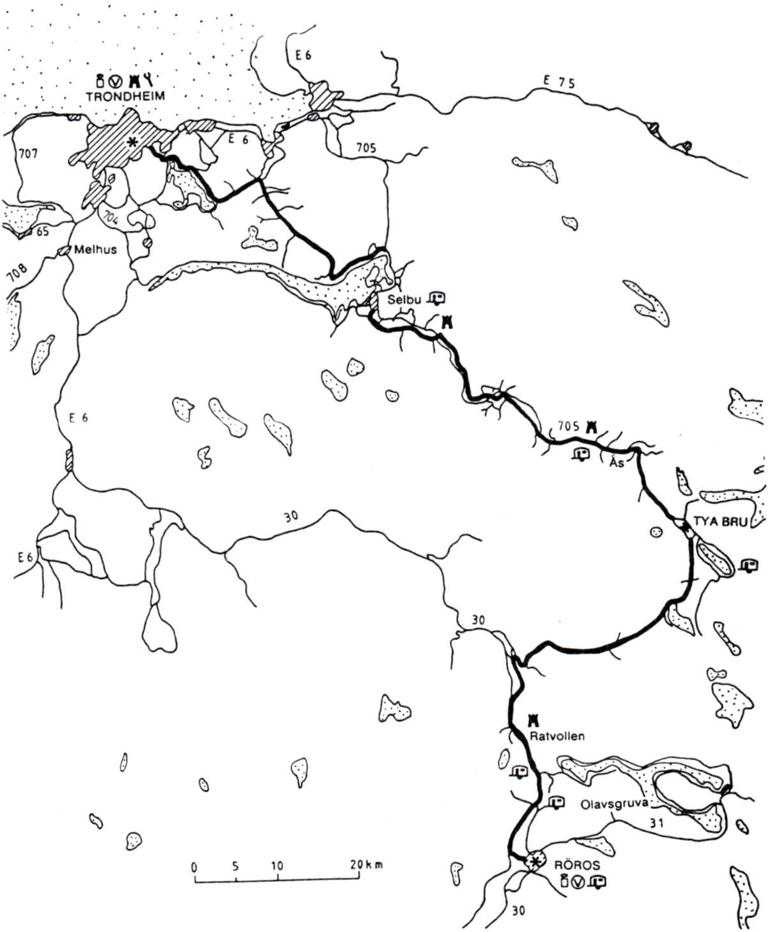

Etappe 92:
Tya bru/Moen - Ås - Flora Kirke - Rollset - Selbu - Tömra - Fuglem - Fosshode bru - Eggen - Övre Jervan - Trondheim (130 km) >
Cappelen-Karte Nr. 3
600 - 161 - 362 - 205 - 149 - 0 m

Die Königsstadt Trondheim ist das Ziel dieser Etappe, die Sie durch kühle Gebirgslandschaft in das warme Herz des Tröndelags bringt. Zugleich ist sie (mit Etappe 90) die letzte von Süd- und Mittelnorwegen. Hinter Trondheim liegen die endlosen, durch unwirtliche Landschaft führenden Straßen zum Polarkreis. Die nördliche Lage macht sich deutlich an der Tageslänge bemerkbar, abends kann es bis fast 23 h hell bleiben. Sie folgen die ersten 60 km dem Ty- und Neadalen zum kleinen Städtchen Selbu.
Das nach Nordwesten laufende Tal wird nur selten von der Sonne durchwärmt, so daß Sie es mit sehr gebirgsähnlicher Landschaft zu tun haben. Hinter Kirkevollen gelangen Sie ca. 4 km weiter nach Ås. In *Tydal* (Camping und Übernachtungsmögl.) gibt es in einem ehemaligen Gemeindehaus ein kleines Heimatmuseum. Etwa 1 km vor dem Museum zweigt nach Westen ein kleiner Fahrweg ab. Wenn Sie diesem folgen, kommen Sie nach ca. 3 km zum Hennfallet, dem höchsten Wasserfall im Tröndelag. Hinter Gresslivollen liegt rechts ein künstlicher Stausee. Sie folgen immer weiter dem schier endlosen Tal, die umgebenden Berge lassen kaum merkbar in ihrer Höhe nach. In Flaknan radeln Sie am *Flora*-Gotteshaus vorbei, etwas abseits des Weges gelegen. Hinter Tuset beginnt das Neadalen, über Langsmoen (mo heißt trockene, sandige Landschaft) steuern Sie nach Rollset. Der alte Weiler *Kalvaå* ist in ein Freilichtmuseum umfunktioniert worden, zusätzlich wurden einige andere typische Gebäude der Umgebung inklusive ihrer ursprünglichen Ausstattung hierher transportiert und aufgebaut. Ab hier können Sie evtl. die R 705 verlassen, und den Bezirksweg über Kolset nach **Selbu** benutzen. Andernfalls fahren Sie über Hyttebakken und Hoem in das kleine Städtchen am großen Selbusjöen. Der See liegt schon wieder recht nahe am Meeresniveau, nämlich 163 m ü.NN.
Die Kirche von Selbu stammt aus der Zeit der Christianisierung im 12. Jh., im 19. Jh. wurde angebaut. Im Pfarrhof von 1735 ist ein Volksmuseum untergebracht. In Selbu wurden früher Mühlsteine gemeißelt, einige stehen im Museum.
Information: Selbu.
Postsparbuch-Geldwechsel: Selbu.
Camping: Selbu **, 15.5.-15.10., 7580 Selbu, Tel. (07) 819750, 32 ha, Hü.; Marienborg *, ganzj.

Sie fahren auf der R 705 durch den Ort am Selbusjöen vorbei nach Sirum und biegen vor Tömra auf die Bezirksstraße nach Fuglem ab, die direkt am See entlang nach Südwesten verläuft.
Die weitere Strecke ist etwas anstrengend. An der Kirche knicken Sie nach Norden ab und fahren stark bergauf in das bergige Gebiet von Vollahaugen (haug

= Hügel). Das Gebiet liegt teilweise schon jenseits der Waldgrenze. Von der *Fosshode bru* geht es nach Verket hinab. In Eggen wenden Sie sich hart nach links, der schlechte Weg begleitet Sie nach Övre Jervan, wo es am Nordostufer des Jonsvatnet weiter geht. Dieser Weg (Jonsvannsveien) bringt Sie in der Verlängerung direkt über Nedre Jervan nach **Trondheim**. Vom Stadtrand kommen Sie am schnellsten in das historische Zentrum am Nidelva, wenn Sie die R 706 kreuzen und immer geradeaus auf dem Jonsvannsveien (heißt auf dem letzten Stück Lillegårdsbakken) weiterfahren.

Etappe 93:
Trondheim - Vanvikan - Leksvik - Grönlia - Mosvik Kirke - Kjerringvik - Vangshylla - Straumen - Röra/Röskje - Mære - Steinkjer (113 km) > >
0 - 224 - 320 - 0 - 80 - 100 - 0 m
Cappelen-Karte Nr. 3

Mit dieser Etappe beginnen die Streckenbeschreibungen, die Sie weiter nach nach Norden bringen. Sie befinden sich auf gleichen Breite wie Alaskas größte Stadt Anchorage, nur mit dem Unterschied, daß Nordnorwegen deutliche klimatische Vorteile zu verbuchen hat. Auf der ganzen langen Etappe gibt es keine Campingplätze, lediglich am Ende in Steinkjer.
Vom westlichen Hafenbecken im Ortsteil *Skamsen* verkehrt etwa 10 x täglich ein Postboot über den Trondheimfjord nach Vanvikan. Alternativ gibt es 13 km östlich der alten Königsstadt die Möglichkeit, von Flakk nach Rörvik überzusetzen - die R 715 führt dann nach Vanvikan. Weiter geht es dann 30 km immer am Trondheimfjord entlang. Die sanften Hügel um den Fjord (besonders im Süden und Osten) sind eines der wichtigsten Anbaugebiete des Landes. Die Gebiete der Gemeinden Rissa und Lesvik, nordwestlich des großen Fjordes, sind hingegen wegen der Exponierung und der Bergzüge überwiegend von Kahlfjell und unproduktivem Wald bedeckt. Lediglich entlang des Skaudalen, in der Mitte der Landzunge von Südwesten nach Nordosten verlaufend, gibt es große Areale kultivierten Landes und Forste. Das milde Klima läßt im Getreideanbau zwar nur die großflächige Kultur von Gerste zu, jedoch findet man neben den ausgedehnten Wiesen auch Obst und Gemüsekulturen. Leksvik ist in ganz Norwegen als Erdbeergemeinde bekannt.
Im Bogen der R 755 hinter Seter befinden sich am Ufer einige alte Grabhügel. Ein wenig später durchqueren Sie einen kurzen Tunnel und fahren am Hestdal-Kraftwerk vorbei, das die 600 m Höhendifferenz zum Meer ausnutzt. In *Leksvik* ist der erholsame Teil der Etappe erst einmal vorbei: es geht 300 Höhenmeter zum Grönsjö hinauf, und als weiteres Übel ist die Straße unbefestigt. Von der aufsteigenden Straße kann man bei klarer Witterung wunderschön den Fjord überblicken. Hinter Sollia erreichen Sie den höchsten Punkt (320 m) der Etappe, fahren erneut über ein langes (15 km) unbefestigtes Teilstück am Meltingen-See vorbei (unterwegs Badestelle) und zur Mosvik Kirke hinab. 2 km weiter gelangen Sie zur Fähre Kjerringvik - Vangshylla (23 x tägl.), falls der geplante

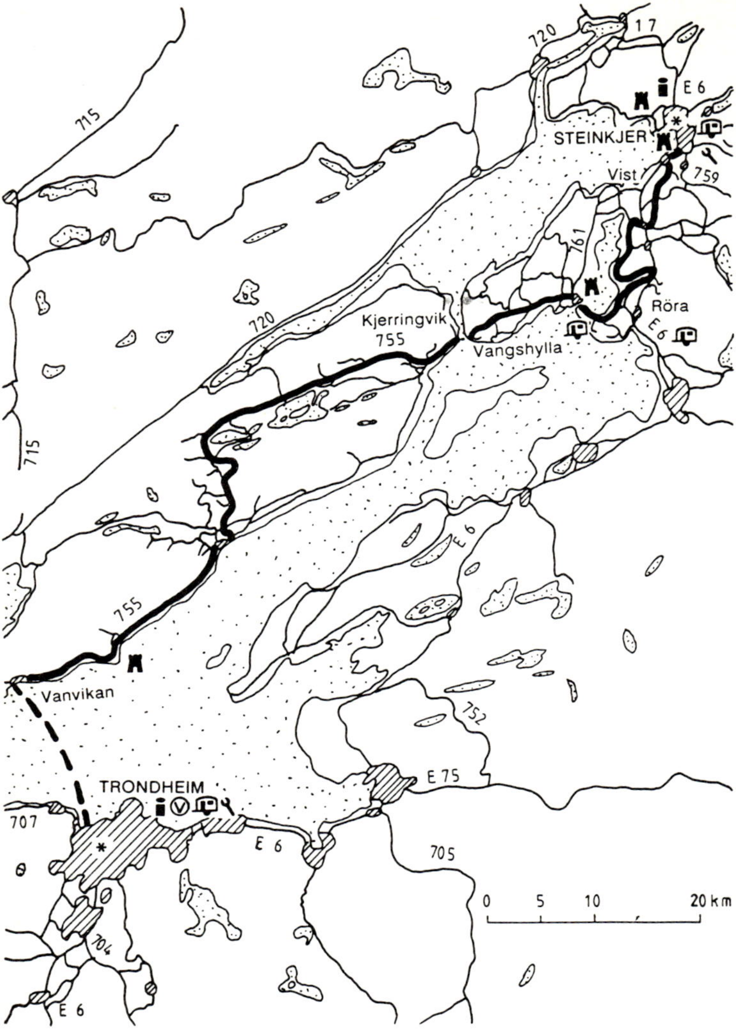
715
720
17
E 6
STEINKJER
Vist
759
761
Kjerringvik
755
Vangshylla
Röra
E 6
E 6
755
Vanvikan
752
TRONDHEIM
E 75
707
E 6
705
0 5 10 20 km
704
E 6

Brückenschlag zum anderen Ufer mittlerweile nicht schon fertig ist. Sie durchqueren die Halbinsel *Inderöy* auf der R 755, die hier etwas hügeliger wird. Von der Anhöhe der alten Sakshaug Kirke haben Sie einen hübschen Rundblick; in einer Bucht können Sie die Hausansammlung von *Sundnes* erkennen. Ein Abstecher von der Hauptroute lohnt sich.

Straumen, 3000 Einw., Nord-Tröndelag, ist das Verwaltungs- und Einkaufszentrum von Inderöy. Im Kern besitzt die Stadt etliche schöne Holzhäuser aus der Jahrhundertwende, neben der Kirche finden Sie das Heimatmuseum der Halbinsel Inderöy. Eine andere gut erhaltene Holzhausgruppe (um 1900) steht an der Straumbrua.

Postsparbuch-Geldwechsel: Straumen.

Camping: Koa *** (ca. 10 km östlich an der E 6), 1.5.-31.9., 7672 Röra, Tel. (077) 54472, 30 ha, Waschm., Kochg., Hü.; außerdem ein weiterer Platz 2 km östlich von Straumen an der R 755.

Von Straumen geht es auf der R 755 weiter über den Borgenfjorden, dann biegen Sie auf die erste der beiden Bezirksstraßen entlang des Ostufers des Fjordes ab. Eventuell gibt es eine direkte Verbindung nach *Lorvik*, ansonsten müssen Sie den Umweg über die E 6 machen. Bei Fagervik liegt eine schöne Badestelle - eine zweite gibt es etwas weiter auf der Höhe der *Mære*-Steinkirche. Grotesk sind die als Tierköpfe geschnitzten Balkenenden des Dachstuhls. Grabungsfunde deuten auf einen alten vorchristlichen Tempelplatz unter der Kirche. Sie fahren durch den Ort Mære, queren die E 6 und die Bahn und benutzen dann den Bezirksweg nach Sörlia. Die E 6 führt Sie zum Schluß schnell nach Steinkjer.

Steinkjer, 20500 Einw., Nord-Tröndelag, ist mit 1500 km^2 Norwegens flächenmäßig fünftgrößte Stadtgemeinde und nach Trondheim der wichtigste Ort im nördlichen Tröndelag. Steinkjer ist seit altersher ein wichtiger Handelsplatz und heute das Zentrum des Umschlags und der Verarbeitung der land- und forstwirtschaftlichen Produkte des Umlandes. Das Museum (Mai-Sept) im Ortteil Flathaugen besitzt 6 alte Häuser und 3000 andere Exponate. Auf dem alten Richt- und Versammlungsplatz steht die größte Steinsetzung des Landes. In der Umgebung weisen mehrere stein- und bronzezeitliche Felszeichnungen (Bardal, Hammer im Westen) und der alte Helge-Hof bei Byafossen auf eine lange Siedlungsgeschichte hin. In Gjevran (3 km NW) befindet sich eine alte Landburg aus der Zeit der Völkerwanderung.

Information: Steinkjer Reiselivslag, 7700 Steinkjer, Tel. (077) 63495.

Postsparbuch-Geldwechsel: Steinkjer.

Jugendherberge: Levanger (41 km südöstlich).

Camping: Guldbergaunet ***, ganzj., 7701 Steinkjer, Tel. (077) 62045, 25 ha, Kochg., Hü.

Fahrradservice: Intersport, Tel. (077) 65440; Gartland Sport A/S, Tel. (077) 61989; Sakshaug Sport Zebra A/S; Sakshaug Sport Sörsia A/S.

Etappe 94:
Steinkjer - Asp - Ostvik bru - Beitstad - Namdalseid Kirke - Sjöåsen - Bangsund - Spillum - Namsos (74 km) >
0 - 100 - 0 - 120 - 0 m
Cappelen-Karte Nr. 3

Ohne große Anstrengungen können Sie von Steinkjer nach Namsos, einem kleinen Hafenstädtchen am Namsfjorden, reisen. Die Straße wird von hügeligem Gelände mit Seen, das durchgehend bewaldet ist, begleitet.
Sie verlassen Steinkjer auf der E 6 in nördliche Richtung. Nach 7 km zweigen Sie in *Asp* auf die R 17 ab. Diese Reichsstraße ist neben der E 6 die einzige Hauptstraße, die durch die Nordbezirke nach Norden führt. Sie wird Sie viele Kilometer begleiten.

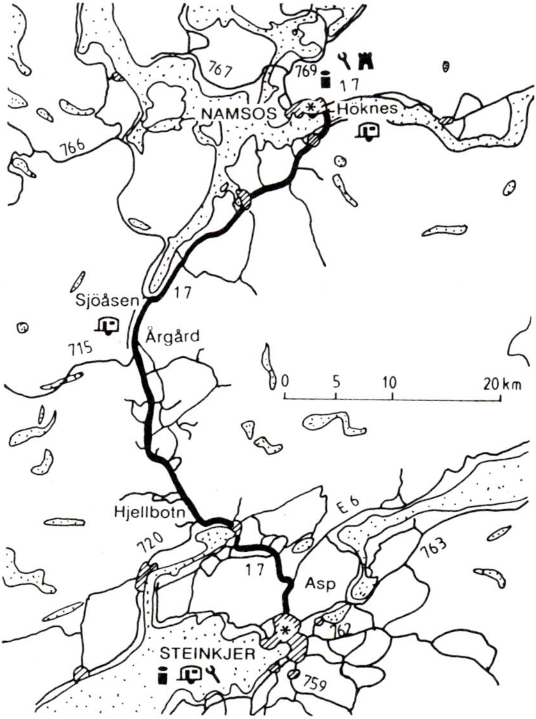

Nach einigen Kilometern Fahrt durch das Hinterland überfahren Sie die Östvik bru und fahren nach *Beitstad* (Post) hinein. Diese Gemeinde ist die letzte halbwegs größere Ortschaft auf 56 km. Am Ortsende fahren Sie 4 km am Fjord entlang, um dann in das Hinterland nordwestlich abzubiegen. Über Törring klettern Sie auf 100 m und passieren die Namdalseid Kirke. An der Einmündung der R 715 von Westen treffen Sie wieder auf das Meer, das hier sehr schmal ist und eher an einen Binnenland-See erinnert. Durch den starken Zustrom von Süßwasser aus 5 Flüssen ist das Wasser brackig, d. h. halb Süß-, halb Salzwasser.

Camping: Holmset Ferieheim og Camping *, 1.4.-1.11., 7823 Sjöåsen, Tel. (077) 78726, 10 ha, Kochg., Hü., Zi.

In *Sjöåsen* weitet sich das Wasser zu einem ordentlichen Fjord. Sie radeln auf halber Hanghöhe durch Rödhamar und *Bangsund* (Post). Hinter dem Ort geht es noch einmal etwas bergauf. An der Klinga Kirke vorbei geht es nach Spillum und anschließend über die 900 m lange Brücke über den Fjord nach Namsos hinein. Zum Campingplatz biegen Sie vor der Brücke rechts ab (2 km).

Namsos, 13000 Einw., Nord-Tröndelag, an der Mündung des Namsen, ist wie Steinkjer 1940 durch die Deutschen stark in Mitleidenschaft gezogen, aber noch während des Krieges mit schwedischer Hilfe wiederaufgebaut worden. Hitlers Generäle hatten die Stadt systematisch bombardiert, nachdem dort alliierte Einheiten gelandet waren. Schon lange vor der Entwicklung der heutigen Stadtgemeinde existierte auf der flachen Halbinsel Bråholmen ein Markt- und Handelsplatz. Die Stadt ist wirtschaftlich ähnlich wie Steinkjer strukturiert (Umschlagplatz für Forst und Landwirtschaft). Der Bahnanschluß an die Nordlandsbanen wirkte sich in der Vergangenheit günstig für die Stadt aus, heute hat er nur noch untergeordnete Bedeutung; eine Stillegung wird erwogen. Wesentlich wichtiger ist der Hafen mit großen Holzverladeanlagen, wo das Holz aus dem waldreichen Namdalen (E 6) verschifft wird. Sehenswert sind der Björumsklompen, ein 115 m hoher Stadtberg mit schöner Aussicht, und ein kleines Heimatmuseum (Namdalsmuseum) an der Einfahrt von Süden zum Stadtkern. Dort werden Häuser, Boote, Geräte und Gebrauchsgegenstände aus den Siedlungen des alten Namdalen ausgestellt. Ferner gibt es eine kleine Ausstellung, die sich der Samenkultur widmet. Vom Hafen aus werden Fjordrundfahrten durchgeführt. Lohnend ist ein Ausflug mit dem Boot zu der Insel Leka.

Information: Namsos Turistinformasjon, 7800 Namsos, Tel. (077) 73470.

Verkehrsverbindungen: Flüge nach Trondheim, Oslo und Bodö; Hurtigruten Haltepunkt; die Bahnlinie wird nur noch für den Güterverkehr betrieben bzw. wird stillgelegt.

Postsparbuch-Geldwechsel: Namsos und Höyknes.

Camping: Namsos ***, ganzj., Tel. (077) 72896, 33 ha, Waschm., Kochg., Hü.

Fahrradservice: Intersport Öyvind Johansen A/S, Tel. (077) 72434; Bjerve Sport A/S.

Etappe 95:
Namsos - Lænn - Ytterby - Salen Kirke - Haranes - Hofles - Horvereid - Kolvereid - Skog - Kvernan - Kjelleidet (126 km) >
0 - 60 - 0 - 72 - 0 - 113 - 0 - 40 - 0 - 40 - 0 - 90 - 0 m
Cappelen-Karte Nr. 3

Diese Etappe zählt zu den Routen, die zwischen Land und Meer hin- und herpendeln. Sie ist insgesamt leicht zu fahren.
Von Namsos geht es in westlicher Richtung aus der Stadt heraus. Auf der R 769 erreichen Sie nach 7 km eine Gabelung, wo die R 767 nach Westen abknickt. Sie bleiben jedoch auf Ihrer Straße und fahren am Südufer des Surviksundet an der Vemundvik Kirke vorbei. In Alhusstrand halten Sie sich links und überqueren bei Ytterby die Brücke zur Insel Elvalandet. Nach einem kleinen Anstieg fängt ein unbefestigtes Straßenstück an, an dessen Ende Sie in Myrvik über die 1988 fertiggestellte Brücke über den Mordsunda rollen. (Wenn Sie nach Jönnvika fahren, dort nach Norden auf die lange Landzunge abbiegen und anschließend mit dem Boot - eine Brücke ist geplant - auf die Insel Jöa fahren, erreichen Sie über Seierstad den Campingplatz in Faksdal).
Camping: Jöa **, ganzj., 7815 Seierstad, Tel. (077) 86880, 3 ha, Zi.

Auf der Halbinsel Fosnes geht es wieder etwas aufwärts und durch Wald nach Hestvik am Foldfjorden. An der Salen Kirke überqueren Sie eine kleine Landbrücke und setzen dann Ihre Reise am Ufer des Fjordes nach Kvernvik fort. Das Teilstück zwischen Salen Kirke und Smines ist unbefestigt. Kurz hinter der Lund Kirke erreichen Sie die Fähre von Haranes über Buöy nach Hofles, die ungefähr jede 2 Stunden verkehrt. Auf der anderen Seite geht es auf der unbefestigten R 769 an Skage vorbei.
Camping: Kvisterö *, 15.5.-31.8., 7970 Kolvereid, Tel. (077) 96737, 15 ha, Hü.

Die Insel *Ytre Vikna* im Westen lockt mit einem unendlich zersplitterten Schärengürtel. Sie erreichen Sie über die R 768 (tw. unbefestigt) und die R 770.
Die Etappe knickt nun nach Norden ab, und Sie erreichen über die Bezirksstraße (in Horvereid erneut nach rechts abbiegen) *Kolvereid* (Post, letzte Einkaufsmöglichkeit bis zum Ende der Etappe). Auf der R 770 verlassen Sie den Ort in nordöstlicher Richtung. Durch leicht hügeliges Terrain geht es ohne große Anstrengung auf die andere Seite erneut zum Wasser. Am Ende des Saltbotn trennen Sie sich von der R 770 und schlagen die westliche R 771 ein. Diese verläßt nach kurzer Zeit die See und klettert leicht den Lauf des Gråmarka-Flusses hinauf. Entlang etlicher Seen und ausgedehnter Waldflächen passieren Sie Skog, fahren über die Landbrücke nach Naustbukta und folgen dort an der Gravvik Kirke vorbei weiter der R 771.

Die Reichsstraße verfolgt dann über 18 km den Årsetfjorden. Ein Abstecher zur sagenumwogenen Insel Leka (Fähre ca. 5 x tägl.) lohnt sich. Nun verlassen Sie endgültig das südliche und mittlere Norwegen und überfahren die Grenze zum

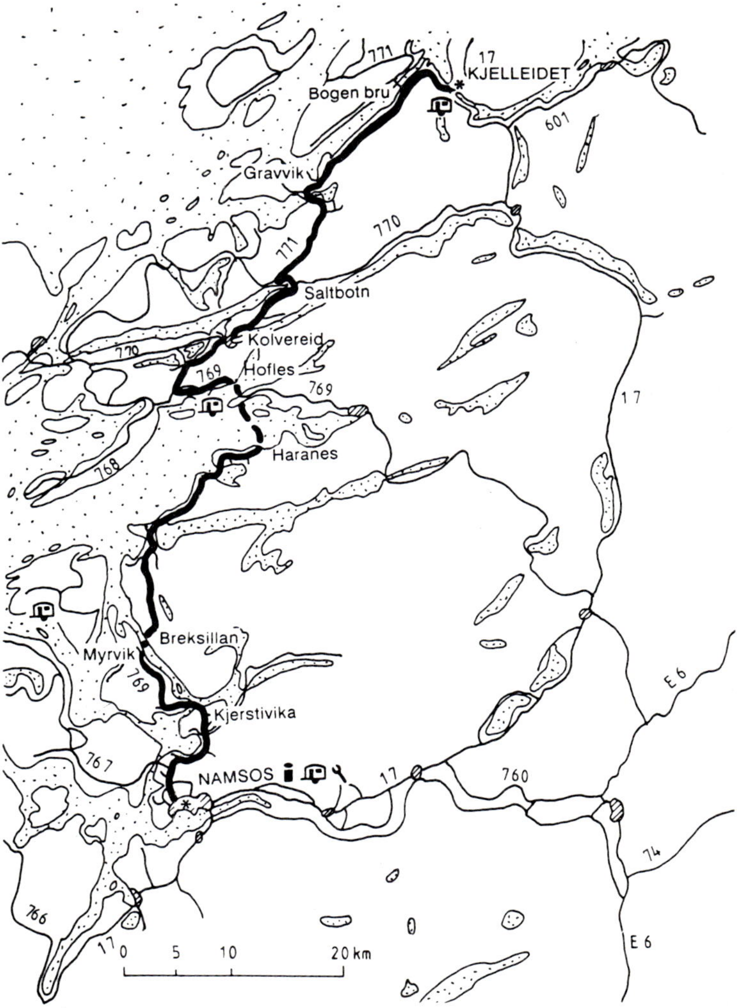

771
17
KJELLEIDET
Bogen bru
601
Gravvik
770
771
Saltbotn
Kolvereid
Hofles
770
769
769
17
Haranes
768
Breksillan
Myrvik
769
E 6
Kjerstivika
767
NAMSOS
17
760
74
766
17
0
5
10
20 km
E 6

Bezirk Nordland. Gegen Schluß der Etappe nehmen Sie die R 802, um in **Kjelleidet** (Camping) wieder Anschluß an die R 17 zu erhalten.

Etappe 96:
Kjelleidet - Holm - Vennesund - Berg - Skillebotn - Horn - Anndalsvåg - Forvik - Tjötta - Sandnessjöen - Leinesodden - Leland - Låvong (170 km) >
0 - 80 - 0 - 60 - 250 - 0 m
Cappelen-Karte Nr. 4

Diese Etappe bringt Sie bis fast an den Polarkreis. Sie folgt über 170 km der Reichsstraße 17 und führt überwiegend direkt am Nordmeer entlang. Angesichts der oftmals kühlen und feuchten Wetterlagen im Sommer, sollten Sie mit unangenehmen Winden und Regen vom Meer rechnen. Die Straße ist ab jetzt neben der stark befahrenen E 6 im Hinterland die einzige durchgehende Verbindung.
Sie reisen ab Kjelleidet auf der R 17 nach Norden. Zunächst geht es am Wasser vorbei, dann bergauf und westlich um ein Bergmassiv mit drei deutlich sichtbaren Gipfeln. Nach dieser kleinen Kletterei schlängelt sich die Straße um eine Seitenbucht des Lysfjorden und durch die Siedlung Kveinsjöen. Nach weiteren 10 km, auf denen die R 17 teilweise durch Wald und wiederum entlang der Flanke eines größeren Berges führt, erreichen Sie die Fähre bei *Holm*. Das Schiff verkehrt zwischen 7 und 22 h etwa alle 45 Minuten (13 NOK). Im Südwesten liegt als äußerste die Insel Leka.
Auf der anderen Seite finden Sie in *Vennesund* einen gut ausgestatteten Campingplatz.
Camping: Vennesund ***, ganzj., 8924 Vik i Helgeland, Tel. (086) 27375, 245 ha, Waschm., Kochg., Hü., Zi.

Auf der Halbinsel Sömna setzen Sie die Nordland-Reise auf der R 17 direkt am Meer fort. Nach ca. 4 km wendet sich die Straße in Sundhopen etwas ins Innere. An einem größeren See vorbei geht es nach Våg und dann über Sandvåg in den kleinen Ort *Vik* (Post). In **Berg** steht ein Denkmal für Paul Knutsen, der an den Polarexpeditionen von Otto Sverdrup und R. Amundsen teilnahm. Knutsen starb 1919 in Sibirien auf einer Reise.
Etwa 3 km hinter Berg - in *Brönnöytun* - gibt die Straße einen wunderschönen Blick auf den 260 m hohen Berg Torghatten frei. Ein riesengroßes Loch, duch das man den Himmel sieht, klafft in der Bergwand. Es hat eine Länge von 160 m, ist 15 m breit sowie 30 m hoch. Nach der Sage ist das Loch durch einen abgeschossenen Pfeil entstanden, der sein Ziel - einen Hut - durchbohrt und beim Auftreffen das Loch in den Fels schlug.
Über mehrere kleine Niederlassungen erreichen Sie als letzte Siedlung vor Brönnöysund *Skogmo*.
Camping: Skogmo **, ganzj., 8910 Skillebotn, Tel. (086) 26641, 15 ha, Waschm., Kochg., Hü.

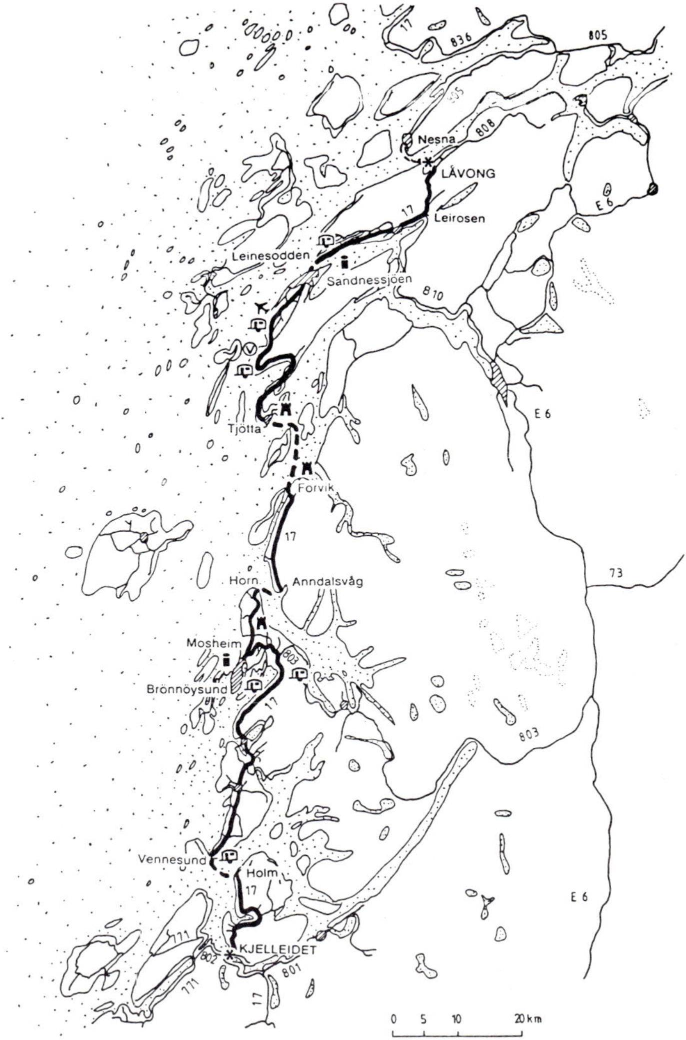
Nesna
LÅVONG
Leirosen
Leinesodden
Sandnessjöen
Tjötta
Forvik
Horn
Anndalsvåg
Mosheim
Brönnöysund
Vennesund
Holm
KJELLEIDET
17
836
805
808
810
E 6
73
803
771
802
801
0 5 10 20 km

Das letzte Stück ist noch etwas hügelig, bis Sie dann in Mosheim die Stadt Brönnöysund streifen.

Brönnöysund, 3000 Einw., Nordland, nimmt trotz seiner vergleichsweise geringen Größe wichtige Funktionen für das Umland wahr. Die Stadt zählt zu den fünf größten des Bezirkes Nordland und hat sogar einen kleinen Flughafen. Das Schiff der Hurtigruten legt täglich, aus beiden Richtungen kommend, in dem schön gelegenen Fischerstädtchen an. Das nordwärts fahrende Schiff hält zwar nachts um 1.00 h (Süden: 17.15 h), im Sommer ist es jedoch auf diesem Breitengrad noch hell. In dem Seegebiet vor Brönnöysund liegen zwei Explorationsfelder der Ölgesellschaften. Etwas außerhalb des Ortes gibt es einen Felsen, der im Profil den berühmten norwegischen Polarforscher R. Amundsen darstellt. Zum Bergwandern in der Umgebung suchen Sie die Nordlandsbanken (Storgata = Hauptstr.) auf und wenden sich dort an Walther Nöstvik. Dort erhalten Sie Toureninformationen, Karten und den Schlüssel der einen Hütte der Sektion des dortigen Turistforening.
Information: Sör-Helgeland/Torghatten Reiselivslag, Boks 315, 0901 Brönnöysund, Tel. (086) 21688.
Verkehrsverbindungen: Flüge nach Trondheim, Oslo und Bodö; Anlaufhafen der Hurtigruten.
Postsparbuch-Geldwechsel: Brönnöysund.
Camping: Solli ** (im Südosten), ganzj., 8900 Brönnöysund, Tel. (086) 20540, 5 ha, Kochg., Hü., Zi.; Torghatten Feriecenter *** (Insel Torget), ganzj., Tel. (086) 25495, Waschm., Kochg., Hü.; Brönnöysund *, 20.6.-20.8., Tel. (086) 21788, Hü.

Von Brönnöysund besteht die Möglichkeit, in etwa 14 km zum oben erwähnten Berg Torghatten zu radeln. Allerdings sollten Sie sich einen Gang durch das gigantische Loch wegen des Steinschlags verkneifen.
Etwa 3 km nördlich von Brönnöysund finden Sie in *Tilrem* eine Ruine einer Kirche aus dem Mittelalter. Über Mo fahren Sie weiter durch eine bezaubernde Küstenlandschaft zur Fähre nach Horn (jede Stunde, 13 NOK).
Camping: Horn *, ganzj., 8900 Brönnöysund, Tel. (086) 25145, 5 ha, Waschm., Hü.

Auf der anderen Seite in Anndalsvåg setzen Sie Ihre Fahrt durch Lauknes und Brödlös direkt am Meer entlang fort. Nach 17 km erreichen Sie *Forvik*, wo sich 2 km nördlich (vor Vistnes) eisenzeitliche Felszeichnungen mit beinahe lebensechten Rentieren befinden. Zu dieser Zeit waren die wilden Rentiere noch sehr viel weiter nach Süden verbreitet. Die samische Kultur ist erst seit der Zeitwende nachweisbar - das Nomadentum, das auf dem Ren basiert, hat es wohl schon etwas früher gegeben. Datierungen in der Geschichte der Samen sind kaum möglich, da sie als Kultur ohne Schrift keine Aufzeichnungen hinterlassen haben.

Auch auf den Inseln Hamnöya, Rödöya und Tjötta wurden eine gößere Anzahl von alten Feuerstellen, Waffen und Werkzeugen gefunden. Sie werden als Spuren der Kosma-Kultur gedeutet.

Nach der Fährfahrt (alle 2 Stunden; 19 NOK) erreichen Sie **Tjötta** (Post und kleines Heimatmuseum). Auf der langgezogenen Insel liegt neben alten Grabhügeln und Siedlungen der ehemals größte Gutshof Nordnorwegens mit im 19. Jh. mehr als 300 Gehöften. 1929 kaufte der Staat das Gelände zum Zweck der Schafzucht. Die jüngere Geschichte hat auch ihre Spuren auf Tjötta hinterlassen: auf dem Soldatenfriedhof - etwas weiter an der Straße - haben über 7000 sowjetische Soldaten, die als deutsche Kriegsgefangene ums Leben kamen, ihre letzte Ruhe gefunden. Auf dem Rigelfeld liegen weitere 1000 Gräber, Opfer einer der vielen tragischen Schiffsangriffe des Krieges. Die Alliierten waren nicht darüber informiert, daß sich an Bord des beschossenen Frachters "Rigel" Gefangene befanden.
Über Söroffersöy und Skei erreichen Sie die Alstahaug Kirke.
Postsparbuch-Geldwechsel: Alstahaug.
Camping: Belsvåg **, ganzj., 8832 Alstahaug, Tel. (086) 45319, 35 ha, Waschm., Kochg., Hü. und angeschlossene Jugendherberge (kein IYHF-Mitglied).

Weiter geht es auf der R 17 über Åringen (hier kann man alternativ die weniger befahrene Bezirksstraße über Breimo benutzen) und am Flugplatz bei Stokka vorbei.
Camping: Steiro **, 1.5.-31.8., 8862 Alstahaug, Tel. (086) 43490, 20 ha, Waschm., Kochg., Hü., Zi.; Belsvåg *, 1.5.-1.11., Tel. (086) 45319, Hü.

Die Fahrt geht an der Bergkette "Die sieben Schwestern" (nicht zu verwechseln mit den gleichnamigen Wasserfällen im Geirangerfjord) vorbei. Sie grenzen den Ostteil der Insel Alsten scharf gegen das Nordmeer ab und bilden eine deutliche Regenbarriere.

Sandnesjöen (5000 Einw.) ist ein alter Handelsort, der seine Glanzzeit lange hinter sich hat und heute nur noch von der Hurtigruten profitiert.
Information: Midt-Helgeland Reiselivslag, Box 603, 8801 Sandnesjöen, Tel. (086) 40433.
Postsparbuch-Geldwechsel: Sandnesjöen und Lyngåsen.
Camping: Leinesodden *, 8801 Sandnesjöen.

Auf einem langgezogenen Ausläufer des Festlandes steuern Sie gegen Westen, durchfahren ohne große Höhenunterschiede Holmvik und können dann bis *Leland* die nördlich verlaufende Bezirksstraße über Simsöy wählen. Die R 17 führt am Ende des Leirfjorden in Leirosen über das Kvamfjellet zum Fähranleger nach **Låvong**.

Etappe 97:
Låvong - Nesna - Stokkvågen - (Lovund) - Kilboghamn - Vågaholmen - Ågskaret - Foröy - Örnes - Dalen - Oterstranda - Inndyr - Sund - Horsdal - Alsvik - Bodö (117 km) >
0 - 100 - 0 - 150 - 0 - 183 - 0 m
Cappelen-Karte Nr. 4

Auf dieser Etappe verbringen Sie fast mehr Zeit auf den Fähren als im Sattel Ihres Rades. Insgesamt bewältigen Sie annähernd 200 km. Denoch ist die Tour relativ leicht, wenn man von den Winden absieht, die hier häufig aus Nordosten wehen. Das Postschiff, das Sie von Låvong über Nesna nach *Stokkvågen* bringt, fährt weiter zu den Inselgruppen Luröy und Træna (7 x am Tag).
Camping: Nesna **, 1.5.-1.9., 8700 Nesna, Tel. (086) 56540, 20 ha, Kochg., Hü.
Von Stokkvågen radeln Sie linker Hand auf der R 17 zur Haugland Kirke. Der Aldersund zeigt sich in imposanter Schönheit.
Camping: Aldersund Turistanlegg *, 1.3.-1.12., 8730 Bratland, Tel. (086) 93238, 5 ha, Hü.

Nach dessen Umrundung geht es am Ende unterhalb des 935 m hohen Liatinden durch *Lia* und anschließend landeinwärts über *Öresvik* nach *Kilboghamn*. Die Fähre benötigt für die fast 30 km lange Strecke nach *Vågaholmen* etwa zwei Stunden (2-4 x täglich; 29 NOK). Nach etwa 25 Minuten Fahrt überqueren Sie den Polarkreis (66° 30' nördliche Breite), der exakt am Nordrand des nach Osten in das Land laufenden Melfjorden liegt. Der Polarkreis ist auf der nördlichen Halbkugel der südlichste Punkt, an dem man am 21. Juni die Mitternachtssonne sehen kann.

Nach der Polartaufe in Vågaholmen angelandet, kommen Sie nach 5 km, die Sie wahlweise auf der R 17 oder auf der Bezirksstraße direkt am Tjongsfjorden entlang zurücklegen können, nach Kila. Die Halbinsel kann auch im Norden umrundet werden. Sie ersparen sich so etwas Steigung, haben aber zwischendurch kurze schlechte Wegstücke. Im Osten sehen Sie den gewaltigen Svartisen-Gletscher, der mit 369 km dem Jostedalsbreen nicht viel nachsteht. Aus dem Eispanzer ragt der Kamm mit der höchsten Spitze des Snötinden (1594 m) heraus. Von Kila aus werden Touren zum Svartisen angeboten, weiterhin kann man mit einem Touristenboot von Ågskaret durch den Holandsfjorden in den Nordfjorden fahren und dort einen Seitenarm des Svartisen - den Engabreen - aus nächster Nähe betrachten.

Sie biegen in *Tjong* nach Norden ab und erreichen unterhalb des 697 m hohen Rismålstinden den schönen Ågvatnet. Hier finden Sie schöne Stellen zum Zelten. 2 km weiter erreichen Sie die Fähre in Ågskaret, die alle 1-2 Stunden (11 NOK) nach Foröy (oder auch etwas östlich nach Halsa) übersetzt. Viermal täglich gibt es eine direkte Schnellboot-Verbindung nach Örnes, die die Weiterreise erheblich verkürzen kann. Weitere Möglichkeiten liegen für Radreisende in der Benutzung des Busses über Glomfjord nach Örnes oder der Fahrt über die Bezirksstraße um den Bærangfjorden nach Vassdalsvik. Die Strecke der R 17 selbst zu fahren ist wegen des 7,9 km langen Glomfjord- und des 1,9 km langen Fykan-Tunnels nicht möglich.

Örnes, 2000 Einw., Nordland, ist ein kleines unscheinbares Fischerstädtchen unterhalb des 876 m hohen Spilderhesten am Ende des gleichnamigen Tales. Der Ort war im 19. Jh. unter dänischer Herrschaft ein privilegierter Handelsplatz. Heute gibt es nur noch fischverarbeitende Betriebe. Die Handelsgebäude, die Anfang des letzten Jh. errichtet wurden, stehen unter Denkmalschutz. Wirtschaftlich ist die Gemeinde stark von dem benachbarten Industrieort Glomfjord (Chemie- und Aluminiumwerke von Norsk Hydro) beeinflußt.

Information: Melöy Reiselivslag, 8150 Örnes, Tel. (081) 54011.
Postsparbuch-Geldwechsel: Örnes.
Camping: Reipå * (etwa 5 km nordwestlich), 1.5.-30.9., 8146 Reipå, Tel. (081) 55774, 4 ha, Kochg., Hü.

Die Etappe führt weiter auf der R 17 entlang, Sie durchfahren Reipå (Badestelle) und kommen kurz vor *Dalen* (an der Weggabelung) an einem alten Gedenkstein auf einem Grabhügel - vermutlich der Wikinger - vorbei. Nach einer kleinen Steigung können Sie im Knie der Straße bei klarem Wetter bis Röst und zu den Lofoten blicken.
Camping: Mevik **, 25.5.-30.8., 8145 Storvik, Tel. (081) 56134, 7 ha, Hü.

Über Grimstad und Mevik fahren Sie am schönen Fjord entlang, am Ende müssen Sie eine kleine Steigung bis auf 183 m überwinden, aber es überrascht Sie eine wunderschöne Aussicht. Die R 17 führt durch ein enges Tal, das an den Flanken von bis zu 1000 m hohen Bergen umgeben wird. In Oterstranda stoßen Sie auf den Sörfjorden. Nach einem schönen Teilstück zwischen Land und Meer radeln Sie an der Sörfjord-Kapelle in Oppsal vorbei und biegen anschließend nach links auf die R 838 ein. Diese bringt Sie in den idyllischen Ort Inndyr (Post) mit einem geschäftigen Hafen und einer schönen Bebauung. Die R 17 führt durch mehrere längere Tunnel und ist deshalb zu gefährlich; außerdem wäre diese Strecke nach Bodö wesentlich länger.

An der Spitze der Halbinsel fährt in Sund 10 x täglich eine Fähre nach Horsdal auf die Insel Sandhornöya. Entlang der Westflanke des 944 m hohen Sandhornets durchfahren Sie auf der anderen Seite *Lekanger* (Camping) mit der kleinen Nordstranda-Kapelle. In Fölvik biegen Sie nach links ab und erreichen nach 10 km längs des Saltfjorden das Postboot (2 x täglich, außer di) in Alsvik. In einer knappen Stunde sind Sie in Bodö.

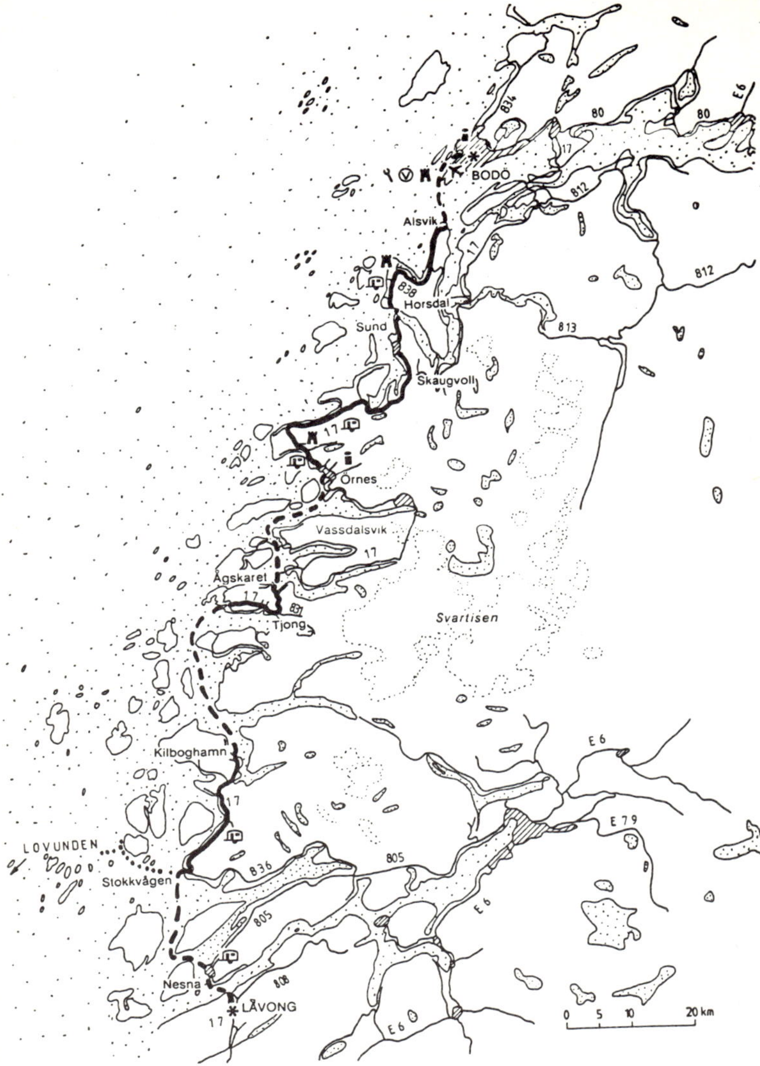
834
80
80
E6
17
BODÖ
812
Alsvik
17
838
Horsdal
812
Sund
813
Skaugvoll
17
Örnes
Vassdalsvik
17
Ågskaret
17
831
Tjong
Svartisen
Kilboghamn
E6
17
E79
LOVUNDEN
836
805
Stokkvågen
805
E6
Nesna
808
LÅVONG
17
E6
0 5 10 20 km

Bodö, 31000 Einw., Nordland, ist Endstation der 1962 fertiggestellten Nordlandsbahn, die täglich mit zwei Zugläufen mit Trondheim und Oslo in Verbindung steht. Die zentrale Funktion als Hauptstadt des Bezirks Nordland übt Bodö seit dem 16. Jh. aus, seitdem der Amtmann im Bodögård residierte. Die entscheidenden Siedlungsvoraussetzungen waren die relativ günstigen landwirtschaftlichen Möglichkeiten auf der langgezogenen Halbinsel zwischen dem Landego- und Saltfjorden und natürlich die Küstenfischerei. Großen Auftrieb erhielt die Stadt ab 1880, als die wandernden Heringsschwärme vor der Küste reiche Erträge und Wohlstand brachten. Die beiden Siedlungen Bodin Kirkested (mit der Bodin Kirke aus dem 13. Jh.) und Bodögård wuchsen erst ab dieser Zeit zu einer geschlossenen Stadt zusammen.

Eine schwere wirtschaftliche Krise zog das Ausbleiben der Heringsschwärme zu Beginn des 20. Jh. nach sich. Bis heute ist die Zahl der Fischer stark zurückgegangen und mittelständische Unternehmen verschiedener Branchen haben deren Funktion im Wirtschaftsleben der Stadt teilweise übernommen.

Der alte Stadtkern wurde im Mai 1940 durch einen Bombenangriff vollständig zerstört, deshalb prägen moderne Bauten das Stadtbild. Im Westen steht die fünfschiffige neue Domkirche (1956), die eine im Krieg zerstörte Kirche ersetzt. Im Süden liegt der internationale Flughafen (gr. militärischer Teil der NATO), wo die Flugzeuge der SAS auf der Polroute nach Tokio zwischenlanden.

Außerdem ist das Nordland Fylkesmuseum mit einer ansprechenden Ausstellung zur Fischerei sehenswert.

Information: Bodö Reiselivslag, Box 514, 8001 Bodö, Tel. (081) 21240.

Verkehrsverbindungen: Züge (morgens und abends) nach Trondheim und Anschluß an das restliche Netz; Busse nach Fauske, Sortland, Harstad; Flüge nach Oslo, Kristiansand (S), Stavanger, Bergen, Ålesund, Molde, Kristiansund (N), Trondheim, Lofoten, Andselv/Bardufoss, Tromsö, Alta, Kirkenes u.a.; Fähren nach Væröy und Röst; Hurtigruten (N: 15.00 - S: 0.45).

Postsparbuch-Geldwechsel: Hauptpost und Bodin.

Jugendherberge: Flatvold UH ***, Nordstrandveien 1, 20.6.-16.8., 8000 Bodö, Tel. 081 (25666 oder 21240.

Camping: Bodösjöen ***, ganzj., Kvernhusveien 1, Tel. 081 (22902), 30 ha, Waschm., Kochg., Hü.; Bodö Fritidsgård **, Bertnes, ganzj., Tel. (081) 14148.

Fahrradservice: Nor-Intersport Bodö A/S, Tel. 081 21000; Arvid Böckmann A/S; Sundby Gundersen A/S.

Ein furioses Naturphänomen gibt es 23 km südöstlich von Bodö an der R 17 zu sehen: der sogenannte **Saltstraumen**. Dabei handelt es sich um eine gewaltige durch die Gezeiten verursachte Meeresströmung, die sich zwischen den beiden Inseln Straumöya und Knapplundsöya hindurchzwängt und die Wassermassen zwischen dem Saltfjorden und dem Skjerstadfjorden hin- und herfließen läßt. Es ist Skandinaviens gewaltigste Tidenströmung: alle 6 Stunden strömen 372 Millionen cbm durch den Sund, der weniger als als 150 m breit und

3 km lang ist. Die Wassermassen erreichen dabei Geschwindigkeiten von über 50 km/h. Sogar am Totpunkt der Gezeitenwende hat der Saltstraumen eine vielfache Wasserführung des wasserreichsten norwegischen Flusses. Schiffe können nur zu diesem Zeitpunkt hindurchfahren. Da die R 17 den Sund mittels einer 40 m hohen Brücke überquert, ergeben sich von oben dramatische Einblicke in die tosenden Wassermassen. Der Saltstraumen liegt zwar nicht direkt an der Etappenführung, man kann sich aber unschwer eine Änderung der Tour mit einem Boot über Straumöya oder über die neue Brücke bei Kjöpstad (R 838/17) vorstellen.

Etappe 98:
Bodö - Valvik - Festvåg - Misteröy - Kjerringöy - Tårnvik - Nordfold - Myklebostad - Bogöy - Skutvik (84 km) >
0 - 80 - 0 - 60 - 0 m
Cappelen-Karte Nr. 4

Diese kaum schwierigere Etappe als die vorherige bringt Sie am Ende in Bogöy bzw. Skutvik zu den Fähren, die zu den Lofoten verkehren. Unterwegs gibt es nur wenig Einkaufsmöglichkeiten.
Die Hauptstadt Nordlands verlassen Sie auf der R 834 in Rchtg. Norden. Kurz hinter der Stadt liegt das Ronvikfjell, ein beliebtes Skigebiet von Bodö. Hinter *Geitvågen* - nach ca. 7 km - gibt es eine Badestelle (und ein künstliches Salzwasserbecken am Campingplatz) am Landegofjorden.
Camping: Geitvågen Bad og Camping **, 1.6.-30.8., 8061 Löpsmarka, Tel. (081) 10142, 350 ha, Kochg., Hü.

Die Reichsstraße führt mit schönen Aussichten weiter auf die kleine Insel Vagöy. In Valvik lohnt sich bei klarer Witterung eine Tour auf der Seitenstraße nach Mulstrand, von wo Sie weit über den Vestfjorden sehen können und sich am Horizont das Lofotengebirge abzeichnet. Die R 834 erreicht unterhalb des Mjellefjells über eine kleine Steigung Jegerheimen und anschließend *Festvåg*. Das Fährschiff fährt 10 x am Tag zur anderen Seite nach *Misteröy*.
Sie benutzen auch weiterhin die R 834, die einzige Straße auf der Halbinsel, und kommen nach 10 km in den uralten Handelsort **Kjerringöy** (Post). Einen schönen Eindruck von der Geschichte erhalten Sie beim Besuch der 15 erhaltenen alten Handelshäuser von etwa 1800. Diese sind als Freilichtmuseum zugänglich, gruppiert um das zentrale Gutshaus "Sirilun".
In Alsos geht es links weiter, obwohl sich ein Abstecher nach Öyjord am Nevelsfjorden lohnt. Die Straße nach Westen verläuft unter hohen dunklen Bergen und an mehreren Seen vorbei - wie in einem Bilderbuch entnommen.
Über Eidet kommen Sie auf der Etappe nach 23 km nach Tårnvik. Unterwegs lassen Sie längere Kiesstrände, an denen die sogenannte Küstenzwergkiefer große Bestände bildet, hinter sich. Die Fähre verkehrt nur 1-2 x tägl. nach Nordfold; sie benötigt ca. 2 Stunden.

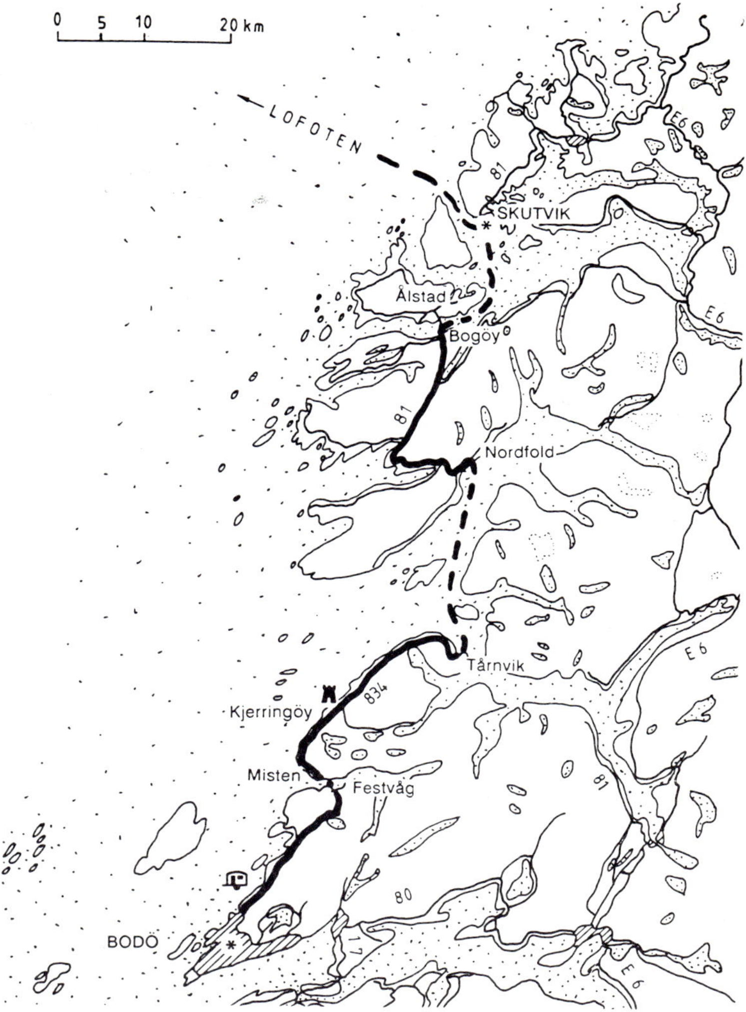
0 5 10 20 km
LOFOTEN
SKUTVIK
E6
81
Ålstad
Bogöy
Nordfold
Tårnvik
834
Kjerringöy
Misten
Festvåg
80
17
BODÖ

Drüben überqueren Sie die Insel Steigen an der Einschnürung nach Botn am selbigen Fjord. Nach weiteren 4 km radeln Sie an Leinesfjord und der Kirche vorbei, passieren Myklebostad und reisen durch ein idyllisches Tal, das im Osten durch den 826 m hohen Reinkalvtinden abgeschirmt wird. Rechts öffnet sich der Holmåkfjorden, und an Fure vorbei kommen Sie zur Bogen Kirke/ Bogöy mit der Fährstelle.
Sie können jeden Tag nur ein- oder zweimal nach **Skutvik** übersetzen. Von Skutvik legt gleichwohl eine Fähre nach *Svolvær* auf den Lofoten ab (41 NOK; Dauer: 2 Stunden).

Etappe 99:
Svolvær - Kabelvåg - Rörvik - (Henningsvær) - Sundklakk - Valberg Kirke - Stamsund (68 km) >
0 - 150 - 0 m
Cappelen-Karte Nr. 4

Die erste Etappe der Lofoten beginnt im Hauptort der Inselgruppe - Svolvær. Sie folgen der R 19 und gelangen nach 6 km nach Kabelvåg.

Kabelvåg, 1600 Einw., Nordland, ist das älteste, einst größte und in der Geschichte bedeutendste Fischerdorf auf den Lofoten. Heute hat Svolvær die zentralen Funktionen übernommen. Im 12. Jh. legte König Öystein den Grundstein für das spätere Fischereidorf, als er dort Hütten (rorbu, Pl. rorbuer) für die armen Lofotenfischer errichten ließ. Im Wikingerzeitalter und danach spielte der Ort als Handels- und Versammlungsplatz eine wichtige Rolle. In der Nähe Lofotkatedralen (auch Vågan Kirke genannt), der größten Steinkirche in Nordnorwegen, steht ein Stein (Trollstein), der vermutlich von den normanischen Kreuzfahrern des König Eystein um 1120 aufgestellt wurde. Das Heimatmuseum (Vågans museum oder auch Lofotenmuseum) ist einen Besuch wert. Sehr interessant ist auch das Meerwasseraquarium, das neben einigen echten Unterwasserszenen mit der dortigen Fischfauna eine Ausstellung über die Geschichte der Lofotenfischerei zeigt.
Postsparbuch-Geldwechsel: Kabelvåg.
Camping: Klubben ***, 15.5.-15.9., 8310 Kabelvåg, Tel. (088) 78337, 25 ha, Waschm., Kochg., Hü., Zi.; Sandvika Fjord og Sjöhus Camping ***, ganzj., Tel. (088) 78145, 100 ha, Waschm., Kochg., Hü., Zi.; außerdem kann man überall auf den Lofoten rorbuer mieten, meist einfachen Standards und direkt am Wasser.

Sie radeln durch Örsvåg (rorbuer in Hopen) und haben unterwegs von dem 150 m hoch gelegenen Rörvikskaret (Schlucht) eine weite Aussicht über das Meer und die Inseln. Vor dem Rörvik-Tunnel kommen Sie an einem Fjord-Endsee vorbei. Der Tunnel (740 m) ist glücklicherweise beleuchtet. Anschließend kann die R 816 Sie zum Venedig der Lofoten bringen: **Henningsvær** (700 Einw., rorbuer). Die Straße (rorbuer in Festvåg) gibt wunderschöne Perspektiven über

Hamnöy, Lofoten

die zerklüftete Inselwelt frei. Die Siedlung ist zur Kabeljausaison Januar-April der Hauptstandort der letzten Lofotenfischer.
Anschließend geht es am Rörvik Strand und an Lyngvær (vær heißt Fischerdorf) vorbei zur 800 m langen Gimsöstraumen-Brücke. Auf der Insel *Gimsöya* leben auf 46 km² nur etwa 250 Menschen (rorbuer in Barstrand). Gimsöya gehört zu den ältesten Siedlungsplätzen auf den Lofoten. Bei Hoven im Norden gibt es Wohnplätze aus den Stein- und Eisenzeit, außerdem einige hundert Meter Sandstrand.
Auf den Lofoten wurden in den letzten beiden Jahrzehnten viele Fährstrecken durch moderne Spannbetonbrücken ersetzt. In Sundklakk überqueren Sie die Sundklakkstraumen-Brücke zur Insel *Vestvagöy* und gelangen über die linke R 815 über Smorten und Horn zur Valberg Kirke. Die Insel Vestvagöy ist relativ dicht besiedelt, da hier die Voraussetzungen für Vieh- und Heuwirtschaft günstiger sind. Vor der Umrundung des Rolvsfjorden liegt eine schöne Aussichtsstelle in Sandvikneset. Am Ende des Fjordes gibt es in geschützter Lage einen Campingplatz.
Camping: Brustranda *, 1.5.-30.8., 8356 Strandslett, Tel. (088) 87102, Kochg., Hü.

Anschließend überqueren Sie einen ehemaligen Teil des Fjordes - heute ein Süßwassersee - und erreichen immer am Wasser entlang *Skifjord*.

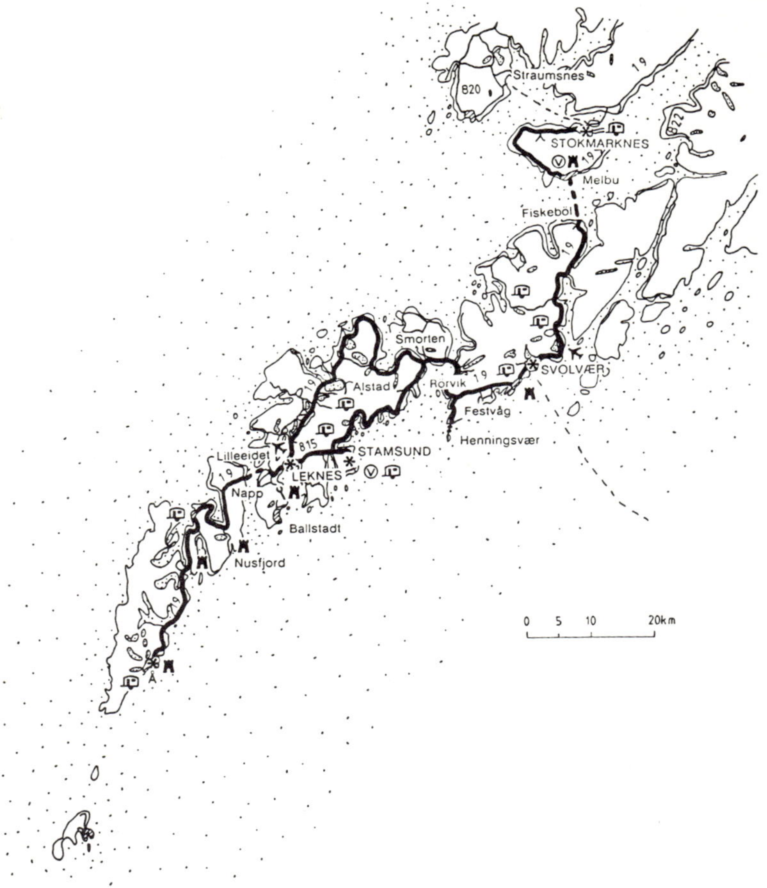

Camping: Storfjord Camping og Hyttegrend **, ganzj., 8340 Stamsund, Tel. (088) 86804, Kochg., Hü.

Nach weiteren 4 km auf der R 817 fahren Sie in das kleine Hafenstädtchen Stamsund ein.

Stamsund, 2000 Einw., Nordland, ist einer der wichtigsten Fischereihäfen des Landes. Im Ort gibt es eine bekannte Kunstgalerie (Rorbua Lofoten Galerie) mit wechselnden Ausstellungen - besonders der Maler, die im Sommer zu den Inseln reisen.
Verkehrsverbindungen: Postboot nach Svovær und Skutvik, Hurtigruten (N: 19.30 - S: 21.00 h).
Postsparbuch-Geldwechsel: Stamsund.
Jugendherberge: Justad UH **, ganzj., 8340 Stamsund, Tel. (088) 89166 oder 89334, 55 NOK, 50 Betten, Kochg.
Camping: Steine Rorbuer og Hytter * (3 km westl.), 1.5.-15.9., (088) 89283, Kochg., Hü.; Storfjord Camping og Hyttegrend **, ganzj., 8340 Stamsund/Storfjord, Tel. (088) 86804, Waschm., Kochg., Hü.

Etappe 100:
Stamsund - Storfjordvik - Leknes - Lilleidet - Napp - Kilanplass - Ramberg - Mölnarodden - Hamnöy - Reine - Sörvågen - Å (73 km) >
0 - 133 - 0 - 114 m
Cappelen-Karte Nr. 4

In den letzten Winkel der Inselgruppe gelangen Sie mit dieser Etappe. Da die R 19 im weiteren Verlauf zur einzigen Straße wird, müssen Sie selbige nachher auch wieder zuückfahren, was aber wegen der grandiosen Landschaft kein Nachteil ist. Eine andere Möglichkeit ist das Postboot über die Vogelinseln Væröy und Röst nach Bodö. Diese Tour ist wohl noch schöner als die anderen Lofotenetappen.
Von Stamsund folgen Sie der südwestlich um die Halbinsel verlaufenden Bezirksstraße und biegen in Storfjordvik nach links auf die R 815 ein, die Sie in 6 km über eine große Steigung geradewegs nach Leknes bringt. Von *Hagskaret* haben Sie vorher einen schönen Blick auf die Nappzinnen auf der Insel Flakstadöya.

Leknes, 1600 Einw., Nordland, ist der wichtigste Ort auf Vestvågöy und Hauptumschlagplatz der landwirtschaftlichen Güter. Er ist weniger durch Fischfang geprägt als die anderen Ort der Lofoten, da er inmitten eines fruchtbaren marinen Blautongebietes liegt. Einer der beiden Flugplätze der Lofoten befindet sich hier. Bei der Hol Kirke im Südosten wurden ein altes Schiffsgrab der Wikinger und eisenzeitliche Gräber gefunden. Außerdem gibt es dort das Vestvagöy Museum (Heimatmuseum).
Verkehrsverbindungen: Flüge nach Bodö und Tromsö.
Postsparbuch-Geldwechsel: Leknes.
Fahrradservice: Radio Sport, Tel. (088) 80588.

Hinter Leknes benutzen Sie die Fähre Lilleeidet - Napp. Vorher sollten Sie jedoch unbedingt auf der R 818 nach Ballstad fahren. Während Gravdal noch überwiegend von der Landwirtschaft geprägt ist, finden Sie in *Ballstad* (rorbuer) eine bilderbuchhafte Fischerei-Siedlung mit 1000 Einwohnern. Die alten Fischerhütten auf Pfählen kontrastieren in ihren kräftigen Farben stark mit dem blauen Meerwasser.

Die Fähre nach Napp verkehrt ca. 20 x täglich, eine Überquerung des nur 13 m tiefen Sundes mittels einer Brücke bzw. eines Tunnels ist in Planung.

Unterhalb der Nappzinnen führt der Weg längs zweier Seen über Kilanplass um den Flakstadpollen. Eine Nebenstraße führt zu dem alten Fischerort *Nusfjord* (rorbuer). Die dortigen malerischen Hütten stehen unter Denkmalschutz. Unter anderem gibt es dort einen komplett eingerichteten Laden aus dem Jahr 1900 und eine aus dem letzten Jh. stammende Bebauung zu sehen. Ein Besuch lohnt unter allen Umständen.

Über Flakstad (barocke Kirche von 1780) gelangen Sie nach *Ramberg*, wo es vor dem Ort einen langen Kies- und Sandstrand gibt. Die Wassertemperaturen (ca. 14-16 °C) sind für ein Bad eigentlich noch ausreichend, nur sind die Wetterverhältnisse über Wasser nur selten einladend.

Camping: Ramberg Kafe, Gjestgiveri og Hyttesenter **, 1.5.-15.9., 8380 Ramberg, Tel. (088) 93140, 18 ha, Kochg., Hü., Zi.

Die R 19 überquert nach 14 km auf der Kåkern-Hängebrücke den schmalen Sund zur spannendsten Insel der Lofoten: *Moskenesöya*. Vor der Brücke liegt im Süden der alte Fischerort Sund. In der schon im Mittelalter bewohnten Siedlung befindet sich ein hervorragend erhaltenes altes Gebäude am Fischmarkt; bei den rauhen Klimabedingungen des Archipels ist das keine Selbstverständlichkeit. Außerdem gibt es ein kleines Fischereimuseum mit einer authentischen Dokumentation über das harte Leben der Fischer nördlich des Polarkreises.

Die letzten Kilometer der R 19 sind mit enormen Aufwand erst 1963 aus dem in das Meer stürzenden Fels herausgearbeitet worden. Dies ist wohl einer der schönsten Abschnitte auf den Lofoten. *Hamnöy* (rorbuer) ist von steilen Bergen umgeben und besitzt etliche hübsche Fischerhütten auf Pfählen. **Reine**, Hauptort von Moskenesöya, ist erst seit 1982 über eine dreiteilige Brücke auf dem Landweg zu erreichen. Der Ort liegt direkt unter dem 805 m hohen Munken und wird von ihm nach Westen vollständig abgeschirmt. Er ist in zwei Stunden zu besteigen; eventuell finden Sie oben sogar die Moltebeere.

Hinter Sörvågen endet die R 19 in **Å** (Lofoten). Hier steht eine alte denkmalgeschützte Trankocherei aus dem Jahr 1850, ein Überbleibsel aus der Walfängerzeit.

Camping: Moskenesstraumen **, 1.5.-15.9., 8392 Sörvågen, Tel. (088) 91148, 17 ha, Kochg., Hü.

Von einem der im Süden gelegenen Berge kann man den berüchtigten Moskenstraumen in der See zwischen Moskenesöya und der Insel Væröy erahnen, aber kaum wirklich sehen. Zu diesem Zweck muß man ein Fährschiff nach Væröy nehmen. Durch die direkt vor der Südspitze von Moskenesöya gelegene

4 km breite und 40-60 m tiefe Einschnürung strömen gigantische Massen des kalten arktischen Wassers in einem brodelnden Strom (max. 11 km/h) in den 900 m tiefen Vestfjorden, der hauptsächlich mit wesentlich wärmeren Wasser des Nordatlantikstromes (meistens falsch als Golfstrom bezeichnet) gefüllt ist. Der Unterschied des Meeresspiegels zwischen der westlichen und östlichen Seite kann bis zu 4 m betragen.

Etappe 101:
Leknes - Borge Kirke - Vonheim - Kvalnes - Limstrand - Lyngedal - Sundklakk (52 km) >
0 - 3 - 25 - 0 m
Cappelen-Karte Nr. 4

Die Nordroute auf der Insel Vestvågöy ist sicherlich auch sehr reizvoll, jedoch sollte man sich bei windigem oder feuchten Wetter lieber für die Variante über die R 815 entscheiden. Auf der R 19 gibt es keine nennenswerte Höhenunterschiede.

Sie beginnen in Leknes und fahren durch eine Wiesenlandschaft. Sie lassen mehrere kleine Seen links liegen und fahren durch Skullbru (alternativ die Gemeindestraße über Leitebakken und Ostad) und Fridheim. Ab der Borge Kirke folgt ein schlechtes Wegstück. Eventuell bieten sich Ausflüge zu den kleinen Orten Unstad und Eggum am offenen Nordmeer an. Die Besiedlung der Insel Vestvågöy ist deutlich stärker gestreut und nicht wie auf den anderen Inseln auf wenige Siedlungsschwerpunkte konzentriert. Verursacht wird dieses Siedlungsmuster durch die verstärkte Landnutzung hier. Durch die Landverbindung des Borgpollan und an einem großen See bei der Steira Kirke vorbei geht es nach Haugen. Nach weiteren 4 km erreichen Sie die schon bekannte **Sundklakkstraumen**-Brücke.

Etappe 102:
Svolvær - Sildpollen Kapell - Melbu - Dragnes - Stokmarknes (51 km) >
0 - 10 - 0 m
Cappelen-Karte Nr. 4

Auf den nördlichen Teil der Lofoten gelangen Sie nur über die R 19. Sie verlassen Svolvær am Flugplatz in Helle vorbei.
Camping: Knutmarka Feriesenter ***, 1.6.-1.9., 8300 Svolvær, Tel. (088) 70760, 15 ha, Waschm., Kochg., Hü. und angeschl. Jugendherberge (nicht IYHF), am Austnesfjorden .

Die kleine Kapelle von Sildpollen liegt bildschön auf einer Landzunge in den Fjord. Sie wurde 1974 restauriert, und ihre Farben erscheinen besonders bei Sonnenschein sehr eindrucksvoll im Kontrast zum blauen Meer und den Ber-

gen.
Der Bogen um die Nordseite der Insel Austvågöy ist ebenfalls lohnenswert. Er verlängert diese Etappe aber um 28 km.
Camping: Sandsletta ***, 1.5.-15.9., 8315 Lauvik, Tel. (088) 75257, 20 ha, Waschm., Kochg., Hü., Zi. (nur 1), am Nordbogen der Insel.

Am Ende des kleinen Seitenfjordes durchfahren Sie mit dem Drahtesel die kleine Fischersiedlung Vestpollen und überqueren in Higrav die Landverbindung. Der Higravstindan (1161 m) und der Vågekallen (942 m) auf Austvågöy sind neben den Gipfeln auf der südlichsten Insel Moskenes die höchsten der Lofoten. Dann fahren Sie 9 km am wunderschönen Sloverfjorden zur Fähre nach *Fiskeböl*. Das Schiff nach Melbu verkehrt ungefähr jede Stunde (17 NOK) über den Hadselfjorden.
Im engeren Sinne verlassen Sie jetzt das eigentliche Lofoten-Archipel, wobei vielfach die Grenze aber auch erst bei der großen Brücke über den Langöysundet gezogen wird. Die Inselgemeinde Vågan auf Austvågöy, die Sie jetzt verlassen, hat 9400 Einwohner bei einer Fläche von 477 km^2.

Melbu, 2500 Einw., Nordland, besitzt etwas Industrie, ist ansonsten jedoch überwiegend auf den Fischfang und die vielen nachfolgenden Gewerbezweige angewiesen. Hier befindet sich das Heimatmuseum der Inselgruppe Langöya/Vesterålen. Interessant ist vor allem die große Trachtensammlung, deren älteste Exemplare aus dem 18. Jh. stammen. Der Melbu hovdegård (alter Handelshof) von 1930 wird aus drei Gebäuden gebildet.
Postsparbuch-Geldwechsel: Melbu.
Jugendherberge: Melbu UH **, 2.1.-20.12., 8401 Melbu, Tel. (088) 57106 oder 57341, 70 NOK (ohne Frühstück), 100 Betten, Kochg.

Auf der Insel Hadsel schlagen Sie die Bezirksstraße um die Nordseite ein. 2 km westlich von Melbu liegt ein kleiner Badestrand. Auf der ruhigen Schotterstraße steuern Sie durch Utbjör und ein wenig später an einem weiteren Badeplatz in Taen vorbei. Die Straße hält weite Blicke über das rauhe Nordmeer und die Lofotengruppe im Südwesten bereit. Von dem Aussichtspunkt Dragnes mit Blick auf Bö nach Vesterålen geht es wieder etwas geschützter weiter zum Endpunkt der Etappe.

Stokmarknes, 3100 Einw., Nordland, ist der Sitz der "Vesteraalens Dampskibsselskab", einer der Gründer-Reedereien der Hurtigrute vor ziemlich genau 100 Jahren (1893). Interessant ist höchstens die Hadsel Kirke (5 km westl. an der R 19) aus dem Jahr 1824. Der Hafen ist ein guter Ausgangspunkt für Touren mit Linienbooten in die Fjordwelt der Lofoten.
Verkehrsverbindungen: Hurtigruten (N: 0.45 - S: 15.15 h); Flüge nach Bodö, Tromsö; Postboot (3 x wöchentl. nach Straumsnes auf Lanöya, nach Svolvær und Narvik.
Postsparbuch-Geldwechsel: Stokmarknes.
Camping: Stokmarknes **, 1.6.-15.9., 8450 Stokmarknes, Tel. (088) 52022, 10 ha, Kochg., Hü.

Die 1978 eingeweihte 1000 m lange Brücke über den Langöyasundet und anschließend die R 19 nach Norden kann Sie direkt zum Anfangspunkt der übernächsten Etappe in Sortland (28 km) bringen.

Etappe 103:
Stokmarknes - Straumsnes - Bö Kirke - Steine - Straumsjöen - Rise - Rygge - Kråkberget - Störvik - Holmstad - Sortland (79 km) >
0 - 50 - 80 - 0 - 40 - 0 m
Cappelen-Karte Nr. 4

Diese Etappe an der Westseite der Inselgruppe Vesterålen entlang ist sicherlich ein Leckerbissen für alle Vogelfreunde. Wenn Sie die Augen offenhalten, werden Sie einen der größten europäischen Greifvögel, den Seeadler, beobachten können. Auf der Insel Vesterålen brüteten 1990 ca. 12 Paare dieser imposanten und in Mitteleuropa fast ausgerotteten Greife. Norwegen ist neben Island das einzige westeuropäische Land, in dem es noch eine stabile bzw. sogar wachsende Seeadlerpopulation (ca. 450-500 Paare) gibt. Der Vogel lebt überwiegend von Fisch und Küstenvögeln. Häufig kann er bei Jagdflügen, wobei er in Möwenkolonien hineinfährt, beobachtet werden.

Sie beginnen die Etappe mit dem leider nur 3 x wöchentlich verkehrenden Postboot nach Straumsnes auf Langöya und folgen der R 820 nach Bö (Kirke).
Jugendherberge: Bö i Vesterålen UH og Camping *, 15.6.-1.9., 8475 Straumsjöen, Tel. (088) 35688 oder 38135, 50 NOK, 12 Betten, Kochg.

Von Bö geht es durch Steine nach *Vinje*, wo es ein winziges Volksmuseum gibt. Der Küste sind an dieser Stelle die Inseln Gaukværöy und Svinöya vorgelagert. Gaukværöy wird nur noch von einer Unzahl Vögeln bewohnt, die letzten Einheimischen haben die Insel Anfang der Fünfziger verlassen. Die Gründe sind überall in Nordnorwegen dieselben: periphere Lage, Unrentabilität der traditionellen Erwerbsquellen und der Wunsch nach einem komfortableren Leben. Im vorliegenden Fall kommen noch die Veränderungen im Wander- und Laichverhalten der Fische hinzu. Die Insel Svinöya kann man bei Ebbe zu Fuß erreichen (wie auch so manche andere Insel auf den Lofoten). Dort befindet sich Norwegens größte Gräbergruppe aus der Eisenzeit.

3 km südlich vor *Fjærvoll* kann man auf einem kleinen Seitenweg (Westen) zu etwa 30 Steingräbern (Eisenzeit) gelangen. Die R 820 führt nach *Straumsjöen* (Post), dem Zentrum der Gemeinde Bö. Hier stehen noch viele alte Fischerhütten. Vorher kommen Sie noch an den 12 Hügelgräbern aus der Völkerwanderungszeit in Före vorbei. Besonders interessant war für die Archäologen der Fund eines becherähnlichen Gefäßes, dessen Herkunft eindeutig im Rheinland lag. Anscheinend haben schon die Vorfahren der Wikinger regen Handel mit Mitteleuropa getrieben.

Sie fahren über nach Rise, wo sich ein Abstecher über eine 17 km lange Seitenstraße zu den Fischerdörfern *Nykvåg* und *Hovden* lohnt. Vor Nykvåg liegt die hutförmige Vogelinsel Nykan. Besonders reizvoll ist das letzte Stück nach Hovden, die exponierte Straße führt unmittelbar am Abgrund entlang, wo unten die See schäumt.
Die Etappe führt um den Malnesfjorden nach Rygge. Entlang des Ryggedalsvatnet steigt die R 820 zum ca. 1½ km langen Ryggedalstunnelen an. Der Tunnel ist aber erfreulicherweise beleuchtet, so daß er ohne großes Risiko passiert werden kann. Sie umkurven den Auenfjorden und radeln westlich des 607 m hohen bizarren Reka nach Skelfjordeidet.

Am Ende des Eidsfjorden könnten Sie über *Myre* noch zur Nordspitze der Insel Langöya radeln. *Nyksund*, das älteste Fischerdorf der Gegend, hat neues Leben durch die Initiative deutscher Studenten erhalten, die in dem Ort mit Unterstützung des norwegischen Staates ein kulturelles Begegnungszentrum errichtet haben. Die Projekt ist in den 70er Jahren als Idee der Aussteigerbewegung Berliner Studenten entstanden.

Falls Sie direkt nach Sortland wollen, schlagen Sie einige hundert Meter weiter die Bezirksstraße nach rechts ein. Über *Holmstad* - am Eidsfjord entlang - geht es anschließend nach Osten durch das Holmstadtal, in dem es wegen der geschützten Lage ausgedehnte Wiesen und Weiden gibt, nach Sortland.

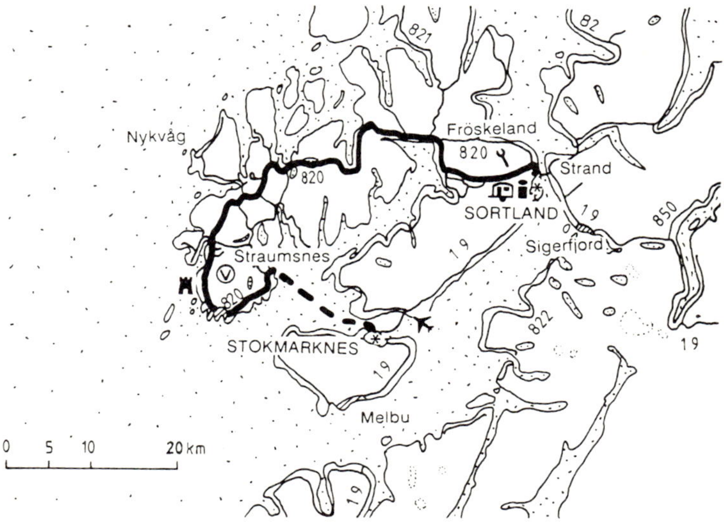

Sortland, 4000 Einw., Nordland, ist ein mit dem Ölboom expandierender Ort, der auf einen alten Handelsplatz zurückgeht. Einige alte Häuser zeugen hiervon. Die Gemeinde hat eine Fläche von 560 km²; in diesem ausgedehnten Umland wohnen nur etwa 4200 weitere Einwohner. Die nordnorwegische Küstenwacht hat hier ihren Hauptstandort. Die knapp 1000 m lange und 30 m hohe Brücke wurde 1975 fertiggestellt und wird mittels Mautgebühren finanziert.

Information: Vesterålen Reiselivslag, Box 243, 8401 Sortland, Tel. (088) 21555.
Verkehrsverbindungen: Busse nach Bodö und Fauske; Hurtigruten (N: 2.45 - S: 13.30); Postboot (1 x tägl.) nach Narvik.
Postsparbuch-Geldwechsel: Sortland.
Camping: Sortland **, 1.5.-30.10., Tel. (088) 21377, 34 ha Kochg., Hü.
Fahrradservice: Intersport Olav Dreyer Jægtnes, Tel. (088) 21755; S. Pedersen A/S.

Sehr spannend ist sicherlich der Abschluß der Tour mit dem mittags um 13.30 h abfahrenden Schnellboot der Hurtigruten nach Svolvær und von da aus wieder aufs Festland. Der Raftsund, an der engsten Stelle knapp hundert Meter breit, sowie der dramatische Trollfjord werden dabei besucht. Die Seitenwände der Fjorde erheben sich fast 1000 m aus dem Meer.

Etappe 104:
Sortland - Strand - Sigerfjord - Langvassbukt Kapell - Flesnes - Revsnes (Revsnesvik) - Straumen - Gåra - Sollia - Harstad (65 km) >
0 - 48 - 0 - 43 - 0 m
Cappelen-Karte Nr. 4

Zunächst geht es über die große Brücke über den Sortlandsund, um dann auf der anderen Seite der R 19 - unmittelbar am Meer entlang - nach *Sigerfjord* (Post), einem kleinen Industriestädtchen, zu folgen. Anschließend überquert die Reichsstraße die Landenge. Auf der Fahrt an den zwei Seen im Langvassdalen vorbei, überfahren Sie die Grenze (kurz hinter Austpollen) zum zweitnördlichsten Bezirk Troms. An der Langvassbukt Kapell verlassen Sie die R 19 und folgen der unasphaltierten R 850 über nach *Flesnes*. Die Fähre bedient die Strecke nach *Revsnes* 10 x täglich.

Drüben halten Sie sich nach links und erreichen nach einer längeren Fahrt längs des Öysundet Straumen. Nach weiteren 5 km gabelt sich die Straße (R 849/850) - Sie wählen den rechten Ast. Falls Sie aber links nach *Kvæfjord* fahren, haben Sie dort die Gelegenheit, einen alten Weiler mit zwei Mühlen (bygdetun) zu besuchen. Die Kirche des Ortes stammt aus dem Jahre 1867.

Die Etappe geht auf der R 850 durch Grünland und kleine Gemüsekulturen nach Harstad.

Kartenskizze Etappen 104 & 105

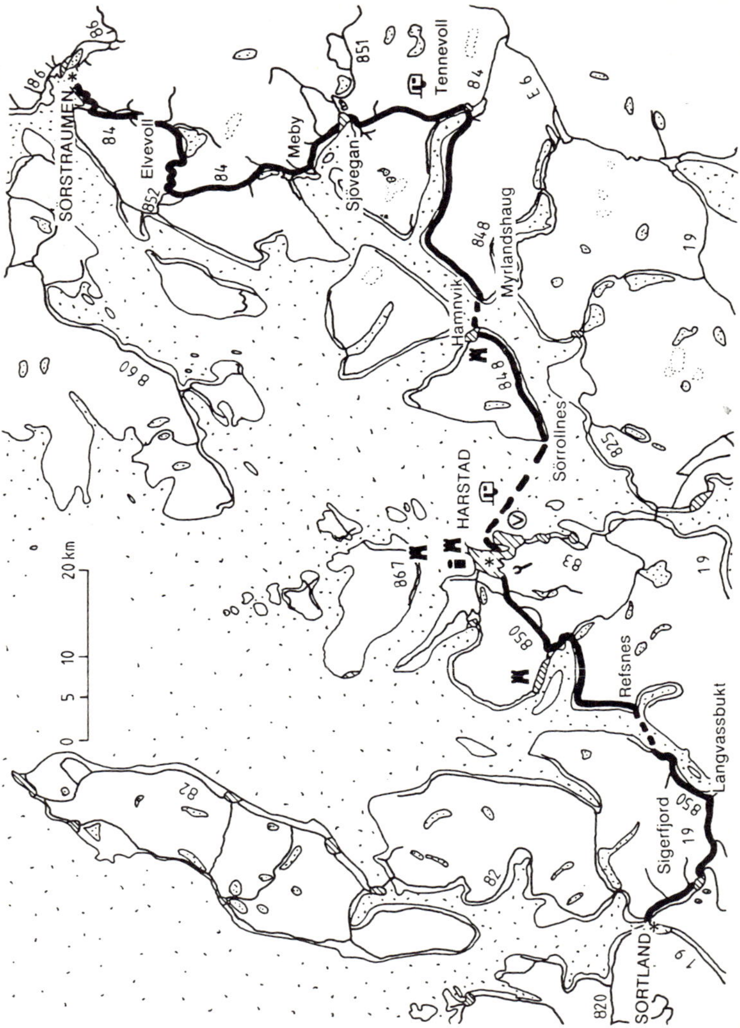

Harstad, 22300 Einw., Troms, ist nach Trömsö die einzige andere große Stadt des Bezirks Troms (26000 km^2) und liegt am Nordrand der größten norwegischen Insel Hinnöya. Das Gebiet war schon im Mittelalter besiedelt. Aus dieser Zeit stammt die romanische Kirche mit gotischen Elementen in Trondenes (im Norden), die 1220-1240 erbaut wurde und die nördlichste mittelalterliche Kirche der Welt ist. Reste zweier Wachtürme im Westen des Kirchenhofes deuten darauf hin, daß hier vorher eine Befestigungsanlage existierte.

Die Heringsfischerei legte im letzten Jh. den Grundstein für die moderne Entwicklung der Stadt. Auch heute hängt die Existenz sehr vieler Menschen am Meer. Die Industrie der Stadt befindet sich im Aufwind. Neben den Werften profitieren auch die anderen Wirtschaftszweige von dem Beginn der Erdöl- und Erdgasförderung im Nordmeer. Eine Kernfrage ist zur Zeit aber, wie die riesigen Erdgasfunde genutzt werden können, da sie sehr viel weiter von den Verbrauchszentren in Mitteleuropa entfernt liegen. Mehrere Gesellschaften haben sich in Harstad schon niedergelassen.

Weit über Norwegen hinaus ist Harstad durch die alljährlich in der letzten Juniwoche stattfindenden nordnorwegischen Festspiele (Theater, Konzerte, Ausstellungen) bekannt geworden. Etwas beklemmend erscheint hingegen das Internationale Hochseefischer-Festival, bei dem es nur darum geht, in der vorgegebenen Zeit möglichst viel Fisch aus dem Meer zu ziehen.

Auf der großen Insel Grytöya (6 km nördlich) befindet sich ein sehenswertes Heimatmuseum mit einigen Gebäuden ab 1770 sowie einigen alten Booten.

Information: Harstad Turistkontor, Strandgt. 20 b, Postboks 447, 9401 Harstad, Tel. (082) 63235.

Verkehrsverbindungen: Busse nach Bodö, Fauske; Hurtigruten (N: 7.45 - S: 8.00 h); Fähre nach Sörrollnes.

Postsparbuch-Geldwechsel: Harstad.

Jugendherberge: Trondarnes Folkehøgskole *** (im Süden), 5.1.-31.8., 9400 Harstad, Tel. (082) 64154 oder 67107, 100 NOK, 110 Betten.

Camping: Harstad ***, ganzj., 9405 Kanebogen, Tel. (082) 73662, 10 ha, Waschm., Kochg., Hü.

Fahrradservice: Nye Intersport Harstad A/S, Tel. (082) 64790; A/S Sport.

Etappe 105:

Harstad - Sörrollnes - Ibestad/Hamnvik - Myrlandshaug - Tennevoll - Sjövegan - Sletta - Elvevoll - Sörreisa/Sörstraumen (113 km) > >
0 - 192 - 0 - 43 - 181 - 0 m
Cappelen-Karte Nr. 4 + 5

Diese lange Etappe führt über große Strecken am Fjord entlang, es müssen jedoch zwei Steigungen überwunden werden, und teilweise hat die Straße nur eine Schotterdecke. Übernachtungsmöglichkeiten sind rar gesät.

Die Fähre von Harstad nach Sörrollnes legt 3-6 x täglich ab. Auf der Insel Rolla fallen im Süden die flachen, landwirtschaftlich genutzten Landstriche auf. Jedoch unmittelbar angrenzend erhebt sich der 926 m hohe Rolla. Sie fahren immer auf der R 848 an der Südküste entlang in den sehenswerten Ort **Ibestad** (Post, Übernachtungsmögl.), einen alten Handels- und Richtplatz mit gut erhaltenen Häusern aus den letzten beiden Jahrhunderten. Das Schiff verkehrt von Hamnvik ca. 9 x täglich nach *Myrlandshaug*.

Dort setzen Sie die Reise auf der hügeligen und teilweise mit Schotter versehenen Bezirksstraße längs des Stafjorden fort. Über Skjelnes geht es nach Tennevoll, wo Sie auf die R 84 treffen. Die nach Norden führende Straße gibt einige Kilometer hinter Tennevoll einen weiten Blick auf den Lavangenfjord frei. Sie fahren an der Lavangen Kirke vorbei und beginnen die Steigung nach Lavangseidet zu erklimmen (Soloy: Campingplatz). Zunächst ist die Straßendecke unbefestigt, kurz vor dem Scheitelpunkt (192 m) wird sie jedoch durch eine Asphaltdecke abgelöst. Unterwegs kommen Sie an der einzigen Urangrube Norwegens im Orrefjell vorbei.

Es geht nun abwärts zum Sagfjord, vorher kommen Sie aber noch an einer interessanten Höhle vorbei (auf Hinweisschilder achten). In *Sjövegan* (Post, Übernachtungsmögl.) folgen Sie der R 84 und fahren an der Kirche vorbei. In *Sletta* knicken Sie in das schöne und waldreiche Tal des Rövrbakkvatnet ab. Nachdem Sie das Björkebakkdalen durchfahren haben kommt die Siedlung Björkebakken, wo Sie kurz darauf nach Osten nach Elvevoll (Übernachtungsmögl.) abbiegen.
Die Straße führt zum Skövatnet auf 181 m hinauf, umrundet seine Nordseite auf einem Schotterstück und taucht dann in das wunderschöne Sköelvdalen ein. Es wird von den 1045 m und 1096 m hohen Söndre und Böringstind im Westen und dem 1028 m hohen Höggumpen im Osten flankiert, so daß die Sonne nur in den Mittagsstunden das Tal durchwärmen kann. Die Straßendecke wird nochmals etwas schlechter, bis Sie ab *Fossmo* (Post) parallel zum Reisafjorden leicht nach **Sörreisa** (Post, Übernachtungsmögl.) rollen können.

Etappe 106:
Sörreisa/Sörstraumen - Solstad - Andselv - Bardufoss - Rundhaug - Överbygd - Höyset - Övergård (101 km) > >
0 - 180 - 20 - 98 - 270 - 100 m
Cappelen-Karte Nr. 5

Als nahtlosen Anschluß an Etappe 105 fahren Sie von Sörreisa auf der Bezirksstraße südlich des Reisvatnet (ehemaliger Fjordarm) nach Sörfossbogen, wo die Straße ansteigt. Die Steigung wird kurz hinter Höglia überwunden, und Sie sehen den Andsvatnet vor sich. Nach kurzer Zeit kommen Sie an einem Flugplatz vorbei und dann nach Andselv.

Andselv, 3000 Einw., Troms, hieß früher Bardufoss und ist eigentlich keine richtige Stadt, da die Menschen recht verstreut im Gemeindegebiet leben. Es gibt hier viele Soldaten, die zum militärischen Flugplatz und dem im Süden liegenden Truppenübungsplatz (beide NATO) gehören. Der andere Flughafen ist ziviler Natur.
Information: Andselv Turistkontor, 9210 Andselv (Barduhaug), Tel. (089) 34225.
Verkehrsverbindungen: Flüge nach Oslo, Tromsö und Kirkenes; Busse nach Bodö, Fauske, Narvik und Kirkenes (Abfahrt am Flugplatz).
Postsparbuch-Geldwechsel: Andselv.
Camping: Målselvfossen **, ganzj., 9230 Bakkehaug, Tel. (089) 35214, 15 ha, Waschm., Kochg., Hü.; Målselvfossen Turistsenter **, ganzj., Tel. (089) 35213, 10 ha, Waschm., Hü., Zi.
Fahrradservice: G-Sport Andselv.

Andselv verlassen Sie auf der Bezirksstraße gegen Südosten nach *Bardufoss* (Wasserfall), wo es ein Volksmuseum (Bygdetunet Fossmostua) in einem altem Weiler zu sehen gibt.
In Nytröen treffen Sie auf die R 87, wo Sie dann südlich des Måselva nach Osten weiterreisen. Nach 3 km führt eine Seitenstraße zum Målselvfossen, der in drei gewaltigen Einzelfällen hinabstürzt. Die Lachse dort können die längste Fischtreppe Europas benutzen. Die Norweger kümmern sich schließlich um ihre Lieblinge, kein Aufwand wird dabei gescheut. Es geht durch *Rundhaug* (Camping 2 km westl.) und weiter durch Wald, ausgedehnte Wiesen, Weiden und sogar Ackerflächen nach *Överbygd* (Post, Camping).
Sie bleiben immer auf der R 87 und kommen in Overgård/Tamok bru am Eingang zum Dividalen vorbei, das im Südosten in den Nationalpark Övre-Dividalen übergeht. Für Naturfreunde lohnt sich unbedingt ein Seitensprung, obwohl der Weg nicht sehr gut ist. Das sehr lange Tal weist große Wälder auf. Einige Bereiche sind sogar Urwälder aus Kiefern und Birken, die aber wegen der subarktischen Bedingungen sehr viel lichter als in Mitteleuropa sind. In der Mitte des Dividalen in Högskarhus gibt es einen Campingplatz.
Der R 87 folgt dem Tamokelva nach Rognmoen (unterwegs Eriksbu-Wasserfall) und erreicht in Höyset den höchsten Punkt (270 m). Das Tamokdalen verjüngt sich erheblich und es geht von bis zu 1400 m hohen Bergen eingezwängt abwärts zu einem weiteren Ort mit den Namen **Övergård** an der E 6/E 78.

Etappe 107:
Övergård - Oteren - Stubbeng - Furuflåten - Lyngseidet (51 km) > >
108 - 0 - 450 - 0 m
Cappelen-Karte Nr. 5

Immer geradeaus am Storfjorden entlang führt diese mittelschwere Etappe zum Abzweiger nach Tromsö, dem "Tor zum Eismeer" bzw. der Fähre nach Olderdalen. Zu Beginn müssen Sie leider die E 6/E 78 benutzen.

Kartenskizze Etappen 106 & 107

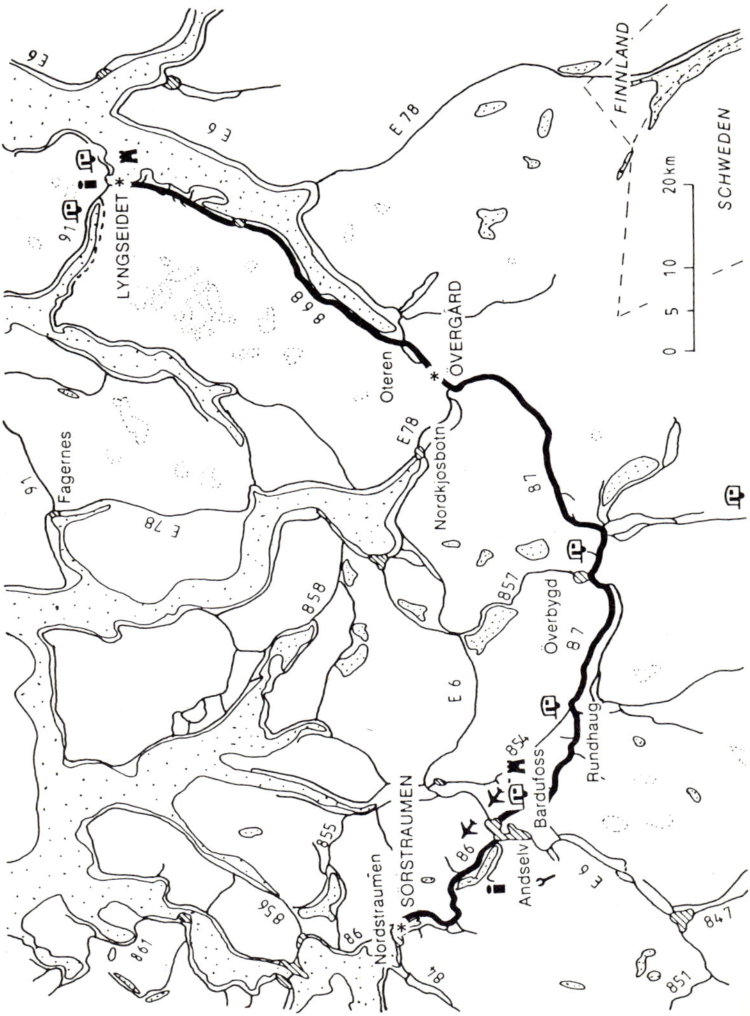

Von Övergård geht es durch das enge Balsfjordeidet (eid heißt Landenge), eingeschlossen von über 1000 m hohen Bergen. In *Oteren* (Übernachtungsmögl.) biegen Sie nach links auf die wesentlich ruhigere R 868 ab, der Sie nun über die restlichen 42 km folgen. Über den Fjord blickend erhalten Sie schöne Eindrücke aus der umliegenden Bergwelt. Sie fahren durch *Furuflåten* und kommen dann zu dem relativ neuen Tunnel unter dem Pollfjell her. Dieser ist für Radler gesperrt. Sie müssen sich also mühsam über die alte Gebirgsstraße (nicht in der Cappelen-Karte eingezeichnet) um das Fjell quälen. In *Pollen* treffen Sie wieder auf die R 868 und erreichen nach weiteren 10 km **Lyngseidet**, den Sitz der Gemeinde Lyngen. Hier steht eine sehenswerte Holzkirche aus dem Jahr 1775. Der Ort wurde 1789 durch das Handelshaus Giæver gegründet. In der Umgebung wird eine besonders kleine Pferderasse, das Lyngpferd, gezüchtet.
Information: Lyngseidet Turistinformasjonen, 9060 Lyngseidet, Tel. (089) 10202.
Postsparbuch-Geldwechsel: Lyngseidet.
Camping: Lyngseidet Motell og Camping *, ganzj., Tel. (089) 10202, 20 ha, Kochg., Hü.

Etappe 108:
Lyngseidet - Svensby - Breivikeidet - Fagernes - Tromsö (71 km) >
0 - 67 - 0 m
Cappelen-Karte Nr. 5

Diese Etappe ist eine der wenigen beschriebenen Routen, der keine Anschlußetappe folgt. Sie wird wegen der Schönheit und der Attraktivität des Endziels, der Stadt Tromsö, in den Etappenreigen aufgenommen, ist aber keine völlige Sackgasse, da sich neben den Straßenverbindungen nach Süden auch die Hurtigruten nach Norden zur Fortsetzung anbieten. Auf den ersten 45 km gibt es keine Geschäfte.

Nach dem Start in Lyngseidet erreichen Sie schnell den Kjosenfjord (Camping), dem Sie dann über 20 km folgen. Zu beiden Seiten erhebt sich ein schnee- und eisbedeckter Gebirgsstock, der von den Norwegern auch als die Lyngsalpen bezeichnet wird. In der Tat erheben sich die Gipfel bis über 1800 m, und das Gebiet gilt unter Bergsteigern als schwierig. Die Berge sind meist noch im Hochsommer in den Hochlagen wie mit Puderzucker überzogen, da auf diesen Breitengraden schon geringe Temperaturrückgänge zu Schneefall führen. Auf der Halbinsel Lyngen lebt Bevölkerung mit samischer Herkunft.

In Storsteinnes können Sie durch das Fornesdalen im Süden weit in die Lyngen-Berge sehen. Der Fornesbreen leuchtet in der Sonne, und dahinter liegt der 1833 m hohe Jiekkevarre (höchster Berg Nordnorwegens).
In *Svensby* wechseln Sie mit der Fähre (stündl.;14 NOK) nach *Breivikeidet*. In der Verlängerung der Fjordachse können Sie bei klarer Sicht im Norden die 65 km entfernte große Vogelinsel Fuglöya sehen.

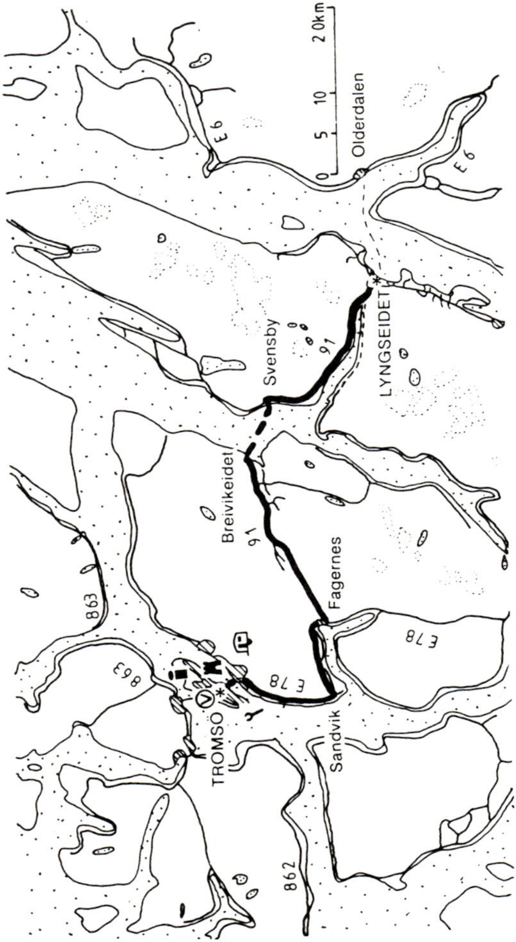
0 5 10 20 km
Olderdalen
E 6
E 6
Svensby
91
LYNGSEIDET
Breivikeidet
91
Fagernes
E 78
863
863
E 78
TROMSØ
Sandvik
862

Die R 91 führt Sie nun durch das wilde und romantische Tal des Breivikelva. Die riesige Radarantenne am Straßenrand bei *Ramfjordmoen* dient sowohl Wissenschaftlern der Universität in Tromsö als auch internationaler Forschung. Ziel ist die Erforschung der Atmo- und der Ionosphäre (Bereich über 100 km Höhe) und insbesondere die des Nordlichtes.

Kurz darauf kommen Sie nach Fagernes (das andere Fagernes liegt im Bezirk Oppland). Ab hier müssen Sie leider die stärker befahrene E 78 nehmen, können jedoch ca. 4 km vor Tromsö auf die parallele, alte Trasse des Reichsweges wechseln. Von *Berg* schauen Sie weit durch den Straumsfjorden nach Westen. Sie fahren an der bekannten, modernen und wegen ihrer Form umstrittenen Eismeerkathedrale (Eintritt 5 NOK) vorbei und über die langgezogene Brücke (Baujahr 1960, 1038 m lang und 38 m hoch), die die stark befahrene Wasserstraße des Tromsöysundets überquert, ins Zentrum.

Tromsö, 50000 Einw., Troms, ist die Eismeerstadt, die wegen ihrer Ausstrahlung und ihres Charmes weithin bekannt ist. Tatsächlich übt die nördlichste Universitätsstadt der Welt eine eigenartige Faszination aus.
Begünstigt wurde in historischer Zeit die Besiedlung durch das relativ milde Klima, obwohl in der Hälfte des Jahres Schnee liegt.
Die Stadt auf der Insel Tromsöya (schon im Mittelalter ein Anlege- und Handelsplatz) erhielt 1794 die Stadtrechte, nachdem Bergen und Trondheim ihre Handelsprivilegien für den Norden verloren hatten. Aber die Geschichte beginnt schon im Jahre 1250, als König Håkon Håkonsson hier eine Kirche bauen ließ. Doch bis zu dem Zeitpunkt, als das nördliche Eismeer in den Blickwinkel der Walfänger und Robbenjäger geriet, führte Tromsö eher ein Schattendasein. Die Stadt wurde zum Ausgangspunkt fast aller Fischfahrten in das Polarmeer und spielte seit der Jahrhundertwende eine wichtige Rolle in der Polarforschung (u.a. starteten Nansen und Amundsen von hier).
Die Bebauung aus der Mitte des letzten Jh. ist relativ unbeschadet durch den Krieg gekommen. Wenn Sie genau beobachten, werden Sie überall Hinweise auf den Wohlstand entdecken, der durch den Nordmeerfang und den Handel eingezogen ist.
Im Sommer schwebt neben dem allgegenwärtigen Geruch nach Fisch auch der undefinierbare Duft der überall wachsenden Tromsöpalme (Sibirischer Bärenklau - Heracleum sibiricum) in der Luft.

1968 wurde aus strukturpolitischen Gründen die Universität Tromsö gegründet, die 1972 ihren Lehrbetrieb aufnahm und heute 3600 Studenten zählt. Sie hat vor allem die Aufgabe - neben der Forschung und Lehre -, ein Gegengewicht zu den Abwanderungstendenzen der Bevölkerung in den drei Nordprovinzen zu setzen. Aus der geographischen Lage ergeben sich etliche Forschungsschwerpunkte: Fischereiwirtschaft, Seerecht, arktische Biologie und schließlich Geographie und Geophysik (Nordlicht).

Eindrucksvoll sind die rosaroten Nächte (21.5.-23.7.), in denen das Nachtleben nicht zur Ruhe kommt - es ist offenbar eine Gegenreaktion der Menschen auf die lange Winternacht (25.11.-21.1.).
Das Stadtgebiet (2558 km²) hat die Ausdehnung des Großherzogtums Luxemburg. Die Amundsen-Statue am Kai erinnert an seinen Suchflug nach dem verschollenen italienischen General Nobile. Weder er noch Nobile, der mit einem Luftschiff zum Nordpol aufgebrochen war, kehrten zurück.
Neben der Domkirche im Zentrum (1831, neugotisch) gibt es noch die Elverhöy Kirke von 1803, die vor ihrer Versetzung an der Stelle der ersteren gestanden hat. Das Tromsö Bymuseum (Stadtmuseum, 10 NOK, tägl. 11-15 h) mit seinen vielen Bildern und Zeichnungen, in dem alten Zollamt von 1789 an der Stelle der ehemaligen Befestigungsanlage aus dem 13. Jh. untergebracht, ist sicherlich sehenswert. Ebenso das Polarmuseum (11-17 h, 15 NOK) in einem unter Denkmalschutz stehendem Zoll-Lagerhaus (ca. 1830) am Fjord. Ausgestellt sind unter anderem Waffen der Jäger zur Robben- und Eisbärenjagd und Gegenstände von Amundsens Südpolexpedition. Außerdem gibt es das Tromsö Folkemuseum (1.6.-31.8.; 11-16 h - im Folkeparken im Süden). Dort ist der Hof "Mortengarden" von der Insel Sör-Kvalöy wieder aufgebaut worden. In dem Park gibt es eine kleine Verkaufsaustellung von Samen, die dort Silberschmuck, Rentierbrot und getrocknetes Renfleisch anbieten. Das vielseitigste Museum ist wohl das 1872 gegründete Naturkundliche Museum, das 1976 in die Universität eingegliedert wurde (tägl. 9-18 h, 10 NOK); zu diesem Museum gehört auch ein Aquarium (10-17 h). (Außerdem: Nordnorsk Kunstmuseum, di-sa 10-16 und so 12-16 h, gratis; Ausstellungen des Tromsö Kunstforening, Zeiten wie Museum, 10 NOK).
Darüber hinaus gibt es in Tromsö das einzige öffentliche Planetarium des Landes (Vorführungen in der Woche 18.00 und 19.30, sa 13.30 und 15.00 h, so mehrmals, 40 NOK). Wer Lust hat, kann mit einer Kabelbahn auf den 420 m hohen Hausberg Storsteinen fahren (sehr schöner Rundblick auf den Sund, 10.00-16.30 h, im Sommer auch bis nachts; 40 NOK).

Information: Tromsö Arrangement A/S, Storgata 61, 9000 Tromsö, Tel. (083) 10000 sowie Info-Kiosk in Hungeren.

Postsparbuch-Geldwechsel: Hauptpost und in Elvershöy, Hamna und Sör-Tromsöya.

Jugendherberge: Tromsö UH ***, Everhöy, 18.6-19.8., Tel. (083) 85319 oder 63981, 80 NOK, 74 Betten, Kochg.

Camping: Tromsdalen ** (östlich der Tromsöy-Brücke), ganzj., 9020 Tromsdalen, 16 ha, Tel. (083) 35157, Kochg., Hü.

Fahrradservice: Intersport Tromsö, Tel. (083) 84550; Sporthuset AS, Tel. 83668.

Fahrradverleih: Barske Glæder, Amtmannsgata, 9000 Tromsö, Tel. (083) 85103 (Tag 150, Wochenende 250, Woche 500 NOK).

Foto rechts: Ende des Lustrafjorden bei Skjolden

Etappe 109:
Lyngseidet - Olderdalen - Djupvik - Langslett - Nordreisa - Sandbukt - Sekkemo - Langfjordbotn (142 km) > >
0 - 227 - 0 - 63 - 0 - 402 - 0 - 269 - 70 - 0 m
Cappelen-Karte Nr. 5

Diese Etappe benutzt die ganze Zeit die E 6, die hier immer noch stark befahren ist - aber erträglicher als etwa im Gudbrandsdalen. Die Straße ist mit vielen landschaftlichen Höhepunkten gespickt, allerdings müssen Sie dafür auch etwas mit den Beinen tun.
Sie nehmen in Lyngseidet die Fähre über den Lyngfjorden nach *Olderdalen* und werden mit schönen Blicken auf das Lyngen-Massiv auf der anderen Seite des Lyngenfjordes empfangen.
Information: Olderdalen Turistinformasjonen, Tel. (089) 18300.
Camping: Olderdalen *, 1.6.-1.9., 9070 Olderdalen, Tel. (089) 18172, 10 ha, Kochg., Hü.
In Djupvik können Sie einen Bogen über *Spåkenes* machen, wo eine deutsche Bunkeranlage aus dem Zweiten Weltkrieg von dem Plateau die gesamte See nach Norden kontrollieren konnte.
Camping: Lyngenfjorden *, 10.6.-1.9., 9070 Olderdalen, Tel. (089) 17121, 20 ha, Kochg., Hü.

In Rotsund besteht die Möglichkeit zu einer Rast auf der Insel Ulöya und dem dortigen alten Handelsplatz Hamnes, wo sich die alten Gebäude noch gut erhalten haben.
Camping: Rotsundelv **, 1.6.-15.8., 9077 Rotsund, Tel. (083) 64124, 10 ha, Kochg., Hü.
Die E 6 steigt nun rund 200 m zum Fjell hin an. Sie trifft am Seitenweg zu den verlassenen Siedlungen Indre und Ytre Sokkelvik wieder auf das Meer. 3 km weiter fahren Sie in *Sörkjosen* (Heimatmuseum) ein.
Verkehrsverbindungen: Flüge nach Tromsö und Kirkenes.
Postsparbuch-Geldwechsel: Sörkjosen.

Kurz darauf steuern Sie den nächsten größeren Ort an: **Storslett** (800 Einw.). Er ist Sitz der Gemeinde Nordreisa. Hier leben relativ viele Finnen (Kvenen) und auch Samen, die ihr Nomadenleben abgelegt haben.
Verkehrsverbindungen: Busse nach Bodö, Fauske und Kirkenes (Polar Express).
Postsparbuch-Geldwechsel: Storslett.
Camping: Storslett *, 15.6.-15.9., 9080 Storslett, Tel. (083) 65024, 25 ha, Kochg., Hü., Zi. (2).

Sehr reizvoll ist ein Ausflug in das nach Süden verlaufende Reisadalen, das auf Grund der geschützten Lage relativ trocken ist und eine eigenständige Fauna und Flora aufweist. Die Wildnis (Pseudotundra) zur finnischen Grenze wird immer unberührter, je weiter man sich hineinwagt. Der Mollesfossen im Reisadalen ist einer der höchsten Wasserfälle Norwegens (269 m freier Fall).
Die Etappe führt auf der Europastraße am Straumfjorden entlang.
Camping: Sandnes **, 10.5.-5.9., 9080 Storslett, Tel. (083) 64915, 30 ha, Kochg., Hü.; Fosselv *, 1.6.-1.9., Tel. (083) 64929, 7 ha, Kochg., Hü.

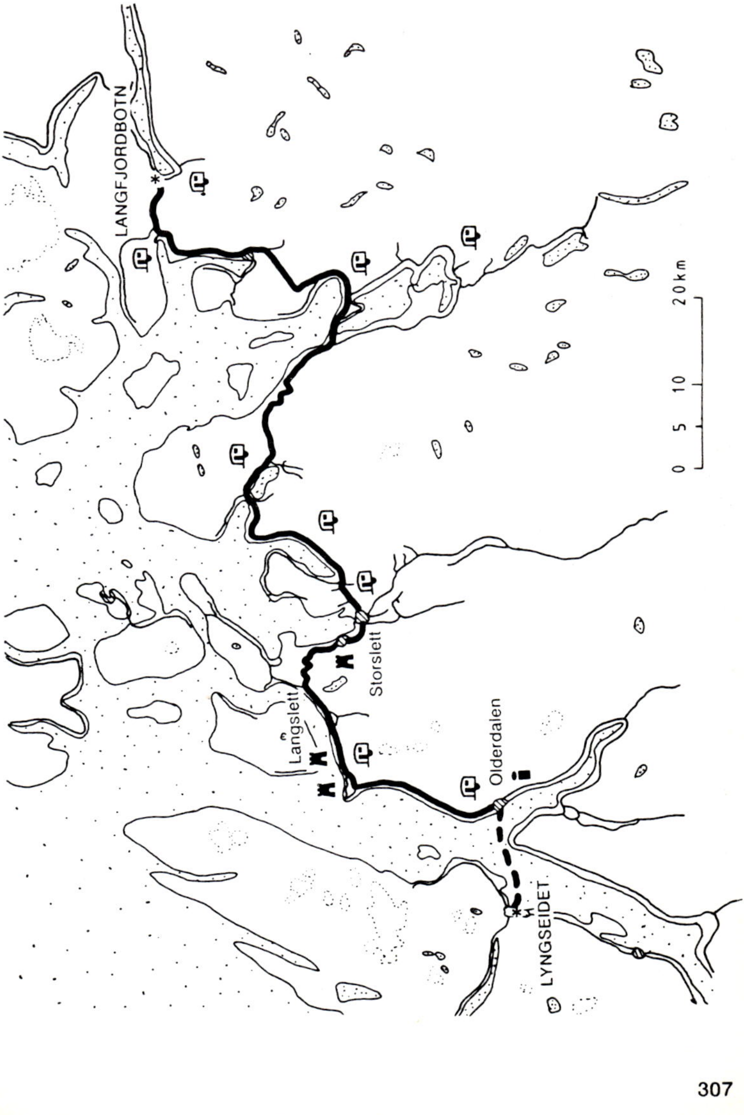
LANGFJORDBOTN
Storslett
Langslett
Olderdalen
LYNGSEIDET
0 5 10 20 km

Es geht durch Strömfjordheimen und am Oksfjorden längs zum alten Fjordarm, dem heutigen Oksfjordvatnet.
Camping: Wahlmanns *, 5.6.-5.9., 9089 Oksfjordhamn,, Tel. (083) 66746, 20 ha, Kochg., Hü.

Am Ende des Sees in *Mettevoll* zweigt südwärts ein Weg zu den stillgelegten Vaddas-Minen ab. Die E 6 steigt nun kräftig auf das Kvænangsfjell bis auf 402 m hoch. Kurz vor der Abfahrt findet sich links an der Straße ein Lager der Kautokeino-Samen, die sich hier im Sommer in Erdhütten und Zelten aufhalten. Unterschiedlicher Meinung kann man über den Verkauf von Souvenirs durch die ehemaligen Nomaden sein, die ihre alte Lebensweise mehr oder weniger aufgegeben haben und ihre Kultur an die neugierigen Touristen vermarkten. Vom Aussichtspunkt an der Straße sehen Sie im Norden u.a. die Gletscherkappe des Oksfjordjökelen (1204 m) und die Inseln Skorpa und Spildra unten im Kvænangenfjord.

Nach etwa 15 km folgt Sörstraumen/Karvik (Fischhafen), wo Sie bei großer Radellust die alte Trasse der E 6 um den Sörfjorden nehmen können. Dies bedeutet zusätzliche 39 km, aber entlang schöner Wasserfälle (Röykfossen am Navitdalen) und ruhiger Fjordidylle. Auf der Schleife gibt es drei Campingplätze und im Süden die Möglichkeit, auf einer kleinen Straße tief in das Fjell vorzustoßen. Auf der Sörstraumen bru kann man gut die Wasserströmung erkennen, die durch den Tidenhub zwischen dem hinteren Teil des Kvænangenfjords und dem nördlichen Teil jenseits der Brücke hin- und hergedrückt wird.
Camping: Navitfoss ***, 20.5.-15.9., 9092 Sörstraumen, Tel.(083) 69743, 20 ha, Kochg., Hü.; Sekkemo **, 1.6.-31.8., 9094 Kjækan, Tel. 15 ha, Waschm., Kochg., Hü.

In *Badderen* wurde früher das Erz der stillgelegten Middavarre Grube (östl.) verschifft. Die E 6 führt erneut ins Gebirge, unmittelbar hinter Undereidet erreichen Sie 269 m ü.NN. und rollen dann talwärts nach *Burfjord* (Post). Am Ende des Burfjorden türmt sich das Kvænangen-Massiv auf. Wenn Sie den Öksfjordjökelen von ganz nah sehen wollen, wählen Sie die Nebenstraße von Alteidet nach *Jökelfjord*. Von dort werden Bootsfahrten zum Gletscher angeboten; Sie können aber auch in 1½ Stunden über dem Pfad dorthin gelangen. Der Gletscher kalbt direkt ins Meer, falls er sich nicht schon weiter zurückgezogen hat.
Camping: Alteidet **, 1.6.-15.9., 9090 Burfjord, Tel. (083) 69357, 20 ha, Kochg., Hü.

Die E 6 führt das Tal des Alteidelva hinauf, überschreitet die Grenze zum nördlichsten Bezirk Finnmark und beendet die Etappe in **Langfjordbotn**.

Etappe 110:
Langfjordbotn - Ulvsvåg - Isnetoften - Talvik - Alta (82 km) >
0 - 53 - 0 m
Cappelen-Karte Nr. 5

Eine sehr leichte Etappe bringt Sie nach Alta, der größten Stadt der Finnmark. Erholen Sie sich etwas, da die folgenden Etappen deutlich schwerer sind. Von *Langfjordbotn* folgen Sie zunächst über 34 km dem Langfjorden.
Camping: Altafjord **, 15.5.-15.9., 9545 Boknelv, Tel. (084)32824, 50 ha, Kochg., Hü.

Unterwegs lockt das Bognelvdalen zu einem kurzen Ausflug. Am Landzipfel in *Isnestoften* hatten die deutschen Besatzer im Zweiten Weltkrieg große Befestigungsanlagen zum Schutz vor den Alliierten errichtet. Von den Festungsanlagen kann man bis zum Fjord hinunterschauen und dabei mehrere alte Strandlinien erkennen. Auch wurden hier Wohnplätze aus der Steinzeit gefunden.

Über *Talvik*, von wo die Lachse aus dem Altaelva exportiert werden, begeben Sie sich nach *Kåfjord*. Hier wurde 1824-1909 Kupfer verhüttet. Die Kåfjord Kirche wurde 1837 von der englischen Bergwerkgesellschaft in britischem Stil gebaut. Im 19. Jh. war Kåfjord der größte Ort der Finnmark - heute leben nur noch 150 Menschen hier. Wenn Sie am Ende des Kåfjordbotn (100 m hinter der Kirche) dem kleinen Weg längs des Sees folgen, kommen Sie nach anstrengender und bergiger Fahrt nach Stunden zu den Ruinen des alten Nordlichtobservatoriums auf dem 1149 m hohen Halddetoppen. Jetzt soll an der Stelle eine Herberge gebaut werden.

Am Mattisfossen hat man eine große Treppe für die Lachse gebaut. In **Hjemmeluft**, kurz vor Alta, existiert das größte und bedeutendenste Felszeichnungsfeld in Nordeuropa. Es wurde erst 1970 entdeckt. Es handelt sich um 2500-6200 Jahre alte Spuren , die 1985 in die UNESCO World Heritage List aufgenommen wurden. Die Malereien können 1.6.-31.8. täglich von 8-22.30 h besichtigt werden.

Alta, 14000 Einw., Finnmark, liegt trotz seiner hohen nördlichen Breite in einer ausgesprochenen Gunstlage auf den Flußterrassen des Altaelva und auf fruchtbaren marinen Sedimenten. Hier wächst tatsächlich noch Gerste und Roggen in einem der nördlichsten Anbaugebiete der Welt. Die durchgehende Helligkeit im Sommer gestattet sogar den Anbau von Kartoffeln.
Die Stadt ist Hauptstadt der Finnmark, zugleich der Verkehrsknotenpunkt des Nordens mit einer langen Geschichte als Markt- und Handelsplatz.
Wirtschaftlich hängt die Stadt stark von dem Schieferabbau in den Gruben bei Peska (14 km südlich), der in alle Welt exportiert wird, und den Nephelin-Gestein-Vorkommen (Rohstoff für die Glas- und Keramikindustrie) auf der Insel Sternöya ab. Weitere sehr wichtige Erwerbszweige sind die Hochsee-

fischerei, der Lachsfang auf dem Altaelva, der eine uralte Tradition hat, sowie in hohem Maße die Forst- und Landwirtschaft.
Seit kurzem wird am Altaelva an dem großen Wasserkraftwerk gebaut, das jahrelang die Gemüter erhitzte und nun nach dem Gerichturteil des obersten norwegischen Gerichtes in einer kräftig abgespeckten Version realisiert wird. Der Altaelva ist der lachsreichste Fluß in Europa. Jedes Jahr wird hier ein riesiger Rummel um den Lachsfang veranstaltet, die Fang- und Angelkonzessionen sind die teuersten im ganzen Land. Der Fluß war beliebter Angelplatz für verschiedene Angehörige des britischen Königsadels. Zu einem der Höhepunkte in Norwegen gehört sicher eine Wanderung in den gewaltigen Altacanyon (oberes Ende; Savtso), der trotz des Kraftwerkprojektes erhalten bleibt. Der Canyon wird über die Bezirksstraße zur Gargia Fjellstue (nicht dem IYHF angeschlossen) und weiter in das Gebiet Vidjeklöfta erreicht. Von dort führt ein gekennzeichnete Pfad in den 500-600 m tiefen Canyon, der der gewaltigste in Nordeuropa ist.
Die Region Alta hat sich in den letzten 2-3 Jahrzehnten stark verdichtet, und der Dienstleistungsbereich nimmt ein immer größeres Gewicht ein. Dies führt vielerorts zu Aufgabe der Höfe und Familienbetrieben in der Fischerei bzw. zur Umwandlung in Nebenerwerbsbetriebe. Diese Entwicklung wird von der Regierung keineswegs gerne gesehen, da man eine leistungsstarke Landwirtschaft insbesondere in den klimatischen Gunstgebieten erhalten wollte.
Am Rand des Aussichtsberges Komsafjell im Ortsteil Bossekop (samisch "bossogoppo" = Walbucht) entdeckte der Geologe Anders Nummedal in den 20er Jahren erste Spuren der Komsa-Kultur. Die gefundenen Siedlungen sind wahrscheinlich ca. 9000 Jahre alt und sind damit die ältesten Spuren menschlicher Siedlungen in Skandinavien. Im Bossekopvegen ist in einer Schule das Museum mit den Fundstücken untergebracht. Der mächtige Altagård in Elvbakken ist ein orginalgetreuer Nachbau des 1944 zerstörten Gebäudes des Amtsmanns der Finnmark, der hier 1740-1814 residierte.
Information: Turistinformasjonen i Alta, Postboks 80, 9501 Alta, Tel. (084) 35041.
Verkehrsverbindungen: Busse nach Bodö, Fauske und Kirkenes (Polar Express), Flüge nach Oslo, Trondheim, Bodö, Tromsö, Hammerfest und Kirkenes u.a. Ziele (auch Spitzbergen), Hurtigruten (N: 3.45 h, S: -).
Postsparbuch-Geldwechsel: Alta.
Jugendherberge: Alta UH ***, Frikirkens Elevhjem, Midtbakkveien 52, 20.6.-20.8., 9500 Alta, Tel. (084) 34409, 90 NOK, 58 Betten, Kochg.
Camping: Kronstad ***, 1.6.-30.8., Tel. (084) 30360, 34 ha, Kochg., Hü.; Alta Strandcamping & Apartement (Steinfossen), ganzj., Tel. (084) 34240 oder 34022, Hü.; Wisloff ** (Övre Alta), ganzj., Tel. (084) 34303, 30 ha, Waschm., Kochg., Hü., Zi. (1); Alta River Camping (Övre Alta) **, 1.5.-1.10., Tel. (084) 34353, 11 ha, Waschm., Kochg., Hü., Zi.
Fahrradservice: Odd Aune Sport, Tel. (084) 35140; B.K. Ottem AS.

Kartenskizze Etappen 110 & 111

Etappe 111:
Alta - Vasskogen - Leirbotnvatn - Duoddar Sion Kapell - Skaidi (89 km) > >
0 - 365 - 385 - 402 - 160 m
Cappelen-Karte Nr. 5

Eine endlose Fjelletappe bringt Sie durch die Finnmark und immer näher an das Nordkap. Sie solten auf jeden Fall in Alta Ihre Lebensmittelvorräte gut auffüllen, da es unterwegs fast nichts zu kaufen gibt. Die Temperaturen auf dem Fjell können im Sommer zwischen 0 und 30 °C schwanken. Die E 6 wurde in den letzten Jahren zwar ständig ausgebaut, jedoch gibt es besonders am Ende der Etappe ein sehr langes (15 km) Schotterstück.
Zunächst geht es am Altafjord entlang.
Camping: Solvang Camping og Ungdomssenter **, 1.6.-1.9., 9510 Elvebakken, Tel. (084) 30477, 14 ha, Waschm., Kochg., Hü., Zi.
Hinter Sarves steigt die Straße durch den dünner werdenden Wald immer höher in das Gebiet mit dem Namen Sennalandet. Sie können der eintönigen und sehr langen Fjellstrecke ausweichen, wenn Sie auf der R 883 nach Norden fahren und in Storekorsnes das Postboot nach Hammerfest nehmen. Von dort fährt die Hurtigruten nach Honningsvåg.
Längs der Straße sieht man mehrere Samenlager, aber keine Rentiere, da diese im Sommer in ihren Weidegebieten an der Küste sind. Durch die schier endlose Weite der Finnmarksvidda geht es über die erste höchste Stelle der E 6 (380 m) hinter Levdun.
Plötzlich erblicken Sie in der Wildnis eine Kapelle. Sie wurde 1962 für die Fjellsamen hier oben in der Abgeschiedenheit errichtet. In der Nähe liegen zwei ihrer Lager. Überhaupt fällt auf, daß in Troms und hier in der Finnmark viele Namen ganz anders klingen und im Schriftbild auf der Landkarte sich deutlich von den anderen norwegischen Namen unterscheiden. Diese Bezeichnungen gehen auf samische Namen zurück, und deren Aussprache wurde dann ins Schriftnorwegische übernommen, da die Samen ja keine eigene Schrift haben.
Nach dem Gipfelpunkt (406 m) kurz hinter der Kapelle folgen Sie immer dem Repparfjordelva durch das Hochland und erreichen schließlich **Skaidi** (Übernachtungsmögl., samisch: wo die Flüsse und Wege sich treffen). Hier bietet sich neben der letzten Etappe 112 auch die Weiterfahrt über die R 94 und Hammerfest an.

Etappe 112:
Skaidi - Olderfjord - Nordmannset - Stranda - Kåfjord - Honningsvåg - Nordkap (139 km) > >
160 - 230 - 0 - 100 - 0 - 312 m
Cappelen-Karte Nr. 5

Eine letzte lange Etappe führt schließlich zum Nordkap, dem langersehnten Ziel vieler Radler. Die Strecke ist ohne Sehenswürdigkeiten, hinterläßt aber -

besonders auf dem letzten Teilstück über die Insel Mageröya - einen tiefen Eindruck von der arktischen Wildnis. Nur die vielen motorisierten Nordkap-Fahrer stören die Idylle deutlich. Die Route führt durch fast unbewohntes Gebiet. Die Straße ist bis Kåfjord auf Halvöya relativ gut und insgesamt sehr hügelig.
Die E 6 führt hinter Skaidi östlich über einen kleinen Höhenzug und verläuft dann relativ konstant in der Höhe am Smörfjordelva vorbei. Anschließend geht es nach *Olderfjord* hinab, wo die E 6 Rchtg. Finnland abknickt.
Camping: Olderfjord Camping og Hytteutleie *, 1.6.-1.9., 9713 Russenes, Tel. (084) 63758, 2 ha, Hü.; Russenes **, 1.6.-1.9., Tel. (084) 63711, 12 ha, Kochg., Hü.

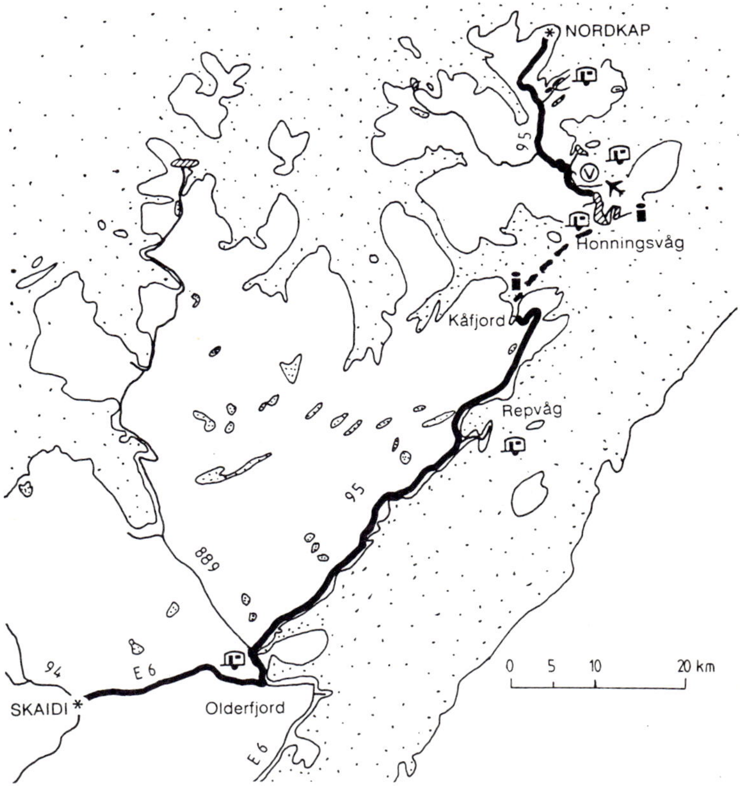

Sie benutzen hingegen die R 95, die über sehr lange Zeit mehr oder weniger direkt am Porsangerfjord entlangläuft. In *Russenes* war früher die Fährstation zum Nordkap, bevor die R 95 gebaut wurde. Neben den Häusergruppen in

Smörfjord, Solberg und weiteren Stellen gibt es hinter dem langen Skarvbergtunnelen (3 km) zwei verlassene Geistersiedlungen: Indre und Ytre Svartvik. Die Landschaft ist karg, ab und zu treffen Sie einige Rentiere.
Bei genauer Betrachtung fällt auf, daß der Fels intensiv verwittert ist. Ursache dafür ist der schroffe Temperaturwechsel, insbesondere im Frühling und Herbst. Durch Frostsprengung wird das Material zerkleinert.
Später biegt rechts eine Seitenarm nach Repvåg, einem 100-Seelen-Fischernest.
Camping: Repvåg Camping og Cafeteria *, 1.6.-1.9., 9778 Repvåg, Tel. (084) 75431, 5 ha, Kochg., Hü., Zi.

Die R 95 steigt nun auf etwa 300 m an. Im Winter ist dieser Abschnitt gesperrt, und der Verkehr geht schon ab Repvåg mit der Fähre nach Honningsvåg. Über Langstrand kommen Sie zu dem verlassenen Weiler Sandvik. Am Ende der Festlandstrecke geht es steil nach *Kåfjord* (Infokiosk an der Fährstelle) hinab. Die Fähre nach Honningsvåg auf der Insel Mageröya verkehrt 2.6.-13.8. ca. alle 90 Minuten (19 NOK). Im Sommer drängeln sich Tag und Nacht die Autokolonnen auf die Fähre.

Honningsvåg, 4000 Einw., Finnmark, ist der größte Fischereihafen in der Finnmark und wird von den im nördlichen Polarmeer zwischen Spitzbergen und Grönland fischenden Schiffen angelaufen. Er ist außerdem Norwegens nördlichste stadtähnliche Siedlung (ohne Stadtrechte). Seit dem Krieg ist der Nordkap-Tourismus ein bedeutender Wirtschaftszweig geworden. Jährlich kommen ca. 160000 Menschen durch den Ort. Der Entwicklung wurde mit der Einrichtung der sogenannten Honningsvåg Brygge am Hafen - einem Treffpunkt und Kulturzentrum für Touristen und Einheimische - und Umwidmung von Fischerhütten Rechnung getragen. Im Grunde versteckt sich dahinter aber nichts anderes als gezielte Wirtschaftsförderung. Im Nordkap-Museum (11-15 und 18-20 h, 10 NOK) kann man sich ein Bild über die Fischertradition und die Geschichte des Nordkap-Tourismus verschaffen. Wie fast alle Orte in der Finnmark wurde auch Honningsvåg 1944 dem Erdboden gleichgemacht. Nur die Kirche (10-15 h) aus dem Jahr 1884 blieb verschont.
Information: Nordkap Reiselivslag, Postboks 34, 9751 Honningsvåg, Tel. (084) 72894; außerdem Information im Nordkaphuset und vom 15.6.-13.8. am Anlegeplatz in Kåfjord.
Verkehrsverbindungen: Busse nach Lakselv und zum Nordkap, Flüge nach Tomsö, Hammerfest, Alta und Kirkenes u.a., Hurtigruten (N: 17.30 - S: 6.45 h).
Postsparbuch-Geldwechsel: Hauptpost und Valan.
Jugendherberge: Nordkap UH *, 1.6.-20.8., Tel. (084) 75113, 60 NOK, 60 Betten, Kochg.
Camping: Nordkap Camping og Ungdomsherberge **, 15.6.-20.8., Tel. (084) 75113, 50 ha, Kochg., Hü., Zi. - an die Jugendherberge angeschl.; Restaurant Lagunen og Campinghytter **, 1.6.-1.9., Tel. (084) 72702 oder 73042, Hü., Zi.
Fahrradverleih: Honningsvåg Brygge.

Die letzten 33 km führen über das Hochplateau der Insel Mageröya. Die Straße wurde 1956 gebaut und ist erst Anfang Juni halbwegs schneefrei. Sie überqueren den 71. Breitengrad nach der Wüstung Skipsfjord und erklimmen auf der R 95 die Hochfläche, wobei Sie eine Differenz von 312 m überwinden. Das Plateau empfängt Sie mit einer echten arktischen Landschaft. Wenn man die genauen Kriterien der Klimatologie anlegt, dann liegen nur Mageröya, Nordkinnhalvöya und Teile der Halbinsel Varangerhalvöya wirklich im arktischen Klimabereich. Ein wesentliches Merkmal ist das Fehlen von Bäumen und Sträuchern. Hier oben auf Mageröya liegt eine Sommerweide der Rentiere, die im Frühjahr und Herbst durch den schmalen Mageröyasund schwimmen. Die Insel ist größtenteils Naturschutzgebiet.

Die weiße Farbe des Duksfjordfjellet (duk = Tischtuch) rührt von Kalk her. Bei Tufjord (schöner Blick hinab zum Ort) zweigt eine Straße zum nördlichsten Fischerort der Welt ab. In **Skarsvåg** leben ca. 200 Menschen vom traditionellen und modernen Fischfang. Zahlreiche Trockengestelle dienen zur Herstellung des Stockfisches. Von der Kirkeporten-Felsformation (ca. 10 Minuten zu Fuß) kann man schön das Nordkap sehen.
Camping: Midnattsol * (Skarsvågkrysset), 20.5.-15.9., 9763 Skarsvåg, Tel. (084) 72213, Hü.; Nordkap Turistheim, 20.5-1.9., Tel. (084) 75267 oder 75219, Hü.

Noch 13 km, die bei schlechtem Wetter recht ungemütlich werden können, trennen Sie vom Ende Europas. Die Straße steigt nochmals auf 336 m an, im Bogen der R 95 haben Sie einen schönen Blick über der Tufjorden, und Sie erreichen das Nordkap (71° 10' 21"). Sie befinden sich jetzt auf einem 307 m hohen Schieferfelsen 2169 km nördlich von Oslo. Doch seien Sie nicht enttäuscht, denn außer dem Gefühl, am Ende von Europa zu stehen, gibt es hier nur Rummel und Geschäftetreiberei. Die Mitternachtssonne konnten Sie ohnehin schon früher erleben. Zu allem Überfluß müssen Sie noch einen unverschämten Eintritt von 80 NOK zahlen. Das Nordkap ist nicht einmal der wirklich nördlichste Punkt Europas. Dieser liegt etwa 3 km westlich auf dem Felsen Knivskjellodden (71° 11' 8") - nur ließ sich dieser flache Fels nicht so gut vermarkten. Und wenn man es genau nimmt, liegt der nördlichste Punkt des europäischen Festlandes nur bei 71° 8' 1" auf der Nordkinnhalbinsel.

Das Geschäft mit dem Tourismus soll durch verschiedene Maßnahmen massiv erweitert werden - wohl um den Touristen noch mehr Geld aus den Taschen zu ziehen. Aber vielleicht hält es als Nebeneffekt auch wiederum viele davon ab, die umweltbelastende und eigentlich sinnlos-lange Autofahrt zu dem banalen Gefühl, "dort gewesen zu sein", zu unternehmen. Bis 1995 soll hier ein gigantisches "Walt-Disney-Nordkap" mit unterirdischem Felsrestaurant (warm und mollig - schon 1990 fertiggestellt), künstlicher Höhle mit Panoramafenster und ein 180°-Kino für Leinwandidyllen der Finnmark entstehen. Vollständig lächerlich wird die Sache, wenn die geplante Gondelbahn und die U-Boot-Ausflüge realisiert werden. Alles in allem ist das Nordkap ein zweifelhaftes Reiseziel.

Register

Entsprechend der Einordnung im norwegischen Alphabet sind die skandinavischen Sonderbuchstaben Å, Æ und Ö/Ø am Schluß genannt.
Bei mehreren Seitenangaben ist die jeweilige Hauptnennung durch **halbfette** Seitenangaben gekennzeichnet; die Seitenzahlen der Abbildungen sind *kursiv* gesetzt.